Ein Leben wie im Fluge

Edith Simon

Ein Leben wie im Fluge

Synergia
Verlag & Mediengruppe

Überarbeitete Neuauflage 2009
Veröffentlicht im Synergia Verlag, Erbacher Strasse 107,
64287 Darmstadt, http://www.synergia-verlag.de

Umschlaggestaltung, Gestaltung und Satz: FontFront.com, Darmstadt
Printed by FINIDR s.r.o. (CZ)
ISBN: 978-3-9810894-1-7

Bibliografische Information der Deutschen Bibliothek
Die Deutsche Bibliothek verzeichnet diese Publikation in der deutschen Nationalbibliographie; detailierte bibliografische Daten sind im Internet unter http://dnb.ddb.de abrufbar.

Inhalt

Einleitung

Eröffnungsflug nach New York

Der Boden vibriert unter meinen Füßen. Die vier Motoren werden auf höchste Leistung gebracht und dröhnen vor dem Start im sogenannten „Run-up". Dann geht es los! Unser Flugzeug wird immer schneller. Wir heben ab. Ich spüre, dass die Schwerkraft mich in meinen Sitz drückt und atme tief durch. Ich habe es geschafft! Mein Traum ist in Erfüllung gegangen: Ich, Edith Janssen, bin als Stewardess bei der neu gegründeten Lufthansa eingestellt worden und jetzt auf dem Eröffnungsflug nach New York dabei. Es ist der 8. Juni 1955.

Unsere brandneue Lockheed 1049 G – besser bekannt als Super Constellation – fliegt nach Amerika.

Schade, dass ich nicht richtig aus dem Fenster sehen kann, um einen letzten Blick auf den Hamburger Flughafen zu werfen. Margot und ich sitzen zum Start auf unseren Flugbegleitersitzen – Klappsitze vor den hinteren Toiletten. Von hier aus können wir nur die First Class-Passagiere von hinten sehen und durch die Bordküche, die sogenannte Galley, den Gang entlang bis zur Cockpittür.

Am 1. April 1955 hat Deutschland die Lufthoheit zurückerlangt und damit auch wieder ein Stück Selbstvertrauen. Lufthansa darf in die Welt hinausfliegen – und ich mit ihr!

Heute haben wir in der Kabine außer uns beiden Stewardessen und unserem Kollegen Hans aus dem ersten Lehrgang noch einen zusätzlichen Steward mit in der Kabine, meinen Lehrgangskollegen Kristof. Normalerweise betreuen ein Steward und zwei Stewardessen die bis zu 80 Passagiere und die neun Mann Cockpit-Besatzung.

Mit meiner dunkelhaarigen Kollegin Margot verstehe ich mich bestens. Sie entspricht in meinen Augen viel mehr dem Bild einer Stewardess als ich: Sie ist groß, hat ein hübsches Puppengesicht und steht oft für Lufthansa Modell. Außerdem ist sie vier Jahre älter als ich und meistert alle Situationen souverän. Ein bißchen farblos fühle ich mich neben ihr. Wir sind uns beide darüber einig, dass wir einen Traumberuf haben, in dem wir auch so lange wie möglich arbeiten wollen. Die Männer sollen uns nicht dazwischenkommen! Wer heiratet, muss nämlich mit dem Fliegen aufhören.

Alles auf diesem Flug ist neu für uns. Seit wir 24 Stewardessen und 14 Stewards am 1. April 1955 unseren Dienst begonnen haben, sind wir auf der Convair innerdeutsch und nach Paris und London eingesetzt worden. Das hat mir gut gefallen, aber jetzt lockt das Abenteuer: Amerika! Schon den Flughafen in New York stelle ich mir gigantisch groß und hochmodern vor. Aber zunächst liegt der Flug mit Zwischenlandungen in Düsseldorf, Frankfurt, Shannon und eventuell auch noch in Gander auf Neufundland vor uns. Unser amerikanischer Flugkapitän Eddie Wells hat in der Flugbesprechung, dem Briefing, überlegt, ob wir die Strecke wohl von Shannon aus nonstop schaffen können. Das geht nur, wenn das Wetter uns gnädig ist. Bei starken Gegenwinden müssen wir in Gander zwischenlanden, um dort Treibstoff aufzunehmen.

Auf der Super Constellation gibt es nur eine Galley, die sich in der Mitte der First Class befindet. Dort ist mit viel Mühe der Großteil der Bordverpflegung für zwei bis drei Streckenabschnitte verstaut worden. Unser guter Geist, Kuddel Harms vom Catering-Service in Hamburg – der Urvater der LSG Lufthansa-Service GmbH – hat die unzähligen Container verstaut und noch zusätzlich viele vollbeladene, braune Papiertüten an Bord gebracht. Alles ist auf engstem Raum untergebracht, vieles provisorisch hinter Klappen und Fächern. Wie haben wir über all die Köstlichkeiten gestaunt! Schließlich ist uns die Zeit des Hungerns nach dem Krieg noch gut in Erinnerung. Und jetzt servieren wir Delikatessen, deren köstlicher Anblick uns das Wasser im Munde zusammen laufen läßt.

„Edith! Edith!" Margots Rufe wecken mich aus den Tagträumen. „Guck mal, die Klappe! Sie öffnet sich! Die Eier …" Blitzschnell schnalle ich mich los und erreiche gebeugt – gegen die Schwerkraft im Steigflug des Starts wie gegen einen Sturm ankämpfend – auf rutschigem Boden die Galley.

Schlimmstes verhindernd, kann ich gerade noch den Rest der Eier durch Schließen der Klappe abfangen. Ein paar übereifrige Eier haben sich jedoch schon während des Starts als Rühreier anbieten wollen und glitschen durch den Gang der hinteren First Class: „Scrambled eggs runnin'", wie die Amerikaner ihre Rühreier gern bestellen. Aber so wohl nicht! Aufwischen ist angesagt! Kaum in der Luft, gehen wir zu Boden und wischen. Welch eine glitschige Masse und wie das schäumt! Und alles vor den Augen unzähliger Journalisten und geladener Gäste. Mit witzigen Bemerkungen halten sich die Passagiere nicht zurück: „Ei, das Ei – das Symbol des Neuanfangs. Das paßt doch!" – „Wie hat die Lufthansa das denn so gekonnt inszeniert?!" Es ist eine Sondereinlage unserer Bordunterhaltung, die noch nicht per Kopfhörer aus der Armlehne kommt, auch nicht per Bildschirm von der Wand. Wir sind die Hauptunterhalter – sowohl für das leibliche als auch für das allgemeine Wohl zuständig. Aber es muss nicht immer Bodenakrobatik sein!

Abgesehen davon, dass wir den Gästen nur Eier in limitierter Auflage zum Frühstück anbieten können, klappt unser Service bestens. Rühreier wollen die wenigsten, greifen lieber zu unserem Ersatzangebot der kleinen schwarzen Eier: Kaviar „Beluga Malossol".

Eine Fülle von Delikatessen ist beladen: Hummer, Kaviar, Lachs und Gänseleber als Vorspeisen. Köstlich! Die Passagiere schwelgen; ebenso die neun Mann im Cockpit, für die ebenfalls First Class-Verpflegung vorgesehen ist. Vor der Landung in New York muss alles „ausgetütet" werden, was übrig geblieben ist. Die Gesundheitsbehörde verbietet die Einfuhr sämtlicher Lebensmittel. Das geht uns Kriegs-Hungerkindern schon gegen den Strich. Deshalb füllen wir, wie Kamele nach einer Wüstendurchquerung, unsere verbrauchten Kalorien mit den Köstlichkeiten wieder auf. Als Kind der Waterkant mag ich Kaviar auf Anhieb. Kristof aus Kärnten ist kein Freund davon und meint flapsig: „Kaviar? Den hab ich schon mit dem Schulbrot weggeworfen!" Ich wußte ja, dass das nicht ernst gemeint war und wischte meinem Banknachbarn aus dem zweiten Lehrgang eins aus: „Wat de Buer nich kennt, dat freet he nich!" Weggeworfen hatte natürlich niemand etwas in dieser kargen Zeit. Der große Hunger lag ja erst ein paar Jahre zurück und ich sah den besorgten Blick meiner Mutter noch vor mir, den sie hatte, wenn jemand mit Lebensmitteln „aaste", sie also verschwendete. Es wurde nichts weggeworfen, alles verwertet.

Frau Wöltjen, die Kriegerwitwe, die während des Krieges mit ihren beiden Kindern in unserem Einfamilienhaus oben einquartiert wurde, arbeitete bei den „Amis" in der Küche. Wenn sie nach Hause kam, sagte sie öfter: „Frau Janssen, ich habe für Purzel ein paar Koteletts mitgebracht" und übergab ihr riesige Koteletts, aus denen manchmal nur ein Happen herausgeschnitten worden war. Purzel, unser Rehpinscher, der sich durch solche Sonderrationen zu einem Dobermannpinscher ausgewachsen hatte, nahm es seinem Frauchen nicht übel, dass diese die guten Stücke aus den Koteletts noch herausschnitt, mit Zwiebeln anbriet und daraus für uns vier ein Mittagessen zauberte. Purzel wurde auch noch satt und verriet uns nicht.

Und hier an Bord das köstliche Obst! Welch eine Fülle! Das Beste ist für unsere Passagiere gerade gut genug. Sie sollen auf keinen Fall zu kurz kommen.

Auch an die Cockpit-Besatzung wird reichlich Obst verteilt – trotzdem kann nicht alles gegessen werden. Und so müssen die wunderbaren Früchte zusammen mit vielen anderen guten Lebensmitteln in verschiedenen Tüten „entsorgt" werden.

Während Hans und Kristof noch den Inhalt der Zollboxen nachzählen, auf der Liste eintragen und die Boxen verplomben, nehme ich eine von den wunderbaren Navel-Orangen in die Hand und lasse mit dem Fingernagel ätherisches Öl spritzen.

Mit dem Geruch taucht gleich die Erinnerung an meine erste Apfelsine auf, die ich mit Bewußtsein nach dem Krieg voller Genuß verzehrte.

„Hier ist deine Apfelsine", sagte Mama. „Jeder hat eine auf Zuteilung bekommen." Ich bemerkte, dass sie mir, der Kleinsten in der Familie, die größte Orange zuschob. Glücklich nahm ich diesen kleinen orange leuchtenden Ball, lief nach draußen, warf ihn in die Luft, fing ihn auf, setzte mich auf meine Schaukel, umhüllte ihn mit beiden Händen und ritzte ein bißchen an der Schale. Hm! Welch ein Duft! Und der vertrocknete Blütenkelch der Navel-Orange sah meinem Bauchnabel auch ähnlich, stellte ich fest. Navel = Nabel. Englisch ist eigentlich nicht so schwer!

Dann fing ich an, die Schale zu pellen. Wie sorgfältig war diese Apfelsine verpackt mit der Innenhaut aus gelber Watte. Das Spritzen machte Spaß, so dass ich ein Stück der großporigen Schale zwischen meinen

Finger zusammenkniff und kleine Ölsalven in die Gegend schoß. Meine Finger wurden ganz gelb und ölig und alles roch nach Apfelsine. Beim Hin- und Herschaukeln kam ich immer wieder durch diesen Orangenhain der Düfte. Wie mochte es dort aussehen, wo diese köstlichen Früchte wachsen? „Zeig mir das Land, wo die Zitronen blühen", trällerte meine Schwester, wenn Operettenmelodien aus dem Radio ertönten. Aus Sehnsucht nach solchen Ländern pflanzte ich die Kerne an eine geschützte Stelle unseres Gartens. Es fehlte ihnen die jedoch die Tropensonne; bei uns konnten sie nicht „Fuß fassen". Keine zehn Jahre später machten wir auf einer Safari in Afrika einen Apfelsinen-Weitspuck-Wettbewerb.

Ach, welch eine Wohltat, als nach den „sieben mageren Jahren" die sieben fetten folgen! Ich möchte die mageren nicht missen, denn sonst könnte ich die fetten jetzt nicht so genießen.

Ähnlich ergeht es mir mit Schokolade. Nach und nach war sie aus den Läden verschwunden – und damit auch aus unserem Verlangen. Manche Edel-Produkte wurden durch Kunstprodukte ersetzt. „Schlackermaschü" war solch eine Magermilch-Süßspeise oder „Muckefuck", der aus Gerste selbstgebrannte Kaffee. Aus Buttermilch und Zucker – falls wir welchen bekommen konnten – wurden ganz leckere Karamellbonbons gemacht. Nicht zu vergessen der Zuckerrübensirup. Stundenlang wurden die klein geschnittenen Rüben in unserem Waschkessel gekocht, das ganze Haus stank danach, aber das Ergebnis: einfach delikat!

Während des Krieges spielte ich in Carolinensiel/Ostfriesland mit meinem gleichaltrigen Cousin Hermann in der Scheune. Hinten waren die Schweineställe.

Es roch nicht nur nach Schwein, sondern auch nach Heu, das oben drüber gelagert war. Vorne im ehemaligen Pferdestall hatten die beiden russischen Kriegsgefangenen Segelij und Seidat ihre Sachen untergestellt. „Kommt mal her!" winkten sie uns zu sich heran mit ihren lachenden Mongolenaugen.

„Hier, probiert mal russische Schokolade." Hm!

Ob die deutsche Schokolade auch so gut geschmeckt hat? Hermann stopfte sich die Schokolade in den Mund und kaute voller Genuß, so dass ihm der braune Saft aus den Mundwinkeln heraus quoll. Ich biß ein kleines Stückchen ab, lutschte genüßlich und zog diesen Gaumenschmaus lieber in die Länge.

Segelij hatte ein ganz besonders zärtliches Verhältnis zu Hermanns kleiner Schwester Hela entwickelt. Sie wurde 1940 geboren, ihr Vater fiel zwei Jahre später in Rußland. Er nahm sie gern auf den Arm – vielleicht hatte er eigene Kinder zu Hause? Aber Helas Mutter, mit 32 Jahren Kriegerwitwe mit drei Kindern, sah es gar nicht gerne, wenn „Klein-Hela" nicht zu halten war. „Ich will zu meinem Papa!" rief sie und lief in die Scheune, um von Segelij väterlich liebkost zu werden.

So nett waren die Russen zu uns Kindern, aber wir hatten auch von schrecklichen Erfahrungen gehört.

Schokolade hatte ich nun wieder kennen gelernt. Aber was ich nicht vergessen hatte und wobei mir schon beim Gedanken daran das Wasser im Mund zusammenlief, das waren unsere Salmiakpastillen. Ach, wie hatten wir die geliebt! Sterne aus sechs „Salmis", diesen kleinen, schwarzen Lakritzrhomben, klebten wir uns auf den Handrücken. Mit langer, lüsterner Zunge leckten wir den schwarzen, scharfen Lakritzsaft von unserem „Salmi-Stern". Zwischendurch legten wir eine kleine Unterbrechung ein, um unserer Zunge eine Pause zu gönnen. Hatte die sich wieder neutralisiert und signalisierte die einspritzende Spucke: „Mehr!", fuhr das schwarz gefärbte „Leckbrett" wieder genüßlich über den verlockenden Stern. Da hatten wir dann lange etwas davon.

Aber, aber! Salmiakpastillen waren verschwunden. Nirgends auch nur ein Hauch davon, „Ersatz-Salmis" gab es auch nicht. Gegen Ende des Krieges wurde alles noch knapper. Eines Tages sagte mein Vater: „Am kommenden Wochenende fahren wir zur Silberhochzeit von Tante Erna und Onkel Martin nach Carolinensiel." Wir hatten kein Auto mehr, deshalb mussten wir sehr zeitig einen Zug nehmen, weil wir in Sande und in Jever noch umsteigen mussten. Gerade, als wir in Sande ankamen, ertönte die Sirene – Fliegeralarm. Wir mussten in den Hochbunker am Bahnhof und sitzen und warten und warten auf Entwarnung – aber die ließ auf sich warten.

In Jever hatte der Anschlußzug natürlich nicht gewartet. Als wir endlich müde, matt und hungrig in Carolinensiel ankamen, ging es auf der Mühle, in der Onkel Martin und Tante Erna wohnten und Silberhochzeit feierten, hoch her.

Junge, was können die Ostfriesen lustig sein, wenn sie einen „im Tee" haben! Ich konnte nur staunen – auch über die vielen Torten, die überall herumstanden, denn die eingeladenen Hausfrauen hatten ihren ganzen Ehrgeiz in diese Torten einfließen lassen und sie als Geschenk mitgebracht. Und Schinken und Wurst … alles im Überfluß!

Nicht nur die Torten waren geschmückt – auch die Frauen! Besonders auffällig benahm sich eine junge, gutaussehende Frau mit langen, schweren Ohrgehängen. „Die ziehen ihr ja wirklich die Ohren lang", dachte ich, „und das noch freiwillig!" Nicht so, wie es manchmal in der Schule angedroht wurde.

„Das ist Franziska, die Tochter vom Apotheker Johannsen aus Funnix – weitläufig mit uns verwandt", sagte mein Vater. „Apotheker?! Salmiakpastillen!" schoß es mir durch den Kopf. „Ja, du kannst ihn ja mal fragen", schmunzelte mein Vater. Ich fasste meinen Mut zusammen und fragte Apotheker Johannsen, der mit seinem Bart schon über Vierzig sein musste – jenseits der Dreißig waren sie für mich doch sowieso alle alt. „So, Salmiakpastillen möchtest du haben?! Ja, die haben wir in unserer Apotheke. Aber was kriege ich denn dafür?" fragte er und beugte sich zu mir herunter. Ich zuckte die Schultern. „Ich möchte dafür einen Kuß – hier auf die Backe." Na ja, für Salmiakpastillen! Ich hauchte ihm ganz schnell einen Kuß neben seinen Backenbart. Aber das sollte mir eine Lehre fürs Leben sein – ich habe die Salmiakpastillen nämlich nie bekommen.

Und noch einen Geschmack werde ich nicht vergessen, aber fortan tunlichst meiden, und zwar aus folgendem Grund: Die Töllner Puddingpulver-Fabrik in Bremen wurde 1944 von Brand- und Sprengbomben getroffen, alles in Schutt und Asche! Unter den Trümmern sollten noch unbeschädigte Kartons mit Puddingpulver liegen.

„Komm, wir gehen Buddeln!" sagte meine Freundin Ada. Ausgestattet mit Schaufeln und Eimerchen machten wir uns, wie Archäologen, an die Ausgrabungen und wurden fündig! Einen ganzen Karton, unversehrt, voll mit Vanille-Puddingpulver, konnte ich freudestrahlend bei meiner Mutter zu Hause abliefern und war stolz, unseren mageren Speiseplan zu bereichern. Mama kochte auch sofort einen Vanille-Pudding, aber igitt! Der schmeckte total verbrannt! Der Qualm der Brandbomben hatten diese Köstlichkeit ungenießbar gemacht. Selbst als meine Mutter versuchte, den Brandgeschmack mit Früchten aus dem Garten zu überdecken, überkam mich ein Würgereiz. Rieche ich heute noch z.B. einen verbrannten Toast, steigen sofort diese Erinnerungen auf und verursachen leichte Übelkeit.

Dafür aß ich nach dem Krieg die Erdnußsuppe aus der Schulspeisung mit Heißhunger und auch die Erbsensuppe, die wir in unsere kleinen Eßkübel geschöpft bekamen. Hunger ist zwar der beste Koch – aber die Schulspeisung war auch wirklich gut und lecker. Nach dem Krieg, als auch bei uns Schmalhans Küchenmeister war, wurden wir in der Schule angeregt, Päckchen für unsere Kriegsgefangenen in Rußland zu packen. „Hol mal ‚Milchmädchen' von Nestlé", schlug Mama neben anderen köstlichen Sachen vor. „Die ist konzentriert und hat es in sich!" Wie recht sie hat, konnte ich feststellen, als ich auch einmal eine Tube probieren durfte. Kam auch auf meine Liste: „Wenn ich mal reich bin."

Dieses Haushalten, dieses Sparen, dieser Verzicht auf leckere Sachen. Alles ist noch so gegenwärtig. Und nun plötzlich öffnet sich der enge Käfig der Kriegs- und Nachkriegszeit und uns wird alles zuteil in Hülle und Fülle.

Die weite Welt liegt einladend vor uns. Mit der Lufthansa wachsen uns selbst Flügel, die wir voller Wonne ausbreiten. Mühelos überfliegen wir Grenzen und landen staunend in fremden Ländern und Kulturen. Wir schließen Freundschaft mit Menschen, die uns ein paar Jahre zuvor noch als böse Feinde dargestellt worden waren.

Empfang in New York 9.6.1955

Auf unserem Eröffnungsflug nach New York können wir aus dem Vollen schöpfen. Fülle und Überfluß werden zudem durch großartige Eindrücke ergänzt. Eine hervorragende, kameradschaftliche Besatzung ist im Cockpit. Mit unserem Captain Eddi Wells ist ein echter amerikanischer Sunnyboy im Einsatz. Er strahlt trotz seiner Größe von 1,70 Meter eine wohltuende Souveränität aus. Wie viele gute Kapitäne nutzt er die Zeit in den Pausen, um sich in der Kabine umzusehen, sich mit den Passagieren zu unterhalten und sie einzuladen, wie es heute nur noch in der Fernsehserie „Traumschiff" vorkommt.

Die Besatzung der Führerkanzel – auf Englisch kurz und bündig „cockpit-crew“, war beim Neubeginn der Lufthansa wesentlich größer als heute. In der Super Constellation saßen bei Überseeflügen in der An-

Besatzung der LH 400/8.6.55 Hamburg – New York
bei Ankunft am 09.06.55

fangszeit neun, manchmal zehn Männer: Kapitän, Relief-Pilot, Flugingenieur und Navigator waren Amerikaner, die jeweils die deutschen Besatzungsmitglieder und „students“ einwiesen und später auscheckten. Das waren Piloten, die im Krieg ihre Flugerfahrungen gesammelt hatten – der sogenannte „Volkssturm“, Männer, die viel mitgemacht hatten und nicht nur ihre Erfahrung, sondern auch fliegerischen Pioniergeist mitbrachten. Zwei Jahre später kamen die in Bremen ausgebildeten Nachwuchspiloten auf Strecke, die wir liebevoll „Baby-Piloten“ nannten. Unsere deutschen Funker brauchten keine amerikanische Einweisung, Morsen ist international; „Di Daa Di Dit“… SMS der Fünfziger für „L = Ich liebe dich“. Und dann gab es noch „Di Di Daa dit“. Wer wissen will, was das heißt, kann das Morse-Alphabet lernen …

Als wir in New York landen, bin ich vom Flughafen enttäuscht. „Idlewild“, wie der New Yorker Flughafen heißt, bevor er später in „JF Kennedy Airport“ umbenannt wird, besteht nur aus einigen häßlichen Baracken. Über zwanzig Stunden waren wir auf den Beinen. Von Hamburg nach Düsseldorf, dann nach Shannon und schließlich nach

New York. Die Schuhe drücken, aber wir haben es geschafft und sind glücklich gelandet. Die Passagiere erwidern unser Strahlen mit anerkennenden Worten. Unsere Premiere ist überstanden.

Jetzt kommt noch der Empfang im Hotel Waldorf Astoria, zu dem die ganze Crew in Uniform erscheinen soll. Gefeiert wird die Aufnahme des Linienverkehrs zwischen Deutschland und Amerika. Als Gäste sind neben dem Bürgermeister von New York, Robert F. Wagner Jr., Botschaftern und vielen anderen Gästen auch Vertreter deutscher Kulturvereine, wie zum Beispiel des Goethe-Instituts und des Deutschen Trachtenvereins anwesend. Die Firma Lockheed richtet den Empfang aus; als Ehrengäste nehmen unter anderem auch unser Lufthansa Direktor Hans M. Bongers und Verkehrsminister Hans-Christoph Seebohm teil. Ich bin überwältigt von dem Aufwand, der getrieben wird und fühle mich in eine andere Welt katapultiert.

In unserem „Hotel Seymour", einem Hotelpalast aus dem 19. Jahrhundert mitten im Herzen von Manhattan, schlucken die dicken Plüschteppiche das „Klack Klack" unserer hohen Absätze. Der Stuck an den hohen Decken, die vielen Schranknischen und der Geruch beeindrucken mich als erstes: Es riecht nach Amerika – auch in den Warenhäusern, bei Macy`s, dem größten Kaufhaus der Welt, schlägt mir unverkennbar dieses „Amerika-Aroma" entgegen, das mir schon aus den amerikanischen Care-Paketen in die Nase gestiegen war.

Mit geschlossenen Augen könnte man mich heute irgendwohin fliegen und aussteigen lassen: Meine Nase signalisiert: „Amerika, Afrika, Indien". Jedes Land hat seinen eigenen Geruch, duftet in seiner charakteristischen Qualität.

Margot und ich teilen uns ein Appartement mit zwei Schlafzimmern und einem gemeinsamen Wohnzimmer, in dem auch ein Fernseher steht. Faszinierend ist es schon, dieses neue Medium. Fernsehen! Wer hat denn in Deutschland schon einen Fernseher? Der ganze Stolz für die eben erwachten Wirtschaftswunder-Bürger war eine Musiktruhe in hochpoliertem Edelholz mit Radio und Plattenspieler; dazu ein paar Schellack-Schallplatten, wertvoll und rar.

„Eigentlich interessiert uns das Leben draußen mehr als diese Fernsehsendungen. Diese vielen Unterbrechungen durch die Werbung bringen einen ja immer wieder aus dem Konzept!" stellen Margot und ich fest.

Trotzdem lassen wir die „Kiste“ laufen und werfen doch einen Blick auf die Werbesendungen, deren Slogans unsere Stewards sich schnell gemerkt haben. Alles ist neu für uns.

„Edith, hast du schon das Klopapier gesehen? Rosa mit Blümchen!“ kommt Margot lachend mit einem ganz weichen „Rosen-Blatt“ in mein Revier.

Das ist ja Luxus pur! Wo wir jetzt zu Hause schon so froh sind über richtige Klorollen, die zwar grau-rauh und etwas fester sind, aber welch eine Steigerung! „Wenn ich daran denke, wie wir uns vor noch nicht allzu langer Zeit aus Zeitungen unser Klopapier zuschneiden mussten“, sage ich nachdenklich. Gleich darauf kommt uns das Lied „Meine Oma fährt im Hühnerstall Motorrad“ in den Sinn, in dem es in der zweiten Strophe heißt: „Meine Oma hat Klosettpapier mit Blümchen“, und wir prusten beide los – sind sowieso schon etwas „überfällig“ nach diesem Tag voller überwältigender Eindrücke.

Selten bin ich so glücklich gewesen, wie an diesem Abend, als ich endlich in meinem superweichen, großen amerikanischen Doppelbett liege und auf der Stelle einschlafe.

1
„Schwangerschaft“ der Lufthansa

Bewerbung für Traumjob

Seit ich in einer Zeitschrift einen Bericht über Stewardessen der PAA, der Pan American Airways, gelesen habe, steht mein Traumberuf fest: Stewardess!

Als Flugbegleiterin endlich die Länder kennen lernen dürfen, die ich nur aus den Erzählungen meines Vaters kannte. Zu besonderen Anlässen holte er sein ledergebundenes, mit Goldschrift verziertes Briefmarkenalbum hervor und erzählte, wie sie als Jungens um die Jahrhundertwende die Kapitänsfrauen und Angehörigen der Seeleute um die Briefmarken angebettelt hatten und welche Geschichten aus fernen Ländern damit verbunden waren. Länder, von denen ich noch nie gehört hatte, die auch heute kaum noch jemand kennt. Allein die Namen regten meine Fantasie an. Nossi Bé oder Pulu Pinang, Jamaika, „Insel der Quellen“, von Zululand und Swasiland, und was die Seeleute von den Wasserfällen des Iguaçu und von der großen weiten Welt berichtet hatten. Ja, die Ostfriesen waren wirklich weltoffen. „Und dieses hier ist eine ganz besondere Briefmarke. Sie stammt aus Mauritius, einer Insel im Indischen Ozean“, sagte mein Vater bedeutungsvoll. „Wäre sie blau, dann wäre sie ein Vermögen wert.“ Ich fand aber unsere rosa Mauritius schon aufregend genug. Wenn ich doch nur ein paar von diesen Ländern kennen lernen dürfte! Ich weiß, Stewardessen haben diese Chance.

Gisela Tönjes, „Tünnes“, meine Schulfreundin, ist ebenfalls Feuer und Flamme. „Aber die Stewardessen sind alle so schön und müssen so viel können!“ sagt sie etwas besorgt. Wir mustern uns gegenseitig skeptisch. Tünnes ist in Oldenburg aufgewachsen – eine richtige norddeutsche

Deern. Sie ist stattlicher als ich und hat ihr blondes, kräftiges Haar hinten kurz zu einer modernen Entenschwanzfrisur hochgebürstet. Aus ihrem offenen Gesicht strahlt Optimismus und mit ihrem umwerfenden Lachen fegt sie eigentlich immer alle Probleme beiseite. Aber bei diesem großen Vorhaben äußert sie doch etwas kleinlaut: „Meine Nase ist ein bißchen knubbelig und außerdem bin ich kurzsichtig. Brillenträger haben keine großen Chancen." „Ach, es gibt doch jetzt Kontaktlinsen", versuche ich ihre Bedenken zu zerstreuen.

„Wenn wir doch nur eine Chance hätten!" entgegnet sie träumerisch.

„Wir haben immerhin neun Jahre Englisch gelernt – jetzt noch Wirtschaftsenglisch dazu, haben Französisch sieben Jahre lang gebüffelt und jetzt lernen wir gerade mit Begeisterung Spanisch. Wenn wir gefragt werden, wieviel Sprachen wir sprechen, könnten wir ja zu den oben genannten Fremdsprachen noch Plattdütsch hinzufügen."

Wir müssen noch mehr in die Waagschale werfen können, um unsere Mankos wett zu machen", überlege ich. „Belegen wir doch noch einen Kurs in Erster Hilfe an der Volkshochschule", schlägt Tünnes vor. „Keine schlechte Idee! Vielleicht wäre es auch gut, wenn wir als Schiffs-Stewardessen Erfahrungen sammeln würden", geht es mir durch den Sinn. „Mit solch einer Erfahrung könnten wir einige Nachteile ausgleichen."

Schon stehen wir beim Norddeutschen Lloyd vor der lederbezogenen Tür von Kapitän Prehn. Nach zaghaftem Klopfen und einem energischen „Herein!" treten wir in das holzgetäfelte Zimmer. Hinter einem großen Schreibtisch sitzt Kapitän Prehn. Nachdem wir unser Anliegen vorgetragen haben, guckt er uns über die große Hornbrille prüfend an, nimmt seine Pfeife aus dem Mund und sagt: "Wir nehmen doch keine Kinder!"

Das uns! Wir, mit 19 Jahren, mit Abitur – Kinder!? Als er unsere Bestürzung merkt, lenkt er ein und erklärt: „Eine Schiffs-Stewardess ist mit der Besatzung manchmal drei bis vier Wochen unterwegs. Da brauchen wir erfahrene Frauen!" Für solche Erfahrungen bietet die Volkshochschule keine Kurse an.

Ich fühle mich so mittelprächtig: dunkelblonde Haare, mittelgroß und genauso dünn wie die meisten, die im Krieg und in der mageren Nachkriegszeit aufgewachsen sind. „Bei dir waren die Zutaten wohl nicht mehr so!" zog mich meine Schwester auf, oder auf meine wenig ausgeprägte Weiblichkeit in der Bluse anspielend: „Plättbrett mit Erbsen". „Wo in der Jugend nichts ist, kann im Alter nichts hängen!" konterte ich, Gelassenheit vortäuschend. Ja, meine Schwester Hella, neun Jahre älter und neun Zentimeter größer als ich, war wirklich nicht von schlechten Eltern!

Kindheit – „Lebensborn"

So sahen das auch die Nationalsozialisten, als sie die blonde, gut gewachsene Ostfriesin für ihre arische Züchtung im „Lebensborn" (Anstalt zur Menschenzüchtung der Nationalsozialisten) gewinnen wollten.

Hella, Jahrgang ′24, war begeistertes Jungmädel geworden und dann zur BDM-Führerin aufgestiegen. Sie empfand es als Ehre, ausgesucht worden zu sein. Genauso wurden auch die beiden besten Jungens aus unserer 40-köpfigen Volksschulklasse, Rudi und Helmut, die zur „Adolf-Hitler-Schule", gehen durften, von allen aus unserer Klasse bewundert.

Meine große Schwester verstand einfach nicht, warum unsere Eltern so dagegen waren. Es gab heiße Diskussionen in unserer Familie. Sie war vom BDM, dem „Bund deutscher Mädel", begeistert. Immer wieder kam sie mit neuen Liedern nach Hause, die sie auch mir beibrachte und die ich auch bald nach Gehör auf der Mundharmonika nachspielen konnte. Die Lieder aus dem „Kilometerstein" sangen wir mit besonderem Spaß.

„Waltraud und Inge sind nicht ausgesucht worden, nicht einmal Lotte, deren Mutter doch Reichsfrauenführerin ist. Warum laßt ihr mich nicht?" maulte Hella.

Weil ich nicht belastet werden soll, wurde ich nicht eingeweiht, bekam aber trotzdem die Spannungen deutlich zu spüren. Meine Mutter versuchte immer zu beschwichtigen und auch meinen Vater hörte ich oft sagen: „Psst, nicht so laut, unser Nachbar Ruckwitz und unser Nachbar schräg gegenüber, die tragen das ‚Bonbon' im Knopfloch" – gemeint war das Parteiabzeichen. „Da müssen wir aufpassen!" Mein Vater war – glaube ich – ein „Kaisertreuer". Wahlentscheidungen blieben in unserer Familie geheim. Als freier Bremer Kaufmann hatte er jedenfalls mit den Kommunisten und auch mit den Nazis nichts im Sinn. „Die Sozialdemokraten, die können das Geld immer schneller ausgeben, als die anderen es erwirtschaftet haben!" sagte er mit einer wegwerfenden Handbewegung.

An einem schönen Sommertag wurde ein Ausflug in die Rhön geplant. Meine „Oma Bochum" und Tante Adele waren auch dabei. Obwohl die Sonne auf die sanften, saftigen Hügel schien, herrschte nach dem Besuch des „Sanatoriums" (Lebensborn) bedrückte Stimmung. Sowohl meine Schwester als auch mein Vater beharrten auf ihren gegensätzlichen Standpunkten, mit schwerwiegenden Folgen: Unsere Worpsweder Möbelfabrik würde geschlossen werden oder in andere Hände übergehen.

Dabei war meine Schwester so stolz auf die Möbelfabrik gewesen, die mein Vater aufgebaut hatte. „Unser Vater ist jetzt Fabrikant, kannst du „angeben" – in doppelter Bedeutung –, wenn du nach seinem Beruf gefragt wirst", sagte Hella zu mir. Wir waren begeistert von den kunsthandwerklichen Möbeln, die dort angefertigt wurden mit den geflochtenen Sitzen und den geschnitzten Rückenlehnen. Ganz besonders gut gefielen mir die Tischchen mit den handbemalten Fliesen und die beheizbaren Fußbänkchen. Sie erinnerten mich an die „Stövchen" in Ostfriesland. Bestückt mit Holzkohle oder Torf, dienten sie meinen Großeltern bei der Dämmerstunde dazu, ihre Füße warm zu halten. Und nun gehörte uns die Fabrik nicht mehr. Beim „Lebensborn" prallten die beiden Ostfriesenköppe meines Vaters und meiner Schwester aufeinander und keiner wollte einlenken.

Ich war ganz traurig, dass unser schöner „Horch" = „Audi" mit den grauen Ledersitzen, in dem meine Cousine Mechthild und ich in unserer Garage immer so gern gespielt hatten, eines Tages nicht mehr da war. „Beschlagnahmt" hieß es.

Mein Vater wurde dienstverpflichtet, bei der „Bremer Weserflug" zu arbeiten. Meine Schwester kam in den RAD, den Reichsarbeitsdienst, und ich in die „Kinderlandverschickung" nach Freiberg in Sachsen.

All das liegt kaum zehn Jahre zurück. Als wir „Kinder" von unserer Schiffs-Stewardess-Bewerbung enttäuscht nach Hause kommen, trösten uns meine Eltern. „Wißt ihr", sagt mein Vater, „jetzt möchtet ihr gern älter sein oder wirken. Wartet mal ab, in ein paar Jahren freut ihr euch, wenn ihr jünger geschätzt werdet." Ja, mit meinen Eltern habe ich wirklich Glück gehabt.

Meine Eltern gaben mir immer das Gefühl von Geborgenheit und ließen mich doch natürlich wachsen – bis auf meine Zähne.

Spiekeroog 1946, Edith mit Eltern

Schon gleich nach meiner Geburt hatte ich meine erste große Sucht entdeckt: das Nuckeln. Unverständlich, weil meine Mutter mich doch fast sechs Monate stillen konnte. Zuerst wurde mein „Lutschen“ geduldet, danach an meine Einsicht appelliert und nach und nach mit härteren Methoden zu unterbinden versucht: Finger in bitteren Wermut gesteckt, Fingerschützer übergezogen und verknotet, selbst die (nicht ausgeführte) Androhung meines Vaters, mir den Hosenboden zu versohlen half nicht. Zeige- und Mittelfinger in den Mund, den linken Arm unter die Nase, der draußen den Geruch der Jahreszeiten eingefangen hatte, das war für mich die höchste Wonne. Dieser intensiven Lust konnten meine Zähne nicht widerstehen und räumten nach und nach den Fingern mehr Platz in meinem Mund ein. Meine unteren Schneidezähne wichen zurück, die oberen „mümmelten“ sich wie Kaninchenzähne nach vorne. „Da kann es bei dir wenigstens nicht reinregnen“ zog mich meine große Schwester auf.

Ein Blick in den Spiegel verhalf mir doch zur Einsicht. „Wenn du mit dem Nuckeln aufhörst, können wir dir eine Spange verpassen lassen“, sagte Papa, und Mama hatte bald den richtigen Zahnarzt, Doktor Rauhlfs, ausfindig gemacht, der meine Zähne mit Zahnspangen wieder in ihre ursprüngliche Anordnung zurecht rückte. Es war jedesmal ein richtiger Ausflug durch halb Bremen. Mama zog ihr feines grüngraues Nadelstreifenkostüm an, steckte mir ein weißes Taschentuch ein, auf das sie einen Tropfen aus der russischgrünen „Uralt-Lavendel“ Flasche von Lohse träufelte, und dann fuhren wir mit der Straßenbahn bis zum Ostertor.

Wenn die große weiße Schiebetür zu seinem Sprechzimmer geöffnet wurde, erschien Doktor Rauhlfs als strahlend-blendende Erscheinung. Um seinen Kopf hatte er nämlich ein Band, an dem vorne eine Lampe leuchtete und ihn mit einem hellen Schein umgab. Beim Empfang hatte er sie nach oben geklappt, zur Behandlung gab sie ihm blendenden Einblick in sein Arbeitsfeld, in meinem Mund. Als ich ihn das erste Mal sah, versuchte ich hinter dem hellem Heiligenschein an seinen Schultern vielleicht noch ein paar Flügel zu entdecken, denn so ähnlich stellte ich mir einen Erzengel vor. Im Wartezimmer des Zahnarztes studierte ich alles – auch den Spruch vom Marabu, denn ich hatte doch gerade Lesen gelernt:

„Es lebte einst in Afrika der weise Marabu,
Der drückte beinah immerfort das eine Auge zu:
Und wenn ihm das zuwider war, was tat der Marabu?
Er macht das eine Auge auf und drückt das andere zu.
Das war ein großer Philosoph, der weise Marabu,
denn wer zufrieden leben will, drückt stets ein Auge zu."

Irgendwie imponierte mir dieser Vogel, wenn ich auch keine Ahnung von Philosophen hatte. Später lerne ich, dass Marabu auf Kisuaheli „Vater der Weisheit" heißt. Ich weiß nicht, ob die Lufthansa ein Auge über vorstehende Zähne zugedrückt hätte? Das musste ich gar nicht herausfinden, denn meine Zähne standen bei meiner Vorstellung in Reih und Glied.

Familienflughafen Bremen

Nicht lange nach unserer vergeblichen Bewerbung „zur See" kommt als Entschädigung über das Arbeitsamt eine Einladung zu einem Vorstellungsgespräch bei der Flughafenbetriebsgesellschaft in Bremen, und ich werde angenommen. Da habe ich das große Los gezogen!

Obgleich ich schon beim Konsulat von Ecuador ein Stellenangebot für 150 DM im Monat fast angenommen habe, „fliege" ich natürlich auf die Flughafenstelle für 135 DM.

„Guck nicht auf das Geld", sagt mein Vater, „Wenn du Freude an deiner Arbeit hast, dann kommt das Geld von alleine. Läufst du aber hinter dem Geld her, dann läuft es schneller weg, als du laufen kannst."

Freude habe ich an meiner Arbeit am Bremer Flughafen, der 1953 ein verträumter kleiner Familienflughafen mit sechs Flugbewegungen pro Tag ist.

Prinz Louis Ferdinand

Die Pan American Airlines steht ganz dominant an erster Stelle mit ihren zwei Direktflügen der DC 4 von und nach Berlin. Sie beherrscht den Bremer Flughafen. Niemand hätte sich vorstellen können, dass sie 1992 Konkurs anmelden muss. Scandinavian Airliner System hat auch zwei Maschinen pro Tag, so wie die holländische KLM, für deren Abfertigung ich eingestellt bin.

Der Passagier ist König. Die Namen der Fluggäste sind uns geläufig. Wir sehen sie beim „Ticket-Liften", wenn wir den Flugabschnitt aus dem Ticket herausreißen, das mit vielen Durchschlägen ein richtiges kleines Heft ist; wir setzen sie auf die Passagierliste, begrüßen und verabschieden sie namentlich, so dass ich sie bei ihrer Rückkehr auch wieder wie alte Bekannte begrüßen kann, nicht nur seine königliche Hoheit Louis Ferdinand Prinz von Preußen, der in der Nähe Bremens wohnt und häufig mit uns fliegt.

Die Arbeit ist überschaubar – unser Stationsleiter sieht sich sogar nach Arbeitsbeschaffungsmaßnahmen um, damit Herr Direktor Wurll, die graue Eminenz, nicht auf den Gedanken kommt, wir hätten nicht genug zu tun. Oh, wenn unser Flughafendirektor mit seinem durchdringenden Blick und seinem Stock durch die Flughafenhalle stapft, stehen alle stramm – zumindest in Gedanken. Sonntags werden Rundflüge angeboten. Ich soll die Ansage machen.

Eine unheimliche Mikrofonangst überfällt mich und es verschlägt mir die Stimme. Was ich danach zu hören bekomme, macht die Mikrofonangst nur noch schlimmer. Trotzdem werde ich eingestellt und ich wunderte mich, dass Direktor Wurll mir ein wirklich gutes Empfehlungsschreiben für die Lufthansa ausstellt.

Eine gewisse Mikrofonangst schleicht sich immer wieder mal in meine Ansagen ein. Aber das scheint später auf dem Jumbo zwei Werbebossen in der First Class wohl zu gefallen, die meinen: „Sie haben eine Mikrofon-Stimme. Dürfen wir Sie mal zu einer Sprechprobe in unser Studio einladen?"

Warum nicht? Und schon sitze ich in einem Studio und meine „Mikrofonstimme" läßt den Werbeslogan ertönen: „Nestee – Zitronentee, die herrlich frische Trinkidee!"

Nachdem sich die Befangenheit in meiner Stimme gelegt hat, das Tempo eingestellt, das Räuspern unterbunden und Versprecher ausgemerzt sind, läßt leider bei der zwanzigsten Wiederholung die Frische doch etwas zu wünschen übrig.

Traum vom Fliegen

Fliegen ist mein Traum; nur leider unerschwinglich für eine Bodenstewardess mit einem Monatsgehalt von 135 DM. Da mein Arbeitgeber, die Bremer Flughafenbetriebsgesellschaft, kein Mitglied der IATA ist, bekomme ich auch keine ermäßigten Flüge Die IATA (International Aviaation Traffica Association) führt ein strenges Regiment.

„Ach, wenn ich doch nur fliegen könnte. Immer nur zwischen Bremen und Hannover hin und her, das würde mir schon genügen", wünsche ich mir sehnsüchtig.

Haben die holländischen, dänischen und englischen Fotoflieger am Bremer Flughafen meine sehnsüchtigen Blicke gesehen oder hat der Rampendienstleiter Victor Eckhart ein gutes Wort für mich eingelegt? Zu Fotoflügen, Versorgungsflügen zu den Ostfriesischen Inseln, sogar zum Segelfliegen auf Juist werde ich eingeladen.

Dort hat der wettergegerbte Jan Eilers eine Segelflugschule eröffnet, an der viele junge Flugschüler ihre Segelfluglizenz machen. Ich weiß gar nicht wie mir geschieht, aber plötzlich bin ich „Huhn im Korb“ und darf sogar in einem Segelflugzeug mitfliegen.

Bekannschaft mit dem Kranich

Im schmalen Rumpf des „Kranichs“ sitze ich vor Jan Eilers. Die riesige Spannweite der Flügel federt elastisch, fast ein bißchen nervös, wie ein rassiges Rennpferd vor dem Start, ehe wir in den blauen Himmel gezogen werden. Ausgeklinkt durchschweben wir mit aus Wolken geschnittener Leichtigkeit den allumfassenden Raum und zerteilen mit sanftem „Schschsch“ das unsichtbare Luftpolster, das uns trägt.

Etwas robuster geht es zu bei Rundflügen mit akrobatischen Einlagen, wie an einem schönen Sommertag: „Fräulein Janssen, Mr. Neely lädt sie zu einem Rundflug über Bremen ein. Die KLM-Maschine kommt doch erst in drei Stunden.“ sagt der Rampendienstleiter augenzwinkernd zu mir. Unser Stationsleiter, Herr Bischof, klein und sehr pflichtbewusst, gibt mir zwar nicht gern, aber dennoch die Erlaubnis: „Aber dass Sie zur KLM-Abfertigung wieder zurück sind!“„Ja, ganz bestimmt!“ versichere ich eifrig. Schon sitze ich in der zweisitzigen Piper hinter dem englischen Piloten Mr. Neely.

Ob er ein Nachfahre der tollkühnen Männer in den fliegenden Kisten war? Steil hochgezogen in den blauen Himmel starten, dann wieder andrücken – Looping, seitlich abgleiten, wieder hochziehen, Immelmann-Turn über die Seite, wieder ein Looping, dass mir alles aus dem Gesicht in meinen Schoß rutscht. „Jetzt machen wir mal Autobahnanstechen!“ verkündet er, und schon geht es runter – immer tiefer zur Autobahn. Wir fliegen auf gleicher Höhe neben den Autos her und sehen die erschreckt-erstaunten Gesichter der Autofahrer. Ihnen liegen die Tiefflieger wohl auch noch in Erinnerung. „Jetzt müssen wir schnell wieder hochziehen, so über die Seite, dass unser Kennzeichen nicht erkannt werden kann!“ fliegt es mir in Fetzen vom vor mir sitzenden Piloten in die Ohren. Es macht unheimlich Spaß und die Zeit vergeht wie im Fluge – im wahrsten Sinne des Wortes!

„Jetzt müssen wir aber zurück!“ Aber was ist das? Ohne Funk sind wir auf Lichtsignale angewiesen; wir bekommen rotes Licht und damit keine Landeerlaubnis. Wir fliegen eine Runde, noch eine, ein dritte Runde – immer wieder rotes Licht! Und warum? Weil sich die DC-3 der KLM im Anflug befindet. Von oben muss ich mit ansehen, wie die KLM landet und keine Bodenstewardess sie empfängt.

„Jetzt endlich bekommen wir grünes Licht!“ Auf den Kopf gestellt trudeln wir mit unserer Piper im Sturzflug nach unten – trotzdem zu spät!

Mutter Janssen mit Purzel

Fliegen mit Opferbereitschaft

Lody, der lange, lustige Holländer aus Leeuwarden, hat mich schon mehrmals in seiner viersitzigen KZ-7 mitgenommen. Meistens flog er noch eine Ehrenrunde über unserer Melkerstätte. Hörte meine Mutti diese kleine Maschine kreisen, kam sie herausgelaufen und winkte und mit ihr unser Purzel.

„Morgen, am Sonntag, wollen wir wieder einige Bauernhöfe in der Umgebung von Bremen aus der Luft fotografieren“, sagt Lody zu mir. „Hast du Lust mitzukommen?“ „Na, ich doch immer!“ „Uns steht aber nur der zweisitzige Hochdecker KZ 3 zur Verfügung. Wenn der Fotograf vorne rechts neben mir sitzt, müßtest du dich hinter unsere Sitze zwischen die Seilzüge für das Leitwerk legen – unangeschnallt.“ „Kein Problem!“ sage ich in meinem jugendlichen Leichtsinn, wobei mir der Spruch unseres Stationsleiters Hans Bischof durch den Kopf geht: „Wenn es sein soll, bricht man sich die Nase auf dem Butterbrot ab!“ Außerdem haben ich doch Erfahrung mit Loopings, Turns und Trudeln. Das alles hat mir doch nichts ausgemacht. Vorher stärken wir uns noch in unserer Kantine mit einem Stammessen für 1,50 DM: Eine Roulade.

Dann geht es los. Ich liege auf dem Bauch und passe auf, dass ich die Seilzüge für das Leitwerk nicht behindere. Zwischen Pilot und Fotograf hindurch habe ich einen schönen Ausblick auf die immer mehr wie Spielzeug aussehenden Häuser und Bauernhöfe. Wir umkreisen die Bauernhöfe, fotografieren und kreisen, kreisen und kreisen. Plötzlich will meine Roulade nicht mehr mitkreisen. Oh, oh!

Ein Filmkarton wird hastig leergeräumt, als „Spucktüte" benutzt und weit draußen über den Wiesen abgeworfen.

Später, beim Verkauf der Fotos, wird der Fotograf gefragt, ob ihm oder dem Piloten wohl schlecht geworden sei. „Ja", sagt ein Bauer schmunzelnd, „an dem schönen Sonntag haben viele Jugendliche das Kreisen des kleinen Flugzeuges beobachtet. Mit großen Erwartungen sind sie dann über die Wiesen gerannt, als das ‚Care-Paket' abgelassen wurde."

Wie sich die Zeiten wandeln: Mal ist man oben, mal unten. Keine zehn Jahre zuvor hatten mich englische Tiefflieger „angestochen", als mein Vater, meine Schwester und ich per Fahrrad wertvolle Sachen zu meiner Tante ins Bürsteler Waldhaus „in Sicherheit" bringen wollten. Auf einem Fahrrad ohne Freilauf, ohne Rücktritt, ohne Gangschaltung, ohne Helm, mit Gesundheitslenker und schwerbeladenem, wackeligem Gepäckträger über sandigen Waldboden schaukelnd, wurden wir plötzlich von Tieffliegern beschossen. „Weiterfahren, nicht stehen bleiben!" hörte ich meinen Vater rufen, der im ersten Weltkrieg mit einem Dum-Dum-Geschoß im Oberschenkel Kriegserfahrungen gesammelt hatte.

Und nun – zehn Jahre später – sitze ich oben in den kleinen Sportmaschinen. Das Rad des Lebens dreht sich: „What goes up – must come down".

Bei meinem Onkel Martin auf der Mühle in Carolinensiel arbeiteten Anfang der vierziger Jahre Kriegsgefangene. Neben Russen und Polen war da auch noch Franz Ferneau, ein Franzose, blond, sportlich und charmant: Er entsprach gar nicht dem Bild, das man uns im Krieg von Franzosen vermittelt hatte. Die Angst vor den Zuchtbullen – Onkel Martins ganzer Stolz –, die hinterm Packhaus im Stall fast Feuer zu verströmen schienen und wild gegen die Holzabtrennung donnerten, konnte er mir nicht nehmen, aber die Angst vor Hunden. Franz legte einfach seine Hand in die Riesenschnauze von Jagdhund „Cora" und ließ es mich nachmachen. Von da an wollte ich unbedingt einen eigenen Hund haben.

„Das ist doch jetzt im Krieg nicht möglich!" versuchte mein Vater zu erklären. „Wo soll er denn während der Bombenangriffe bleiben? Und außerdem haben wir selbst kaum genug zu essen! Vielleicht geht es, wenn der Krieg vorbei ist", vertröstete er mich.

1945 war für mich der Krieg vorbei. „Papa, jetzt musst du dein Versprechen einlösen", drängte ich, „ich wünsche mir doch sehr einen Hund."

„Ach, wir wissen doch gar nicht, wie es in Ostfriesland aussieht, ob unsere Verwandten dort noch am Leben sind. Züge fahren keine mehr, die Brücken sind wohl alle gesprengt. Kein Telefon! Keine Post! Wir planen mal eine Tour mit dem Fahrrad." Ich freute mich wie ein Stint, wie wir Bremer sagen. „Aber wenn ein Hund in Frage kommt", nannte mein Vater seine Bedingungen, „dann muss er klein sein – wir haben ja selbst nicht genug zu essen, er muss kurzhaarig und möglichst schwarz sein – leicht zu pflegen – und männlich, denn wir wollen nicht auch noch Nachkommen großziehen."

So machten sich meine Schwester Hella, mein Vater (mit einem steifen Bein) und ich auf meinem „Immerpetter" ohne Freilauf frühmorgens im Mai 1945 auf den 120 Kilometer langen Weg nach Carolinensiel. Vorbei ging es an vielen Kontrollpunkten der Franzosen, Tommys und Amis, die unsere Heimat in viele verschiedene Besatzungszonen aufgeteilt hatten. Die Brücke über die Hunte war gesprengt, und wir mussten ein Ruderboot als Fähre benutzen. Die Tour zog sich in die Länge, aber richtig hart wurde es auf den letzten 16 Kilometern von Jever nach Carolinensiel. Dort hatte der Nordwestwind die Chausseebäume gekrümmt und mit Witwenbuckeln nach Südosten wachsen lassen. Dieser Wind bläst uns ungehindert entgegen und will unsere Kräfte auf die Probe stellen. Wäre da nicht die Aussicht auf einen Hund gewesen!

Schon von weitem sahen wir das Wahrzeichen Carolinensiels: Unsere Windmühle stand noch! Gott sei Dank hatte sie den Krieg heil überstanden!

Ende des 19. Jahrhunderts hatte mein Großvater die Windmühle gekauft. 1900 war sie vom Blitz getroffen worden und niedergebrannt.

„Opa Siel“ hatte sie schöner wieder aufgebaut. Mein Vater hatte das Unglück als Neunjähriger mit seinem älteren Bruder und drei jüngeren Geschwistern miterlebt und wußte, dass seither bei Gewitter immer Spannung herrschte.

Pionierarbeit

Eine gute Spannung wußte mein Vater, Karl Janssen, schon 1916 zu erzeugen: Kaum aus der Gefangenschaft und dem Lazarett entlassen, baute er 1916 das erste Elektrizitätswerk in Ostfriesland. Mit Windmühlenkraft und einem Generator im Packhaus erzeugte er Strom, baute ein Stromnetz auf und lieferte diese Energie an umliegende Höfe und Einrichtungen. Ein Kino in Carolinensiel war die Attraktion.

Als alles aufgebaut war, übernahm der Staat mit Monopolstellung das E-Werk. Damit war die Janssensche Pionierarbeit auf dem Gebiet der Stromerzeugung anno 1917 dahin.

Schon wurde ein anderes Projekt in Angriff genommen: Mein Vater kaufte schnelle Minensuchboote aus dem ersten Weltkrieg auf und heuerte Mannschaften an für Fischfang, Hühnerfutter- und Muschelkalkproduktion. „Was uns nicht umbringt, macht uns stark!“ war eines seiner Leitmotive.

Er bekam allerdings oft Magengeschwüre mit Schmerzen und entsprechenden Stimmungen. Meistens hatte er sie sich selbst „auskuriert“, stellte man hinterher anhand der Narben fest. Ein Riesenmagengeschwür hatte ihm wohl die „Brüningsche Notverordnung“ zugefügt, die 1932 in Kraft trat, just als ich mich als zusätzlicher Esser noch angemeldet hatte.

Anfang der Dreißiger Jahre hatte mein Vater „Janssens Spedition“ gegründet und mehrere Lastwagen auf Wechsel gekauft. Seinen Schwager und entfernte Verwandte hatte er als Fernfahrer eingesetzt. Roland 3159 lautete seine Rufnummer, wie heute die der Bremer Polizei. Die „Brüningsche Notverordnung“ jedoch beinhaltete, dass Fracht nur noch per Bahn transportiert werden dürfe. „Die Wechsel gingen zu Protest“, so liegt es mir noch in den Ohren, wenn mein Vater es einmal erzählte. Ohne den Transport von Waren konnte er mit den Lastwagen kein Geld verdienen und auch die Wechsel nicht einlösen. Sie gingen zu Protest – das hieß, dass mein Vater den Offenbarungseid leisten musste.

Hatte meine Schwester in Zeiten des Wohlstandes einen schönen, großen Puppenwagen bekommen, so diente dieser 1933 als Kinderwagen für die neue „lebendige Babypuppe Edith." Am 20. April 1933, als ich noch seelenruhig im Fruchtwasser meiner Mutter schwamm, drangen laute Lieder an mein „inneres Ohr", Paradeschritte und Rufe: „Sieg und Heil!" Da wollte ich doch mal nachsehen, was es damit auf sich hatte und erblickte zwei Tage später das Licht der Welt. Am eigenen Leibe musste ich miterleben, wie sich Sieg in Niederlage und Heil in Unheil verwandelte.

„Es ist kein Ding so schlecht, es hätte nicht sein Gutes" – denn sonst hätte sich mir mein Spielparadies „Melkerstätte" nicht erschlossen. Bald nach der erwähnten Notverordnung hatte mein Vater einen neuen Wirkungskreis bei der Heimstättenbaugenossenschaft gefunden und war 1935 an der Planung von zwei Straßen beteiligt: an der Saarstraße und an unserer Melkerstätte, meinem Kinderparadies. Neun Häuser säumten rechts und neun Häuser links unsere Straße; sie sahen sich äußerlich sehr ähnlich, aber unseres stand auf einem großen Grundstück, hat eine Garage, ein Bad und einen richtigen Keller, der in der Anfangskriegszeit auch unseren Nachbarn als Luftschutzbunker diente.

Während des Krieges wurde in unserem Obergeschoß mit den Schlafräumen und dem Bad eine Kriegerwitwe, Frau Wöltjen, mit ihren zwei Kindern einquartiert. Wir vier Janssens mussten uns unten in unserer Zinkbadewanne mit dem Tauchsieder am Wochenende das Bad zubereiten oder in dem gemauerten Waschzuber in der Waschküche – mit einem steifen Bein war das für meinen Vater nicht so einfach.

Trotz seiner Behinderung strahlte mein Vater etwas Nobles aus. Selbst sein Stock erinnerte nicht an die Stütze eines Kriegskrüppels, sondern eher an einen Feldmarschallstab, den er mit fester Hand umfaßte und zum Zeigen und Untersuchen von Dingen benutzte, manchmal auch, um seinen Zorn nach einem Bürokratenbesuch in die Erde abzuleiten. Mit der anderen Hand zog er formvollendet seinen grauen Hut, wenn er eine bekannte Frau aus der Nachbarschaft grüßte. Die anderen Väter in unserem Viertel trugen Schirmmützen, an die sie beim Grüßen kurz mit dem Finger tippten.

Musste mein Vater zu wichtigen Terminen in die Stadt gehen, half meine Mutter ihm in seinen anthrazitgrauen Überzieher und bürstete den Staub von dem kleinen Samtkragen. Die Garderobe befand sich nämlich im Eingangsflur gegenüber unserer Kachelofenheizung, die mit Anthrazit befeuert wurde und das ganze Haus über Luftschächte heizte. War er so in guter Stimmung auf den Weg gebracht worden, kam mein Vater von manchen Behördengängen „geladen" zurück. „Diese Beamten!" grummelte er ärgerlich. Einmal wandte er sich mir zu: „Als Schwiegersohn kannst du mir jeden und alles anbringen, bloß keinen Beamten!"

Wie hätte er wohl reagiert, wenn ich ihm mit dem Spruch gekommen wäre, über den ich im Finanzamt lachen musste: „Beamte sind die besten Ehemänner. Sie kommen ausgeschlafen nach Hause und haben die Zeitung schon gelesen."

Dann hätte er sicherlich geschmunzelt, so wie auch bei der Frage von Hella: „Papa, wie war das denn noch, als du das erste Auto auf Carolinensiel hattest?"

„Ja, das war noch vor deiner Geburt", erinnerte er sich, „1923 kaufte ich einen Hansa mit Rechtssteuerung und Handgas wegen meines steifen Beines. Einmal versagten die Bremsen, da bin ich so lange auf dem „Siel" herumgefahren, bis das Benzin alle war." Bei der Erinnerung an dieses Erlebnis blitzten seine Augen auf.

Nun jedenfalls standen wir gleich vor „unserer" Mühle, zum Glück waren die Kriegsblitze an ihr vorübergegangen. Schon von weitem grüßte sie uns mit ihren großen Flügeln und den zweistöckigen Galerien. Ob „Bubel", mein gleichaltriger Cousin Herman, mich wohl wieder mitnimmt auf den obersten Umgang der Mühle? Das war uns Kindern eigentlich verboten. Aber wenn unser mehlbestäubter Müller Schmidt in seiner Mittagstunde war, führte mich Bubel auf die oberste Galerie, zwischen ächzenden Walzen hindurch, krumme Treppen hinauf. Der frische Wind, der uns hier oben entgegen blies, und die herrliche Aussicht auf die Inseln Wangerooge mit dem Leuchtturm, Spiekeroog und Langeoog ließen uns jedes Risiko eingehen. Diese frische Brise – diese Weite, der Himmel, die ausgedehnten Wiesen waren uns diesen Einsatz wert.

Lautlos umkreisten uns weißgraue Möwen. Manchmal standen sie im Winde, dann ganz unmerklich ein kleiner Flügelschlag, ein Abgleiten;

danach ließen sie sich wieder mit geringster Anstrengung hoch tragen. Sie waren eins mit ihrem Element Luft. Zwischendurch ein kurzer Laut, als wollten sie uns zurufen: „Fliegen ist Leben!“ Staunend und fast ein wenig sehnsüchtig beobachtete ich ihre schwerelosen, fliegerischen Manöver.

Ja, auf und in der Mühle war es einfach herrlich! Schon allein der Geruch von frisch gemahlenem Mehl! Dieser feine Mehlstaub, der sich überall wie eine ganz dünne Schneeschicht abgesetzt hatte – auch auf die große Waage, auf der der „bestäubte“ Müller Schmidt mit Zentnergewichten unser Gewicht feststellte. „Nicht einmal Schneidergewicht bringt ihr zusammen auf die Waage!“ „Schneidergewicht?!“ wiederhole ich fragend. „Ja, das ist ein Zentner mit Bügeleisen!“

Aber für mich war noch etwas Wichtigeres vorrangig: Kaum in Carolinensiel angekommen, stürzte ich gleich nach der Begrüßung mit meiner brennendsten Frage ins Haus: „Gibt es hier irgendwo junge Hunde?“

„Ja, da auf Friedrich-Augusten-Groden sind gerade letzte Woche kleine Rehpinscher zur Welt gekommen“, sagte Tante Minna. Na, die entsprechen ja wohl der Norm, die Papa gesetzt hat. „Ach, sind die süß!“ riefen Hella und ich begeistert wie aus einem Munde, als wir die sechs kleinen „Ratten“ sahen.

Ihre Augen waren noch zu und sie wurden von ihrer zierlichen Mutter richtig scharf bewacht. „Die müssen eigentlich sechs Wochen bei der Mutter bleiben, aber einen solch langen Aufenthalt haben wir nicht eingeplant. „Sollte einer schon allein trinken können …“ stellte Papa in Aussicht. Bevor wir abreisten, stellten wir den Welpen ein Schälchen mit Milch hin. Der pummeligste trollte sich zur Milchtränke. „Schlapp! Schlapp!“ machte er mit solchem Schwung, dass die Milchtropfen bis an Papas Hosenbein flogen. Unter großem Gelächter wurde er hochgehoben – ein Blick unter den Bauch: Männlich! Das war unser Purzel! Der erste Hund weit und breit in unserer Gegend. Er wurde von uns Kindern sofort ins Herz geschlossen, im Puppenwagen ausgefahren und war der Mittelpunkt. Sogar getauft wurde er im Taufkleidchen auf seinen Namen „Purzel“. 60 Jahre später – auf einem Straßenfest der Melkerstätte – erinnerte sich unsere Nachbarin noch an diese Taufe.

Edith, das ewige Schulkind

Man erinnerte sich auch noch an „Edith, das ewige Schulkind". 1952 machten in der Freien Hansestadt Bremen mit ca. 360 000 Einwohnern nur insgesamt 100 bis 120 Mädchen Abitur. Auf unserer Kippenbergschule, die den strengsten Maßstab angesetzt hatte, schafften es 16 Schülerinnen in unserer Klasse und ebenso viele in der Parallelklasse. Auf den anderen beiden Oberschulen für Mädchen, „Karlstraße" und „Kleine Helle", waren es nicht viel mehr Abiturientinnen. Meine Schulfreundin Hilde und ich waren die einzigen weit und breit aus unserem Viertel. Am 5. Februar 1952 hatte ich das Abitur mit Ach und Krach geschafft. Durchhaltevermögen hatte ich bewiesen, war ich doch die einzige, die aus der ersten Klasse der Kippenbergschule stammte, die 1943 nach Freiberg in Sachsen „kinderlandverschickt" worden war. Trotz Rückversetzung in eine Sammelklasse nach massivem Heimweh, übersprang ich später ein Schuljahr und landete wieder in meiner Ursprungsklasse in der Kippenbergschule. Noch andere Mitschülerinnen waren wohl gesprungen, denn sie waren noch jünger als ich. Deshalb setzten wir später den Floh auf unseren Klassenwimpel und die Jüngste, Hildegard Gildemeister, bekam den Spitznamen „Flohchen".

Als ich nach dem Abitur noch ein Jahr lang die Höhere Handelschule besuchte, hatte ich in Rablinghausen meinen Ruf weg: „Edith, das ewige Schulkind."

1939 Schul- und Kriegsbeginn

Zu Ostern 1939 wurde ich eingeschult – noch vor meinem 6. Geburtstag. Ich konnte es gar nicht erwarten. Stolz gingen wir in die neu gebaute, helle Schule und konnten nicht ahnen, dass sie drei Jahre später in Schutt und Asche gelegt sein wird. Noch waren wir voller Vorfreude auf das, was wir lernen konnten.

Im Tornister hatte ich eine Schiefertafel und eine Schwammdose mit einem roten Schwämmchen, mit dem wir unsere eingekratzten Griffelspuren immer wieder wegwischen konnten. Unsere Griffel konnten wir durch einfaches Wetzen auf unserer Schiefertafel spitzen. Nach Gebrauch wurden sie vorsichtig in unseren Griffelkasten gelegt, in dem auch ein Griffelspitzer Platz hatte. Unter den nassen Schwamm hatte ich eine Erbse und eine Bohne gelegt und konnte jeden Tag ihr Keimen und weiteres Wachstum beobachten. Der Schwamm bekam dadurch einen ganz eigenartigen Geruch, ein bißchen nach frischem Gemüse und verschwitztem Pullover, nicht unangenehm für mich. Der Schwamm konnte trotzdem seinen Zweck erfüllen; er musste nämlich Vieles wieder auswischen. Zunächst lernten wir auf der Sütterlintafel die deutsche Schrift, deren steile und kantige Buchstaben wir in unsere Schiefertafel einkratzten; wir unterschieden das lange *s*, das meistens in der Mitte eines Wortes steht, das *Rund-s* am Schluß und das scharfe *s* „mit Tornister". Mein Vater unterschrieb meine ersten Zeugnisse mit „Janshen". Daraus wurde von den Behörden „Janßen" (mit Tornister!) gemacht. Später wurde der Name in „Janssen" umgewandelt.

In der zweiten Klasse wurde jedoch alles auf lateinische Schrift mit runderen Buchstaben umgestellt. Zudem lernten wir die deutsche Grammatik auf Deutsch: „Subjekt = Satzgegenstand, Prädikat = Satzaussage; Adjektiv = Beifügung." Später mussten wir wieder die lateinischen Begriffe lernen.

Plattdütsch wurde uns in der Schule auch wieder beigebracht. Für Ada kein Problem, denn es war die Sprache, die ihr „Vaddi" zu Hause sprach. Mein Vater, der mit unseren Verwandten in Ostfriesland ordentlich Platt snackte, legte Wert darauf, dass wir zu Hause nur Hochdeutsch sprachen. Einige Plattdütsch sprechende Kinder hatten Schwierigkeiten, die Pronomen „mich" und „mir" auseinanderzuhalten. Im Plattdütschen wird da nämlich in der Aussprache keine Unterscheidung gemacht – es gibt nur eine Form: „mi". Die wurden nach Verwechslungen aufgezogen: „Das mir und mich verwechsle ich nich, das kommt bei mich nich vor."

Aber nu breck ick mi mit Platt de Tung av oder pett mi doabi up'n Slips.

Schulanfang und Kriegsbeginn fielen zusammen in das Jahr 1939. Die Kriegserlebnisse haben sich tief in meine Erinnerung eingegraben. Bremen mit seinem Hafen und seiner Lage in der günstigen Einflugschneise von England aus wurde häufig schwer getroffen. Gleich im Spätherbst 1939 begannen die Angriffe. Anfangs kamen noch die Nachbarn in unseren Keller, den einzigen unterirdischen in unserer Straße.

„Guck mal", sagte mein Vater, indem er mich auf den Arm nahm und durch das kleine Kellerfenster auf hellscheinende Leuchtkörper am Himmel zeigte. „Sie haben wieder ihre ‚Christbäume' gesetzt; die sehen zwar schön aus, aber so markieren die ‚Aufklärer' der Tommys die Ziele, auf die die nachfolgenden schweren Bomber später ihre tödlichen Lasten abwerfen können."

Auf Papas Arm fühlte ich mich geborgen und anfangs war es für uns Kinder auch etwas Neues. Aber nicht lange. Fast jede Nacht gab es Alarm; Sirenen, die uns schrill aus dem Schlaf schreckten. Irgendwie hatte ich mich an die Schlafunterbrechungen gewöhnt. Manchmal wurde ich gar nicht wach, wenn meine Eltern mich in unseren Keller trugen, so dass ich in dem Doppelstockbett neben den Regalen mit Einmachgläsern und der Kartoffelkiste weiterschlafen konnte. Später versperrte ein Beton-Splitterschutz vor den Kellerfenstern unsere Aussicht. Als die Angriffe immer heftiger wurden, mussten wir dann nachts auch in den Hochbunker flüchten – fast jede Nacht. Welch eine Wonne, einmal durchschlafen zu können!

„Warum kommen die Flieger denn hauptsächlich nachts?" fragte ich Papa.

„Ja, sie kommen nachts, weil tagsüber unsere FLAK, das ist die Abkürzung für Flug-Abwehr-Kanone, sie besser ins Abschußvisier nehmen kann."

Für uns Kinder war alles aufregend und bot auch neue Spielvarianten.

„Die FRAK, die schießt, die FRAK, die schießt!" so hörte ich Rudi, unseren vierjährigen Nachbarssohn freudestrahlend auf die Straße rennen. Im Gegensatz zu den Asiaten, die kein R sprechen können, hatte Rudi seine Schwierigkeiten umgekehrt. Aber es war nicht Patriotismus, der ihm diese Freudenrufe entlockte. Es gab wieder neue Splitter, die wir leidenschaftlich gern sammelten. Jedes Kind hatte seine Sammeldose. Die leichteren Aluminium-Flak-Splitter hatten zwar nicht den gleichen Tauschwert wie die zackigen, schweren Bombensplitter. Wenn diese spitz-gezackten Eisensplitter auch noch schön giftgrün oder schwefelgelb angefärbt waren, besaßen sie für uns einen besonderen Wert. Für solch ein Exemplar konnte man leicht zwei oder drei FLAK-Splitter tauschen.

Jeden Tag machte uns die Not erfinderischer für neue Spiele. Gleich hinter unserer Straße hinter dem Deich lag ein großer Fesselballon, riesig aufgeblasen und an langen Halteseilen befestigt. Für uns Kinder eine aufregende Sache, aber wir durften nicht zu nahe heran.

„Komm, wir müssen wieder Altmaterial sammeln!" sagte meine Schwester Hella.

Und schon zogen wir los mit dem Lied, das in seiner Schnodderigkeit keine Peinlichkeit aufkommen läßt: „Lumpen, Knochen, Eisen und Papier, ausgeschlagene Zähne sammeln wir, ja das sammeln wi - i - ir, ja das sammeln wir!"

Anfangs hatten wir ja noch richtig gutes Spielzeug. Johnny – „Jan Bull", wie wir ihn hänselten – hatte einen Holländer. Wie beim Rudern konnte er durch Vordrücken und Zurückziehen auf große Geschwindigkeit gebracht werden. Aber das war nichts gegen meinen Wipproller, mit dem ich richtig hohes Tempo einlegen konnte! Ruckzuck war ich mit ihm in „Pusdorf", dem nächsten Stadtteil Woltmershausen und holte mir meine neuen Lehrbücher für die Schule. Wie toll! Das neue Lesebuch mit den deutschen Heldensagen wollte ich sofort verschlingen. Aber nicht beim Rollerfahren! Ohne Bremse wurde die hohe Geschwindigkeit einfach durch Treten auf das hintere Schutzblech abgebremst. Der Wipproller war wohl später aus Sicherheitsgründen aus dem Verkehr gezogen worden, obwohl wir Kinder große Freude daran hatten. Und? Wir sind doch nicht auf den Kopf gefallen – und alles ohne Helm!

Gegen Ende des Krieges konnte ich den Wipproller, um den sich meine Spielkameraden und Cousinen immer rissen, auch als Transportmittel benutzen. Einmal holte ich auf ihm einen kleinen Sack mit Kohlen. Beim Bunkern der Schiffe waren Kohlen in die Weser gefallen und beim Ausbaggern des Hafenbeckens mit dem Schlamm auf die Wiesen gespült worden.

Der Spitzenreiter im Fuhrpark war jedoch mein „Immerpetter". Mein kriegsbeschädigter Vater mit einem steifen Bein benötigte ein Fahrrad ohne Freilauf, das ihm das Fahren mit einem Bein ermöglichte. Nach fünf Jahren wurde ihm ein weiteres Fahrrad ohne Freilauf zugeteilt. Da sein altes noch seine Dienste tat, stellte er mir diesen Immerpetter zur Verfügung. Ich sehe ihn noch so deutlich vor mir mit seinem „Gesundheitslenker" und mit der Klingel, auf der eine kleine Hakenkreuzfahne abgebildet war. „Immer petten“ heißt „immer treten“, und das eröffnete uns vielfältige Spielereien auf diesem Fahrrad: Etwa mit Schwung vom Deich herunterrollend, konnte man auf einer Pedale an einer Seite stehen und sich wie im Rhönrad rauf- und runtertragen lassen. Immer schneller, immer schneller.

Ja, und dann war mein Immerpetter eines Tages geklaut – weg! Gerade hatte ich ihn an einer Baracke abgestellt. Welch ein Malheur! Ein paar Tage später kam uns ein rothaariges Mädchen auf meinem Immerpetter entgegen. „Hella, da, mein Fahrrad!“ flüsterte ich meiner Schwester zu, und schon hatte sie im Handumdrehen das Mädchen vom Fahrrad gezerrt, die Rothaarige zur Fußgängerin degradiert und mich in meine alten Rechte eingesetzt. Große Freude!

Mussten wir Stunden mucksmäuschenstill im Bunker verbringen, wie zusammengepreßte Ballons in einer Schachtel, so entfalteten wir uns sofort nach der Entwarnung wie pralle Luftballons, die nur noch in die Höhe steigen und im Wind hüpfen wollten. Wie der Geist aus der entkorkten Flasche entströmten unserer Fantasie Spiele über Spiele, die wie Wellen über uns hinwegrollten und uns mitrissen: Hinke-Pinke, Kreisel, kleines und großes Seilspringen, Reifen schlagen, Marmeln, Kreis- und Singspiele. „Hexe, Hexe Kau-Kau-Kau“. „Verstecken und Kriegen“, „Mutter und Kind“, „Ringlein, du musst wandern“, Schlittenfahren, Schneeballschlachten oder Schneemann bauen. Auf den Gräben glitschen. Als wir noch Kreppapier kaufen können, nähen wir uns, mit Hilfe größerer Geschwister, Kostüme für unsere Märchenspiele. Obgleich ich lieber Schneeweißchen gewesen wäre, bestimmt unser rosarotes Kreppapier meine Rolle.

Absolute Priorität hatten jedoch unsere Ballspiele, die so leidenschaftlich gespielt wurden, dass die Bälle früher oder später ihr Leben aushauchten, falls sie nicht von August Lührs einkassiert wurden, wenn ein Ball aus Versehen in seinen Vorgarten gefallen war. Unser Favorit war „Völkerball“. Mit „Heu/Stroh“ wählten wir die Mannschaften. Wir spielten so lange, bis der Ball aus dem letzten Loch blies und immer mehr zerfetzte. Es gab nirgendwo Ersatz!

Aber Völkerball musste sein! Nur wie? Ohne Ball?! Also nähten wir aus „Plünnen“ unsere „Pflaume“. Und schon ging es weiter: „Hat einen – Fliegenkiste!“

Eines Tages bekam Margret einen kleinen schwarzen Ball von ihrem Vater aus dem „Feld“ geschickt. Welch ein Juwel! Aber Margret durfte ihn nur sonntags mit auf die Straße nehmen und da mussten wir unser Sonntagszeug schonen.

In einer anderen Phase stand Rollschuhlaufen an erster Stelle. „Wir laufen jetzt so lange auf unserer holprigen Straße hin und her, bis sie glatt wird“, schlug Inge vor und irgendwann hatten wir tatsächlich das Gefühl, dass unsere Melkerstätte schon viel glatter geworden war. Sieben Mädchen gehörten zum harten Spielkern der Straße. Die Jungens waren eigentlich nicht so richtig zu gebrauchen ... entweder zu alt, zu jung oder Spielverderber.

Ada, eine von uns „sieben Früh-Emanzen“, spielte gut Völkerball. Sie war klein und wendig und konnte gut werfen. Noch besser konnte sie ausweichen und sich ducken, um Angriffen zu entgehen, aber wenn sie den Ball gefangen hatte, wußte sie auch gut zu zielen. Ähnlich war auch ihr Verhalten. Zunächst höflich und freundlich schlug sie den Weg des geringsten Widerstandes ein, aber wenn sie bedrängt wurde, setzte sie sich mit Mutterwitz unmißverständlich zur Wehr und konnte schimpfen wie ein Rohrspatz. Wir beiden unternahmen unsere ersten großen Ausflüge nach dem Krieg.

Hilde, mit der ich später zusammen Abitur machte, hatte schwere lange Zöpfe und Eckzähne, die weiter vorstanden als ihre Schneidezähne. Ehe sie eine Entscheidung traf, drehte und wendete sie sich, um dann mit einem etwas verlegenen Lächeln, aber unumstößlich ihre Meinung zu äußern. Zu Hause hatte sie keinen leichten Stand. Neben ihren betagten Eltern hatten noch zwei alte Tanten das Mitspracherecht. Sie war von uns Mädchen in der Volksschule wohl die Klassenbeste und unser Klassenprimus Rudi schwärmte für sie. Er und Helmut, die besten und sportlichsten unserer Klasse waren für die „Adolf-Hitler-Schule“ ausgesucht worden. Das wurde von uns allen als besondere Auszeichnung empfunden.

Auf dem Schulhof spielten wir gern Kreisspiele. Wir sangen etwa gemeinsam: „Ich bin ne kleine Schnecke und süße Maus ... marschiere ja niemals allein, es muss noch einer bei mir sein.“ Nacheinander fanden wir uns alle in der Schnecke im Kreis zusammen; immer enger drückten wir uns zusammen, um beim Klingeln zum Pausenende schnell auseinander zu laufen, damit wir uns zu zweit ordentlich an der Treppe aufstellen, pünktlich in der Klasse an unserem Platz sein und respektvoll aufstehen konnten, wenn unsere Lehrerin das Klassenzimmer betrat. „Guten Morgen Fräulein Vassmer!“ erwiderten wir einstimmig den Gruß unserer Klassenlehrerin. Obgleich sie schon uralt war – für unsere Begriffe – herrschte bei ihr Zucht und Ordnung über uns 40 Banausen. Links am Fenster saßen die Jungens, rechts die Mädchen. Wenn jemand nicht „pariert“ hatte, wurde er wohl mal in die Ecke gestellt oder vor die Tür geschickt. Ganz schlimm war es, zum Rektor Gronau gehen zu müssen, der demjenigen mit Donnerstimme die Leviten las, aber auch mal mit dem Geigenbogen über die Hände strich.

Lausige Zeiten

Eines Tages kamen zwei Brüder neu in unsere Klasse. Sie wohnten nicht in unserem Viertel, sondern kamen aus Hashude. „Brüder“, dachte ich, „wenn sie in eine Klasse gehen, müßten sie Zwillinge sein“. Aber sie sahen sich überhaupt nicht ähnlich. Rolf war üppig, Karl-Heinz klein und wendig. Aber unsympathisch waren sie mir alle beide; ungewaschen sahen sie aus – „ingrimstig“.

„Hast du mal deren Hände gesehen?“ fragte ich Inge, meine Banknachbarin.

„Ja“, flüsterte sie mir zu, „die haben Krätze.“

„Krätze?!“

„So rauh und rot und aufgesprungen, zwischen den Fingern und am Handrücken eitert es, weil sie sich die Hände aufgekratzt haben“, flüsterte Inge.

Kommt Krätze von Kratzen? Auf jeden Fall wollte ich so wenig wie möglich mit ihnen in Berührung kommen. Aber wie von diesem Wunsch geradezu magisch angezogen, fing Karl-Heinz an, mich ins Visier zu nehmen. Er kam mir beim Kriegen spielen immer in die Quere, zog an meinen Zöpfen und war wie ein lästiger Brummer, den man kaum verscheuchen konnte.

Zu Hause erzählte ich von diesen unsympathischen Mitschülern. „Wenn ich nur an die beiden denke, wie sie sich kratzen, dann juckt es mich auch schon überall."

„Das ist mir auch schon aufgefallen", sagte Hella. „Besonders am Kopf hast dich die ganze Zeit während des Erzählens gekratzt. Komm, laß mich mal nachgucken! Oh, sieh da! Was spaziert denn da in deinen Haaren?! Edith hat sich Läuse eingefangen!"

„Das kann doch nicht wahr sein!" meinte Mama. „Wir haben doch jeden Sonnabend die Haare gewaschen – das ist erst fünf Tage her. So schnell?"

„Ja", sagte Hella, die haben sogar schon weiße Nissen an die Haaransätze gelegt! Das beste ist, wir rasieren dir den Kopf kahl!"

Oh nein, nur das nicht! Meine Zöpfe waren zwar nicht so dick wie die von Ada und auch nicht so lang wie Hildes, aber dafür konnte ich unten ein paar „Korkenzieher" drehen: mein spezieller Sonntagsschmuck. Ich hoffte, dass das wieder einer ihrer makabren Witze war, mit denen sie mich aufziehen wollte.

Hilde, Edith, Ada mit Zöpfen

„Ist halb so schlimm!" sagte Mama beruhigend. „Wir holen in der Drogerie Rehren eine Packung und einen Läusekamm – und dann ist die Sache bald vergessen."

So unangenehm diese Tatsache für mich war, ich genoß auch die angenehme Seite der Inspektion. Die rechte Seite wurde von Mama untersucht, die linke von Hella. So viel intensive Zuwendung! Dabei lief mir ein wohliger Schauer über den Rücken. Da konnte ich die Affen verstehen!

Bombenterror

Nie werde ich die schrillen Vollalarm-Sirenen vergessen, die uns durch Mark und Bein fuhren und beim Mittagessen unheilvoll überraschten. Es gab Pellkartoffeln mit Hering. Vom „Kohlenklau“ unter Druck gesetzt, der uns mit Augenklappe unsympathisch von Plakaten an allen Ecken finster entgegenblickte und mit seinem über die Schulter geschlagenen Sack Energie zu klauen schien, waren wir angehalten, mit jedem Fünkchen Energie sparsam umzugehen. Auf die noch heiße Kartoffelkochplatte hatte Mama gleich den Wassertopf fürs Abwaschen draufgestellt. Da! Sofort Vollalarm! Ohne Voralarm bedeutete das nichts Gutes. „Lauft Ihr schon los!“ sagte meine Mutter zu meinem kriegsbeschädigten Vater und mir, „ich will nur noch mit dem heißen Wasser den Fisch von den Tellern abwaschen und komme sofort nach!“ Wir kamen mit lauter rennenden, hastenden Menschen in unserem sechsstöckigen Hochbunker an und gleich nach uns wurden die schweren Eisentüren geschlossen. Wir saßen mit Familie Mathes, Familie Flemming und Familie Boye in unserer Zelle auf den Holzbänken ohne Lehne. Nach Beton roch es – so kalt, so bedrückend, betonschwer. Nur eine kleine Schießscharte brachte Außenluft. Obgleich ich keine Heizung entdeckt hatte, fror ich nicht – ich war aber auch doppelt und dreifach eingemoppelt. Es begann einer der schlimmsten Angriffe. Der schwere, sechsstöckige Betonbunker schwankte, die Leute fingen an zu wimmern. Oma Mathes mit ihrem kleinen, schwarzen Kapotthut drückte ihre Handtasche noch fester an sich, schien zu beten. Und ich sah und hörte meinen Vater, der sonst so souverän alle Dinge meisterte, wie er leise und verzweifelt vor sich hinmurmelte: „Scheiß Abwaschen!“Als endlich die Entwarnungssirene ertönt, liefen wir voller Bangen in unsere Melkerstätte. Aus den Häusern gegenüber von unserem Bunker schlugen lichterloh Flammen heraus; aus Hildes Elternhaus war betroffen. Nur die Fassaden standen noch, Funken prasselten, Männer schleppten hustend Gegenstände aus den Häusern heraus, retteten, was zu retten ging. An der Straße kokelten die geretteten Sofas vor sich hin. Ekelhafter Gestank! Schnell nach Hause! Die Melkerstätte stand noch – brannte nicht. Die Dachziegel waren von den Dächern gepustet – lagen nur noch vereinzelt als Bruchstücke herum. Fensterscheiben waren herausgeflogen. Aber das Wichtigste: Mama lebte!

„Ja", fing sie den vorwurfsvollen, doch erleichterten Blick meines Vaters auf. „Das ging ja so schnell – da bin ich mit meinem Oberbett in unseren Keller gerannt, habe mich neben die Kartoffelkiste gehockt und das Federzeug schützend über meinen Kopf gezogen. Das hat ja wirklich schwer gerumst"

Heimweh

1943 wurden die meisten Bremer Schulen geschlossen und die Kinder in weniger bedrohte Gebiete verschickt. Nur „Bettnässer" durften zu Hause bleiben, für die einige Sonderschulen eingerichtet worden waren. Wir drei Rablinghauser Mädchen, Ada, Gisi und ich hatten die Prüfung für die Oberschule bestanden. Ganz neu auf einer fremden Schule wurden wir in die Fremde geschickt, und zwar nach Freiberg in Sachsen. Zuerst war das Neue ja auch aufregend. Wir drei aus der Bremer Neustadt hielten eng zusammen. Da kam meine Stubengefährtin Gisi, die über ein Jahr älter und mindestens zwölf Zentimeter größer ist als ich, mit Scharlach ins Krankenhaus. Ich kam zehn Tage in Quarantäne. Ihre Mutter besuchte sie, kam selber mit Diphtherie ins Krankenhaus – ich musste wieder in Quarantäne. Als beide aus dem Krankenhaus entlassen wurden, fuhren sie zusammen nach Bremen zurück. Nun hatte ich nur noch meine Freundin Ada. Aber auch sie wurde nach Haus geholt: Ihr Vater war ins Zuchthaus gekommen, eine noch schärfere Strafanstalt als das Gefängnis, weil er schwarz geschlachtet hatte. Hunger zu stillen galt seinerzeit als schweres Verbrechen!

„Sollen wir dich auch gleich mit abmelden?", stichelten meine Pflegeeltern, die es als überzeugte Nationalsozialisten als persönliches Versagen empfanden, dass wir uns den Anordnungen nicht anpassen wollten. Als dann auch noch unsere Klassenlehrerin, Fräulein Unkraut, feststellte: „Edith, bist du aber klein!" wuchs ich dadurch auch um keinen Zentimeter mehr und wollte nun nichts wie nach Hause!

Die schlimmen Angriffe auf Bremen! Diese Ungewißheit! Lebten Mama und Papa noch? Ich wollte nach Hause! „Holt mich, holt mich, holt mich! Ich will auch immer artig sein, Euch keine Arbeit machen, will auch immer Klavier üben. Oder habt Ihr mich denn gar nicht mehr lieb?" schrieb ich in verzweifelten Briefen. Welch schwere Entscheidung für meine Eltern: keine Schule, das Bombardement … Klavier-üben erübrigte sich – durch eine Luftmine hinter unserem Garten war das Klavier durch eine Schiebetür ins nächste Zimmer gedrückt worden und wohl ziemlich verstimmt.

Wie habe ich unter meiner „kleinen Größe" gelitten! War ich doch mindestens zehn Zentimeter kleiner als meine Freundin Ada, die ausgewachsen nicht mehr als 1,58 Meter misst. Schuppi und ich kämpften in der Turnstunde beim Aufstellen durch Hochziehen der Schultern um den vorletzten Platz.

Gegen Ende des Krieges gab es nur noch ein Thema: „An welchen Fronten stehen unsere Soldaten?" In der Küche hatten wir eine Landkarte von Europa bis zum Ural aufgehängt, auf der mein Vater den Verlauf des Rückzuges verfolgte.

Mit unseren Nachbarinnen sprach meine Mutter nur noch über Kriegsthemen: Wo standen unsere Soldaten im Westen, wo verlief die Ostfront? – Stalingrad, der ganz große Terror! Was macht Rommel, der Wüstenfuchs?

Ich stand manchmal dabei und hörte zu.

„Hat man früher über das Wetter gesprochen!?" fragte ich ungläubig. „Wie kann man denn über das Wetter reden – das geschieht doch sowieso!"

Als unsere Nachbarin meiner Mutter erzählte, dass wieder ein junger Mann mit 18 Jahren – fast noch ein Kind – gefallen sei, beobachtete ich, wie sich die Nase meiner Mutter zuerst rot färbte und ihr die Tränen in die Augen stiegen. Das fand ich fast peinlich, denn sie hatte ihn doch gar nicht gekannt. Später erlebte ich an mir die gleichen Anzeichen – immer noch peinlich.

Der Kanonendonner rückte gegen Kriegsende immer näher. Ganz, ganz junge „Milchbubis" kaum älter als unsere Spielkameraden drückten sich an unserer Hecke entlang, ausgerüstet mit schweren Gewehren und Tornistern. Kaum erblickte meine Mutti diese zarten Jünglinge, konnte sie ihre Tränen wieder nicht zurückhalten.

Kurz vor dem Ende, als die Besatzungsmächte vor der Tür standen, sagte mein Vater: „Ich glaube, wir lassen besser unsere Pflichtlektüre ‚Mein Kampf' verschwinden. Vorher hat diese Lektüre auch als Alibi gedient. Eine hell gestrichene Blechkiste mit einem gebogenen Deckel wurde mit diesem Buch, dem Eisernen Kreuz erster Klasse aus dem Ersten Weltkrieg und noch ein paar andern Kleinigkeiten bestückt und im Garten zwischen den Himbeeren vergraben. „Ruhe sanft“, konnten wir nur sagen, denn wir haben unsere Blechkiste nie wiedergefunden. War unsere rote Hakenkreuzfahne auch mit eingepackt worden, die jeder zu „Führers“ Geburtstag und anderen Anlässen heraushängen musste? Ich kann mich nämlich nicht an ein „Rotröckchen“-Kleid in meiner Garderobe erinnern, das nach Kriegsende bei vielen Mädchen in Mode kam.

Die Gewehrsalven wurden immer lauter, das Kanonenfeuer intensiver, die Belagerung rückte näher. „Die Amerikaner durchsuchen die Häuser nach Partisanen! Bereithalten!“

Schwere Soldatenschritte näherten sich unserer Eingangstür, es wurde laut gepocht. Meine Mutter machte auf und „Huch!“ wich sie erschreckt zurück. Vor ihr standen zwei große, schwarze Amerikaner und hielten ihr sofort die Pistole auf die Brust. Wir kannten zwar Negerpuppen, aber lebendige Schwarze hatten wir noch nie gesehen. Hinterher meinte meine Mutter erleichtert: „Sie waren eigentlich ganz menschlich – ich glaube, sie haben sogar ein bißchen über meine Schreckhaftigkeit gelacht, aber so genau konnte ich das in den dunklen Gesichtern unter den Stahlhelmen nicht erkennen.“

Überall herrschte Chaos! Trümmer, Schutt und Asche, wohin man blickte. Alle Brücken über die Weser waren gesprengt oder zerbombt worden – bis auf die Eisenbahnbrücke. Sie war die einzige Verbindung zwischen der Bremer Altstadt und unserer Neustadt. Als meine Freundin Ada und ich später die Sammelschule in der Altstadt besuchten, mussten wir zu Fuß über diese Eisenbahnbrücke gehen, sprangen von einer Eisenbahnbohle zur anderen. „Guck bloß nicht durch die Zwischenräume in die Weser tief unter uns !“ rufe ich Ada zu und sagte es auch zu mir selbst.

Große Schwester, Beglückung – Bedrückung

Hella, meine neun Jahre ältere Schwester, zog mich häufig mit meinen Schwachstellen auf. Mit ihr konnte ich einfach nicht mithalten. Irgendwie versuchte ich, es durch gute Leistung in der Schule auszugleichen. Brachte ich eine gute Note nach Haus, war ihr Kommentar: „Dafür kannst du keinen Knopf annähen!“ Wenn die Sticheleien mich zu sehr nervten, drohte ich: „Wenn ich 50 bin, dann bist du 60, und dann zahle ich dir alles heim.“ „Mit 60 Jahren bin ich fitter als du mit 50!“ entgegnete sie schlagfertig, woraufhin ich den Altersunterschied hochschraubte bis auf 70 und 80 Jahre. Und so makaber es ist: Meine große Schwester Hella musste mit 80 Jahren wegen Alzheimer in einem Heim betreut werden.

1975, auf der Konfirmation meines Neffen, erzählte Hella mir lachend von unserer allerersten Begegnung. „Damals hatten Papa und Mama mir gesagt, dass ich bald einen Bruder oder eine Schwester als Spielgefährten bekommen würde. Als ich euch erwartungsvoll im Krankenhaus besucht habe, hast du geschlafen und an deinen Fingern genuckelt. „Ich bin deine Schwester!“ habe ich zu dir gesagt, aber du hast überhaupt nicht reagiert, auch nicht beim zweiten und dritten Mal. Da habe ich dir eine gescheuert und du hast angefangen zu heulen – bist ja immer so ne Heulsuse gewesen!“

Neun Jahre lang war sie als erstes hübsches Enkelkind immer Hahn im Korb gewesen, und dann wollte ihr da solch eine Heulsuse die Show stehlen!

Dabei bewunderte ich sie. Was konnte sie nicht alles! Mit Schwung brachte sie mir so viel bei: Singen, Tanzen, Mundharmonika und Akkordeon spielen.

Als Hella mit der 8. Klasse die Volksschule abschloß, spielte ich mit fünf Jahren während der Abgangsfeier auf meiner Mundharmonika „Auf du junger Wandersmann“ und „Wenn alle Brünnlein fließen“.

„Bist Du denn vorher auf der Erde herumgerutscht?“ fragte Hella etwas vorwurfsvoll. „Als dich Rektor Gronau auf das Pult hob, waren deine schlammgrauen Baumwollstrümpfe an den Knien ja total ausgebeult!“

Alles Lob, die Anerkennung meiner Eltern und der anderen Erwachsenen zählten für mich nicht. Warum musste Hella alles abwerten? Hatte sie doch mit mir die Lieder eingeübt, die ich auswendig und fehlerlos vorgetragen hatte. Ich sah mich noch nach der Feier zusammengekauert in meinem Zimmer hocken, die Knie hochgezogen und dadurch die Baumwollstrümpfe noch weiter ausbeulend mit finsterem Gesicht, irgendwie untröstlich.

Natürlich war ich auch kein Engel. Eines Tages schickte mich Mama in den Garten, um die Teeblätter mit dem Rest Tee an einem der Obstbäume auszuleeren. Ich stellte mich an den Apfelbaum, hielt die Teekanne vor mich hin und entleerte die Kanne so, wie Jungens an einen Baum pinkeln, wofür wir Mädchen sie heimlich beneideten. Nachdem ich die Teeblätter um den Baum verteilt hatte, schwenkte ich im Hof die leere Teekanne wie ein Riesenrad. Dabei spritzten ein paar Tropfen an das Fenster, hinter dem Hella an ihrer Jahresarbeit schrieb. Ihr wütendes „Laß das!“ reizte mich weiterzumachen. Anschließend lehnte ich mich lachend an das offene Mittelfenster, mit der linken Hand auf den Fensterrahmen, worauf sie das Fenster zuknallte und mein Daumen platt war. Da war ich wieder die Heulsuse.

Meine große Schwester hatte immer wieder lustige Einfälle. Unsere Besuche bei unseren Verwandten mütterlicherseits in Westfalen gehörten für mich zu Höhenpunkten im Jahr. Frühmorgens, noch vor Sonnenaufgang ging es meist los mit unserem „Horch“ genannten Audi. „Dann ist noch nicht so viel Verkehr auf der Straße“, sagte mein Vater – damals! Einmal kamen wir nach der langen Fahrt gegen Mittag in Lünen/ Westfalen an. Zum Empfang wurde ein „Upgesetzter“ getrunken – der schmeckte wohl den Erwachsenen, denn es wurde noch nachgeschenkt. Meine liebe kleine „Oma Bochum“ stand mit ihrer bestickten Schürze an dem großen Kohleherd und hatte das Mittagessen unter Kontrolle: Rheinischen Sauerbraten und Rotkohl sollte es geben. Hella hatte in der Frauenfachschule gelernt, dass man mit Natron die Farbe des Rotkohls verändern und durch Essig wieder normalisieren kann.

Oma ging an den Herd, nahm den Deckel vom Rotkohl hoch – legte ihn schnell zurück, wischte sich über die Augen. Wir alle waren eingeweiht und konnten unser Lachen kaum zurückhalten. Oma hob den Deckel erneut hoch und sagte dann: „Wenn ich jetzt nicht blau wäre, würde ich sagen, der Rotkohl ist grün!“

Ach, was habe ich meine Oma Bochum geliebt und mich gefreut, wenn sie uns in Bremen besuchte. Sie wirkte still und bescheiden im Hintergrund, war aber doch immer präsent und verbreitete solch eine gute, gemütliche Atmosphäre, in der wir so viel lachen konnten. Sie konnte sich über sich selbst lustig machen. „Ja", sagte sie, „jetzt wachse ich wie ein Kuhschwanz – nach unten." Es war einfach schön, wenn sie da war – und wie sie handarbeitete! Für unsere zwei Fenster zur Straßenseite häkelte sie die ganzen Stores mit Rosenbordüren, etwas ganz Besonders. Wie war ich froh, als diese beiden Rosenbordüren 60 Jahre später genau über meine beiden Gaubenfenster paßten.

Mit Oma Bochum kam auch immer meine Cousine Mechthild, mit der ich so gerne spielte. So sehr ich mich auf ihre Ankunft gefreut hatte, so sehr schmerzte mich der Abschied. Furchtbar der Abschied am Bahnhof! Damals sang ich mir zum Trost immer wieder das Lied vor: „Es geht alles vorüber, es geht alles vorbei, auf jeden September folgt wieder ein Mai."

„Warum kann es nicht so friedlich mit Hella sein!" seufzte ich manchmal. Sie schien ein unbändiges Vergnügen daran zu haben, meine Schwachstellen ins Lächerliche zu ziehen. Als ihr meine Erbstückbroschen aus ihrer Handtasche gestohlen wurden, sagte sie lachend: „Wofür brauchst du sie? Damit man weiß, wo hinten und vorne ist?" Sie wußte genau, dass ich es nicht gut verkraftete, ausgelacht zu werden, hatte ich als Kind doch oft die bange Frage stellen müssen: „Lacht ihr mich an oder aus?" Meine Größe gab ihr natürlich auch oft Veranlassung dazu.

Unvergessen ist mir auch der Zettel, den ich in meinem Schulpult fand. Als unsere Schule ausgebombt wurde, mussten wir unsere Klassenzimmer mit einem Jungen-Gymnasium teilen. Montag und Freitag hatten wir nachmittags Unterricht, Dienstag und Donnerstag vormittags. Mittwochs und sonnabends wurde gemeinsam vormittags Unterricht abgehalten, so dass wir sehen konnten, wer von den Jungen auf unserem Platz saß. In den leeren Tintenfaßlöchern wurden nämlich Spicker deponiert: „Puer puerorum" stand da auf einem kleinen Zettel in meinem Tintenfaß. Wir hatten noch kein Latein.

„Da ist dein Puerorum!" sagte Ada. „Gar nicht so übel!" Kurz darauf fand ich den „Hammer-Zettel" in meiner „Bankfusion": „Ich wußte gar nicht, dass solch ein kleines Mädchen schon in die neunte Klasse (Obertertia) geht!"

Einige Zeit danach – meine große Schwester hatte inzwischen geheiratet und war aus unserem Elternhaus ausgezogen – fuhr ich mit Ada nach dem Nachmittagsunterricht in der Straßenbahn nach Hause. Wir hatten unseren Platz älteren Fahrgästen überlassen und standen im Gang. Draußen war es dunkel und wir spiegelten uns in der Fensterscheibe. Was musste ich feststellen?! Ada und ich waren gleich groß! Hatte ich höhere Absätze an – nein!

Seit meine große Schwester aus dem Haus war, hatte ich einen Schuß getan. Ich war so groß wie Ada und wuchs schnell weiter, war bald zehn Zentimeter größer als sie. Aber im Gegensatz zu ihr war ich in meiner Bluse nach wie vor entwicklungsbedürftig. Damals wußte ich nicht, dass es nicht nur auf die Größe ankommt und ich später meine beiden Söhne würde stillen können.

Jetzt stand jedoch die Frage an: Wie komme ich zu mehr Oberweite? Rudern! Klar, das gibt Muskeln! Rosemarie, Gertrud, Hilde und ich meldeten uns im Bremer Ruderverein 1882 an und trainierten im Vierer. Dort lernten wir unter anderem auch, die schweren Boote richtig aus dem geraden Kreuz zu heben. Das kam mir später beim Koffertragen immer wieder zugute!

Wie liebte ich unsere Hühner, denen ich Namen verpaßt hatte, die mir für Menschen nicht gefielen: Agathe, Brigitte, Lisette. Da waren die weißen Leghorn, die dicken Rodeländer und unsere Lisette, ein Sussex, deren gesprenkelte Eier ich besonders gern aus dem Nest holte. Wenn ich in den Hühnerhof kam, setzten sie sich flach hin und ließen sich streicheln. Eines Tages hatte mein Vater noch einen Hahn, einen stolzen Italiener, hinzugefügt, der die Legelust anregen sollte. Als ich wieder mein Lieblingshuhn Lisette streichelte, bekam ich unverhofft die Sporen meines eifersüchtigen Nebenbuhlers von hinten zu spüren.

Ende des Krieges wurde es immer schlechter mit der Versorgung. Die Rationen schrumpften weiter zusammen – und als ob wir noch einmal auf die Probe gestellt werden sollten, zeigten die frostigen Winter immer grimmiger ihre eisblanken Zähne. Unser Kachelofen konnte die Eisblumen am Fenster nicht wegtauen und morgens hauchte ich so lange gegen die bizarren Eismuster, bis ich ein kleines Guckloch freigepustet hatte.

Abends, vorm Zu-Bett-Gehen, stülpte Papa sich die „Teufelsmütze" von Helas ausrangierter BDM-Uniform über seine hohe Stirn. Ich sehe ihn noch vor mir, wie er uns unter dieser Mephisto-Mütze mit dem dunkelblauen Zacken und den weißen Streifen beim Gute-Nacht-Sagen zuzwinkerte und über sich selbst lachte: „Ja ja, keiner soll hungern, ohne zu frieren!"

Die Jahre nach dem Krieg waren echt heftig. Während des Krieges hatte man uns noch versprochen, keiner sollte hungern und frieren. Aber nun versprach keiner mehr etwas. Jeder musste sehen, wie er auskam. Da musste auch Lisette im reifen Hühneralter von sechs Jahren in den Kochtopf wandern. Ihr großer Legeeifer hatte abgenommen. Ein trauriger Abschied!

Selbstversorger

Gott sei Dank hatten wir unseren 750 Quadratmeter großen Garten hinter dem Haus. Jeder Zentimeter wurde ausgenutzt und besserte mit seinem Ertrag unseren kargen Speisplan auf. Immer wenn ich später erzählte, dass dort drei große Sauerkirschbäume, eine Schattenmorelle, eine Süßkirsche, zwei Quitten, eine Zwetschge, zwei Birnen-, drei Apfel- und zwei Mirabellenbäume vor und im Hühnerstall wuchsen und dazu noch die Erdbeerreihen, die Himbeer-, Johannisbeer- und Stachelbeerbüsche, deren leckere Früchte Mama einkochte und in den Rumtopf steckte, wurde ich skeptisch angeguckt. Jedes Mittagessen wurde mit einem Schälchen Nachtisch bereichert, mit Essigpflaumen oder süß-sauer eingelegtem Kürbis. Neben dem Hühnerstall war ein großer Komposthaufen, ein Kaninchenstall mit den niedlichen Langohren, die meine Freundinnen liebten, die gern bei uns spielten. Auf unserem Hof hatte Papa nämlich eine große Schaukel mit Turnreck und ein Wuppelbrett (Wippe) aufgestellt, Geräte, die wir ausgiebig nutzten. „Euer Garten muss ja mindestens 5000 Quadratmeter gehabt haben!" werde ich später ungläubig ausgelacht. „ Ja ja, in der Erinnerung ist eben alles größer und schöner." Ob alles immer so schön war?

Mit meiner großen Schwester Hella war nicht gut Kirschen essen. Just zu ihrem Geburtstag am 22. Juli waren die Kirschen reif. Hatte es vorher lange geregnet, so schien gerade an diesem Tag die Sonne. Dann hieß es: Hinauf auf die Bäume – Kirschen mit der Schere pflücken! Aber meine Schwester wollte ihren Geburtstag nicht auf dem Baum feiern und da gab es heiße Diskussionen, richtige Donnerwetter. Wenn mein Vater in Zorn geriet, funkelten seine blauen Augen und seine markante Stimme dröhnte durch die halbe Melkerstätte.

„Nicht so laut!" versuchte meine Mutter zu beschwichtigen, „was denken die Nachbarn?!" „Wat scheert mi de Lü! Do wat du wullt, de Lü snackt doch!"

Wenn er „vergrellt" war, fiel mein Vater manchmal ins Plattdeutsche. Bei solcher Stimmung krampfte sich in mir immer etwas zusammen. Behutsam mussten die Kirschen gepflückt werden, die bei Nässe schnell faulten. Am Stengel wurden sie mit der Schere abgeschnitten, damit sie nicht ausbluteten auf der langen Fahrt nach Ostfriesland. Wir konnten zwar nicht „mit der Wurst nach dem Schinken schmeißen", wie es im Sprichwort heißt, aber doch bei unseren Verwandten in Carolinensiel Kirschen gegen ein paar Speckseiten eintauschen oder auf ein Schlachtpaket hoffen.

„Was wünschst du dir denn zu deinem Geburtstag?" fragte mich Mama. Ohne zu zögern antwortete ich: „Mein Leibgericht! Erbsensuppe mit Schweineöhrchen und Schweineschwänzchen." Ausgehungert wie wir waren, konnten wir diese knorpeligen Dinge mit Heißhunger verputzen.

An diesen neunten Geburtstag kann ich mich noch gut erinnern: Mama hatte mir ein erikafarbenes Kleid aus einem alten Kleid genäht und mit einer goldenen Schnalle verziert – ein bißchen weit zwar in der Taille, aber sie tröstete mich: „Da wächst du noch rein!" Vor dem Mittagessen hatten wir beide uns in die Mittagsonne auf unseren Splitterschutz gesetzt. Es roch nach Frühling, die Sonne hatte Bienen herausgelockt, sie umsummten unseren Kirschbaum an der Hauswand, der fast immer zu meinem Geburtstag blühte. Die Erde atmete befreit, ein Hahn krähte – mittags! Glücksmomente.

Knapper und knapper wurden die Rationen nach dem Krieg. Um dem nagenden Hunger besser beizukommen, pachtete mein Vater zusätzlich noch einen Schrebergarten hinter dem Deich und wurde Vorsitzender des Kleingärtnervereins. „Wir feiern das Erntedankfest im Kleingartenverein!" verkündete er eines Tages. Da war Hella in ihrem Element. Sie mochte lieber Feste feiern als Kirschen pflücken. „Du musst ein Gedicht lernen und aufsagen, das wir im Arbeitsdienst gelernt haben!" kriegte ich Anweisung von ihr.

Oh wei, so vor versammelter Mannschaft etwas aufzusagen, war nicht mein Ding. Mit Lampenfieberröte bis zu den Haarwurzeln sagte ich dann mein Gedicht auf:

In einer Scheune lag versteckt ein Pflug, schon ganz mit Rost bedeckt.
Er lag vergessen und unbeacht` und sah mit Neid und stillem Gram,
wenn blank und glänzend alle Nacht sein Bruder von dem Felde kam.
Da sprach er einst mit trübem Sinn: „Wie kommt`s, dass ich so rostig bin,
indes du glänzest voller Pracht – wir sind aus gleichem Stoff gemacht?"
„Sieh, lieber Freund", versetzte der, „mein Glanz kommt von der Arbeit her!"

Spedition auf vier Beinen

Als der Krieg vorbei war und es so gut wie keine Autos gab, knüpfte mein Vater an „Janssens Speditionsgesellschaft" an (diesmal ohne Wechselproteste!), pachtete einen Erdbunker in unserer Nachbarsiedlung und lagerte darin Düngemittel wie Muschelkalk aus Ostfriesland und Saatgut ein. Oben drauf baute er Pferdeställe und stellte Westermann als Kutscher ein. „Oh! Pferde! Einfach toll!" freute ich mich. Ich liebte Pferde, liebte überhaupt Tiere, wollte Tierärztin werden. Aber da wurde mir gedeutet: „Da muss man es nicht nur hier haben", mit Geste an den Kopf, „sondern auch hier am Bizeps. Da muss man nachts Kälber aus der Kuh herausziehen können!" Da musste ich, halbe Portion, wohl klein beigeben. Aber jetzt haben wir eigene Pferde: Die beiden braunen Trakehner Felix und Moritz und den riesengroßen, gutmütigen Oldenburger, der nur „Oldenburger" heißt. Auf den wurde ich hinaufgehievt. Ich konnte nur im Spagat auf ihm reiten – trotzdem ritt ich ihn im Galopp auf die Wiesen hinter den Deich, dort wo heute die Riesencontainerhafen ausgebaggert wurden.

Straßenbahnfamilie

An der Endstation der Linie 7 in Rablinghausen wartete jeden Morgen „unsere" Straßenbahn auf uns, um sich pünktlich um 7.21 in Bewegung zu setzen. Im Anhänger waren zwei Viererabteile fest reserviert: Vier honorige Herren – Prokuristen von Bremer Handelsfirmen – saßen in dem einen Abteil mit ihren Zeitungen oder unterhielten sich. Beim Einsteigen in letzter Minute schickte ich ein „Moin, Moin" in die Runde, ehe ich mich in unser Vierer-Schülerabteil fallen lasse. Die distinguierten Herren nahmen ihre grauen, rundgewölbten Filzhüte ab und erwidern formvollendet meinen Gruß.

Es wurde kein persönliches Wort gesprochen und doch fühlten wir eine Verbundenheit, die sich im Laufe der Zeit zu einer Art Familienclan entwickelte. Diese gute halbe Stunde Straßenbahnfahrt war meine intensivste Schularbeit: Matheaufgaben wurden verglichen und verbessert, kniffelige Fragen durchgesprochen, Vokabeln abgefragt etc.

Eines Tages gesellte sich ein Jüngling dazu, der auf dem hinteren Perron stand und uns mit großen brauen Augen nur ansah. Mittags, wenn wir am Markt um 13.15 auf „unsere Sieben" warteten, fuhr er mit uns zurück und guckte, mehr nicht. Wochenlang ging das so: Augenflirt.

Endlich faßte er sich ein Herz und sprach mich an. Wie wir schon vermutet hatten, war Gerd der Sohn des einen Prokuristen und stand kurz vor dem Abitur. Wir verabredeten uns für eine Radtour, zu der er seinen Freund Günther und ich meine Freundin Ada mitbrachte. Es blieb nicht bei der einen Fahrradtour.

Wege in die Weite

In uns Jugendlichen herrschte ein enormer Drang, ein unbändiges Verlangen, über unseren Nestrand hinauszugucken, mehr von dem Geschehen und Treiben jenseits unserer Grenzen kennen zu lernen, die wir ja lange Zeit nicht überschreiten durften. „Ada und ich möchten in den großen Ferien eine Radtour machen – am liebsten etwas weiter als bei unseren Touren zum Bickbeerenpflücken in den Fahrenhorster Wald", verkündete ich im Sommer 1948 meinen Eltern. Zuerst schluckten sie ein bißchen und brachten ein paar Bedenken vor, etwa wegen der unzureichenden Verpflegung unterwegs mit Lebensmittelkarten; aber sie lehnten nicht von vornherein ab, wie Hildes Eltern, bei denen auch noch zwei alte Tanten von ihrem Veto Gebrauch machten. „Na gut", sagte mein Vater, „das wird eure Probefahrt. Vom Verlauf dieser Reise hängt ab, wie wir in Zukunft über solche Bitten entscheiden werden." Und Mama fügte hinzu: „Wir haben Vertrauen in Euch, dass ihr wißt, was zu tun und zu lassen ist. Man kann jemanden immer einschließen, und vergißt einmal den Schlüssel abzuziehen ..." Als ich 1955 zur Lufthansa kam, erwartete Hilde schon ihr erstes Baby.

Vierzehn Tage lang fuhren wir im schönen, hügeligen Weserbergland von einer Jugendherberge zur anderen. Die letzte Station war Hausberge an der Porta Westfalica. Um in unser Zimmer zu gelangen, mussten wir durch ein anderes Zimmer hindurch, das von Jungens belegt war. Dort wurde gerade Hindemith geprobt. „Solche Katzenmusik habe ich ja noch nie gehört!" sagte Ada.

Wir wollten nicht stören und ließen unsere 15 Kilogramm schweren Rucksäcke mit Dosenproviant etc. von unseren Schultern gleiten. Rums-bums donnerte meiner gegen die Tür. Hindemith schwieg erschreckt. Die Tür wurde geöffnet und wir lernten die jungen Musiker aus Deutschland, Holland und Irland kennen. Wir verstanden uns gut; es fand ein reger Gedankenaustausch statt, und beim Abschied planten sie, uns in Bremen zu besuchen. Das taten sie später tatsächlich. Ein besonderes Erlebnis war für sie, dass sie auf dem „Schulschiff Deutschland" in Hängematten schlafen konnten. Am nächsten Morgen kamen sie in unseren Garten. Günther, der jüngste von ihnen, sah bleich und grün aus im Gesicht. Schnell verschwand er hinter einem Baum und brachte Neptun ein Opfer. Man hatte ihn nachts in der Hängematte so sehr geschaukelt, dass er auf einem Schiff – vor Anker – seekrank wurde.

Auch in meiner Schwester steckte die Reiselust. Mit ihrer Freundin Erna fuhr sie 1949 per Eisenbahn nach Bayern. Obgleich Erna noch größer war als meine Schwester, ordnete sie sich Hella widerstandslos unter und konnte immer so schön über ihre Späße lachen. Erna Schuricke hatte einen ganz besonderen Pluspunkt: Ihr Cousin war der damals sehr bekannte Schlagersänger Rudi Schuricke, der mit seiner „Caprisonne" Tausende von Anhängerinnen begeisterte, zu denen auch wir natürlich

Rita Paul und Baron Pilgrim

zählten. Als er einmal in der „Glocke" in Bremen auftrat und wir Karten ergattert hatten, trällerten wir auf dem Heimweg alle gemeinsam: „Wenn bei Capri die rote Sonne im Meer versinkt ..."

Noch mehr faszinierte mich jedoch die Sängerin Rita Paul mit ihrem Hit „Mäcky war ein Seemann, und kein Hafen war ihm fremd; und ein Herz voll Liebe klopfte unter seinem Hemd."

Sie sang es so unverkennbar mit ihrer munteren, kecken Stimme. Richtig mit Pep! Dieser Hit ließ auch unsere Herzen höher schlagen. Ein Foto, das Rita Paul 1956 auf ihrer Hochzeit mit Baron Pilgrim zeigt, habe ich aufbewahrt wie ein richtiger Fan.

Schicksalsfäden

Damals konnte ich nicht ahnen, dass ihre Ehe nach sieben Jahren scheitern, und ich ihren Mann danach auf einem Flug nach Südamerika kennen lernen und später mit ihm auf dem „Highway 101" von San Francisco nach Los Angeles fahren würde.

1949 weitete sich für uns in Bremen unsere kleine Welt erst allmählich und wir waren so aufnahmebereit für neue Eindrücke wie ein frisch gepflügter Boden im März.

Hella und Erna schilderten in schillerndsten Farben ihre Eindrücke von der großartigen Bergwelt, die wir alle noch nie gesehen hatten. Ebenso erfreut waren sie darüber, dass ihre Fahrkarten nicht entwertet wurden, denn die neue DM war sehr knapp. Die Züge waren zwar enorm überfüllt, aber ob meine Schwester auf der Rückfahrt vielleicht „zufällig" vor der Kontrolle verschwinden musste, weiß ich nicht genau. Jedenfalls stellte sie diese beiden ungeknipsten Fahrkarten meiner Mutter und mir zur Verfügung.

Es durchströmt mich immer noch ein Glücksgefühl, wenn ich an diese erlebnisreiche Reise nach Berchtesgaden denke, diese geschenkten

Tage mit meiner lieben Mutti, die sich in der schlechten Zeit freiwillig immer hinten angestellt hatte, ob beim Essen oder bei der Kleidung. Wie oft verzichtete sie zu unseren Gunsten.

Die Bergwelt nahm uns gefangen: der schneebedeckte Watzmann mit der Watzmannfrau, die rauschenden Klammen – unbeschreibliche Eindrücke, uns Norddeutschen völlig neu.

Unvergeßlich ist mir unsere Wanderung an Karfreitag nach Maria Gern, einer kleinen Kapelle, die meine Mutti in ihr Herz geschlossen hatte. Dieses Kleinod stand auf einem kleinen Hügel, dessen Abhang mit einem Umhang aus leuchtend gelben Schlüsselblümchen überzogen war. Wir setzten uns auf eine Bank, wurden ganz still, ließen uns einfach beeindrucken – „Seinsfühlung".

1950 schmiedeten Ada und ich wieder neue Pläne für die großen Sommerferien. Unsere Probefahrt durchs Weserbergland hatten wir ja bestanden, also durften wir uns ein bißchen weiter vorwagen. Ein Jugendbus mit Extrawagen für Fahrräder fuhr nach München für 40 DM, das hatten wir herausgefunden. Da wir die Weserberge mit links genommen hatten, sahen wir in den Bayrischen Bergen auch keine großen Hindernisse – wir wollten ja nicht die Schneegrenze erreichen.

„Oh, prima!" rief Ada begeistert, „dann können wir auch in Oberammergau die Festspiele besuchen, die nur alle zehn Jahre stattfinden." Gesagt, getan!

Die Lebensmittelkarten waren ja auch endlich abgeschafft und von unseren 78 DM Fahrtgeld konnten wir sogar noch eine Eieruhr als Souvenir für unsere Eltern mit nach Hause bringen.

Nach 30 Stunden Fahrt – mit 30 Pinkelpausen – kam der Jugendbus endlich auf der Münchener Theresienwiese an. Doch wo waren unsere Fahrräder? Wir warteten und warteten, bis wir uns endlich nach 17 Stunden auf unsere Stahlrösser schwingen konnten. Nichts wie los, raus aus dieser Stadt, die noch immer in Trümmern lag!

Ein Paradies lag uns zu Füßen, das wir gerade im richtigen Tempo eroberten, nicht zu schnell, nicht zu langsam, so dass wir alles mit offenen Sinnen aufnehmen konnten. 70 bis 80 Kilometer hatten wir uns pro Tag in etwa vorgenommen.

Wir radelten gen Süden. Zunächst auf gerader Strecke munter drauf los, an einem jungen Rucksackmann in Lederhosen vorbei, dessen Gruß wir mit ausholender Geste erwiderten. Etwas später überholte uns ein Auto, aus dem unser Lederhosenmann lässig grüßte. Wieder später radelten wir erneut an dem Anhalter vorbei. Er hielt uns an und fragte uns nach unserem Woher und Wohin. Wir erzählten ihm, dass Oberammergau unser Ziel ist. „Da will ich auch hin! Zu den Festspielen?"

„Ja!" Wir verabredeten, dass derjenige, der zuerst das Ziel erreicht, schon Karten für die Festspiele besorgt. Wir wollten ja alle in der Zelt-Jugendherberge übernachten. Zuversichtlich, dass wir mit dem Fahrrad zuerst da sein würden, radelten wir winkend davon, es sind schließlich keine zwanzig Kilometer mehr bis zu unserem Ziel. Wir hatten jedoch nicht bedacht, dass wir in der Julihitze die letzten elf Kilometer von Murnau nach Oberammergau unser Fahrrad ohne Gangschaltung mit 15 Kilogramm Rucksack nur noch schieben mussten und wir unser vorbeifahrendes „Wetzlarlein", wie wir den Anhalter aus Wetzlar nannten, kaum erkennen konnten – Schweißperlen nahmen uns die Sicht.

Als wir gegen Abend in der Jugendherberge ankamen, wurden wir von einem ausgeruhten Anhalter empfangen, der inzwischen auch schon die Festspielkarten reserviert hatte.

„Ich lade euch zu einem Schoppen Wein ein", schlug er vor. Wir luden unser Gepäck in einem Zelt mit zehn Feldbetten ab. Amerikanerinnen hatten sich uns gegenüber etabliert. Bevor wir zu unserer Verabredung gingen, besuchten wir noch das „stille Örtchen". So still war es nun auch wieder nicht, vor allem sehr offen! Es gab keine Türen vor dem „Donnerbalken", wie es im Soldatenjargon hieß. Ada ging verschämt auf die allerhinterste Sitzgelegenheit, damit sie bloß nicht gesehen werden konnte.

Nachdem wir uns noch ein bißchen frisch gemacht hatten – „Here we come!" Wir bekamen einen Schoppen Mosel vorgesetzt. Obgleich mir eigentlich Apfelsaft besser schmeckte und wir beide Alkohol nicht gewöhnt waren, tranken wir diesen einen Schoppen Mosel, ausgedürstet wie wir waren. Und dann erkannte ich Ada nicht mehr wieder: Sie lachte und lachte und konnte sich beim Aufstehen nicht mehr gerade halten. Sie hängte sich bei unserem „Wetzlarlein" ein. Das fand ich doch etwas peinlich – also musste ich wohl die Ehre retten. Obgleich sich auch bei mir alles drehte, sagte ich: „Ich kann aber noch ganz gerade auf dem

Strich gehen!" Wir wurden kavaliersmäßig in unsere gemeinsame Zeltjugendherberge zurückgebracht. „Gute Nacht!"

Ada, die vorher die letzte Sitzgelegenheit auf dem „stillen Örtchen" benutzt hatte, peilte nun die erstbeste Gelegenheit an. Als wir vor unser Zelt kamen, sah ich im Kerzenschein eine Amerikanerin ihre Haare auf Lockenwickler drehen. Ada peilte, pumpte wie eine Maikäfer, nahm Anlauf und schoß in das Zelt – über die Kerze hinweg: zappenduster! Wir mussten lachen und lachen. Ich versuchte vergeblich, die Kerze wieder zu entzünden, entschuldigte mich bei den Amerikanerinnen, konnte aber vor lauter Lachen keinen richtigen Satz hervorbringen. Wir schmissen uns auf unsere Pritschen und ich sah, dass Adas Pritsche wackelte – wir konnten einfach nicht aufhören zu lachen. Alberne Teenager!

Am nächsten Tag sahen wir auf der Bühne die Laienspieler von Oberammergau, auch den Petrus, der uns auf dem Fahrrad tags zuvor begegnet war. Ein Mann mit langen Haaren und Bart – das hatten wir ja unser Lebtag noch nicht gesehen!

Gewöhnt waren wir an den Soldaten-Schnitt, im Jargon bekannt als „Pisspott-Schnitt": Pott übergestülpt, alles, was drunter hervorguckt, wird abgeschnitten! Und hier fuhren Männer mit langen Haaren auf Fahrrädern herum. Richtige Männer! Denn sie trugen ja Bärte!

Berchtesgaden

Wir steuerten auch Berchtesgaden an, denn von diesem schönen Ort hatte ich Ada immer wieder vorgeschwärmt. Wenn bloß diese Steigungen in den Bergen nicht so anstrengend gewesen wären! Da überholte uns ein Gefährt, das uns in Erstaunen versetzte.

„Hast du das gesehen? Ein Roller mit einem Dach!" rief Ada. Als ob die beiden Insassen, die hintereinander saßen, unsere Begeisterung mitgekriegt hätten, standen sie oben ausgeruht auf einer Anhöhe, auf die wir unsere Räder mühsam hochschieben mussten. Gangschaltung gab es damals noch nicht. Wir waren froh, überhaupt ein Tretmobil zu besitzen.

Und nun präsentierte sich auf der Höhe dieses Wundergefährt, das wir vorher noch nicht gesehen hatten. Das durchsichtige Plexiglasdach war zur Seite geklappt und die beiden Insassen genossen ausgeruht das herrliche Panorama. Wir aber hatten nur Augen für diesen Allwetterroller.

„Das ist ein Messerschmitt-Roller", erklärte uns der stolze Besitzer. „Vespa und Lambretta sind Roller für südlichere Gefilde. Aber in unserem Klima rollt man in diesem „Messerschmitt" geschützter durch das Land.

Solch ein Ideal-Gefährt kam mit auf unsere Wunschliste: „Wenn wir mal reich sind".

In Berchtesgaden wohnten wir wieder in der Duftsiedlung bei Familie Kastner, die schon ein Jahr zuvor meine Mutter und mich so freundlich aufgenommen hatte. Beim Frühstück wurden noch Reisetips gegeben über Orte, die wir unbedingt besichtigen sollten. „Oben auf dem Obersalzberg hat man den Berghof von Hitler ziemlich zerstört. Der Platterhof ist aber noch einigermaßen gut erhalten", sagt uns Herr Kastner.

Wir kauften uns Postkarten vom „Hitlerhaus mit Watzmann" vor und nach der Zerstörung und gingen mit etwas zaghaften Schritten über den geschichtsträchtigen Boden. In dem zerstörten Wohnzimmer gab eine riesige Panoramafensteröffnung einen atemberaubenden Ausblick über das herrliche Berchtesgadener Land frei – ein gerahmtes Gemälde. Es verschlug uns fast den Atem, obgleich in den Räumen düster die Vergangenheit hing, die wir bis vor ein paar Jahren miterlebt hatten.

„Wie schnell Macht und Pracht verloren gehen können!" sagte ich nachdenklich. Die Heilsrufe „Sieg Heil" brachten das Gegenteil: Aus Sieg wurde Niederlage, aus Heil Unheil.

Ada holte mich zurück mit der Frage: „Hast du eigentlich noch deine ‚Berchtesgadener Jacke', diese schwarze, wollene Strickjacke mit dem rotgrünen Rand, den Silberknöpfen und dem gekräuselten Schößchen? Die gehörte doch zur Grundausstattung der Jungmädel und hat mir so gut gefallen."

„Das weiß ich nicht mehr – vielleicht ist sie mit Hellas brauner „Kletterweste" verschwunden, weißt du, die mit den Lederknöpfen und dem geflochtenen Lederknoten, die aber noch nicht für uns Jungmädel vorgesehen war".

„Komm, wir gehen noch rüber zum Platterhof, der soll ja noch ganz gut erhalten sein," schlug Ada vor. Auch hier hing unheilvoll die Vergangenheit in den zerstörten Räumen. Trotz Julihitze fröstelte es uns.

In Norddeutschland hatte ich an einem Tag als Kind mit dem Rad sogar 120 Kilometer geschafft, aber hier in den Bergen: manchmal nur knapp die Hälfte! Nach dem Vorbild unseres Anhalters aus Wetzlar, fassten meine Freundin und ich im nächsten Jahr, 1951, einen neuen Plan ins Auge: „Ada und ich möchten in diesen Sommerferien per Anhalter nach Italien fahren", überraschte ich beim Mittagessen meine Eltern. „So, so, per Anhalter – und ganz nach Italien?!" runzelte es hinter der Stirn meiner Eltern. Aber der „Drang der heutigen deutschen Jugend, ins Ausland zu gehen" (Thema meines verpatzten Schulaufsatzes) war so stark und glättete nicht nur ihre Stirn, sondern auch andere Widrigkeiten. Wir brauchten ein Visum und mussten Lire eintauschen: 7000 Italienische Lire, die im Paß eingetragen werden mussten. 7000 Lire – allein der Klang von über Tausend – und solch große Scheine in der Hand zu halten! Für Österreich brauchten wir Schillinge. Umrechnen wollte gelernt sein.

Wieder begleiteten uns gute Wünsche und das Vertrauen unserer Eltern. Wir hatten Glück: Nur nette Menschen lernten wir kennen. Wir wurden sogar von dem Besitzer einer Talcumfabrik, der mit Frau und Chauffeur unterwegs war, nicht nur ein großes Stück in der Lombardei im feudalen Mercedes mitgenommen, sondern auch zu einem Campari eingeladen.

In Florenz in der Küche der Jugendherberge lasen wir folgenden „Macho-Hinweis": „Der Order der Kuchen (Küche) ist den Maden anvertraut." Hatte ein Neunmalklug gedacht, die Silbe „chen" bedeutet Verkleinerung, so dass große Mädchen die „Maden" sind?

In Sirmione am Gardasee kauften wir für unsere Väter „Borsalinos" aus ganz feinem grauen Filz. Mein Vater hatte seinen gern getragen; Adas „Vaddi" habe ich damit zu seinen weiten Zimmermannshosen nie gesehen. Für uns kauften wir einen breitrandigen „Florentiner" aus geflochtenem Bast. „Ach, was steht uns der so gut!" stellten wir fest. Ebenso warfen drei feurige Italiener – drei „Milano Boys" von AC Mailand, wie wir später erfuhren – anerkennende Blicke auf unsere Hüte, oder? Bevor wir oder sie das Schiff in Riva verließen, wurden Adressen ausgetauscht und es kamen in der Heimat enthusiastische Briefe aus Mailand an, besonders von dem großen Mimmo, dessen krause Haarpracht mit dem spitzen Haaransatz mir gut gefallen hatte. An Bord des Schiffes hatte er mehr mit seinen Glutaugen gesprochen, während der kleinere Mario die Konversation in Englisch übernahm. Marios Briefe ähnelten unseren etwas verkrampften Episteln in Englisch. Aber die Briefe von Mimmo begeisterten uns! Sie schienen in die Weltliteratur eingehen zu können. Ada und ich studierten sie nicht nur einmal und schmolzen jedesmal dahin.

Wir lernten auch aus dem Metoula-Sprachführer Italienisch für unsere nächste Italienreise, die uns 1952 über Mailand und Rom bis nach Neapel führte.

Wieder nahmen wir einen Jugendbus bis München. Vor der Abfahrt auf dem Bremer Messegelände verabschiedete uns meine neue Klassenkameradin „Tünnes" und wünschte uns sehnsüchtig: „Gute Reise!"

Unsere drei „Milano Boys" empfingen uns freudig in ihrer Heimatstadt, nahmen uns mit zu ihrem Fußballtraining. Aber nun musste Mimmo Farbe bekennen: Seine überwältigenden Liebesbriefe hatte er von einem großen Poeten abgeschrieben. Trotzdem hat es uns gefallen und wir haben uns alle über dieses Wiedersehen gefreut. Italienisch konnten wir auch später gebrauchen, nur nicht in der Schule. Nach den Ferien hatte mein Spanisch einen kleinen italienischen Akzent und als „otto" sich statt „ocho" in die spanische Zahlenreihe einschlich, stellte ich die italienischen Vokabeln erst einmal zurück.

Schul-Stress und -Streiche

Wir „kleinen Lateiner", die wir Latein als dritte Fremdsprache gewählt hatten, entwickelten immer neue Tricks, um unser Fräulein Walter mit ihren über fünfzig Jahren vom Latein-Unterrichten abzulenken. „Latein ist eine tote Sprache!" behaupteten wir. Damit war immer wieder eine Stunde gerettet, denn nun erklärte sie mit Feuereifer, wo heute die lebendige Latein-Sprache gesprochen wird. Stundenlange Diskussionen gab es auch um die Aussprache: Discimus mit „k" oder „z"? Eines Tages hatten wir ihr einen Stuhl hingestellt, bei dem das vierte Bein fehlte – wieder eine Stunde Latein-Ausfall mit Erklärungen, was alles hätte passieren können.

Wir waren die großen Kanon-Sänger. An einem regnerischen Tag stellten wir unsere Stühle auf die Tische, mit dem Rücken zur Tafel, spannten unsere Regenschirme auf und fingen an, einen Kanon zu singen, einen Kanon, der kein Ende nahm. Fräulein Walter stand vorne, klatschte in die Hände, aber wir sangen und sangen, bis sie händeringend zur Rektorin lief.

Uns erschien das Schulsystem fortschrittlich, da es vielseitige Entwicklungsangebote enthielt. Nach vier Jahren Volksschule wurde eine Prüfung gemacht, deren Resultat ausschlaggebend dafür war, welche Schule weiter besucht werden konnte. In der fünften Klasse wurde auf der Oberschule mit Englisch als erster Fremdsprache begonnen, in der siebten Klasse konnte man sich für die zweite Fremdsprache zwischen Französisch und Latein entscheiden. In der Oberstufe wählte man je nach Veranlagung zwischen drei Richtungen: dem deutschkundlich-musischen Zweig, dem mathematisch-naturwissenschaftlichen und dem sprachlichen Zweig mit dritter Fremdsprache.

Dieser sprachliche Zweig war meine Wahl. In Deutsch konnte ich keinen Blumenpott gewinnen, die Mathe-Muse hatte mich auch nicht geküßt, aber Sprachen machten mir Spaß und wenn ich die Latein-Vokabeln immer gleich von Anfang an fleißig lernen würde, würde das schon klappen – das hoffte ich zumindest. Außerdem, so dachte ich, könne das Latinum bei meinem Traumberuf „Tierärztin“ sicherlich nützlich sein. So ähnlich sah es auch Hilde. „Ja, bloß nicht Deutsch! Diese Frau König hat uns fünf ja immer auf dem „Kieker“. Der können wir es nie recht machen. Wenn die das Klassenzimmer betritt, sackt mir das Herz schon in die Hose. Dieser Blick durch die Goldrandbrille, der wie ein Habicht über uns kreist und dann im Sturzflug jenen von uns herauspickt, der ein Gedicht aufsagen soll“, schimpfte Hilde. „Und danach der Verriß durch Mitschüler: ‚zu schnell, falsche Betonung‘ fügte ich hinzu. „Trotzdem wird sie mich nie dazu kriegen, mein Gedicht mit so viel Pathos aufzusagen, wie Dorlinde es von ihrer Mutter, der Schauspielerin, übernommen hat. Lieber rattere ich es schnell herunter.“

So heizten wir uns gegenseitig auf. „Am schlimmsten sind ihre Fragen an uns fünf auf der Abschußliste!“ schimpfte Hilde mit grimmiger Miene. „Immer die gleiche Blamage! Zuerst kommt Ursel an die Reihe. Wenn sie druckst, heißt es ‚Hilde‘. Wenn der Anfang nicht ihren Vorstellungen entspricht, geht sie weiter über zu Ingeborg. Wenn diese schweigt und auch Leonore nicht zufriedenstellend antwortet …“ „Ja, ja“, platzte es aus mir heraus, „dann bin ich dran: ‚Edith?‘ – immer mit dieser huldvollen Handbewegung und dem süffisanten Lächeln! Die ganze

Zeit kann ich mich überhaupt nicht auf die Frage konzentrieren, weil ich wie ein hypnotisiertes Kaninchen darauf hoffe, eine würde richtig antworten und damit der Kelch an mir vorübergehen; und dann ertönt ihr vorwurfsvoller Ausspruch: „Aber meine Damen!"

„Die König hat ja auch eine richtig Machtposition. Eine Fünf in Deutsch können wir ja mit nichts ausgleichen!" gab Hilde zu bedenken

„Wir sind ja auch wirklich von einem Extrem ins andere gekommen", redete Hilde sich in Rage. „Die gute alte Frau Borg, die mit ihren weit über sechzig Jahren noch Schuldienst leisten musste, hat unsere Talente immer über den grünen Klee gelobt. Das hat zwar gut getan, aber so viel haben wir nicht gelernt. Jetzt kriegen wir es richtig eingebleut, aber dafür wird uns der ganze Mumm genommen."

Dabei schrieb ich eigentlich gern. In unserem Mathematikaufsatz „Symmetrie in der Natur" hatte ich die Biene Ausschau halten lassen und sie hatte mir eine „Eins" eingeflogen. Charakteristiken klappten ja, aber diese Besinnungsaufsätze! Die König zensierte die Aufsätze nicht gerecht, sie ließ nur ihre Meinung gelten. Was hatte ich mich gefreut, als wir neulich selbst Themen vorschlagen durften und ich mein eigenes Thema wählen konnte: „Der Drang der heutigen deutschen Jugend, ins Ausland zu gehen". Was habe ich mir die Seele aus dem Leib geschrieben! „Thema verfehlt!" stand mehrmals lakonisch am Rand. Sie konnte mit mir nicht übereinstimmen, dass auch die Musik unseren Drang förderte, z. B. die amerikanische Musik der Cowboys, diese „Country-Music", bei der ich nachmittags immer meine Schularbeiten machte. Dadurch wurde in mir doch eine Sehnsucht entfacht, dieses Land und seine Leute kennen zu lernen! Und die Besuche in unserem Übersee-Museum, mit den Eingeborenendörfern aus der Südsee: Auch die haben meine Sehnsucht für die Ferne angeheizt.

Zu Hause konnte ich alles erzählen und fand besonders beim Abtrocknen nach dem Mittagessen bei meiner Mutti offene Ohren.

„Soll ich mal mit eurer Deutsch-Lehrerin sprechen?" fragte sie mich.

„Könnte vielleicht nicht schaden", stimmte ich zu. Am Tag nach dem Gespräch teilte ich Hilde den Vorschlag mit, den Frau König meiner Mutter unterbreitet hat: „Wenn wir beide und noch Inge und Ursel bei der neuen Referendarin, Frau Löbe, Nachhilfe nehmen würden, könnte das unsere Chancen auf die Deutschnoten im Abitur verbessern." „Das grenzt ja an Erpressung!" meinte Hilde empört. „Ja, aber wenn wir nicht darauf eingehen, haben wir gelitten", seufzte ich.

„Wie viele von unserer Klasse sind schon auf die anderen Oberschulen abgewandert. Wir sind doch nur noch 16 Schülerinnen", ereiferte sich Hilde. „Aber wenn ich das Abitur schaffe, gucke ich sie hinterher nicht mehr ums Verrecken an!" drohte sie.

Sie hat ihr Versprechen gehalten. 1977 beim „Silbernen Abitur" hat sie nicht mit Frau König gesprochen. Dafür habe ich „unserer Königin" aber gesagt, dass wir wohl viel bei ihr gelernt hätten, aber ihre Tyrannei und Willkür hätte uns total den Schneid abgekauft und viel Leid verursacht. Da hat sie „gebeichtet", dass sie aus dem Osten gekommen und sehr unsicher gewesen sei.

Hinterher ist mir auch klar geworden, welche Kriterien noch eine Rolle gespielt hatten. Bei der Übernahme unserer Klasse hatte sie uns nach unseren Lieblingsbüchern gefragt. Früher hatte mir meine Oma „Heidi" geschenkt und damit bei mir ins Schwarze getroffen; es folgten andere Bücher mit Bergbeschreibungen von Ludwig Ganghofer, abgelöst von Karl May, dessen Bücher ich alle verschlungen hatte. Ich ahnte schon, dass ich Karl May nicht angeben sollte, aber Ganghofer? Später merkte ich, dass Gisela mit ihrem „Glasperlenspiel" von Hermann Hesse wohl den richtigen Nerv bei „der Königin" getroffen hatte.

Zu Hause hatten wir viele Bücher, u. a. 14 Bände von Schiller, 15 von Goethe und fünf von Reuter: "Ut mine Stromtied", alle in grünem Leinen gebunden. Dazwischen ein Buch, das sich meine Mutter mit 22 Jahren gekauft hatte: „Gedankenharmonie aus Goethe und Schiller". Ich hatte bemerkt, dass Ganghofer bei unserer Deutschlehrerin nur ein leicht verächtliches Lächeln hervorgerufen hatte. Deshalb stürzte ich mich zu Hause mit Enthusiasmus auf ein dickes Buch von Warwick Deeping: „Außenseiter der Gesellschaft." Ich las und arbeitete es durch. Doch auch das stieß bei ihr auf Ablehnung. „Wir wollen im Deutschunterricht keine ausländischen Schriftsteller behandeln."

„Du, Hilde, wir aus der Neustadt sind auch ein bißchen ‚Außenseiter der Gesellschaft'". „Ja", stimmte Hilde zu, „ich habe auch das Gefühl, dass die Akademikertöchter aus Schwachhausen schonender behandelt werden, denn warum macht sie bei uns ‚Abschußkandidaten' bei dir

Schluß und fragt nicht Lore, deine Banknachbarin, deren Vater Jurist in Schwachhausen ist und die sicherlich eine zufriedenstellende Antwort gewußt hätte?"

Einmal fiel Deutsch aus, weil wir sammeln gingen für das Mütter-Genesungswerk von Elli Heuß, der Frau unseres ersten Bundespräsidenten. Zuerst kostete es uns schon ein bißchen Überwindung, zu „betteln" Aber es war ja für einen guten Zweck. „Bitte eine kleine Spende fürs Müttergenesungswerk", ging es uns mit der Zeit immer flotter von den Lippen, und bald wußten wir schon fast im voraus, wer etwas gibt und wer nicht. Meistens machten wir gute Erfahrungen, waren aber auch bestürzt über manche abweisenden Reaktionen. Sollte mich später mal jemand „anbetteln", so nahm ich mir vor, mich an diese Erfahrungen zu erinnern und nicht verschlossen zu sein. Und wie lösten wir das Deutsch-Problem? Zu Hause wurde noch beraten, eventuell die Schule zu wechseln. „Nein", sagte mein Vater, „es ist eine gute Schule. Ihr bekommt solch ein gutes Angebot an Allgemeinbildung. Das ist eine Grundlage, ein Kapital, das dir nie wieder genommen werden kann!"

„Wir bekommen jetzt von unserem Schulleiter, Herrn Dr. Kippenberg, auch noch Unterricht in Anthroposophie", stottere ich herum. „Mensch, ich habe immer Schwierigkeiten, es richtig auszusprechen!"

„Das ist doch die Lehre von Rudolf Steiner, die an besonderen Schulen gelehrt wird. Geht es da nicht um die Seele und die Seelenkraft?" wirft Mama fragend ein. „Ja, so genau kann ich das noch nicht erklären, aber der Unterricht ist auf jeden Fall richtig interessant und dazu ist er auch noch bei unserem Schulleiter Dr. Kippenberg."

Wir amüsierten uns oft über die Namen unserer Lehrkräfte und machten einen Spruch daraus: „Schau, der Kühne Lämmerhirt läuft den Kippenberg hinunter und begießt mit der Brause das Frische Unkraut." Das waren alles unsere „Fräulein" Lehrerinnen und der Schulleiter.

Komisch, dass die unverheirateten Lehrerinnen, die promoviert hatten, mit „Frau" angeredet wurden: z.B. Frau Dr. Seidenzahl. Ach, für die konnte ich ja auch nur schwärmen, wenn sie uns mit ihrem einmaligen Erzähltalent in die Welt der griechischen Mythologie entführte. Sie stellte sich vorne vor uns hin, mit ihren hellblauen, verträumten Augen, die fein gekräuselten Naturlocken wie Antennen ausgefahren und erzählte uns aus dem Stegreif von Homers Ilias und Odyssee, von Prometheus,

Dädalos und Ikarus und dem Goldenen Vlies. Das alles versöhnte mich wieder mit der Schule.

„Warum ist es am Rhein so schön?“ Das wollten wir 1951 auf unserer letzten Klassenfahrt vorm Abitur erkunden. Wir machten Erinnerungs-

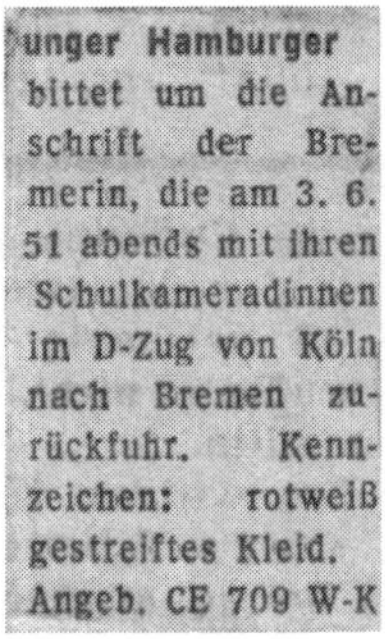

unger Hamburger
bittet um die Anschrift der Bremerin, die am 3. 6. 51 abends mit ihren Schulkameradinnen im D-Zug von Köln nach Bremen zurückfuhr. Kennzeichen: rotweiß gestreiftes Kleid.
Angeb. CE 709 W-K

fotos – ganz wenige, weil das damals noch ein teueres Vergnügen war. Eins wurde von Hilde, Inge, Ursel und mir am Fenster unseres D-Zugabteils gemacht. Auf der Rückfahrt saß in unserem Großraumwaggon ein blonder junger Mann. Ich spürte seine Blicke, selbst wenn ich mit meinen Mitschülerinnen herumalberte. Immer wieder fühlte ich mich beobachtet. Als wir zwei Tage später mit unserer Straßenbahn Linie 7 in die Schule fuhren, hatte Gisi eine Zeitung dabei und zeigte ganz aufgeregt auf eine Annonce.

„Junger Hamburger bittet um Adresse der Schülerin, die am 5.6.51 mit ihren Klassenkameradinnen im D-Zug von Köln nach Bremen zurückfuhr. Kennzeichen: rot-weiß-gestreiftes Kleid.“

„Ihr seid doch auch vorgestern zurückgekommen.“

Ich ahnte schon etwas, aber Ursel glaubte, in ihrem rotweißen, kleinkarierten Kleid gemeint zu sein. Ich hatte ein rotweiß-kariertes Kleid mit Überkaro getragen. „Schick doch einfach unser Foto hin und schreibe unsere Adressen dazu“, sagte ich zu Ursel. Ja, und dann bekam ich einen Brief von einem jungen Hans-Heinz aus Hamburg Harburg. In einer winzigen Schrift schrieb er mir, dass es ihm so gefallen hätte, wie ich mit meinen Klassenkameradinnen so ausgelassen herumgealbert hätte und dass er mich näher kennen lernen möchte.

Ich weiß nicht mehr, warum daraus nichts geworden ist. Ich kann mich nur noch erinnern, dass die Annonce mit unserem Bild bei einem Elternabend auf die Leinwand geworfen wurde, als wir noch keine Antwort hatten. Dabei lag eine große Spannung im Raum.

Am 5.2.52 hatten wir es endlich geschafft: Wir hatten unser Abitur! Und nun? „Jetzt steht euch der Zugang zu allen Berufen offen. Ihr habt die gleichen Chancen wie die Jungs", hieß es bei unserer Abschlußfeier.

Eigentlich wollte ich ja Tierärztin werden, aber mir wurde ja schon „mangels Masse" abgeraten, und das Rudern hatte mir leider auch nicht zu soviel Muskelkraft verholfen!

„Eine kaufmännische Ausbildung auf der Höheren Handelsschule kann nicht schaden", meinte mein Vater, dessen saubere Buchführung ich immer bewunderte. „Ich habe damals auf einer Handelsschule so viel gelernt, so dass ich bis zur Heirat in einem Büro arbeiten konnte", fügte meine Mutter hinzu. Jede Woche schrieb sie flott auf der Schreibmaschine einen Brief an ihre Schwester Adele, meine Patentante, mit den neuesten Begebenheiten der Woche und erhielt postwendend eine Antwort. Die beiden Schwestern verstanden sich sehr gut, und meine Cousine Mechthild war wie eine Schwester für mich. Ja, Schreibmaschine möchte ich auch wohl lernen, denn: „Das Schreiben muss noch besser werden", hieß es doch in meinem ersten Zeugnis.

Hilde hatten diese Argumente auch überzeugt und so gingen wir wieder zur Schule: auf die „Höhere Handelsschule" in der Balgebrückstraße, in dem alten, verfallenen Viertel mit dem Schnoor und der Marterburg, diesen schmalen, krummen Straßen mit den kleinen Bruchbuden, die ein paar Jahrzehnte später durch Künstler wieder solch anziehenden Charme erhalten sollten.

Dort in der Passage unter der Domsheide kamen wir an der Fischhandlung Klevenhusen vorbei, von der Hilde immer magisch angezogen wurde. Mindestens einmal in der Woche durfte sie sich „grüne Heringe" mit nach Hause bringen. Während man ihr die Heringe einpackte, schweiften mein Augen über die appetitlichen Auslagen. Ach, was hatte uns die Währungsreform alles an Land und in die Auslagen gespült! Ein halber Lachs lag dort in seinem rosa Anschnitt. „Guck mal, ein Pfund kostet 15 Mark, das ist ja ein Zehntel von dem Monatsgehalt, das man uns bei der Maierform angeboten hat", flüsterte ich Hilde zu. „Ja, das ist auch etwas ganz Besonders", erklärte uns „Herr Klevenhusen", der unsere lüsternen Blicke wohl gesehen hatte und schnitt einen hauchdünnen Streifen ab, um uns von seinem scharfen Messer einen Streifen probieren zu lassen. Köstlich! Fisch mag ich auch zu gern. Hörten wir unseren hageren Fischhändler Niegengert (Ziegensteert nannten wir ihn) mit seiner großen Messingglocke bimmelnd durch die Straßen laufen und mit rollendem R „Granat, frischer Granat!" ausrufen, dann rannten wir mit unseren Gefäßen so schnell wir konnten in seinen Schrebergarten, um eine Portion zu ergattern. Krabben-Pulen machte anschließend besonderen Spaß. Blieb mal ein Stück Schale an den Krabben hängen, wurde alles schnell „ins Kröpfchen" geschluckt.

Unvergeßlich die Enttäuschung, als Niegengert mit seiner Glocke ankündigt: „Makrelen, frisch geräucherte Makrelen!"

Hatte er einen anderen Weg gewählt oder war ich nicht schnell genug gewesen? Als ich in den Schrebergarten kam, hatte sich schon eine Riesenschlange durch seinen Garten fast bis zum Dorfkampsweg gebildet. Der Duft dieser frisch geräucherten Makrelen stieg uns über die Distanz schon in die Nase und wurde verstärkt, wenn die Käufer ihre ergatterten Makrelen wie eine Siegertrophäe zufrieden an uns vorbeitrugen. Als vielleicht noch 15 Leute vor mir waren, konnte ich einen Blick auf den Holztisch werfen, an dem die rundliche Stina Niegengert die Makrelen in Zeitungspapier wickelte. Aber leider, leider lagen nur noch zehn geräucherte Fische auf dem Tisch. Es müßte ein Wunder geschehen! Unser Niegengert war jedoch kein Jesus, der mit zwei Fischen 5000 Mann versorgen konnte. So mussten wir mit leeren Händen und knurrendem Magen nach Hause stapfen. Das war in der kargen Zeit vor der Währungsreform. Danach gab es zwar alles zu kaufen, aber es fehlt das Geld. „Wie gut, dass du nicht so erpicht bist auf grüne Heringe", meint Mama, „der Bratendunst hängt stundenlang im ganzen Haus. Hol dir lieber einen Bückling, dann brauchst du keinen Lebertran einzunehmen." Den musste ich löffelweise pur mit einem kleinen Pfefferminzbonbon hinterher täglich einnehmen. Ging mir runter wie Öl. Ja, einen Bückling, schön weich und fettig und lecker geräuchert – wohlmöglich noch mit Rogen, hm, ein Festmahl!

Kennt man heute noch diesen Unterschied oder den zwischen einem Kabeljau und einem Schellfisch? „Die sehen sich beide ähnlich", sagte Papa, „aber der Schellfisch ist feiner im Geschmack und ist an dem „Petrusfinger", einem schwarzen Daumenabdruck hinter den Kiemen zu erkennen."

„Die König hat nichts mehr zu sagen! Jetzt kann uns Abiturienten doch nichts mehr passieren!" dachten wir. Unsere neue Klassenlehrerin war Fräulein Messerer. Mit über siebzig Jahren musste sie immer noch den Schuldienst versehen, weil zu viele Lehrer im Krieg gefallen waren. Bei ihrem Eintreten in unsere Klasse unterhielten wir uns weiter, beachteten sie gar nicht und benahmen uns wie eine Horde wildgewordener, junger Affen.

Groß und knochig mit einem strengen Knoten und imponierendem Gebiß stapfte sie zum Lehrerpult und schnarrte mit lauter Stimme: „Ich kenne Sie nicht, aber ich weiß genau, wer von Ihnen Einzelkind oder wer Jüngste in der Familie ist." Bingo!

Karin: „Jüngste!", Hilde: „Einzelkind", Edith: „Jüngste" – und so traf sie bei 90 Prozent ins Schwarze. Damit hatte sie gewonnen und wir lernten gern bei ihr: Englische und deutsche Stenographie, Zehnfinger-Maschineschreiben – blind!

Wir konnten fast alles wirklich praktisch gebrauchen und hinter dem Satz unserer alten Schule stehen: „Nicht für die Schule, sondern für das Leben lernen wir." Dieses Rüstzeug konnten wir anschließend im Berufsleben einsetzen.

Während der Herbstferien hatten Hilde und ich ein Praktikum bei der „Maierform" gemacht, einer noblen Firma, die mit dieser Form besonders schnittige Schiffe entwickelt hatte. Uns beiden wurde nach Abschluß der Schule eine Anstellung angeboten. Hilde nahm sie an.

Ich wollte lieber in die Luft gehen und nutzte die Chance am Bremer Flughafen. Frau Viereck, eine alte Bekannte meiner Eltern, war an meiner Flughafentätigkeit interessiert und wollte Näheres über meinen Dienst wissen. Nachdem ich ihr die Flugzeugabfertigung geschildert hatte, sagte sie zum Abschied: „Edith, dann laß man ordentlich welche fliegen!“

2
The Flying Fifties

Geburtswehen der Lufthansa

Eines Tages geht ein Raunen durch den Bremer Flughafen: „Die Lufthansa kommt wieder!“ Victor Eckhart, unser Rampendienstleiter ist Flieger mit Leib und Seele. Er ist im Krieg viele Einsätze geflogen, und seine Augen leuchten auf, wenn er von den Anfängen der Fliegerei berichtet: „Schon 1909 wurde das erste Luftverkehrsunternehmen der Welt gegründet: die ‚Deutsche Luftschiffahrts AG‘“.

Mit Zeppelinen wurden Post und Passagiere befördert. Als erste Fluggesellschaft der Welt nahm die „DLR – Deutsche Luftreederei“ 1919 den planmäßigen Linienverkehr auf. Berlin war der Heimatflughafen, der 1923 auf dem Tempelhofer Feld entstand.

Unser Rampendienstleiter in seiner grauen Flughafenuniform redet sich richtig in Eifer und ich bemerke, wie er plötzlich noch aufrechter dasteht, als es ihm ohnehin zu eigen ist. Stolz berichtet er von den Einsätzen der Lufthansa nach Rußland und pionierhaften Flügen nach Südamerika. 1926 hieß es: „Lufthansa fliegt in die Bäder“ an Nord- und Ostseeküste, genau wie solche Flüge hier in Bremen von unseren holländischen, englischen und dänischen Piloten angeboten werden.

Plötzlich ist er gar nicht mehr zu bremsen, als er anfängt, von der dreimotorigen „Ju 52“ zu schwärmen, seiner großen Liebe! „Die liebe ‚Tante Ju‘, was wir mit der anstellen konnten! Die nahm nichts krumm und deshalb wurde sie auch bei Tochtergesellschaften in Südamerika und Fernost eingesetzt. 1935 fliegt eine Ju 52 von Kairo 4000 km in gut 16 Stunden.“ Victor Eckhart schwelgt in Erinnerungen und ich höre ihm so gern zu. Er fährt fort: „Als Sie, Fräulein Janssen, 1934 gerade laufen lernten, hatte die Deutsche Lufthansa schon eine Million Fluggäste befördert. Nach dem Krieg sind uns ja die Flügel gestutzt worden. Aber jetzt scheint die Lufthansa aus der Mauser herauszukommen.

Die Lufthansa hat noch nicht ihren alten Namen zurück erhalten. Der Schriftzug „Luft Hansa" mit dem seit Jahren bekannten Kranich von der DLR und Aero Lloyd erschien zuerst 1926 auf dem Flughafen Tempelhof."

Victor Eckhart ist gut informiert durch einen alten Kriegskameraden, der in einem kleinen Stab im „Büro Bongers" arbeitet.

„Aus dem ‚Büro Bongers' ist am 6. Januar 1953 die ‚Luftag', die ‚Aktiengesellschaft für Luftverkehrsbedarf' hervorgegangen. 27 Jahre nach der Gründung der ersten Lufthansa im Jahre 1926 – auf den Tag genau!"

Er weiß auch von den Schwierigkeiten der Anfangszeit, die die Pioniere Hans M. Bongers und sein technischer Mitstreiter, der Diplom-Ingenieur Gerhard Höltje zu bestehen hatten, deren größtes Kapital die grenzenlose Begeisterung war, denn mit einem Vorschuß von 10.000 Mark kamen sie nicht weit.

„Der Stadtdirektor von Köln, Max Adenauer hat sich dafür eingesetzt, dass die Verwaltung nach Köln kommt und das Land Nordrhein-Westfalen hat wohl auch noch einen Zuschuß gegeben."

Nun gibt es für mich kein Halten: Ich will mich bewerben und bekomme gleich Ratschläge von vielen Mitarbeitern der Bremer Flughafenfamilie. Diese reichen von: „Pack alles rein, was du aufzuweisen hast!" bis „nicht zu dick auftragen!"

In meine „Kladde" schreibe ich vor lauter Aufregung auf die Bewerbung „Aktiengesellschaft für Flugzeugbedarf". Fast alle Flughafen-Angestellten helfen mir „Küken" dabei, mit dem Kranich flügge zu werden und drücken mir die Daumen.

Die Bremer Nachrichten machen meine Bewerbung sogar zum Titelthema. „Edith Janssen will hoch hinaus", muss ich zu meinem Schrecken dort lesen. Der Beruf und das Berufsbild sind noch so neu und doch schon so attraktiv, dass sich Hunderte bewerben.

Am 29. Oktober 1954 bekomme ich einen Brief von der Deutschen Lufthansa. „Hurra, man hat mich als Flugbegleiterin in die engere Wahl gezogen!" jubele ich und falle meiner Mutti um den Hals. Endlich ist das bange Warten vorbei.

Auf meine Bewerbung vom 1. November 1953 an die „Aktiengesellschaft für Luftverkehrsbedarf" war ich schon für ein Vorstellungsgespräch eingeladen worden. Bald darauf wurde meine Euphorie jedoch gebremst – wahrscheinlich ebenso wie die der „Luftag", denn man schrieb mir: „In Abänderung unseres Schreibens vom 31.12.1953, in dem wir Sie um Vorstellung baten, sind wir zu unserem Bedauern genötigt, die darin genannten Termine noch zurückzustellen und auf einen späteren Zeitpunkt zu verschieben."

Ich leide mit der Lufthansa und die ganze Bremer Flughafen-Familie mit mir.; hatten sie doch alle ihre guten Ratschläge mit in meine erneute Bewerbung gepackt: meine Kolleginnen, der Rampendienst, Stationsleiter der SAS und KLM, selbst die jungen Spediteure und Zöllner, mit denen ich Frachtsendungen aus dem Zollverschlußraum holen musste.

Im Herbst 1954 erreicht mich also dann das lang ersehnte Schreiben der Lufthansa „Wir bitten Sie, sich zu einer persönlichen Vorstellung und Aussprache bei unserer Gesellschaft einzufinden und erwarten Sie am Mittwoch, den 10.11.54, 9.00 Uhr in Köln, Claudiusstr. 1 (Alte Universität, Nähe Ubierring).

Der nachfolgende Tag ist für die ärztliche Untersuchung auf Fliegertauglichkeit, die Voraussetzung für eine Einstellung ist, vorgesehen. „Wir vergüten Ihnen die Reisekosten 3. Klasse Bahnfahrt für Hin- und Rückreise, sowie für die Zeit des notwendigen Aufenthaltes am Aussprache- und Untersuchungsort Tage- und Übernachtungsgeld (die vollen Sätze betragen DM 8,- und DM 6,50)."

Getestet werden mit mir sechs andere junge Frauen. Unsere Handschrift wird analysiert und es gibt 200 Fragen zur Allgemeinbildung. Außerdem müssen wir kerngesund und flugtauglich sein. Sogar unsere Tischmanieren werden beim gemeinsamen Essen von vier Prüfern unter die Lupe genommen. Helga aus Hamburg macht sich aktiv an die Ausgabe der Suppe. „Ach, das hätte ich auch machen müssen", denke ich und sehe meine Aussichten schrumpfen.

Aber nicht nur uns heißt Köln Willkommen. „Kaiser Haile Selassi aus Äthiopien soll hier gegen Abend vorbeifahren. Sollen wir nicht versuchen, einen Blick auf einen echten Kaiser zu werfen?" fragt Helga. Ja, Helga Senft ist echt ein Kumpel. Die würde ich sofort einstellen.

Kaum stehen wir an der Straße, kommt auch schon der Kaiser Haile Selassi in einer Staatskarosse vorbeigefahren. Huldvoll mit weißen

Handschuhen winkend, fährt dieser dunkelhäutige Herrscher mit seinem Napoleon-Dreispitz-Hut ganz nah an Helga und mir vorbei.

Unser Gesprächsthema ist natürlich die Bewerbung und die Prüfung. „Hast du gewußt, wo die Hebriden liegen? Und wer ist denn Ho Chi-Minh?" frage ich Helga. Von den über 200 Fragen sind mir hauptsächlich die im Gedächtnis geblieben, die ich nicht gewußt hatte. Als ich dann auch noch die Chefstewardess, die attraktive, charmante Ursula Tautz frage, ob sie die Graphologin sei, denke ich: Nun hast Du keine Chance! Aber: von den sieben Prüflingen bin nur ich durchgekommen. Warum haben sie Helga nicht genommen? Sie sieht gut aus, ist so kameradschaftlich und patent.

Sie läßt den Kopf nicht hängen, sondern denkt schon für mich mit, als wir im Zug gen Norden fahren. „Es herrscht ja große Wohnungsnot in Hamburg", sagt sie, „ aber ich weiß, wo bald ein Zimmer frei wird. Meine Freundin Erika und ihr Adolf wohnen in Hamburg in einem Zimmer zur Untermiete. Sie haben geheiratet und werden bald ausziehen. Das Zimmer wäre doch etwas, wenn du nach Hamburg kommst." Das werde ich ihr nie vergessen.

„Weil Sie noch so jung sind und erst im April 55 das Mindesteinstellungsalter von 22 Jahren erreichen, haben wir sie für den zweiten Flugbegleiter-Lehrgang vorgesehen", erklärt mir Fräulein Tautz. Mit 35 Jahren und bei Heirat ist sowieso Schluß.

Schon werden am Bremer Flughafen Wetten abgeschlossen, dass ich in den nächsten drei Jahren unter der Haube sein werde. Kommt nicht in Frage, schließlich habe ich mir diesen Beruf so sehnsüchtig gewünscht! Ich wette dagegen und gewinne die zehn Flaschen Sekt. Dass ich fast zwanzig Jahre der Lufthansa treu sein würde, hätte ich allerdings auch nicht gedacht.

„Hast du denn keine Angst vorm Fliegen?" werde ich häufig gefragt. Darauf gebe ich immer die bremisch-philosophische Antwort unseres Stationsleiters, Hans Bischof weiter: „Wenn es sein soll, bricht man sich die Nase auf dem Butterbrot ab."

Für mich ist es die Übertragung der biblischen Weisheit: „Wer ist unter euch, der seines Lebens Spanne eine Elle hinzufügen kann?"

Trotz unseres Unterrichtes kann ich es eigentlich immer noch nicht richtig fassen, wie sich solch ein schwer beladener Eisenvogel in die Luft schwingen kann. Für mich (Niete in Physik) immer wieder ein Wunder.

Bremer Flughafenkonzert

Meine Bremer Flughafen-Familie empfängt mich nach meinem erfolgreichen Vorstellungsgespräch, als hätte ich die Tour de France gewonnen.

Am ersten Wochenende im Februar 1955 findet ein Bremer Flughafenkonzert statt. Große Attraktion: Die Lufthansa kommt mit ihrer ersten Convair und dem ersten Flugbegleiter-Lehrgang nach Bremen geflogen. Die Treppe wird ausgefahren und als erster steigt der amerikanische Captain Wilson aus.

Oh! Hatte ich den mit seinem narbigen Gesicht nicht erst neulich in einem Western auf dem Plakat „wanted" gesehen oder als wilden Sheriff? Forsch gefolgt von dem britischen Captain Mc-Kewn, der mich mit einem großen, roten, gezwirbelten Bart beeindruckt. Noch eine merkwürdige Gestalt taucht auf: Captain Pretsch. Obgleich er sich ohne Uniform jovial gibt, spüre ich, dass er eine Autorität verbreitet, vor der viele im übertragenen Sinne in die Knie gehen.

Danach entschweben die Flugbegleiter des ersten Lehrganges der Convair. Neben sieben Stewards die zehn Stewardessen: eine schöner als die andere – wie aus einer anderen Welt. Sie haben es schon geschafft und ich beneide sie glühend.

Für mich sind noch einige Hürden zu überwinden. Am 14. Februar 1955, einem kalten Hamburger Wintertag, beginnt unser zweiter Flugbegleiter-Lehrgang in einer Baracke am Hamburger Flughafen. Herr Sachau, unser Ausbildungsleiter, verkündet unmißverständlich: „Von den 25 Lehrgangsteilnehmern werden nur 20 in den Flugdienst übernommen. Fünf Kandidaten werden das Ziel nicht erreichen."

So ist es auch. Am letzten Samstag vor unserer Abschlußprüfung werden fünf Teilnehmer aufgerufen: „Frl. Süß, Frl. Müller, Frl. Klein ..." Fünf Kandidatinnen verlassen unheilschwanger unsere Klasse. Um mich herum ist es licht geworden.

Da, Telefon: „Fräulein Janssen ans Telefon!"

„Oh, mein Gott, sie haben mich vergessen! Wer sollte mich sonst anrufen, ich kenne hier doch niemanden", schießt es mir durch den Kopf. Aber es ist Rosemarie, eine Stewardess aus dem ersten Lehrgang, auch eine Bremerin, die fragt, ob wir uns nicht in Hamburg ein Zimmer teilen wollen.

Nach den sechs Wochen Schulung bekommen wir von Herrn Sachau die begehrte Urkunde, den ersten Arbeitsvertrag und ich meine Kontonummer: "0661". So gehöre ich mit dieser „sechsy" Nummer zu den ersten Lufthanseaten unter 1000.

Bei unserem befreienden Abschlußfest Ende März 1955 können wir jetzt erst richtig herzhaft über die Stilblüten lachen, die uns während der Ausbildung unterlaufen sind. Ich glaube, es war Iris, die folgendes von sich gab: „Nachdem alle Gäste die Kabine verlassen haben, wird diese auf Fundgegenstände durchsucht und die ausgegebenen Zeitungen werden eingesammelt." Das klang so, als wären wir ganz erpicht auf Fundsachen. Kurz und bündig äußerte sich Herr Katoll: „Sobald der erste Gast abgeräumt hat, abservieren!"

Warum mussten wir so über Oberascher lachen, als er erklärte: „Tiefer Ton vom Kompressor, wenn Luft kommt." Oder über Walburga: „Die Stewardess verabreicht kleine Dosierungen von Kölnisch Wasser." Es werden Situationen an Bord durchgespielt, wobei Frau Meyer mit Kindern und der VIP Mr. Brown eine besondere Rolle spielen: „Mr. Brown kann aber trotz seines wichtigen Postens aussehen wie ein gewöhnlicher Sterblicher."

„Mr. Brown ersuchte um Besorgung von Virginia S. E. Extra Small-Zigarren. Wurde gemacht."

Und wer machte folgende Ansage? „On BEHIND of the Captain we would like to welcome you!" Und achtsam sollten wir sein: „... beachten, dass Frau Müller mit ihren Kindern rückwärts sitzt."

Jeder Lehrgangsteilnehmer wird bei der Abschlußfeier mit einem persönlichen Vers charakterisiert, in dem sich auch der Druck unserer Ausbildungsleitung erkennen läßt:

Die blonde Pertz, zwar ernst, doch keck,
hat im Gesicht `n Mutterfleck.
Herr Sachau sagt, der muss gleich weg,

sonst hat der Lehrgang keinen Zweck.

Den folgenden Vers verpaßte man mir:

Fräulein Janssen, höflich und bescheiden,
drum mag ein jeder gern sie leiden,
ihr Lächeln: schüchtern, doch charmant,
wird von den Männern nicht verkannt."

Einsatz zum Flugtag in Bremen

Uniformen im Astoria: PAA, KLM und 3x LH

Auf dem Ausbildungsplan steht ein Kurs in gutem Benehmen bei Frau von Richthofen: Wie spreche ich Hoheiten und Würdenträger korrekt an, wer läßt wem, was, wann und wo den Vorrang etc. Eine Kosmetikschulung steht auch auf dem Plan. Das grelle Licht an Bord läßt ungeschminkte Personen leicht blaß und kränklich aussehen. Bei Lufthansa gehört es deshalb dazu, dass wir uns schminken. Allgemein gilt jedoch in der Nachkriegszeit: „Eine deutsche Frau schminkt sich nicht!" Im Gegensatz dazu bemalen sich die Freundinnen der Amerikaner um so auffälliger.

Als ich vom Kosmetikkurs mit „Kriegsbemalung" unter den Augen nach Hause komme, fragt meine große Schwester: „Edith, hast Du

Kohlen geschüppt?" Schnell kläre ich sie auf, aber sie zieht mich den ganzen Abend auf: „Na, Du kleines Ami-Liebchen!"

Bereits 1954 sollte eigentlich das Paradestück der KLM-Flotte, die „Constellation", zum Flugtag nach Bremen kommen. Aber leider, leider war die Landebahn unseres „Familien-Flughafens" zu kurz. Ein Jahr später hat man sich gerüstet. Die Lufthansa kann mit der Super-Constellation 1955 zum Flugtag einfliegen und ich mit ihr.

Abends ist ein großes Fest im „Astoria", dem exquisiten Nachtclub. Ich darf die Lufthansa mit vertreten. Im „Astoria" kann man wirklich festlich feiern!

Nun sind Krieg, Angst und Not vorbei; ein Kapitel auf der Sonnenseite des Lebens wird aufgeschlagen. Mit Lufthansa steht uns die Welt offen.

Reiches Amerika – Armes Deutschland

Zwar kein Amiliebchen – aber eine Amerika-Liebhaberin werde ich bei meinen ersten Aufenthalten in der „schönen neuen Welt."

Ich kann nur staunen über all die bunten, vielfältigen Eindrücke, die uns im „Land der unbegrenzten Möglichkeiten" in den Bann ziehen.

Auf dem Weg zu unserem Hotel Seymour in der 45. Straße, mitten im Herzen von Manhattan zwischen Fifth Avenue und Broadway, bleibt uns fast der Mund offen stehen beim Anblick der amerikanischen Autos. An uns flitzen die Luxus-Limousinen in bunten Farben vorbei: pink, türkis, lila, mehrfarbig und in ausgefallenen, ausladenden Formen. Manche mit chromblitzenden Heckflossen; offene Cabrios mit lebenslustigen Teenagern und aufgedrehten Radios, aus denen die heißesten Hits zu uns rüberschallen.

1955 können sich von den Flugbegleitern nur ganz wenige ein Auto leisten. Vielbeneidet ist unser Kollege, der von allen immer nur „der lange Hans" genannt wird, wenn er in seinem Goggomobil zum Flughafen kommt. Mein Traum von einem Messerschmitt-Roller ist unerreichbar. Noch nicht einmal ausgemusterte, offene Kübelwagen der Polizei, die günstig zu erstehen sind, können sich Flugbegleiter leisten. Sie sind auch nicht einfach zu bekommen. Selbst der zum Borddienstleiter ernannte

Steward aus dem dritten Flugbegleiterlehrgang, unser Chef, kann sich erst 1956 das Luxusmodell *Lloyd* aus Bremen leisten – den sogenannten Leukoplastbomber. In Amerika dagegen sind wir von den Autos fasziniert: Limousinen, groß, bunt und glänzend: Cadillacs, Chevrolets – allein die Namen klingen anspruchsvoll, keine Nutzfahrzeuge, sondern Spielzeuge für Erwachsene aus einer anderen Welt.

Welch ein Unterschied zu unserem „good old Germany", wo man die Mangelware Auto nur in grau-schwarz, ganz funktionell sieht. Mein Schwager, Juniorchef einer alteingesessenen Bremer Eisenwarengroßhandlung, ist stolzer Besitzer eines „Adler" PKW. Über den Hintersitzen ist eine Ladepritsche mit einer Klappe aufmontiert so dass man den Wagen sowohl als Lieferwagen als auch als Personenwagen nutzen kann. Wird am Wochenende ein Familienausflug geplant, dann hat mein Schwager statt Eisenwaren unsere Frauenköpfe „geladen". Auf den Hintersitzen haben nämlich meine Mutter, meine Schwester und ich Platz gefunden und genießen die frische Luft auf der hochgeklappten „Cabrio-Pritsche." Unvergeßlich die erstaunt-belustigten Blicke der Fahrgäste, wenn wir an einer Straßenbahn vorbeifahren! Not macht erfinderisch.

Erfinderisch waren auch ein paar Jahre später die Autobauer in Bremen. In den Borgward-Werken wurden formschöne Autos produziert, die uns in Bewunderung versetzten. „Borgward Isabella" – ein Gedicht! Der Borgward Hansa war auch ein Hingucker, besonders als er im Oktober 1955 auf dem Titelblatt der Borgward-Zeitschrift „Rhombus" erschien. Ein „Hansa" vor einer Luft-Hansa-Maschine in der

Borgward Hansa mit Kühlerfigur vor Convair der Lufthansa

Hansestadt Bremen. Hoffentlich wurde nicht zu sehr abgelenkt durch die „Kühlerfigur“ einer Bremer Lufthanseatin.

Egal, wo wir ankommen: Nach den Einreiseformalitäten wird die Crew zum Hotel gefahren, wo sie eine oder mehrere Nächte untergebracht ist. In New York kommt zu diesem Zweck nicht wie üblich ein Bus, sondern eine superlang gestreckte Limousine mit vier Sitzreihen à drei Personen hinter dem Fahrer und dem Kapitän in der ersten Reihe. Unser „Haremswagen“, wie wir ihn nennen, fährt auf dem Weg vom Flughafen zu unserem Hotel an Friedhöfen vorbei. Riesige Felder mit lauter gleich großen, grauen Granitsteinen in geringstem Abstand nebeneinander aufgestellt, ohne Büsche, Bäume oder Blumen. Etwas pietätlos und schnodderig vermutet ein Flugingenieur: „Aus Platzmangel werden die Leichen tiefgefroren und dann senkrecht in die Erde gerammt.“ Nicht nur „Time is money“ – auch Platz ist in New York teuer!

„Hat jemand eine Vice-Roy?“ – damals eine der beliebtesten Zigarettensorten, fragt unser gut bezahlter Kapitän auf der Fahrt zum Hotel. „Niemand? 'Ne Winston? Auch nicht? Na, dann muss ich wohl meine eigenen rauchen!“

Als Nichtraucher gehöre ich zu den Außenseitern. Rauchen ist in, ist schick. Mir gefällt zwar die Reklame vom HB-Männchen: „Warum gleich in die Luft gehen – erst mal eine rauchen!“ Und ich stelle auch fest, dass das Rauchen etwas Verbindendes hat; es gehört einfach dazu. Trotzdem finde ich an dem Zigaretten-Geschmack keinen Gefallen.

„Komm, Edith, probier doch mal! Komm, nur einmal! Sei kein Spielverderber!“ versucht man mich öfter zu überreden. „Nun gut!“ Ich nehme eine Winston mit Filter. Man gibt mir Feuer, gleich von zwei Seiten. Ich ziehe, ziehe nochmals – keine Glut. Ich mache noch einen ganz tiefen Zug, man merkt doch sofort, dass ich keine Raucherin bin.

Die Zigarette kommt nicht in Fahrt, dafür meine Feuergeber um so mehr: Die Zigarette besteht nämlich nur aus Filter.

Überall wird zum Rauchen eingeladen. Unser Hotel Seymour hat kleine Streichholzheftchen mit ihrer Adresse und einem Willkommensgruß ausgelegt. Auf der Innenseite steht vorsichtig: „Please, do not smoke in bed“. Dort haben wir doch etwas Besseres zu tun.

In meinem Hotelzimmer tue ich als erstes das, was ich in jedem Hotelzimmer der Welt mache, sobald ich allein bin: Ich schleudere die hohen Schuhe in weitem Bogen von meinen Füßen. Nach einer Handvoll Schlaf ziehe ich mich an und höre auch meine Kollegin Margot in ihrem Zimmer hantieren. In unserem gemeinsamen Wohnzimmer treffen wir uns.

„Mensch, Edith, kannst Du auch nicht mehr schlafen?", freut sie sich. Gemeinsam beschließen wir, uns Manhattan anzusehen und einkaufen zu gehen. „Hast du die Petticoats gesehen?! Das sind ja Traumgebilde." Zu Hause hatten wir unsere Unterröcke mit Zuckerwasser gestärkt. Das hatte den Nachteil, dass sie hinterher an den nackten Beinen klebten.

Nach dem Einkauf trifft sich ein Teil der Besatzung im gemeinsamen Crewzimmer, und sogar die männlichen Kollegen sind mit Petticoats bestückt für die Lieben zu Hause. Wir drapieren sie im ganzen Zimmer – über Lampenschirmen und Stühlen, ein Petticoat üppiger als der andere, und finden heraus, wer die tollsten und günstigsten erstanden hat.

Es gibt in Amerika so viele Dinge, die wir nicht kennen und die uns faszinieren. Gleich neben unserem Hotel befindet sich ein Supermarkt mit einem überquellenden Angebot von exotischen Früchten – kunstvoll aufgetürmt, Bilder zum Sattsehen! Zu Hause gibt es nur die Tante Emma-Läden, die auf 15 Quadratmeter das Nötigste für den täglichen Einkauf parat halten. Beinahe ehrfürchtig gehen wir hinein. „Guck mal, Edith, ‚Avocado Pears', das sind doch Birnen, oder?" fragt Margot und zeigt auf dunkelgrüne, glänzende Früchte. „Ja, ‚pear' heißt Birne", bestätige ich und nehme das Ding in die Hand, das mich eher an eine Handgranate erinnert. Es ist größer und schwerer als jede Birne, die ich je gesehen hatte. Aber hier in Amerika ist eben alles besser, höher, schneller … Ist es dann nicht logisch, dass auch die Birnen größer, grüner und glänzender sind?

„Weißt du was, wir kaufen eine und fragen eines unserer amerikanischen Besatzungsmitglieder." In der Hotelhalle treffen wir Mr. Maloney, unseren amerikanischen Navigator. Er versteht die Aufregung über die Birne, wie wir unsere Entdeckung nennen, überhaupt nicht. Als wir sie ihm präsentieren, erklärt er lapidar: „Die ißt man mit Salat-Dressing."

Birnen mit Salatdressing? „Am besten schmecken sie mit Shrimps", fügt er noch hinzu, als er sieht, dass uns seine Antwort nicht genügt.

Da stehen wir also, ziemlich ratlos, mit unserer amerikanischen Birne. Wir beschließen, das grüne Etwas mit nach Hamburg zu nehmen und unserem Lufthansa-Chefkoch, dem lieben „dicken Dittler", zu zeigen.

„Was ist das?" wundert er sich. „So etwas hab ich noch nie gesehen! Mit Salatdressing soll man das servieren?" Ebenso ahnungslos ist auch sein Assistent, Herr Acker, der leckere Salatsoße herbeischafft. Und dann probieren wir alle in der Lufthansa-Küche die erste Avocado unseres Lebens. Avocados kommen erst rund drei Jahre später in Hamburg auf den Markt. Aber dank uns gibt es sie zuvor schon gefüllt mit Shrimps in Salatdressing als Vorspeise an Bord der Lufthansa. Ein kleines bißchen persönliche Pionierarbeit!

„Ich habe Karten für die Met bekommen", empfängt mich mein Kollege Manfred in der Hotelhalle. „Für ‚La Traviata'– hast du Lust mitzukommen? Allerdings hoch oben im vierten Rang oder so."

„Ja, klar!" Ausgerechnet „La Traviata", bei der ich im Bremer Stadttheater nicht nur wegen der Musik dahingeschmolzen war. Na, ich schmeiße mich schick in Schale, wie von unseren Theaterbesuchen gewohnt.

In der Eingangshalle der Met geht es laut und lustig zu wie in einer Markthalle. Ich suche die Garderobe und schaue mich überrascht um. „Wo ist denn die Garderobe?"

„Die Garderobe ist unter unserem Sitz! Ja, hier wird nicht so viel Wert auf Äußeres gelegt", meint Manfred, „dafür haben es die Aufführungen aber in sich!" Recht hat er.

Ein anderes Mal bummele ich allein durch die 42. Straße, in der sich neben vielen kleinen Ramschläden ein Kino an das andere reiht, mit Filmen rund um die Uhr. Hier kann man gleich zwei oder drei Filme hintereinander sehen und einige Menschen scheinen in der schummrigen Atmosphäre sogar gern zu schlafen.

Mir fallen unsere Kinoerlebnisse nach dem Krieg ein. Für uns Teenager – Backfische hießen wir seinerzeit – war das größte Sonntagsvergnügen, eine Kinokarte im „Lichtspielhaus Landlust" zu ergattern. Schon lange vor Filmbeginn reihten wir uns in die lange Schlange ein, in der

Hoffnung, überhaupt eine Karte zu bekommen. Es war ein großes Glück, eine für 1,20 DM zu erstehen. Für 90 Pfennig bekam man in den ersten drei Reihen Genickstarre, und der Luxus von 1,50 DM für die hintersten Reihen überzog unseren Taschengeld-Etat zu sehr. Welch ein Genuß, in den weichen, roten Polstern zu versinken und darauf zu warten, bis der schummerig beleuchtete rote Samtvorhang sich hob und wir in die Zauberwelt entführt wurden. Eine Woche danach lebten wir in unserer Fantasie noch mit unseren Filmidolen. „Fünf Helden" inspirierte uns, später fünf Jungen großzuziehen.

Hier in der 42. Straße, Ecke Broadway, zieht „Frankensteins Fluch" mit gruseligen Bildern meine Aufmerksamkeit auf sich; darunter lese ich: „Wenn Sie in diesen Film allein hineingehen, rennen sie schreiend nach Hause!" Das will ich doch wissen und löse eine Karte. Na, ja, ich kehre nach der Vorstellung ganz cool in unser gutes, altmodisches Hotel Seymour in der 45. Straße zurück – nicht schreiend!

Nachts werde ich wach: Schatten laufen an der Wand entlang – unheimlich! „Ach", beruhige ich mich, „das sind die Nerven nach dem Film", drehe mich um und schlafe weiter. Plötzlich schrecke ich hoch. Ganz in meiner Nähe wird geschnarcht. Das muss ein Riesenschnarcher sein! Ich versuche, in dem Schnarch-Rhythmus mitzuatmen. Da reicht meine Lungenkapazität nicht aus. Oh, Mann! Aber Bange machen gilt nicht! Mit einem Sprung aus dem Bett, Licht an – dem Schnaufen nach! Zwischen meinem und dem Schlafzimmer meiner Kollegin in unserem alten Stuck-Hotel befindet sich in einem begehbaren Kleiderschrank ein uralter, gußeiserner Rippenheizkörper mit Schnaufproblemen …

Schlafen kann ich wie ein Weltmeister, rund um die Uhr und ohne Probleme mit Zeitverschiebungen. „Rrring-Rrring!" reißt mich das New Yorker Telefon aus tiefem Schlaf. „Hier ist der liebe kleine Gerd", so meldet sich immer einer unserer älteren Flugingenieure, ein Berliner. „Was hast du denn heute vor?"

„Ach, eigentlich nichts Besonderes, ein bißchen Einkaufen: Schallplatten bei Sam Goodys, Nagellack, Strümpfe, Kleinigkeiten."

„Treffen wir uns doch zum Frühstück!" schlägt Gerd vor.

Gesagt, getan. Anschließend bummeln wir über den Broadway. Diese riesigen Leuchtreklamen, die in bunten Bändern an den Hausfassaden entlang laufen, sind für mich immer wieder beeindruckend. „Guck mal, jetzt haben sie sogar einen richtigen Wasserfall dort oben installiert – eine technische Leistung, aber deshalb trinke ich das Budweiser Bier trotzdem nicht!“ meint Gerd in seiner trockenen Berliner Art. Wir biegen in die Fifth Avenue ein, schlendern an Tiffany vorbei – gefrühstückt haben wir ja schon – und bleiben vor einem Pelzgeschäft mit prächtigen Auslagen stehen. Erinnerungen an den Krieg tauchen auf. Damals bekam ich einen weißen Pelzkragen aus Kaninchenfell. Ach, war der schön warm und kuschelig!

Und was liegen hier in New York in der vornehmen Fifth Avenue im Schaufenster für Traumgebilde. Die kennen wir nur aus Filmen, wo sie von den Divas getragen werden, oder von den Königinnen unserer Märchenwelt.

„Wie die Pelze glänzen!“ flüstere ich.

„Komm, wir gehen da mal rein – dann kannst du etwas anprobieren, dich wie eine Königin oder Filmdiva fühlen“, schlägt Gerd vor.

Da ich oft und gern ins Theater gehe, hatte ich mir (als kleiner Frostköddel) eigentlich immer so eine kleine Pelzstola gewünscht. In dem Laden werden wir mit Hochachtung empfangen und mir wird in ein Nerzjäckchen geholfen – ach, so etwas Weiches, Leichtes, Warmes! Und … Kleider machen Leute!

„Das Stola-Jäckchen ist geradezu für dich gemacht!“ heizt Gerd mich an.

Ich habe mich Hals über Kopf in dieses umschmeichelnd-wärmende, dunkelbraun-glänzende Nerzjäckchen verliebt.

„Sie können in kleinen Raten zahlen, kein Problem!“ so die geschäftstüchtige Verkäuferin. Das mag ich aber nicht. Im Herbst wird jedoch ein Versicherungsvertrag fällig, der dann schließlich in dieses Jäckchen einfließt. Ein wunderschönes Stück, aber ich bin nie glücklich damit gewesen – fand ich doch hinterher erst heraus, dass solche Nerzstolas beliebte Geschenke waren für manche „Nebenfrauen“. Außerdem hätte ich später den Betrag lieber in andere Unternehmungen einfließen lassen. Trotzdem möchte ich diese Erfahrung „ein Hauch von Nerz“ nicht missen.

Wieder im Flugzeug, flitzen wir wie die Wiesel durch die Kabine, weil so viel zu tun ist. Sobald wir unsere Reiseflughöhe erreicht haben, fühle ich mich richtig leicht und beschwingt und genieße das gleißende Sonnenlicht, wenn wir die Wolkendecke durchstoßen haben. Welch ein sonniger Beruf!

Von Hand tragen wir die Namen der Passagiere auf einen Sitzplan ein und versuchen danach, einige Gäste mit Namen anzusprechen. Obwohl das Fliegen und die Passagiere so elitär sind, stehen sie uns doch fast kameradschaftlich bei. Gerne kommen die Gäste zu uns in die Bordküche, wenn wir uns gerade fünf Minuten Pause auf herausgezogenen Tablettbehältern gönnen, und unterhalten sich mit uns über Gott und die Welt. So wie die liebenswürdige ältere Dame, die mich mit ihrer Frage verblüfft: „Sie sind doch schon so oft durch den Himmel geflogen. Haben Sie denn dort schon mal den lieben Gott gesehen?"

Servierwagen, aus denen der Service heute problemlos durchgeführt wird, gibt es noch nicht. Tabletts, dicht übereinander gestaut, müssen zuerst angerichtet und dann per Hand ausgetragen und später wieder ab- und eingeräumt werden. Auch Klapptische gibt es noch nicht. Also heißt es „Tische stecken": Reißverschluß in der Rückenlehne auf! Tisch herausziehen, vor dem Passagier in die Schlitze der Armlehnen einstecken. Später alles wieder zurück. Da kommen wir schon fast hautnah mit unseren Passagieren in Kontakt und legen dazu einige Kilometer während des Fluges zurück. Eine besonders sportliche Variante unseres Einsatzes bieten wir den Passagieren im hinteren Teil der First Class: Auf einem Ausziehtisch zwischen Flugzeugküche und hinterem Kabinenteil werden jeweils zwei Tabletts angerichtet. Nun hätte man ein bestücktes Tablett hochnehmen, den oftmals klemmenden Tisch halb einschieben können, das dauert uns aber zu lange und ist zu mühsam. Deshalb „tauchen" wir unter dem Ausziehtisch durch und kommen mit Knicks in der First Class an. Special Service!

Der Service in der Pionierzeit der Fünfzigerjahre verlangt uns einiges ab. Es beginnt schon am Boden mit der Abnahme der Garderobe, die wir auf numerierte Kleiderbügel hängen und sie nach der Landung wieder verteilen.

„Haben sie meinen Mantel gefunden?“ fragt mich eine Dame. Ich kann mich überhaupt nicht an ihren Mantel erinnern. „Ich habe ihn doch ihrer Kollegin in London gegeben.“ Wir aber kamen von Hamburg …

Die meisten Passagiere sind Erstflieger. So machen wir sie mit den Sitzfunktionen, den Luftdüsen vertraut und nehmen dabei ersten Kontakt auf. Als erstes greifbares Angebot (für den Druckausgleich in der Eustachischen Röhre) verteilen wir Kaugummis und Bonbons. Die drei Klassen werden nacheinander bedient, so dass keine Zeit während des Fluges bleibt, in der nicht irgendwo angerichtet, verteilt oder eingesammelt werden muss.

Dazu beansprucht unsere „Diva“, die Kaffeemaschine, volle Aufmerksamkeit. Frisch gebrühter Kaffee – wirklich vorzüglich – aber schwer errungen! Der Wassernachfüllknopf muss von einem Flugbegleiter gedrückt werden, so dass dieser teilweise nur noch einhändig in der Küche handwerken kann. Das Sieb mit dem Kaffeepulver eingesetzt und: „Kaffee Marsch!“ Ist er endlich durchgelaufen, muss das Sieb langsam und mit Gefühl geöffnet werden, nicht zu früh, sonst zischt es und im Nu ist alles mit heißem Kaffeesud bestäubt. Nicht umsonst die Vorschrift, immer eine Ersatzbluse dabei zu haben!

Auf der Convair gibt es nur eine Klasse und wir sind zu zweit. Auf einem Flug nach London mit 44 Passagieren – überwiegend netten Geschäftsleuten – ist der Steward Günther Hackmann hinten in der Bordküche und bestückt die eng gestapelten Tabletts auf der Anrichte. Säfte habe ich zuvor abgefragt und fülle sie in Gläser, die zuerst aus klemmenden Gläserbehältern herausgezogen werden müssen. Tomatensaft ist der Schlager. Die Flugzeit ist kurz – wir müssen uns sputen. Nachdem die ersten Passagiere hinten schon fertig sind, nehme ich auf dem Rückweg ihre Tabletts schon mit in die Küche und bugsiere sie über die angerichteten Tabletts hinweg nach hinten. Da passiert das Unglück! Bei der „Landung“ eines Tabletts stößt es ein Tomatenglas um und alles schwimmt in dieser roten Soße. „Oh! – Ich Tollpatsch! Und das bei unserer kurzen Flugzeit!“ Da nimmt unser gutmütiger „Hacki“ das Glas, stellt es in dem Chaos noch einmal auf und sagt: „Wie hast Du das denn so gekonnt gemacht?“und stößt das Glas noch einmal um. Da wischt ein erlösendes Lachen all meine Verkrampfung und das schlechte Gewissen weg.

Ich kann strahlend in die Kabine gehen. Die Stimmung ist so gut, dass die Gruppe der Geschäftsleute nach dem Flug ein Gruppenfoto mit mir machen läßt; leider ohne unseren Hacki.

Auf der Conny sind wir zu dritt. Gleich nach dem Start, wenn die „Nicht Rauchen"-Zeichen erloschen sind, bieten wir in der First-Class Viererpackungen mit den bekanntesten Zigarettensorten an und Lufthansa-Streichölzer.

Vor dem Essensservice findet der beliebte Cocktailservice statt. Cocktails sind groß in Mode. Dreißig müssen wir mindestens auswendig mixen, schütteln, übergießen, auffüllen können. Als Flips oder Long Drinks, farblich variiert in blau mit Curaçao oder rotem Grenadine. Dry Martini ist der Lieblingsdrink der Amerikaner – wir lieben ihn auch, wegen seiner einfachen Herstellungsart. Unser Cocktailbuch haben wir immer dabei. Zur Not wird in der Küche schnell nachgeguckt.

„I like your dry Martini, wie mixen sie den?" fragt ein Amerikaner, und ich weiß nicht, ob er es wirklich wissen oder mich nur auf die Probe stellen will.

„Gin und trockener Wermut (Martini) wird über Eis gegossen und mit einer Olive und einem Stückchen Zitronenschale serviert; je mehr Gin, desto trockener." Das wußten wir aus dem Effeff.

„Gin?" fragt er weiter, „wie wird denn der hergestellt?"

Aus Getreideschnaps und dann mit Wacholderbeeren destilliert, aber wie heißen denn bloß noch die Wacholderbeeren auf Englisch? Schnell in der Galley einen Blick auf meinen „Spickzettel" geworfen. Da stehen sie, die „juniper berries", aber der I-Punkt ist verschwunden, und „jumper berries" springen mir ins Auge. Als ich unserem Martini-Freund von den „jumper berries" berichte, sieht er mich fragend an. Von solchen Sprung-(= jump) Beeren hatte er noch nie gehört. Aber geschmeckt hat ihm der Martini wohl, denn es blieb nicht bei dem einen.

Ein dunkel-trüber, naßkalter Wintertag Anfang Dezember 1955. Der Koffer ist gepackt für drei Tage New York. Nicht zu schwer, denn auf hohen Hacken muss ich kurz nach 6 Uhr zum Ohlsdorfer S-Bahnhof stöckeln, in Fuhlsbüttel umsteigen, weiter mit der Straßenbahn zum Flughafen fahren. Um 7 Uhr ist das Briefing in Hamburg-Fuhlsbüttel. Ein Auto oder Taxi konnten sich nur wenige von uns leisten. Ich war zwar gerade zur ersten Stewardess ernannt worden, mit 50 DM Gehaltsaufbesserung auf nun 450 DM – ein Traumgehalt im Vergleich zu meinen Bezügen von 135 DM als Bodenstewardess der Bremer Flughafenbetriebsgesellschaft, aber auch ich nahm die Bahn, um zur Arbeit zu kommen.

Während ich die Transitgäste in Frankfurt in den Transitraum begleite, sagt mir die Ground-Hostess: „Ihr habt heute Herrn Sigismund, einen ganz besonderen VIP, an Bord. Dieser junge erfolgreiche amerikanische Businessman ist sehr kritisch. Er ist ein persönlicher Freund von unserem Direktor Bongers".

Nach meiner Rückkehr an Bord, sitzt hinten in der First Class ein gut aussehender Mann, die Beine an der Bordwand hochgestreckt. Nachdem ich ihn freundlich begrüßt habe, fragt er: „Wo ist denn die Baumann?"

Ich, sonst eher schüchtern, nehme all meinen Mut zusammen und sage: „Sie meinen wohl Fräulein Baumann!"

Fräulein Baumann war eine der hübschesten und auch selbstbewußtesten Stewardessen des ersten Lehrganges. Sie war wegen eines Apfels aus dem Lufthansa-Paradies vertrieben worden. Sie hatte vor der Einreise in die USA einen Apfel mit von Bord genommen. Damit hatte sie gleich gegen zwei Verbote verstoßen: Zum einen fürchtete die amerikanische Gesundheitsbehörde, mit einem Apfel gleich die ganze amerikanische Vegetation zu gefährden und verbot generell die Einfuhr jeglicher Lebensmittel. Zum anderen war es seitens der Lufthansa verboten, etwas mit von Bord zu nehmen. Dieser Vorfall hatte uns alle sehr betroffen gemacht: Fräulein Baumann war entlassen worden und das diente uns als abschreckendes Beispiel.

Ich berichte dies Herrn Sigmund und er versucht mich prüfenden Blickes einzuordnen. Der Flug nach New York startet von Hamburg, Düsseldorf oder Frankfurt mit Zwischenlandung in Shannon in Irland. Einer von uns drei Flugbegleitern muss die Passagiere immer in den Transitraum begleiten und betreuen und sie bei Bedarf im berühmten Duty-free-Shop beraten. Der Flug geht dann weiter, acht Stunden nach Gander in Neufundland, wo man nach der einstündigen Transitzeit zum Weiterflug ausruft: „Luf – thansa", mit Zungen-th, „German Luftwaffe is ready for boarding". Die Luftwaffe war offenbar noch in Erinnerung!

„Es sieht nicht gut aus in New York, aber wir versuchen es", sagt unser Kapitän Sherwood. Vor der Landung heißt es: alles austüten! Den Inhalt der Zollboxen zählen und auf der „General Declaration" eintragen, danach alles verplomben. Herr Sigismund schreibt später einen anerkennenden Fluggastkommentar, dem zu entnehmen ist, dass es kein leichter Flug war: „Eine lange, lange Flugzeit mit vielen Kindern und hilfsbedürftigen Passagieren".

New York ist zu! Nach mehrmaligem Kreisen weichen wir nach Philadelphia aus. Dort kommt ein großes Problem auf die Zoll- und Einwanderungsbehörden zu und damit auch auf uns! Direktflug aus Europa? Noch nie gehabt! Gesundheitsbehörde? Die Giftvernebelung für die Insektenvernichtung mit Aerosol vor der Landung konnten wir ja noch vornehmen – in Rio kam immer einer mit einer Fliegenpumpe an Bord und machte uns alle 100 Prozent insektensicher –, aber die Zollabfertigung für Überseeflüge in Philadelphia?! Niemand ist zuständig! Na, die Zollboxen nehmen wir mit und verteilen den Inhalt großzügig an unsere armen, strapazierten, inzwischen wieder hungrigen Passagiere. Nach stundenlanger Überwindung peinlich genauer amerikanischer Bürokratie stehen Busse zur Verfügung zum Transport nach New York. Nachdem ich noch einer Mutter mit Kind geholfen habe, steige ich als letzte in den Bus. Ein Platz in der letzten Reihe ist noch frei. Ich falle in den Sitz – geschafft! Wer sitzt neben mir? Unser VIP Herr Sigmund, mit dem wir uns übrigens unterwegs noch angeregt unterhalten hatten. Ich genieße entspannt die Fahrt und lasse mich durch eine neblig trübe Nacht fahren … off-duty nach über zwanzig Stunden Dienst! Ich muss wohl eingeschlafen sein. Plötzlich fühle ich etwas Weiches, mein Kopf ist an die Schulter meines Nachbarn gerutscht – oh, mein Gott! – und meine Hand fühlt einen Kaschmir-Pullover. So etwas Weiches hatte ich in meinem Leben noch nie gefühlt. In der Nachkriegszeit wurden aus kratzigem Zuckersackgarn Socken gestrickt, die noch ein Co-Pilot des „Volkssturms" trug. Also! Haltung annehmen! Ich setze ich mich sofort wieder gerade hin. Doch Herr Sigismund ist sehr fürsorglich, er lädt mich am Ende der Reise sogar zum Essen in New York ein.

„Ach, ich gehe immer nur mit unserer Besatzung!"

„Okay, dann lade ich die ganze Besatzung morgen abend zu mir ein und anschließend ins ‚El Moroque'"

Ein Mann, ein Wort! Zuerst bekommen wir – alle deutschen Besatzungsmitglieder, denn die amerikanischen Besatzungsmitglieder hatten sich nach Hause abgesetzt – einen Aperitif im wunderschönen Apartment unseres VIP. Danach gehen wir alle ins ‚El Morocco', das damals exklusivste Restaurant in New York. Unser Gastgeber läßt es sich nicht nehmen, uns vorzuführen, wie dort nach 21 Uhr im vollbesetzten Lokal für uns noch ein runder Tisch für zehn Personen arrangiert wird, obwohl wir nicht reserviert hatten. An diesem Tisch esse ich die ersten und übergroßen Froschschenkel meines Lebens.

Als Sahnehäubchen obendrauf schreibt dieser VIP dann später noch einen Lobesbrief an unseren Direktor Bongers, der ihn über unseren Abteilungsleiter mit „Herzlichen Glückwunsch" an uns weitergibt.

Über eine Zwischenlandung in Shannon freuen wir uns immer. Dort gibt es in den fünfziger Jahren den besten Duty-free-Shop der Welt, in dem die Passagiere und die Crew während des Tankens einkaufen können. Was gibt es dort nicht alles zu kaufen! Parfüms mit verführerischen Düften, die unsere „4711"-Nasen noch nie gerochen haben.

„Wir haben Ihnen etwas mitgebracht", strahlen uns zwei nette First Class-Passagiere an.

„Diese französischen Parfums scheinen wie aus einer anderen Welt zu kommen."

Dabei überreichen sie uns „Shalimar" und „Mitsouko" von Guerlain. Allein die Formen der Flaschen, rund, mit einem kegelförmigen Glasstopfen, lassen sie uns kostbar wie einen Schatz erscheinen. Eine Flasche wäre schon viel gewesen.

„Nein, Sie sollen sich beide daran erfreuen, und wir konnten uns nicht entscheiden, welche Flasche für wen sein sollte", ist der Kommentar unserer Gäste. „Keine Skrupel, für zu Hause haben wir auch eingekauft."

„Meine Güte, was müssen die reich sein!", spricht Margot aus, was ich auch gedacht hatte. „Und dabei so nett!"

Hatte es uns doch wirklich Spaß gemacht, sie nicht nur normal nett zu betreuen, sondern uns darüber hinaus mit ihnen zu unterhalten und auf ihre Wortspiele einzugehen.

Außer den Duftschätzen im Zollfreiraum in Shannon beeindrucken uns auch die Wolldecken in den bunten schottischen Mustern, und das Sortiment an Whiskeysorten ist unschlagbar. Scotch, Irish, Bourbon ... all das kannten wir noch nicht. Von solchem Luxus konnte man im Nachkriegsdeutschland nur träumen.

Einen Scotch Whiskey, mit dem ich die High Class Society und das Flair der großen weiten Welt in Verbindung bringe, will ich meinem Vater mitbringen. Das ist etwas anderes als unser Kartoffelschnaps oder Korn! Vorher habe ich in den Zollbestimmungen gelesen, dass pro Einreisendem eine geöffnete Flasche Alkohol nach Deutschland eingeführt werden darf. „Kein Problem", denke ich. Auf dem Rückflug öffne ich die Flasche und verstaue sie sorgsam in meinem Köfferchen. Bei der Einreise nach Deutschland gibt es auch keinerlei Probleme. Die Tücken dieser Regelung lerne ich auf der Bahnfahrt nach Bremen kennen: Plötzlich riecht es in unserem Abteil wie in einem englischen Pub, und an meinem Lederkoffer vergrößert sich ein dunkelbrauner Fleck. Die Mitreisenden werden schon allein durch den Geruch animiert. Dabei hatte ich die Flasche extra im Koffer in meinen weichen Sachen verstaut, denn die erste Whiskey-Flasche war mir von Shannon über New York nach Hamburg auf dem Ohlsdorfer Bahnhof zu Bruch gegangen, als ich in letzter Minute noch rennend die S-Bahn erreichen wollte. Sollte Papa doch beim einheimischen „Köm" bleiben?

Bevor wir uns vor einem Flug zur Flugbesprechung, zum Briefing, treffen, müssen wir an einer Lufthansa-Institution vorbei: unserer Chefstewardess Ursula Tautz. Ihrem scharfen Blick entgeht nichts, dazu mustert sie jeden Flugbegleiter ganz genau. Ich habe immer das Gefühl, sie könne durch mich durchsehen. Fräulein Tautz, wie sie bis zu ihrem Ruhestand genannt wird, ist als Chefstewardess dafür verantwortlich, dass wir tipptopp gepflegt und den Vorschriften entsprechend auf Strecke gehen. Und es gibt viele Vorschriften, wie wir aussehen sollten und wie nicht! Eine besagt, dass wir unsere Beine rasieren müssen. Das ist damals schon fast unanständig. Aber das Erste, was die Passagiere beim Einstieg in die Convair zu sehen bekommen, sind nun einmal unsere Beine auf der Treppe. Natürlich in Seidenstrümpfen, die bis vor kurzem für unsere Verhältnisse ein Vermögen kosten. Am Flughafen in Bremen verdiente ich 135 DM im Monat, ein Paar Seidenstrümpfe kostete 9,90 DM. Welch eine Katastrophe, wenn es zu einer „Flohleiter" kam!

Zum Glück gibt es Laufmaschendienste, die für zehn Pfennig die Laufmaschen aufnehmen. Trotzdem bleibt ein kleiner Makel. Nun entdecken wir in Amerika kleine Strumpfläden, die bis an die Decke gestapelt Nylonstrümpfe in allen Farben, Größen und Stärken günstig verkaufen und wir schlagen zu, auch für unsere Mütter, Schwestern und Freundinnen in Deutschland.

Unser Lufthansa-Käppi und die Handschuhe gehören untrennbar zu unserer Uniform. Sogar zu unserem ärmellosen Uniformkleid im ersten Sommer sind weiße Handschuhe Vorschrift. Sieht schon etwas merkwürdig aus. Trotzdem tragen wir sie natürlich.

Auf einen Blick sieht Fräulein Tautz, ob die Kolleginnen auch das „Little X"-Miederhöschen tragen, um kleine Speckröllchen zu kaschieren. Das muss ich zum Glück nie tragen. Dafür fühle ich mich aber auch in den Dirndl-Kleidern etwas verloren, die wir im zweiten Jahr auf der Strecke München–New York anläßlich des Oktoberfestes tragen, diesmal ohne Hut und ohne Handschuhe. Werden wir aber sonst „oben ohne", also ohne Hut, erwischt, gibt es eine Verwarnung.

DC-3 und Viking

Pioniergeist ist bei unseren Einsätzen auf der DC-3 und der Viking gefordert. Ganz allein auf sich gestellt, ist man für alles verantwortlich. Ein Mikrofon gibt es nicht – also stellt man sich vorne hin, Auge in Auge mit den Passagieren – und begrüßt sie ganz persönlich. Auf der Viking gibt es in der Mitte noch eine Stufe, die einen Holm unter sich verdeckt: Eine kleine akrobatische Sondereinlage beim Überschreiten mit zwei voll bestückten Tabletts.

Gern fliege ich mit Kolleginnen, die frisch und frei heraus sprechen, die den Mund auf dem rechten Fleck haben. Dazu gehört auch Almuth Hermann. Groß, blond mit offenem Lachen, erzählt sie mir mit ihrer etwas heiseren „sexy" Stimme, was ihr neulich auf der DC-3 passiert war.

„Die Elektrik in der hinteren Küche war ausgefallen, und die Container wurden vorne verstaut. Ich stellte mich vorne vor die Passagiere und versuchte, ihnen die Lage zu erklären: ‚Da meine Anlage hinten kaputt ist, muss ich es heute von vorne machen' … da haben alle Passagiere gelacht – warum nur?!"

Eine andere Geschichte wird ihr auch noch zugeschrieben. Während einer Streckenansage erklärte sie: „Wenn Sie links aus dem Fenster schauen, können sie die Festung Kaub – die Pfalz – sehen und das Binger Loch. Und bald darauf können Sie Mainz sehen." (Das muss man laut lesen!)

Ein an der Streckenkunde sehr interessierter Amerikaner fragt mich beim Herausschauen auf eine bayrische Stadt: „Is that the city of Landshut?" Es dauerte ein bißchen, ehe bei mir der Groschen fiel: Er meinte Landshut.

Mit dem Wiedererlangen der Lufthoheit am 1. April 1955 gehen unsere ersten beiden Flugbegleiter-Lehrgänge auf Strecke. Der dritte Flugbegleiterlehrgang wird ausgebildet. Der Frühling durchzieht das Land und scheint auch mir eine verheißungsvolle Zeit anzukündigen.

Von meinem Fenster aus kann ich die Bäume vor dem Ohlsdorfer Krematorium sehen, die manchmal die aufsteigenden Rauchwolken etwas vertuschen. Abgesehen von der Nachbarschaft dieses Krematoriums fühle ich mich in meinem 20 Quadratmeter großen Zimmer zur Untermiete sehr wohl, das mir meine patente Mitbewerberin in Köln vermittelt hatte.

Herr Oberstudiendirektor Dr. G. Eckmann, mit 65 Jahren gerade pensioniert, bewohnt mit seiner zwanzig Jahre jüngeren Frau Ida im Justus-Strandesweg eine Dreizimmerwohnung mit Küche und Bad. Das dritte Zimmer habe ich als Untermieterin erlangen können. Das Bad darf ich mit benutzen, die Küche jedoch nicht. Sie ist der ganze Stolz von Frau Eckmann, weil keiner im ganzen Haus solch einen blank geputzten Steinholzfußboden hat. Wenn darauf ein Wassertropfen fällt, beißt das unschöne Flecken in den glänzenden, rotbraunen Boden. Und mir ist die Putzfreudigkeit nicht mit in die Wiege gelegt worden. Frau Eckmann ist für mich keine „Alte" – so nennen sich „die beiden Alten"– sie ist eher eine große Schwester, die immer alle meine Mitbringsel begutachtet und regen Anteil an meinen Erlebnissen nimmt.

Sobald ich meinen Koffer abgestellt habe, heißt es: „In der Stube wartet ein Glas Sherry auf den Spatzen, der zur Entspannung beiträgt und die Zunge lockert. Wir sind ja schon so gespannt." So konnte ich meine Erlebnisse „aufarbeiten" und vielleicht sind mir deshalb so viele Geschichten in guter Erinnerung geblieben.

Frau Eckmann, mit vielen guten Eigenschaften, aber wenig Haaren auf dem Kopf ausgestattet, ist an meinen Frisuren besonders interessiert. Eines Tages rät mir mein Friseur, eine Tönung in mein „mittelprächtig-aschblondes" Haar zu bringen. Große Prozedur. Ich komme nach Haus und nichts wird registriert. Merkwürdig! Ich fliege nach Chicago. Es ist Juni und wir gehen zum Baden an den Michigan See. Erik macht vollendete „Köpper" in den See. Das möchte ich doch auch endlich lernen!

Schwimmen hatte ich in der Weser gelernt, ohne Schwimmflügel, ohne Unterricht, nur bei Flut und nur bei sommerlichem Wetter. Bei Ebbe bildeten sich um die vielen Schiffswracks gefährliche Strudel, und denen fiel meine Freundin Meta mit 17 Jahren zum Opfer. Dabei war Meta mit die sportlichste von uns sieben Mädchen, die in der Melkerstätte viel zusammen spielten. In der Weser hatten wir vor den Schiffswracks oft so getan, als ob wir schon schwimmen konnten – mit den Armen richtige Schwimmzüge machend, aber immer noch mit einem Bein auf Grund. Es ist für uns alle ein großer Schock, dass ausgerechnet Meta ertrunken ist. In der Julihitze des Jahres 1948 wird sie beerdigt und ich falle bei der Beerdigung das erste und einzige Mal in meinem Leben in Ohnmacht.

Noch ein Erlebnis an der Weser kann ich nicht vergessen, obgleich Ada und ich versuchen, es aus unserem Gedächtnis auszuradieren – was uns bis heute nicht gelungen ist. In den letzten Kriegstagen hat man in unserem Re-Deich und auch an der Weser Unterkünfte ausgehoben. Als Ada und ich eines Tages an der Weser im Sand unterhalb der Böschung entlang laufen, sehen wir einen Soldatenstiefel mit Hosenbein leblos, reglos aus dem Unterstand herausragen. Nur Fliegen umsurren die Stelle. „Oh, mein Gott! Das ist ein toter Soldat! Komm schnell weg!" sagt Ada, „Den Anblick könnte ich nicht ertragen!"

Als Ausgleich kann ich über ein anderes Erlebnis mit den ausgehobenen Unterständen immer wieder schmunzeln. Als wir mit unserem sechs Wochen alten Purzel über den Re-Deich zu unserem Schrebergarten laufen, will unser kleiner schwarzer Blitz nur noch uns folgen und plumps! landet er in einem der Soldaten-Unterstände. „Quieck, quieck, quieck – holt mich hier raus!“ höre ich aus seinen jämmerlichen Hilferufen. Wie gern!

Köpper in Chicago

Wie gern wären wir auch Meta zu Hilfe gekommen. Vielleicht ist das der Anreiz für mich, jetzt erst recht „Köpper“ zu lernen. Heiße Junisonne lädt zum Baden im kühlen Michigansee ein. Hinter uns zeichnen die Hochhäuser Chicagos die typische Silhouette ab. An der Beton-Balustrade haben wir unsere Badesachen deponiert. Erik hüpft mit elegantem Schwung ins kühle Wasser. „Kein Problem!“ sagt er, als ich meinen Wunsch äußere, endlich einen richtigen „Köpper“ zu lernen. „Arme nach vorn, einfach überkippen lassen, hinein ins Wasser!“ Immer und immer wieder wird es probiert; zwischendurch in die heiße Junisonne zum Aufwärmen gelegt und es geht immer besser.

Als ich in mein Hotelzimmer komme, weiß ich nicht, welcher krebsrote Mensch mit Wasserstoffsuperoxyd-gefärbten, quittegelben Haaren mir aus dem Spiegel entgegenblickt. Das kann doch wohl nicht ich sein! Oh, Schreck laß nach! Von nun an bin ich in den Fängen der Friseure. Ich bekomme Blautönung und erstrahle in silberfarbenem Glanz. Aus der Not wird eine Tugend gemacht.

Später – auf dem Jumbo – tragen wir zu unseren Mini-Kleidern Perücken. Die sind total „in“, und ich fühle mich in den silberfarbenen besonders schick.

Flieger-Pionier Colonel Fitzmaurice

Ein Jahr zuvor war ich noch „naturfarben" auf dem Eröffnungsflug nach Chicago eingesetzt worden. Darüber war ich als Bremerin besonders froh, dass gerade ich am 26. April 1956 auf diesem besonderen Flug die Gelegenheit hatte, Colonel James Fitzmaurice persönlich kennen zu lernen. Wenn ich in Bremen am Markt auf unsere Straßenbahn wartete, hatte ich oft die kupferne Tafel am Rathaus studiert, auf der an die erste Atlantik-Überquerung von Ost nach West erinnert wurde. Am 12. und 13 April 1928 hatte die Besatzung mit Köhl, von Hünefeld und Colonel Fitzmaurice den Nordatlantik als erste ohne Zwischenlandung überquert.

Und nun – 28 Jahre später – darf ich diesen Pionier der Luftfahrt in Manchester begrüßen, mir von ihm seine damalige Route zeigen lassen und ihn auf einem mittlerweile komfortableren Flug über den Atlantik verwöhnen – auf dem Erstflug der Lufthansa nach Chicago.

„Ein Gläschen in Ehren kann niemand verwehren", lautete seinerzeit das Motto, vor dem Promillestreß. Auch ich habe eine kleine Mini-Bar hinter meinem Bett eingerichtet mit einem chilenischen Rotwein und der „feurigen Juanita", einer Bastflasche in Form einer schönen Südländerin, gefüllt mit einem Cocktail aus Cachaça, dem brasilianischen Zuckerrohrschnaps, und exotischen Gewürzen.

Hinter meinem quer gestellten Kleiderschrank kann ich mir auf Apfelsinenkisten mit einem Tauchsieder Tee kochen und ein Butterbrot schmieren. In meinem Wohnzimmerteil sind meine Schleiflack-Kinderzimmermöbel mit dem Luxus wild gemusterter Vorhänge und einem dazu passenden Teppich aufgepeppt, im aufregenden, modernen Stil der fünfziger Jahre: schwingende Linien, wild opponierend gegen den kantigen, geometrischen Stil der Vergangenheit.

Den lindgrünen Hanfteppich (Hanf war seinerzeit noch eine viel gepriesene Kultur- und Nutzpflanze) mit modernem Muster habe ich mir richtig vom Munde abgespart, das heißt, dass meine Spesen in den Kauf mit hinein geflossen sind.

Eine große Bodenvase aus Spanien mit Lampenputzern von der Alster bringt noch etwas Großzügigkeit in meine Wohnlandschaft. Doch, oh je! Die Vase ist nicht wasserdicht und mein Teppich ziemlich wasserscheu! Zusammengeschrumpft und verknuddelt liegt er auf der Erde – die Großzügigkeit ist wie weggeblasen. Meine Matratze wird als Plättbrett auf den Teppich am Boden gelegt, ich als Beschwerung drauf, daneben mein Plattenspieler, der mir rund um die Uhr „Bill Haley and his Comets" vorspielt. Richtig süchtig bin ich nach diesen neuen Hits. Platten, die wir uns bei Sam Goodys, dem größten Plattenladen der Welt, kaufen. Stundenlang kann ich sie immer und immer wieder hören, allerdings „pianissimo", denn nebenan schlafen meine Vermieter.

Die „beiden Alten" sehen in mir ihre letzten Aufgabe und gehen wohlwollend und humorvoll auf mich ein. Es gelten in den prüden fünfziger Jahren strenge Gesetze. Wegen „schwerer Kuppelei" müssen Vermieter – selbst Eltern – mit einer Strafe von bis zu fünf Jahren rechnen, wenn sie unverheiratete Paare bei sich übernachten lassen. In Hamburg gelten die „Eppendorfer Richtlinien": Nach 22 Uhr darf ein Untermieter keinen Besuch mehr haben.

Ach, wie schnell ist ein Abend vorbei! Und dann ertönt das zehnmalige Mahnen der Kuckucksuhr im Flur. Hat der Besuch die Aufforderung ignoriert, läßt Dr. Eckmann die Uhr eine Viertelstunde später wieder zehnmal rufen …

Doch für mich ist die Regelung in Ordnung. Irgendwie bin ich ein Spätentwickler, vielleicht gebremst durch die Kriegserlebnisse. Für unsere Generation war es das Ideal, als Jungfrau in die Ehe zu gehen. Trotzdem konnten wir uns verlieben und schwärmen und unserer Fantasie freien Lauf lassen; es lag dabei eine reizvolle Spannung in der Luft.

„Hella will sich mit Fritz verloben", hieß es 1948 beim gemeinsamen Mittagessen.

„Endlich!" jubelte ich. Die beiden waren doch solch ein schönes Paar! Mit seinen 1,92 Meter stand Fritz nicht nur körperlich über den Dingen. Strahlte er doch solch eine Souveränität und Gelassenheit aus und brachte immer gute Stimmung mit. Er konnte nicht nur gut Witze erzählen, sondern verfügte auch über spontane Situationskomik. Sein Lachen, nicht laut, sondern eher ein Schmunzeln, das von innen aufstieg und ihn durchschüttelte, war einfach ansteckend. Mein Vater strahlte und meine Mutter trieb kleine Wortspiele und Neckereien mit ihm. Auch meine Schwester, unser Feuervogel, schien gebändigt. Fritz stammte aus einer „gut betuchten“ Bremer Kaufmannsfamilie.

Ich war ein „Backfisch“ – nicht Fisch nicht Fleisch. „Teenager“ gab es noch nicht und „Pubertät“ war ein Fremdwort. Sexuelle Aufklärung geschah hinter der vorgehaltenen Hand durch ältere Spielgefährtinnen. Außerdem hatten wir für Pubertät auch gar keine Zeit. Wir hatten andere Sorgen, denn es gab wenig zu essen für unsere Lebensmittelkarten.

Irgendwie reizte mich mein großer Schwager Fritz, ich wollte mit ihm rangeln – aber er ließ mich so überlegen lächelnd abgleiten. Da hörte ich von Jiu Jitsu, mit dessen Hilfe man durch Wendigkeit überlegene Gegner besiegen kann. Ich belegte einen Kurs in der Volkshochschule. Die Fallübungen haben mir später sehr geholfen, aber meinen Schwager konnte ich dadurch nicht zu Fall bringen.

Tanzen wollte ich lernen. Meine große Schwester konnte wunderbar Walzer tanzen, linksrum und rechtsrum, und den brachte sie mir auch bei. Sie schwärmte für Johann Strauß mit seinen Wiener Walzern: „Die Donau so blau, so blau so blau“. Aber ich wollte auch Foxtrott, Quickstep und Tango lernen. Und Boogie-Woogie!

Gleich nach dem Krieg waren meine Cousine Mechthild und ich beim Bäcker Folkerts auf Spiekeroog drei Wochen zur „Kur“ untergekommen. Seine Töchter, etwas älter als wir, „hotteten“ von morgens bis abends „In the mood“ auf dem Harmonium, und wir konnten von diesem Swingen nicht genug kriegen.

„Laß uns doch zur Tanzstunde gehen“, versuchte ich meine Freundin Ada zu überreden.

„Meine Eltern meinen, dass wir lieber noch ein Jahr warten sollten“, meinte sie zögernd.

„Ach was, je eher, desto besser!“ sagte ich – hatte aber die Rechnung ohne den Wirt gemacht! Der Wirt sind die männlichen Tänzer, die uns aufforderten. Diese Aufforderer stellten andere Anforderungen an das weibliche Geschlecht. Mein Typ, „schmalbrüstig, blutarm, aber verwegen“, war nicht gefragt! Ich ahnte damals noch nicht, dass die meisten Männer noch nicht „abgestillt“ sind und sich immer noch an die üppige Mutterbrust zurücksehnen … Wenn das nicht klappt, greifen sie zum Fläschchen!

Auch meine künstlerisch hochgeschlungenen Affenschaukel-Zöpfe paßten nicht zu einem flotten Quickstep. Da saßen wir Mädchen wie Hühner auf der Stange oder wie die Hähnchen im Supermarkt und wurden von gegenüber taxiert, „gewogen“ und Edith für zu leicht befunden – ein Mauerblümchen.

Es fand sich zwar immer noch einer, aber das war genau der, mit dem ich auf keinen Fall tanzen wollte. Hatte ich die Wahl?! Dafür tanzte ich später mit Begeisterung.

Vielleicht muss man ja manchmal eine Durststrecke durchmachen. Eine Dursttrecke war auch in Bezug auf unsere Kleidung angesagt. Meine Mutter hatte auf ihre Kleiderkarte zugunsten meiner großen Schwester Hella verzichtet. Hella vermachte mir ihre abgelegten Sachen, aber ich fühlte mich darin gar nicht wohl.

„Die sind mir viel zu kurz!“ sagte ich.

„Kann doch gar nicht sein! Ich bin doch viel größer als du!“ wischte sie meinen Einwand weg.

„Ja, aber inzwischen hat doch der ‚New Look‘ die Rocklänge viel weiter nach unten rutschen lassen!“

„Willst du den Modekram aus Frankreich mitmachen?!“ meinte sie in abfälligem Ton.

Einen schwarzen Taftrock mit „New Look-Länge“ gab es für mich auf Kleiderkarte und eine Bluse, die mal mit einer Rose, mal mit einer Anstecknadel aufgepeppt wurde. Jetzt hätte ich die Schmuckstücke gebrauchen können, die meine Schwester in Gewahrsam genommen hatte. Unser „Opa Siel“ hatte unter all seinen Enkelkindern Familienschmuck verteilt. Ich bekam eine Brosche mit einer argentinischen Goldmünze und eine Silber-Brosche mit einem „Bremer Taler“.

„Du brauchst ja diesen Schmuck noch nicht“, meinte meine Schwester, „ich gebe ihn dir später wieder“, und verstaute ihn in der Schmuckschatulle, die sie immer mitnimmt, auch in den Bunker. Da meinte wohl ein Langfinger, dass er diesen Schmuck noch besser gebrauchen könnte und nahm ihn, ohne eine Rückgabe in Aussicht zu stellen. Aber mit oder ohne Brosche, meine Mauerblümchen-Erfahrungen wären mir wohl in keinem Fall erspart geblieben.

Gleich nach der Währungsreform heiraten Fritz und meine Schwester Hella. Als ich für den Polterabend bei Karstadt einkaufen soll, staune ich über die Köstlichkeiten, die von einem Tag auf den anderen in der Auslage der Delikatessenabteilung angeboten werden und mir das Wasser im Mund zusammenlaufen lassen. Mayonnaise, so etwas Leckeres hatte ich ja noch nie in meinem Leben gegessen! „Wenn ich mal reich bin, esse ich jeden Tag Mayonnaise!" nehme ich mir vor.

Welch ein Angebot, seit wir bei der Währungsreform am 20. Juni 1948 jeder unsere 40 DM bekommen hatten! Unsere Reichsmark-Guthaben wurden abgewertet, im Verhältnis 10:1. Sie waren zwar vorher knapp, aber ohne Kaufkraft gewesen. Ich hatte im Laufe all der Jahre zu Weihnachten, zum Geburtstag, zur Konfirmation in Ermangelung von Geschenken von Omas, Tanten und Verwandten Geldgeschenke erhalten, die auf meinem Sparbuch auf 500 Reichsmark angewachsen waren. „Währungsreformiert" waren sie nur noch 50 DM wert, und was konnte man sich dafür kaufen?

„Wollen wir uns nicht endlich unsere Zöpfe abschneiden lassen?! Eine Dauerwelle mit Wasserwelle so mit Locken auf dem ganzen Kopf wird uns bestimmt gut stehen", beraten Ada und ich. Der Gedanke ist geboren, setzt sich fest unter dem noch nicht so lockigen Schopf und 35 DM (350 Reichsmark) schwinden dahin! Dazu müssen noch ein Paar „Seidenstrümpfe" für 9,90 DM her.

Aber nun gibt es Mayonnaise und gute Butter satt zu essen. Nach der Hochzeit ziehen meine Schwester Hella und ihr Fritz nach Langwedel, einem Ort ungefähr 30 Kilometer von Bremen entfernt. In einer Baracke war das Lager der Eisenwarengroßhandlung, vor den Angriffen in Bremen geschützt, ausgelagert worden. In diese Baracke hat man für das junge Glück drei Zimmer eingebaut und komfortabel eingerichtet. Leider gibt es kein fließendes Wasser. Das wird in Eimern vom gegenüberliegenden Bahnhof geholt. Strom gibt es jedoch.

Und ausgelassene Feste werden gefeiert. Eines Tages bin ich kurz allein in dieser Wohnung. Als ich aus der Küche in die Baracke trete, sehe ich aus der Riesenschalttafel neben der Tür lichterlohe Flammen schlagen. Der Schreck fährt mir in die Glieder. Was tun? Schnell nehme ich einen der drei Wassereimer und mit Schwung schütte ich das Wasser im hohen Bogen gegen die Schalttafel. Die Flammen ziehen sich erschreckt zurück. „Glück gehabt, dass du soviel Schwung eingesetzt hast, denn sonst hättest du heute abend nicht an unserem Fest teilnehmen können ..."

Ich kriege mehr Vorwürfe als Anerkennung zu hören, aber trotzdem liegt eine Erleichterung in der Luft. Abends auf dem ausgelassenen Fest geht es mit meinem Schwager um eine Wette. Ich bin so überzeugt, dass ich recht habe, dass ich gar nicht genau auf die Bedingungen höre. Es geht um einen Kuß. Ja, ja, okay. Was ist denn schon ein Kuß?! Als ich gewinne, gewinne ich einen Kuß von meinem Schwager und bekomme meinen ersten richtigen Zungenkuß. Ich weiß überhaupt nicht, wie mir geschieht und was mich da bis in die äußersten Zehenspitzen durchfährt. Wird man so schwanger?

Bestellt und nicht abgeholt

Der große Schwarm unserer ganzen Abitursklasse ist Wolfgang, der große Bruder unserer Mitschülerin Inge. Er ist, wie ich, zu einem Advents-Tanztee bei Ragnhild eingeladen. Und ausgerechnet mich lädt er zum darauf folgenden Wochenende zu einem Kinobesuch ein. „Die badende Venus", damals der Kultfilm mit Esther Williams und Harry James. Ein Traum – nicht nur der Film! Wolfgang bringt mich nach Hause und wir schlendern noch ein bißchen über den Deich … na ja, was man so „Schlendern" nennt. Ich bin jedenfalls total verknallt. Alles finde ich gut an Wolfgang. Seine Augen, seinen Humor, seinen sinnlichen Mund, sogar seinen Gang. Er setzt zwar seine Füße so ein bißchen „nach der Heimat", was meine Eltern bei mir durch Schnürstiefel zu verhindern suchten. Hinterher versuche ich mal, so „über den großen Onkel" zu laufen wie Wolfgang. „Wollen wir uns nächsten Sonnabend um fünf auf dem Marktplatz am Dom treffen?" fragt er. „Nichts lieber als das!" jubele ich – innerlich!

Ich bin hin und weg und kann das Wochenende kaum erwarten. Endlich naht der Termin. Als die Domuhr fünf Uhr schlägt, stehe ich erwartungsvoll auf dem Marktplatz. Aber Wolfgang ist nicht so pünktlich. Als die Domuhr eine Viertelstunde dazu schlägt, weicht meine Euphorie schon gehörig. Nicht pünktlich! Eine halbe Stunde stehe ich – wie bestellt und nicht abgeholt. Versetzt! Au, das tut weh! Wolfgang hatte nach unserem gemeinsamen Kinobesuch und unserem Spaziergang auf dem Deich die letzte Straßenbahn um 23:30 Uhr in Rablinghausen verpaßt und musste zu Fuß von dem südwestlichen Ende Bremens bis zum äußersten Nordosten nach Horn laufen. Während des 16 Kilometer langen Marsches hatte er sich wohl im Morgengrauen geschworen: „Nicht noch einmal!"

Viel später, als ich – gerade neu verliebt – bei Lufthansa fliege, treffe ich seinen Freund, der auch mit in der „Badenden Venus" war. „Weißt du, dass Wolfgang in Caracas lebt und gerade zu Besuch in Deutschland ist? Am kommenden Mittwoch fliegt er wieder zurück." Auf meinem Einsatzplan steht am Mittwoch Paris. Als ich durch die Kabine gehe ... hallo, wen sehe ich da? Wolfgang!

Wir haben Zeit, uns zu unterhalten, tauschen Adressen aus, und ich merke, dass er ziemlich begeistert ist, was er mich auch in heißen Liebesbriefen aus Südamerika wissen läßt. Aber mein Herz hatte gerade für einen Kollegen Feuer gefangen.

„Guck mal, da ist gerade Fidi Beck zugestiegen", sagte Hilde, mit der ich in der Straßenbahn zur Schule fahre. „Für den schwärmt Gisi doch so!" Na ja, groß, blond, blauäugig und dazu in einer superschicken tintenblauen Uniform mit Goldknöpfen konnte er sich sehen lassen. „Der ist doch auch bei uns im Bremer Ruderverein und jetzt Stationsleiter bei der SAS am Bremer Flughafen."

Nun, ein Jahr später arbeite ich selbst am Flughafen. Fidi Beck wartet morgens am Re-Deich auf mich und wir fahren gemeinsam mit dem Fahrrad zum Flughafen. Wir freunden uns an. Er ist ein großartiger Tänzer und wir teilen viele Interessen, nicht nur den Ruderverein. Ja, und da bekomme ich just von diesem SAS-Stationsleiter den sinnigen Kosenamen „Häschen" verpaßt. Also, in diesem Namen kann ich mich wirklich nicht wiederfinden!

„Häschen" finden meine beiden Vermieter in Ohlsdorf auch nicht so passend. Herr Dr. Eckmann, der einen kleinen Gedichtband mit Episoden im Zusammenhang mit dem Bremer Spatzen verfaßt, beschreibt die Umwandlung vom Häschen in einen Spatzen am 22. April 1955:

Häschen, Spatz und Kuckuck

An den Bremer Spatzen

Kommt ein Häschen her,

Kommt vom Weserstrand.
Fragt, obs möglich wär,
Dass es hier im Land,
Bei den beiden Alten,
Könnt Quartier erhalten.
Sagt der eine von den beiden,
Dieses Häschen mag ich leiden.
Sagt die Alte: mir ists lieb,
Wenn das Häschen bei uns blieb!
Ist es dann auch eingezogen.
Doch nun staunt, denn ungelogen,
Ist es uns plötzlich fortgeflogen.
Ruft die Alte: sehr gediegen!
Dieses Häschen, das kann fliegen.
Fliegt da über Stadt und Land.
Für ein Häschen allerhand!
Der Alte macht ne krause Nase.
Und sagt: dies Häschen ist kein Hase.
Er schmunzelt – ei die Katz!
Dieses Häschen ist ein Spatz.
Dieser Spatz, wies sich gehört,
Ist auch bald zurückgekehrt.
Und weil tierlieb sind die Alten,
Wolln sie ihn trotzdem behalten.
Nachdem nun seine Art bekannt
wird er natürlich SPATZ genannt.
Soweit ist das Gedicht gelungen.
Der Dichter hat den Spatz besungen.
Es war für ihn ein Hochgenuß.
Doch macht er leider noch nicht Schluß
Denn jetzo muss er noch berichten,
Dass unser Spatz, hört zu Ihr Leute:
Begeht seinen Geburtstag heute.
Wir wünschen ihm zum Wiegenfeste
Von Herzen stets das Allerbeste
Allzeit sei ihm beschieden

Häschen am Bremer Familienflughafen

Gesundheit, Glück und Frieden.
Auch mög er immer lieb behalten
Die beiden sogenannten Alten.

Meine Kollegin Rosi besucht mich, und da mein Zimmer klein ist, gehen wir ein bißchen spazieren.

„Hast Du schon gehört?“ fragt sie verschwörerisch, als wir über den Friedhof flanieren, und hakt sich bei mir unter. „Im neuen Lehrgang ist ein ganz Hübscher! Der verdreht allen die Köpfe.“

„Na, dann paß mal gut auf!“ necke ich sie, „du willst doch nicht unter der Haube und am Kochtopf landen? Denk' an unsere Wette!“

„Ja – aber du hast ihn noch nicht gesehen!“ schwärmt sie weiter. „Weißt Du, welchen Spruch er zum Abschluß bekommt?“

„Was Du alles weißt!“

„Also“, verrät Rosi geheimnisvoll, „Herr Gillian, der Mann, der Beau – bewundert wie ein Pfau im Zoo, umschwärmt von 40 Mädchenaugen“, kichert sie, um dann loszuprusten, „wie kann er da noch etwas taugen!“ Da muss ich auch lachen. Eine ältere Dame geht kopfschüttelnd an uns vorbei. So viel Heiterkeit auf dem Friedhof? Aber wir sind Anfang Zwanzig und heben uns die Pietät für später auf. Heute sind wir endlich mal ohne Uniform unterwegs und müssen uns nicht vorbildlich benehmen.

Auch wenn ich es Rosi gegenüber nicht zugeben will, bin ich ganz schön neugierig auf diesen Gillian, zumal auch unser Ausbildungsleiter, Herr Sachau, von ihm geschwärmt hat. Dabei zwinkerte er halb schelmisch, halb nervös mit den Augen und seine Segelfliegerohren vibrierten in völliger Zustimmung. Ich bin richtig gespannt auf diesen Supertypen. Einige böse Zungen behaupten, er sähe aus wie ein Teppichhändler. Ich habe schon herausgefunden, dass er in einem ganz kleinen Zimmer in der Preetzer Straße wohnt, über die mein Weg führt, wenn ich mit leichtem Gepäck zu Fuß zum Flughafen laufe. Ob wir wohl bald mal zusammen fliegen?

Ein besonderer Flugbegleiter

Dann kommt der Tag, an dem in meinem Dienstplan steht, dass wir einen neuen Kollegen aus dem dritten Lehrgang auf der Super Connie als Flugbegleiter einweisen sollen. Wer könnte das denn wohl sein?! Es geht nach New York, der Service ist mir inzwischen in Fleisch und Blut übergegangen. Die Eier für das Frühstück in der First Class verstaue ich immer besonders gründlich – so ein Malheur wie auf dem Eröffnungsflug passiert mir nicht noch einmal! Etwas früher als nötig fahre ich an dem Tag mit dem Bus zum Flughafen Hamburg. Ich will in Ruhe mein Postfach leeren und lesen, was es alles Neues gibt. Ob mir der französische Journalist wieder eine Ansichtskarte geschrieben hat?

Und da kommt ein großer, gut gewachsener Steward mit dunklen Locken auf mich zu und stellt sich mit vollendeter Höflichkeit vor: „Horst Gillian, ich fliege heute als ‚Additional' mit nach New York."

„Das freut mich", höre ich mich sagen. Na, das war vielleicht ein bißchen zu freudig. Ich beschließe, mich etwas reservierter zu benehmen und professionell aufzutreten. „Kennen Sie sich schon in der Galley aus?" frage ich ihn höflich. Als er verneint, zeige ich ihm alles und verliere dabei meine anfängliche Beklommenheit. Nach einer Weile flachsen wir herum wie alte Bekannte. Zwischendurch ertappe ich mich dabei, wie ich ihn insgeheim mustere. Er sieht wirklich verdammt gut aus und ist überaus charmant. Ob er wohl wirklich nichts taugt, wie es in seinem Spruch heißt?

Unser gemeinsamer Flug verläuft harmonisch. Zwischen angestrengter Arbeit finden wir immer wieder einen Anlaß zum Lachen. In New York geht die ganze Kabinenbesatzung in die Basin Street und wir erleben Louis Armstrong, den „Satchmo", von dem Horst schon während des Fluges geschwärmt hat. Als wir unten im Keller in der Basin Street einkehren, tönt uns ein Trompetensolo entgegen. Der „Basin Street Blues"? Jazz war neu für meine Ohren – erinnerte zwar ein bißchen an „In the Mood" von Glenn Miller, der es mir 1946 auf Spiekeroog angetan hatte. Als Satchmo mit seiner Reibeisenstimme zu singen anfängt, müssen sich meine an glatte „Capriosonnen"-Ohrwürmer gewöhnte Ohren umstellen. Auf dem Heimweg klingt es in uns nach: „Oh, what a wonderful world!"

So weisen wir uns gegenseitig ein; zuerst wir den Neuling an Bord, dann er uns in die Musikszene. Was mich aber vielleicht am meisten an Horst fasziniert, ist die Diskrepanz zwischen seinem temperamentvollen Aussehen und seiner sicheren, überaus korrekten, souveränen Art. Er lacht gern, aber es kommt mir so vor, als ob das Lachen zuerst durch eine Kontrollinstanz geschickt würde.

Seit dem Eröffnungsflug der Super Constellation bin ich fast nur auf Langstrecke eingesetzt. Aber da habe ich meinen ersten Einsatz mit der Convair nach London. Und wer weist mich diesmal ein? Unser schöner Horst aus dem dritten Lehrgang. Na, und nun erkunden wir zusammen London, wo er ein halbes Jahr gelebt hat. Glück für mich. Aber mich sticht der Hafer, seine Kontrollinstanzen spöttisch anzupieksen und ich nehme seine Überkorrektheit aufs Korn. Das scheint ihn aber nicht abzuschrecken, im Gegenteil! Amors Pfeile fliegen: „Wir wohnen doch beide in Fuhlsbüttel – da könnten wir den Stadtteil doch auch gemeinsam unsicher machen", meint er. Na, denn man to. Und so treffen wir uns immer häufiger. Aber es darf keiner wissen. Warum eigentlich nicht?!

Eines Tages ist es so weit. „Du bist noch Jungfrau?! Na ja, mit fast 23 Jahren ist das ja noch okay. Aber mit 29 Jahren bist du dann eine alte Jungfer", erläutert Horst glasklar und logisch überzeugend.

Brautjungfer Edith und Brautführer Horst

„'Ne alte Jungfer! Die will ich ja wohl auch nicht werden!" Diese Klarheit und Offenheit imponieren mir.

„Ich würde aber niemals einer Frau die Jungfernschaft nehmen, wenn ich nicht bereit wäre, sie auch zu heiraten", fährt er fort.

Aha! Da hat er mich auf dem richtigen Bein erwischt. Lief jemand hinter mir her, setzte mein Fluchtinstinkt ein. Jetzt aber wird mein Jagdinstinkt geweckt. Als ich erfahre, dass die schöne Ruth und die temperamentvolle Margret auch Gefallen an ihm gefunden haben, läßt die Eifersucht mich noch häufiger das Liebes-Lasso schwingen. Er sieht ja nicht nur gut aus, er weiß auch auf so vielen Gebieten so gut Bescheid. Montags den „Spiegel" zu lesen ist für ihn obligatorisch und schwimmen kann er wie ein Weltmeister. Was kann ich alles von ihm lernen!

„Komm, wir gehen Verlobungsringe aussuchen“, schlägt er eines Tages vor. Ich schwebe wie im siebten Himmel. Nun sorgt er dafür, dass ich keine „alte Jungfer“ werde. Dafür werde ich von ihm (nicht mehr jungfräulich) als Brautjungfer am 3.August 1957 auf der Hochzeit meiner Freundin Ada aus der Kirche geführt. Gleichzeitig will es das Schicksal, dass genau das gleiche Zimmer über mir zur Untermiete frei wird. Welch ein Zufall, welch eine Freude! Wir kaufen zusammen ein Schlafzimmer mit zwei getrennten Betten und zwei getrennten Schränken, die als Ehebetten zusammengestellt werden können: „Ahorn mit Nußbaum furniert auf Mahagoni, sehr gute Qualität!“ wie der Verkäufer betont. Horst weiß, worauf zu achten ist. Ein Bett und ein Schrank kommen in den Justus-Strandesweg 5 in die erste Etage. Die Gegenstücke ein Stockwerk höher.

Mit der Zeit ruft der Eppendorfer Kuckuck nicht mehr ganz so früh. Aber jeden Abend liege ich in meinem Bett und denke an das Co-Bett eine Etage über mir.

„Knock three times on the ceiling – if you want me“, ertönt es in Amerikas Hitparade …

Und morgens: Klonk, klonk, trommelt Horst mit dem Stecker seiner Rasierschnur an mein Fenster, um mich zu wecken: Mobilphon der Fünfzigerjahre!

Ich weiß nicht warum, aber irgendwie soll noch keiner etwas von unserem Verhältnis wissen. Ich will ja auch noch nicht heiraten, dazu fliege ich doch zu gern.

Eines Tages fliege ich mit Jochen von Müller nach New York. Jochen ist ein lustiges Haus, auch aus dem dritten Lehrgang wie Horst. Als er auf einem anderen Flug die Kabinenbesatzung vorstellt: „In der Kabine betreut sie Alexandra von Perponcher, Editha von Oppen und mein Name ist Jochen von Müller“, da lachen alle Passagiere. Im Layover in New York fragt er: „Wer hat Lust, mit nach Conny Island zu fahren?“ Und ob wir Lust haben, den größten Vergnügungspark der Welt zu besuchen. Die aufregendste Achterbahn mit den steilsten, kühnsten Kurven und Abgängen läßt mir mein Herz und meine Lungen fast aus den Ohren heraussausen und es krampft sich alles bei mir zusammen. Endlich alles heil überstanden und unten angekommen, ruft Jochen: „Gleich noch mal!“ Da habe ich meine Verkrampfung überwunden, kann „Juchhu“-Schreie ausstoßen und erlebe ein Gefühl von großer Befreiung.

Später wollen wir uns das Seewasser und den Sand in den Waschräumen abwaschen. Die Abtrennung zwischen den Männer- und Frauenräumen ist oben offen. Da höre ich, wie Jochen seinen Kumpel fragt: „Sag mal, weißt du, ob die Janssen noch zu haben ist?“ Mir wird klar, dass meine Liaison mit Horst kein Geheimnis bleiben kann. Warum auch?

Der Lufthansa-Kabineneinsatz sah Verbindungen unter Flugbegleitern nicht so gern. Vielleicht fürchtete man, dass der Service darunter leiden würde oder vielleicht die Dritte im Bunde vom Cabin-Team?

Herzschmerz und Halsschmerzen

„Es wird ein Chef für den Kabinendienst gesucht. Herbert, Hans und ich sind in die engere Wahl gekommen“, eröffnet Horst mir eines Tages. Natürlich drücke ich ihm die Daumen und er schafft es. Schon bald macht Horst Karriere bei Lufthansa und wird offiziell mein Chef. Wie alles packt er seine neue Aufgabe mit Gewissenhaftigkeit an. Für meine Begriffe fast zuviel. Lufthansa, seine große Liebe, tritt an erste Stelle.

War ich früher oft auf PR-Flügen eingesetzt, so hat das ein plötzliches Ende. „Ich will nicht, dass irgendjemand denkt, ich würde Dich bevorzugen“, erklärt er mir. So ganz kann ich das nicht einsehen. Warum soll ich denn Nachteile von seiner Karriere haben? Auch bei der Vergabe der beliebtesten Flüge habe ich schlechte Karten. Weihnachten wünsche ich mir einen Flug nach New York und bitte Horst, auch mitzufliegen. Neben seiner Bürotätigkeit fliegt er ab und zu als Flugbegleiter, um Führungssituationen besser einschätzen zu können. Er willigt ein und ich freue mich darauf, Heiligabend mit ihm zusammen in New York verbringen zu können.

Eine Woche vorher erfahre ich, dass aus diesem Plan nichts wird. „Herbert und Illa wollen auch nach New York“, beginnt Horst. „Da kann ich mich in meiner Position nicht vordrängeln.“ Ich bin maßlos enttäuscht. Bin ich ihm denn nicht wichtig? Jetzt bin ich allein mit einem Pärchen in New York, und das an Weihnachten. Da wäre ich doch lieber nach Bremen gefahren und hätte mit meiner Familie gefeiert.

Am Tag des Abfluges nach New York habe ich furchtbare Halsschmerzen, sicherlich ist ein Husten im Anzug. Aber wenn ich mich jetzt krank melde, denkt Horst bestimmt, dass ich nur nicht über Weihnachten unterwegs sein will und die Krankheit vorschiebe. Außerdem müßte dann für mich ein anderer Kollege einspringen, der sich sicherlich schon auf seine Weihnachtsfeier freut. Das will ich nicht. Also: Zähne zusammenbeißen, es wird schon gehen.

Bei uns an Bord sitzt ein netter Passagier in der letzten Reihe vor der Galley, ein charmanter Wiener, der zu allerlei Späßen aufgelegt ist. Im Laufe des Fluges bessert sich auch meine Laune. In meiner Pause besucht mich dieser Passagier, der sich als Dr. Gottfried Arnolf aus Wien vorstellt, in der Flugzeugküche. Wir unterhalten uns und er bewundert unseren Service. „Ich wähle immer diesen Platz, weil ich dann soviel von euren lustigen Kommentaren mitkriege", spaßt er. Wie wir denn den Heiligen Abend verbringen, möchte er wissen. Ehrlich, wie ich bin, erzähle ich, dass die beiden anderen Crewmitglieder ein Paar sind und nur ich alleine feiern werde. „Das kann ich nicht zulassen!" bestimmt Dr. Arnolf und will mich unbedingt einladen. Ich versuche, mich damit herauszureden, dass ich müde sei. Das läßt er aber nicht gelten und will mich partout im Hotel abholen.

Ach herrje! Das habe ich ja noch nie gemacht! Mich mit einem Passagier allein getroffen, und das auch noch an Weihnachten. Nein, ich werde nirgends mit diesem Mann hingehen, beschließe ich.

Als er später ins Hotelfoyer kommt, trete ich ihm entschlossen entgegen: „Herr Dr. Arnolf, es tut mir leid. Ich kann nicht mit Ihnen ausgehen. Ich bin krank."

Enttäuscht sieht er mich an. Er hat sich in Schale geworfen und trägt einen eleganten anthrazitfarbenen Anzug. Wahrscheinlich hat er in einem teuren Restaurant einen Tisch bestellt, schießt es mir durch den Kopf.

„Was fehlt Ihnen denn, Fräulein Janssen?" fragt er mitfühlend.

„Ich habe ziemliche Halsschmerzen", antworte ich wahrheitsgemäß.

Daraufhin schaut er mich an und fängt dann an zu lachen: „Aber da sind Sie bei mir in den richtigen Händen! Ich bin Hals-Nasen-Ohren-Arzt. Darf ich bitten? Ich fahre Sie jetzt auf der Stelle in meine Praxis."

Mit ausholender Geste zeigt er auf eine Limousine vor dem Hotel und ehe ich richtig verstehe, was passiert, sind wir in einer verlassenen Arztpraxis, in der überall Mistelzweige über den Türen hängen. Vorsichtig tauche ich unter den Mistelzweigen hindurch und finde mich auf einem Behandlungsstuhl wieder. Und das am Heiligen Abend. Dr. Arnolf sieht mir in den entzündeten Hals und läßt sich dazu hinreißen, mir ein merkwürdiges Kompliment zu machen: „Fräulein Jansen – Sie haben die schönsten Mandeln der Welt!“ Plötzlich wird es kalt an meinem Hals. Eine Perlenkette wird mir umgelegt. „Fröhliche Weihnachten“, raunt mir der Doktor ins Ohr. Ich bin gerührt, aber gleichzeitig auf der Hut, so wie ich auch immer vermieden hatte, ihn unter den aufgehängten Mistelzweigen zu treffen, da das ja dann Kußfreiheit verspricht.

Nachdem er meinen Hals eingepinselt hat, kann ich auch wieder besser schlucken. Deshalb spricht auch nicht mehr zu viel dagegen, dass zwei einsame Herzen im Restaurant gegenüber seiner Praxis ein Christmas Dinner einnehmen. Er bedankt sich, dass er diesen Abend nicht allein verbringen muss und ich bin auch aus meiner Enttäuschung aufgetaucht und fahre in gebesserter Stimmung in mein Hotel zurück. Später schenke ich die Perlenkette meiner Stiefmutter.

Als Wiedergutmachung überrascht mich Horst eines Tages mit folgendem Vorschlag: „Ich kenne da in den Dolomiten ein wunderschönes Hotel, das „Misurina“. Es liegt in der Nähe von Cortina d'Ampezzo. Dort möchte ich mit dir einen Winterurlaub verbringen. Du kannst doch Skilaufen?“

Na ja, was heißt „können“? Schnell gehen mir die Bilder unseres letzten Skiabenteuers durch den Sinn: Im Advent 1955 fragt meine Freundin Tünnes: „Edith, wollen wir nicht zu Silvester zum Skilaufen fahren?“

„Au ja, prima, so einen Jahreswechsel in winterlich verschneiten Bergen stelle ich mir wunderbar vor. Aber ich habe keine Skiausrüstung!“

„Ich auch nicht“, sagt Tünnes, „ich kann sie mir von meiner Cousine leihen.“

„Gute Idee, ich frage mal die Käthe, die Schwester meines Schwagers. Die teuren Gabardine-Skihosen müssen wir uns wohl kaufen und einen Anorak.“

„Die Ski-Unterhosen sparen wir, nehmen wir doch einfach die langen Unterhosen unserer Väter."

Bei der Anprobe der langen Unterhosen – mit Klappe hinten – können wir uns vor Lachen kaum halten.

So, wohin soll es gehen? Reit im Winkl wird ausgeguckt, und wir kommen in einer kleinen Pension unter. Dort wohnt auch Ulf Blaschke, ein junger Student, der uns sogleich mit auf den „Idiotenhügel" nimmt. Na, die erste Abfahrt läuft ja besser als erwartet. Höher geht er mit uns hinauf; er ist des Lobes voll und wir wachsen über uns selbst hinaus. Wir wollen aber wirklich von Grund auf einen Skikurs besuchen und traben am kommenden Montag mit 50 oder 100 Anfängern an. „Ach, so ein Massenbetrieb mit solchen Anfängern? Nein", meint Ulf, „Ihr seid so gut – ich nehme euch mit auf den Hahnenkamm."

Hahnenkamm?! Da wo Toni Sailer, der „schwarze Blitz von Kitzbühl", immer runtersaust?! „Ja", beschwichtigt er uns, „es gibt dort auch eine ganz leichte, einfache Abfahrt nach Kirchberg."

Na, wenn er das meint – uns soll es recht sein. Die Seilbahn bringt uns drei auf die Höhe. Je höher wir kommen, desto weniger Schnee sehen wir, dafür glänzt uns das pure Eis entgegen.

„Ja, es hat lange nicht geschneit!" meint Ulf. Wir steigen aus, wollen uns die Skier anschnallen und schon liegen wir auf dem blanken Eis. Peng! Ein Aufstehversuch: wieder Peng! Du meine Güte, wo kann ich denn etwas weicher fallen? Ja, da ist eine kleine Schneewehe: hinein!

Aufstieg und Fall – wie nahe liegen sie beieinander! Und wie weit unten liegt das Tal! Nach einiger Zeit gibt Tünnes auf, nimmt ihre Skier auf die Schulter und stapft bergab, einen Fuß auf dem vereisten Schnee, den anderen eingesackt bis zum Knie. Mühsam! Ich nehme einen Abhang ins Visier mit günstigster Fallstation und brause im Schuß hinunter! Beim Fall nach dem Schuß lande ich mit dem Steißbein auf der Skikante. Unsere Gabardinehosen tragen die Kerben unserer Fallübungen und sogar unsere Unterhosen sind an manchen Stellen zerfetzt. Ob unsere Väter die noch tragen können, wenn unsere Mütter sie stopfen?

„Aber Papas Unterhosen nehme ich als „Liebestöter" auf keinen Fall mit ins Misurina!" schießt es mir bei Horsts Vorschlag sofort durch den Kopf.

Die Gabardinehose und den Anorak habe ich gerade von Rosemarie aus dem ersten Flugbegleiter-Lehrgang zurückbekommen. Sie hatte sie sich von mir ausgeliehen, als sie mit ihrem festen Freund Westermann in den Wintersport fahren wollte.

Ja, es herrschte damals noch Mangel, aber der verband uns und brachte uns einander näher. Die Skier von Käthe kann ich mir auch nicht mehr ausleihen, denn am letzten Tag hatte ich im „schweren" Schnee die Skispitze abgebrochen. Von geliehenen Skiern! Welch ein Malheur!

„Skier können wir uns dort leihen", meint Horst, „da mach dir man keine Gedanken." Und auch das Skifahren brachte Horst mir bei, wie so Vieles ... z.B. Schneepflug und Wedeln, dazu noch Eisstock-Schießen – und was es noch alles zu lernen und zu spielen gab!

„Heute Abend ist im Hotel eine große Faschings-Party, da müssen wir uns noch was einfallen lassen!" verkündet Horst.

Ach, du lieber Schreck, wir Norddeutschen haben ja keinen Sinn für solches Fröhlichsein auf Kommando! Ich habe doch nichts dabei – und hier sind wir weitab von Einkaufsmöglichkeiten. „Du, du brauchst als ‚Teppichhändler' ja keine allzu große Kostümierung!"

Ich gehe ins Bad. Da hängen Handtücher. Ich stecke zwei davon mit Sicherheitsnadeln an der Schulter zusammen, binde einen Gürtel herum. Wir bekommen als „Ölscheich" mit „Miss Handtuch" den ersten Preis: Ein Rührglas von Martini mit silbernem Rührlöffel.

Tünnes, mit der ich ja zusammen während unserer Schulzeit in Bremen den Plan gefaßt hatte, Stewardess zu werden, hatte 1955 meine Stelle am Bremer Flughafen übernommen. Zwei Jahre später kommt auch sie zur Lufthansa, in den siebten Flugbegleiter-Lehrgang.

„Komm, laß uns zusammen nach Spanien fliegen!" schlägt sie eines Tages vor. Gesagt, getan.

„Aber das ist der letzte Urlaub, den du ohne mich machst!" sagt Horst etwas vorwurfsvoll.

„Wetten, dass nicht!" flüstert eine innere Stimme in mir. Tünnes und ich fliegen 1957 nach Malaga, hatten etwas von Torremolinos gehört. Die Vorstellung in unserer Fantasie von dem andalusischen Spanien, von dem unser Spanischlehrer so begeistert berichtet hatte, mit den weiten idyllischen Stränden, von Kunst, Kultur und mitreißender Musik wurde etwas ernüchtert. Der Strand, das Land – beides fest in englischer Hand. Na, ja, wir fanden abseits ein ruhiges Plätzchen. Aber nicht lange.

„Bewahre uns vor Sturm und Wind und Deutschen, die im Ausland sind!" – diesen Spruch hatten wir früher schon mal gehört!

„Komm, wir mieten uns einen Motorroller und fahren ein bißchen an der Küste entlang", schlage ich vor. Wir lassen uns eine Vespa vorführen. „Du musst fahren, Edith, du hast schließlich schon mal auf der NSU Fox von deinem Schwager Fritz gesessen", sagt Tünnes. Überredet! Ich lasse mir erklären, wie man mit mehrmaligem Antreten die Vespa startet. Immer kurz bevor man die Hoffnung auf einen Start gänzlich aufgibt, springt sie an. Dann müssen wir beide fast auf den Roller aufspringen und los geht es. Welch ein wundervolles Gefühl der Freiheit! Der laue Fahrtwind streicht übers Gesicht, durchkämmt unsere Haare, läßt unseren dünnen Blusen flattern. Die Straße breitet ihren rotgrauen Teppich vor uns aus. Das blaue Meer und der helle Strand grüßen zur Linken.

„Toll! Wir steigen nie mehr ab – wir fahren bis Gibraltar!"

„Du, da geht es nach Ronda! Eine große Stierkampfarena ist dort. Sollen wir nicht?"

Und schon geht es in die Berge mit vielen Serpentinen. Wunderbar! Wir erobern uns die Straße, werden immer mutiger. Nur Steilkurven machen uns zu schaffen. Dann müssen wir absteigen, die Vespa herum heben. Wehe, wenn sie dann ausgeht! Dann heißt es wieder Antreten. Wir schaffen es. Doch als wir wieder unten sind, geht unsere „Rollerin" aus und motzt. Sie will nicht mehr. Hat die Nase voll oder wohl eher die Düsen. Zwei forsche Spanier kommen auf ihrer Vespa vorbei, halten, wollen uns helfen. Sie treten und treten. Nichts! Sie knien sich hin, bauen alle Schrauben auseinander, pusten und putzen, setzen hinterher alles fein säuberlich wieder zusammen. Sie treten den Starthebel, unsere Vespa springt an, wir springen auf und rufen noch voller Dankbarkeit: „Muchissimas gracias!" und sind „on the road again"! Jedoch nicht allzu lange, zumindest nicht auf rollendem Untersatz. Dafür mit viel Erdkontakt. An der nächsten Steilkurve ereilt uns das Schicksal. Auf sandigem Untergrund rutscht der Motorroller weg und wir fliegen im hohen Bogen auf die Straße – Tünnes weniger hoch, denn ihr Bein liegt unter der Vespa. Schon sind hilfsbereite Spanier zur Stelle, nehmen uns mit nach Hause und verarzten uns. Trotzdem entzündet sich der Fuß von Tünnes und wir müssen vorerst auf unsere Freiheitsreisen verzichten.

Doppelter Steinbock

Ich bewundere meinen Supermann Horst, aber manchmal vermisse ich hinter seiner übergroßen Perfektion die Spontaneität und fühle meine Flügel etwas beschnitten. Was habe ich alles von ihm gelernt … sogar, wie man sein Auto richtig wäscht. Mit Johnsons „Carnu Carplate" ließen wir unserem gemeinsamen Auto Kosmetik angedeihen, eine Technik, die auch meinen Autos später lang anhaltenden Glanz verleiht. Aber als ich mich nach vollendeter Arbeit an das Auto lehne, kommt die Warnung: „Vorsicht, an der Kleidung können kleine Dreckpartikel sein, die den Lack beschädigen."

Ich weiß nicht, was es ist, aber irgendwie fühle ich meine Entfaltung und meine Freiheit etwas eingeschränkt, eine Freiheit, die ich mir bewahren wollte, ohne sie zu überstrapazieren. Alles, was Horst macht, ist wohl durchdacht, geht immer durch Kontrollinstanzen, ist immer richtig und doch kommt es bei mir mit der Zeit nicht richtig an. Viele Jahre später finde ich durch die Astrologie eine einleuchtende Erklärung. Er hat am 16. Januar Geburtstag – ein Steinbock. Und er hat dazu noch einen Steinbock-Aszendenten. Doppelter Steinbock! Mit dem Saturn als Herrscher, wird alles kristallklar auf das Wesentliche reduziert, werden keine Schnörkel geduldet.

Jürgen, den ich später heirate, hat einen Tag später, am 17. Januar Geburtstag und Herbert, mit dem ich früher oft im Team zusammen flog und der nach dem Tod seiner Illa wieder Kontakt zu mir aufnahm, am 18. Januar. Steinböcke haben es mir angetan! Genau gegenüber von meinem Krebs-Aszendenten. Und wo wohne ich seit bald 40 Jahren? Zwischen zwei Steinbockfrauen; die Nachbarin zur Rechten wurde am 14. Januar, die zu Linken am 11. Januar geboren. Und dann war da noch ein spezieller „Hausfreund" aus der Nachbarschaft, der immer einsprang, wenn Not am Mann war, wenn beispielsweise bei minus 16 Grad die Heizung ausfiel, oder das Klo verstopft war, ausgerechnet dann, wenn unser Familienvater auf großer Tour war. Und wann hatte dieser Helfer in der Not Geburtstag? Am 15. Januar … Jürgen zieht mich auf: „Ist er nun ein ‚Hausfreund' oder ein ‚Freund des Hauses'"?

Inzwischen wird mir immer klarer, dass das Feuer meiner ersten großen Liebe zu meinem doppelten Steinbock Horst nachgelassen hat. Aber ich bringe es nicht fertig, richtig Schluß zu machen. Eigentlich kann ich ihm wirklich nichts Unrechtes vorwerfen und spüre auch, dass er traurig ist. Ich bin richtig feige und auch ein bißchen unfair. Da bittet er mich, den Verlobungsring zurückzugeben. Wieder ist er es, der korrekt handelt und klare Verhältnisse schafft.

Baby-Piloten

Vor unserem Abflug in Rio trifft man sich noch einmal in der Churasqueria Gaucho bei Jimmy. Lecker! „Um Carré de porco", an den langen Spießen über Holzkohlefeuer gebraten – allein der Gedanke daran läßt mir noch heute das Wasser im Mund zusammenlaufen.

Helmut, einer der „Baby-Piloten", sitzt mir in Jimmys „Jardim" in einer der Heckenlauben gegenüber. „Ich habe noch so viele Cruzeiros übrig, kannst du noch welche gebrauchen?" fragt er mich.

Ohne zu überlegen, antworte ich: „Ja, prima! Rio, mit all den verlockenden Angeboten, hat mein Spesenkonto schon überzogen. Ich habe aber kein deutsches Geld dabei."

„Macht nichts", sagt Helmut, „ich hole mir das deutsche Geld morgen bei dir ab – lädst du mich zum Kaffee ein?"

„Abgemacht!"

Am nächsten Morgen in Hamburg ruft mich Tünnes an: „Edith, Inge aus Bremen ist da, wir möchten dich besuchen."

„Ja, kommt nur, Helmut kommt auch", sage ich.

Etwas später geht wieder das Telefon. Baby-Pilot „Ali", der blondgelockte Alois aus München, fragt: „Was machst Du denn heute?"

„Komm doch auch zu unserem Kaffeeklatsch!" lade ich munter weiter ein.

„Kann ich denn auch meinen Zimmernachbarn Tschok mitbringen?"

„Klar!"

Während wir beim Kaffee sitzen, klingelt es. „Keule", auch einer der Nachwuchs-Piloten aus Berlin, der mit uns in Beirut gewesen war, hält mir ein Kuchenpaket entgegen: „Das soll ich hier abgeben!"

„Mensch, Keule, komm rein!" freue ich mich.

„Ja, aber ich habe noch jemanden mitgebracht", fügt er hinzu und zieht einen großen blonden Sportstyp in die Tür. „Das ist Karlchen, auch aus dem zweiten Flugzeugführer-Lehrgang. Und dann entwickelt sich eine der heißesten Partys meines Lebens – so spontan, so voller Lebenslust. Ein roter Schal wird um die Lampe im Flur gebunden; wir rocken „around the clock". Viel zu schnell ist es zehn Uhr – Kuckuckszeit!

„Ich mache mal gut Wetter", sagt Tschok und unterhält meine Vermieter, die beiden Alten, so angeregt, dass der Kuckuck ausnahmsweise das mahnende Rufen vergißt.

Karlchen bedankt sich auf einer amerikanischen Fun-Karte für die „dufte" Spontan-Party und lädt mich zum Kino ein, in „Psycho" von Hitchcock. Ali ruft an und will mich auch einladen. „Mensch, das paßt ja prima, dann können wir doch zu dritt hingehen." Die beiden sind befreundet – aus dem gleichen Lehrgang. „Wunderbar", denke ich. Aber nur gedacht! Die beiden sitzen in meinem Zimmer, gucken aus dem Fenster aufs Krematorium und wechseln kein Wort. Mühsam versuche ich die Spannung abzubauen. Nichts. Wo bleibt die Freundschaft? Also auf ins Kino! Hitchcocks „Psycho" ist der Renner. Echt spannend. Aber noch spannungsreicher empfinde ich den Psycho-Terror zwischen den beiden Kinostühlen. Ich finde sie doch beide so nett. Und dann ist da über uns ja auch noch Horst. Warum muss ich nur einem „gehören"? Warum können wir nicht eine große Familie sein?

„Du bist vielleicht naiv!" sagt unser Flugingenieur Gerd mit seiner „Berliner Schnauze", als wir auf unseren kleinen Booten bei lauen 27 Grad auf dem Wasser in Beiruts Bucht dümpeln. Er ist zehn Jahre älter als ich, hat aber mindestens zwanzig Jahre mehr Erfahrung – in jeder Beziehung. Verheiratet ist er mit Ingrid und ganz besonders stolz auf seine kleine sechsjährige Conny. Unter seinem spitzen Mephisto-Haaransatz gucken seine brauen Augen fast schelmisch durch einen durch, als wollten sie sagen: „Nichts verheimlichen – ich kriege es ja doch heraus!"

„Komm, nun erzähl mal von Anfang an", sagt er und so beginnt seine Laufbahn als „Beichtvater", denn er kann gut fragen und besonders interessiert zuhören.

„Ich weiß wirklich nicht, für wen ich mich entscheiden soll. Jeder hat seine Vorteile."

„Na, dann wollen wir mal systematisch vorgehen: Wer ist denn am besten im Bett?" fragt er in seiner schnodderigen Berliner Art. „Nr. 1 Horst, Nr. 2 Ali oder Nr. 3 Karlchen?"

„Das weiß ich doch nicht – ich habe ja bisher nur mit meinem Verlobten geschlafen. Ist das denn so wichtig?!"

„Na, und ob!" meint er bedeutungsvoll.

„Ach, ich finde es eigentlich viel schöner, etwas Spontanes zu unternehmen, mit Karl über die blühenden Anemonenteppiche im Sachsenwald zu schweben in dem schönsten Frühling 1959. Nur mit einem Blick sofort zu erfassen, was der andere denkt oder fühlt. Wortspiele, Neckereien und in das unbändige Lachen mit einzustimmen, das aus dem sonst eher schüchtern wirkenden Karlchen herausbricht.

Werde ich kritisch unter die Lupe genommen, ziehe ich wie eine Schnecke meine Fühler ein. Fühle ich mich jedoch verstanden und stoße auf Resonanz, wachse ich mit lustigen Einfällen über mich hinaus.

So gut wie mit Karlchen hatte ich mich eigentlich noch nie gefühlt. Zu gut?! Eines Tages deutet Karl an, dass er mich als „dominant" empfindet. Das ist ein Schlag! Statt auf seine Ehrlichkeit einzugehen, breche ich sofort alles ab, weil ich meine, er hätte Bedenken wegen unseres Altersunterschiedes (ich bin mit 26 zwei Jahre älter als er) und nähme die vermeintliche Dominanz nur als Vorwand.

Dabei schien das fast eine Tendenz der Zeit zu sein: Fast alle meine Freundinnen haben jüngere Männer geheiratet, selbst wenn der Altersunterschied nur ein paar Monate betrug, bis zu elf Jahren zwischen meiner Schwester und ihrem zweiten Mann.

Gepäckträger und Klopfer

Tünnes hat in den zwei Jahren am Bremer Flughafen schon einen Blick auf einen ganz besonderen Gepäckträger geworfen: Jimmy, „der Smiler

aus Naila" ist einer der Bremer Flugschüler, die ihre Finanzen mit Gepäcktragen am Flughafen aufbessern. Als Tünnes 1957 in den siebten Flugbegleiter-Lehrgang nach Hamburg kommt und zur gleichen Zeit wie die Baby-Piloten auf Strecke geht, hat sich der Blickkontakt noch verstärkt, so sehr, dass sie 1960 heiraten.

„Lufthansa verlegt den Hauptsitz von Hamburg nach Frankfurt", teilt mir Tünnes ganz aufgeregt mit. „Wir müssen uns schon ein Zimmer in Frankfurt suchen."

„Au wei, Frankfurt! Das habe ich nicht so gut in Erinnerung", sage ich und ich schildere ihr meine Erlebnisse: „Neulich hatten wir ein Tageszimmer im Frankfurter Westend. Der vornehme Portier trug sehr eifrig den Koffer des Kapitäns in den ersten Stock. Wir durften unseren Koffer in die zweite Etage selbst tragen. Ich hatte mich im Unterrock auf mein Bett gelegt, als es klopfte. Einen Spaltbreit öffnete ich die Tür. Der gutaussehende Kapitän Pauly stand vor der Tür und fragte, ob ich eine Nagelschere hätte. ‚Moment', sagte ich, lehnte die Tür an, um die Nagelschere aus meinem Necessaire zu holen. Da stand er plötzlich hinter mir im Zimmer. Ich, hu! im Unterrock – Fluchtinstinkt – schnell ins Bett! Das Blödeste, was ich wohl tun konnte. Er setzte sich auf meinen Bettrand und ich setzte alles dran, flehte ihn an, mir nichts zu tun. Gott sei Dank mit Erfolg."

Merkwürdig – anstatt ihn mit Vehemenz nach draußen befördert zu haben, fragte ich mich, womit ich ihm wohl eine Veranlassung gegeben hatte, dass er sich Chancen ausrechnete. Deshalb fliege ich auch so gern mit unseren Stewards „aus dem anderen Karton": Die sind witzig, zuvorkommend, kulturell interessiert und man braucht keine Angst vor „Klopfern" zu haben, wenn man mit ihnen geflachst hat.

„Ja", sagt Tünnes, „mit denen bin ich auch gern unterwegs. Bei den Klopfern müssen wir schon aufpassen, aber die meisten unserer Besatzungsmitglieder sind ja schwer in Ordnung", fügt sie in ihrer immer positiv-denkenden Einstellung hinzu. „Trotzdem, du kennst doch den

Spruch: Ist der Ruf erst ruiniert, dann lebt sich ganz ungeniert ... Aber daran hindert uns ja unsere Erziehung."

Wissen Sie, Fräulein Janssen, dass Sie ein rotes Tuch für viele Ehefrauen der Cockpitbesatzung sind?" sagt im ersten Jahr unser Relief-Pilot Kaiser zu mir.

„Ich?!" Die ich doch noch als Jungfrau durch die Gegend fliege!

„Ja, Sie sind beliebt bei der Besatzung, weil Sie diese gut im Cockpit versorgen, so wie vorhin, als Sie das Obst in mundgerechten Stücken ins Cockpit brachten, statt einfach den ganzen Obstkorb hinzustellen. Außerdem unternehmen Sie unterwegs vieles gemeinsam mit der Besatzung. Davon wird dann wohl zu Hause berichtet und wenn dann Ihr Name fällt, geht bei den daheim gebliebenen Frauen die rote Warnlampe an und die Fantasie mit ihnen durch."

„Aber jetzt müssen wir uns wohl nach einer Wohnung in Frankfurt umsehen", nehmen Tünnes und ich uns also vor. Wir fliegen nach Frankfurt und finden nur unmögliche Angebote mit Eingang durch die Küche der Vermieter etc. Und teuer! Außerdem werden wir auf der Straße angesprochen, regelrecht verfolgt, obgleich wir unsere Kapuzen von den Uniformmänteln hochgeschlagen haben.

Vor unserem Rückflug werden wir in der Frankfurter Abflughalle von einem dunkelhaarigen, jungen Geschäftsmann gemustert. Er spricht uns an: „Kommen Sie auch schon von weit her?"

„Nein! Wir haben gerade den ersten Ausflug unseres Lebens nach Frankfurt gemacht." Es macht uns einfach Spaß, lieber tiefzustapeln. Es scheint die Männer zu beflügeln, den eher unbedarften kleinen Mädchen von ihren Erfolgen zu berichten.

Unser Geschäftsmann ist höflich, stellt sich vor: „Janssen" – ich auch Janssen, kommt aus Bremen – ich auch aus Bremen, hat eine Schwester Anke; Tünnes hat auch eine Schwester Anke und so geht es weiter. Sein Vater stammt aus Ostfriesland – meiner auch. „Mit meinem ostfriesischen Vornamen Fokko habe ich in Amerika ziemliche Schwierigkeiten gehabt", erzählt er.

„Oh ja, das kann ich verstehen. Ich erinnere ich mich doch nur zu gut an die Frage des Immigrationsbeamten in New York, als er auf unserer General Declaration, auf der all unsere Namen aufgeführt sein müssen, auf den Namen unserer Kollegin Bärfacker zeigt und mich ungläubig fragt: „Is that her real name?!"

Fokko Janssen klären wir dann doch auf, dass wir auch schon ein bißchen mehr von der Welt gesehen haben. Das tut seinem Interesse keinen Abbruch und wir gehen in Bremen zusammen aus.

Flucht in den Spessart

„Nee, Frankfurt gefällt uns nicht", das geben wir auch laut von uns, als wir auf einer Party von Ali eingeladen sind.

„Dann zieht doch in den Spessart!" sagt sein Lehrgangskollege Willibald, der dort aufgewachsen ist. „Bei uns in Mömbris-Mensengesäß" – großes Gelächter – „gibt es Wohnungen für 80 DM mit Garage."

Die wollen wir uns angucken. Tünnes guckt schon für ihren Jimmy mit aus.

Auf meinem nächsten Flug ist Wolfgang dabei, mit dem ich in Beirut mein Bootserlebnis in der Felsengrotte hatte.

„Wenn du mit nach Bremen fahren willst, kann ich dich gerne mitnehmen, dann kannst du meine holländische Frau Ria und unsere kleine Susanne kennen lernen. Wir wohnen am Wandrahm."

„Welch ein Zufall, meine Schwester auch!" werfe ich überrascht ein.

Auf der Fahrt nach Bremen klagt er: „Das mit dem Umziehen nach Frankfurt paßt mir überhaupt nicht!"

Da kann ich gleich meine Spessarterfahrung weitergeben „Du, in Mömbris-Mensengesäß gibt es Wohnungen für 80 DM mit Garage."

„Wirklich?"

Schon zieht Wolfgang mit seiner Familie in den Spessart. Nächster Flug: gleiches Gespräch mit Funker Rich, dessen Frau Helga aus Norden in Ostfriesland stammt. Auch die Richs ziehen nach Mömbris-Mensengesäß. Und Jimmy natürlich auch und noch viele seiner Lehrgangskollegen.

Helga Gericke aus dem fünften Lehrgang kommt aus Berlin. Sie hat ein umwerfendes Lachen und kann mitreißend erzählen. Sie entspricht vielleicht nicht dem gängigen Schönheitsideal, aber sie hat einen hinreißenden Mund und sprühenden Charme.

Balduin, von seinen Kollegen aus dem ersten Nachwuchs-Flugzeugführerlehrgang „der schöne Lanz" genannt, ist diesem Charme erlegen. Balduin stammt auch aus Berlin und sieht gut aus – hat Ähnlichkeit mit Harry Belafonte, dessen Songs „Island in the sun" und „Come back Liza" auf der Hitliste stehen. Der schöne Lanz und Hildegard heiraten – „müssen heiraten", wie es damals hieß.

Es ist die erste Ehe eines Babypiloten mit einer Stewardess. Sie kriegen die Spitznamen Balduin und Balduine. Die beiden ziehen auch nach Mömbris. Aber ehe sie sich ihren luxuriösen Bungalow dort auf dem „Pilotenhügel" bauen, mieten sie sich eine Wohnung unter 80 DM … jedoch ohne fließend Wasser! Und das mit ein, zwei, später drei Kindern! Die arme Balduine! Wie tapfer hat sie das Wasser geschleppt!

Es heißt zwar: „Sparsamkeit ist kein Geiz". Aber als ich vor vier Jahren an ihrer Beerdigung teilnahm, stieg in mir die Frage auf, ob sich „der schöne Lanz" schon damals den heute gängigen Spruch „Geiz ist geil" aufs Banner geschrieben hat?

Einige Junggesellen der Nachwuchspiloten haben sich auch in Mömbris angesiedelt. Der urige rothaarige Bajuware Bodenhauser hat sich einen Cadillac zugelegt, für den seine Bremer Goldschmiede-Freundin Initialen anfertigte.

(Verzeihung, aber ein damals gängiger Witz fällt mir dazu ein: Frau Neureich hat drei Töchter, von denen sie voller Stolz erzählt: „Die älteste hat ein Herren-Infektionsgeschäft; die zweite hat goldene Genitalien an der Tür und die dritte ist pervers in Küche und Keller.")

Addi, auch ein Baby-Pilot hat sich eine BMW 600 zugelegt und lädt mich zu einer Spritztour durch den Spessart ein. „Oh, Mann, ist das ein schweres Ding! Ich kann sie ja nicht einmal halten, geschweige denn fahren!" gebe ich nach dem ersten Versuch auf. Nachdem sich die anfängliche Verkrampfung gelöst hat, lege ich mich auf dem Rücksitz gern mit in die Kurven. Obgleich Addi ja im Spessart wohnt, hält er doch fast in jedem zweiten Dorf an und fragt nach dem Weg. Die Dorfjugend kommt dann immer gelaufen und bestaunt seine Supermaschine von allen Seiten. Das gefällt ihm.

Ich bleibe noch ein Jahr länger in Hamburg, in der Hansestadt, in der ich mich als Norddeutsche mehr zu Hause fühle als in Frankfurt. Zudem fliege ich zu gern die Südamerikastrecke, die nur mit der Conny von Hamburg aus beflogen wird – und dann ist da noch Karlchen, der auf der Viscount von Hamburg seine Einsätze fliegt.

1961 ziehe ich schließlich auch in den Spessart, und zwar nach Hörstein, einen Weinbauort, aus dem einer der Hochzeitsweine von Königin Elisabeth stammte. Erst jetzt, im siebten Dienstjahr, bekomme ich mein erstes Auto – einen blauen VW Käfer aus zweiter Hand – und beziehe meine erste eigene Wohnung bei Familie Pellheim. Sie haben vier Kinder, eine Gaststätte, Weinberge und eine Hühnerzucht.

Meine Mutter ist schwer an Krebs erkrankt. Trotz Amputation der Brust haben sich Metastasen in der Leber und im ganzen Körper verteilt. Im Juni ′61 habe ich gerade meinen Käfer bekommen und hole sie damit in meine neue Wohnung in den Spessart. Dazu lade ich auch ihre Schwester, meine Patentante Adele und Onkel Otto ein. Wir können noch wunderbare drei Wochen zusammen verbringen, bevor sie im Oktober stirbt. Für mich war es als Kind die schrecklichste Vorstellung, meine Mutter zu verlieren. Wenn ich mir heimlich die Frage stellte: Wen hast du lieber, Papa oder Mama? – dann sagte mein Herz spontan „Mama", aber sofort warf mein Verstand als Ausgleich wieder alle Pluspunkte von Papa in die Waagschale. Nun war das Befürchtete eingetreten – viel zu früh. Wie gern hätte ich ihr meinen Jürgen und unsere Söhne ans Herz gelegt.

Meine Schwester macht mir Vorwürfe, dass ich das neue Heilmittel gegen Krebs nicht aus Amerika mitgebracht hätte. In der Zeitung hätte gestanden, dass man jetzt den Krebs in Amerika bekämpfen könne. Wohlgemerkt 1961, als auch der Außenminister der USA, Foster Dulles, dem Krebs zum Opfer fiel. Warum hatte man ihm das Heilmittel nicht verabreicht?

Heiratsvermittlung mit Happy-end

Mein Vater ist ein guter Geschäftsmann, aber kein Hausmann. Wer kann ihm den Haushalt besorgen? Bei meinem unregelmäßigen Flugeinsatz kann ich das nicht übernehmen. Außerdem sollte man einen „alten Baum" nicht von der Waterkant in den Spessart verpflanzen. Ich habe ein gutes Verhältnis zu meinem Vater und wir beraten gemeinsam.

Schwester Hella fällt aus. Da würden zwei ostfriesische Dickköppe aufeinanderprallen. Ähnliche Schwierigkeiten sind mit seiner 20 Jahre jüngeren Schwester Sissi vorprogrammiert. Tante Grete? „Die quasselt zuviel!“

Wie ist es mit Mecke? Margarethe Mecke, Jahrgang 1900, hatte sich 1916 aus dem Harz um die Stelle einer Sekretärin im Handelskontor der Mühle in Carolinensiel beworben. Mein Vater, zehn Jahre älter, war gerade schwer kriegsbeschädigt aus französischer Kriegsgefangenschaft und dem Lazarett entlassen worden.

„War Mecke damals mit sechzehn Jahren nicht sehr jung?“ gebe ich zu bedenken.

„Ja“, entgegnete er auf diese Frage, „aber sie war aufgeschlossen, hatte ihr Elternhaus im Harz hinter sich gelassen und war bereit zu lernen. Unter diesen Voraussetzungen konnte ich sie mir heranbilden.“ Auf welchen Gebieten er sie wohl noch „herangebildet“ hatte, konnte ich mir später zusammenreimen, als ich ihre Briefe „An meinen Falken“ fand und ich von ihrem Nervenzusammenbruch erfuhr, als mein Vater 1923 meine Mutter heiratete.

1922 herrschte im Ruhrpott Hungersnot und meine Mutter Maria Böttger – groß und sehr schlank – wurde zum Aufpäppeln mit ihrer Freundin nach Ostfriesland geschickt. Die beiden jungen Westfälinnen gingen zum Tanzen. Maria wurde immer wieder von einem charmanten Ostfriesen mit strahlend blauen Augen zum Tanzen aufgefordert. In ihrer Pension erzählte sie voller Begeisterung von einem „Janssen“. „Welcher Janssen?“ fragt der Vermieter. „Der mit dem steifen Bein?“

„Steifes Bein?“ fragte meine Mutter voller Überraschung. Das hatte sie dank der „Liebe auf den ersten Blick“ gar nicht bemerkt.

„Ja, hier in Carolinensiel gibt es so viele Janssen, dass sie fast alle einen Beinamen haben, um sie zu unterscheiden: z.B. ‚Lang-Hans‘, oder ‚Dick-Hans‘. Die vier Janssen von der Mühle heißen ‚Mühle eins‘, ‚Mühle zwei‘, ‚Mühle drei‘, ‚Mühle vier‘.“

Mecke war nach der Heirat meines Vaters in den Harz zurückgekehrt und hatte einen Maler geheiratet, der im Krieg vermißt blieb. Nun konnte sie nach vierzig Jahren endlich zu ihrem Falken in Bremen finden. 1964 heiraten sie. Im gleichen „Hochzeitsjahr“ heiratet meine Schwester zum zweiten Mal und ich zum ersten Mal.

War Karl Janssens Fernlastverkehr 32 Jahr zuvor der Brüningschen Notverordnung zum Opfer gefallen, so wandte sich mein Vater – inzwischen schon ein bißchen weise geworden – der Einkehr zu und übernahm die Anzeigenvertretung der Bremer Dom-Kirchenzeitung „EINKEHR". Für die Provisionen werden Bücher gekauft

„Laß das Staubsaugen! – Jetzt wird studiert!" sagte er zu Mecke, wenn sie nach dem Frühstück zuerst ihre Hausarbeit erledigen wollte. Da parierte sie und sie „studierten" zusammen, z. B. das Johannesevangelium von Jakob Lorber.

Mir schenkte er zu Weihnachten 1963 eine Bibel, die ich 1964 mit ins Tropeninstitut nahm und dort „studierte". Auch ein kleines Büchlein vermachte er mir „Wie du ein glückliches Leben gewinnst". Klein, aber fein! Sehr konzentriert – hat viele inspiriert.

Nach dem Tode meiner Mutter werde ich als „große Schwester" der vier Kinder von Pelleims in Hörstein aufgenommen. Ich gehöre bald so richtig zur Familie. Mutter Pellheim ist eine liebe Frau – ein Schneewittchentyp mit schwarzen Haaren, die mit ihren hübschen blauen Augen dem österreichischen Soldaten Alois so den Kopf verdreht hatte, dass er seine neue Heimat im Spessart fand.

„Ich komme mit meiner neuen Nähmaschine nicht klar."

Und schon ist der geschickte fünfzehnjährige Wolfgang zur Stelle und erklärt mir: „Das ist doch gar kein Problem!"

Elisabeth und die kleine Marietta finden eine Stewardess in ihrem Dorf, die von ihren Einsätzen berichten kann und auch kleine exotische Souvenirs mitbringt, klasse.

„Wollen wir wieder Schach spielen?" fragt mich der 18-jährige Hans Josef, der gerade sein Abitur macht. Wir feiern seinen 19. Wassermann-Geburtstag am 4. Februar 1962 richtig ausgelassen auf einer Hausparty, just zu dem Zeitpunkt, als das Wassermann-Zeitalter anfängt. Später bringe ich den derzeitigen Super-Hit mit: „Aquarius" mit „Let the sunshine in" auf der B-Seite.

Hans will Medizin studieren. Sein Ideal ist es, so ein richtiger „Allround-Landarzt" zu werden. Aber seine Eltern raten ihm zum Wirtschaftsstudium, weil im Hinblick auf die drei jüngeren Geschwister die Ausbildung zu lang und damit zu kostspielig ist. Nachdem er ein Semester Wirtschaft absolviert hat und ihm klar geworden ist, dass er unbedingt Medizin studieren möchte, bittet er mich um einen ganz kleinen monatlichen Zuschuß. Hinterher wird er mir doppelt und dreifach zurückgezahlt, nicht nur in finanzieller Hinsicht! Er muss gerade über Tropenkrankheiten seine wissenschaftlichen Abhandlungen schreiben, als ich im Tropeninstitut wegen Bilharziose behandelt werden muss.

Wolfgang, sein jüngerer Bruder, macht eine Lehre als Werkstoffprüfer. Nach seiner Lehrzeit besucht er uns in unserem Rüsselsheimer Garten.

„Kannst du auch unseren ‚Werkstoff Wasser' prüfen, den wir hier mit unserer Pumpe aus sieben Metern Tiefe pumpen?" fragt Jürgen ihn. „Das Wasser, das da herausgepumpt wird, sieht zwar ganz rein und klar aus, aber wir möchten es doch genau wissen."

„Klar, kein Problem!" ist seine Antwort und wir packen ihm eine Wasserprobe ein. Über das Ergebnis – „Trinkwasserqualität" – ist Jürgen besonders glücklich, hat er sich doch mit befreundeten Helfern sehr abgemüht, diesen Brunnen bis zu sieben Metern Tiefe zu bohren.

Wolfgang berichtet über seinen vergeblichen Kampf, jetzt nach Abschluß der Lehre seinen Bruttolohn auf 1000 DM zu erhöhen. „Man will mir nur 800 DM zugestehen."

„Warum bewirbst du nicht als Steward bei der Lufthansa?" schlage ich vor. Da bekommst du 1800 DM, und zudem finde ich diesen Beruf einfach faszinierend, so lebendig und vielseitig."

Auch Jürgen gibt ihm gute und praktische Ratschläge: „Komm zu Condor, da geht es familiärer zu." Das fiel auf fruchtbaren Boden.

Als ich eines Frühmorgens in Kenia zum Pickup geweckt worden bin, klopft es kurz darauf an meine Tür: „Madam, your early morning tea!"

„Nanu", denke ich, „das ist ja etwas ganz Neues!" Als ich die Tür öffne, überreicht mir mein „kleiner Bruder" Wolfgang aus Hörstein ein Spezial-Tablett. Er hatte uns die Maschine aus Deutschland gebracht, mit der wir gleich wieder zurückfliegen sollen. So klein ist die Welt.

3
Der Orient – unverschleiert

12. September 1956: Eröffnung der Nahost-Strecke: Istanbul, Beirut, Damaskus, Bagdad, Teheran. Das Morgenland tut sich uns auf: mit Mokka und Wasserpfeife, verführerischen Düften und Fliegenden Teppichen.

Auf dieser Strecke werden wir für zehn bis vierzehn Tage in Beirut stationiert, fahren einmal in der Woche über den Libanon und Antilibanon nach Damaskus, übernehmen dort eine Maschine, fliegen über Bagdad nach Teheran, bleiben dort während der Umkehrzeit ca. vier Stunden in der Maschine am Boden, in der sich das Flugzeug manchmal schon bei Sonnenaufgang bis auf 40 Grad aufheizt.

Nachdem wir auf dem Rückflug wieder in Damaskus gelandet sind, geht es per Taxi über das Gebirge zurück in unser geliebtes Beirut. Pässe werden eingesammelt und die zweiten Vornamen der Crew mit schnellem Blick erfaßt: „Hier ist deiner, Wunibald"!

„Ja, danke, Adele!"

Bald nennt sich die Crew gern bei den ungebräuchlichen Zweitnamen.

„Ist euch auch aufgefallen, wie schroff die Beamten in Syrien sind?" fragt Christa.

„Ja, genau!" stimme ich zu. „Im Gegensatz zu den Libanesen sind die Beamten in Damaskus richtig abweisend. Während die Libanesen unsere Sprachversuche meistens mit viel Lob bedenken und sich vor Lachen biegen, wenn wir auf eine ihrer Einladungen entgegnen: ‚bugrad vel misch mesch', was wörtlich heißt: ‚morgen, wenn die Aprikosen blühen', aber im übertragenen Sinne bedeutet: ‚wenn Ostern und Pfingsten auf einen Tag fallen'. Als ich die Beamten am Flughafen in Damaskus mit ‚Achlan wa sachlan' begrüßte, würgten sie mich ab: ‚Seien Sie still, Sie sprechen das Ch so hart, wie die Israelis! Diesen Akzent mögen wir nicht!'"

Irgendwann haben wir auch kurzen Aufenthalt in Bagdad. Herr Culemann, einer unserer jungen Spediteure von Schenker & Co, mit dem ich in Bremen am Flughafen Frachtsendungen aus dem Zollverschlußraum herausholen musste, begrüßt mich und nimmt mich mit in die Stadtmitte von Bagdad. Wo ist die Stadt meiner Vorstellungen aus 1001 Nacht?! Vielleicht haben wir nicht genug Zeit gehabt, Gedenkstätten aus alter Blütezeit zu besuchen, aber in meiner Erinnerung sind mir noch all die unbefestigten Lehmstraßen in der Hauptstadt des Iraks in den fünfziger Jahren präsent und meine vergebliche Ausschau nach den Palästen der Kalifen, nach der Pracht aus orientalischen Märchen, die meine Fantasie so animiert hatten. Fehlte mir Aladin mit seiner Wunderlampe?

Teheran

Gleich tauchte in meiner Vorstellung die Liebesgeschichte des Schahs von Persien mit seiner/unserer Soraya auf. Wie hatten wir mitgelitten, als sich kein Thronfolger für den Pfauenthron einstellen wollte. Prunk und unvorstellbaren Reichtum verbinde ich mit diesem Land in meiner Vorstellung. Später übernachteten wir auch in Teheran. Rufe ich mir die ersten wirklichen Eindrücke von dieser Hauptstadt Persiens in Erinnerung, so denke ich sofort wieder daran, dass neben der Hauptstraße ein Bach, ein größeres Rinnsal floß. Oben wuschen die Frauen ihre Wäsche – weiter unten wurde Wasser geschöpft und in der Stadt verkauft.

Unsere Eingeweide erhielten seinerzeit ihre „Impfung" in Form von natürlichen Durchfall-Coli-Bakterien. Je nachdem, wo sich unsere Abwehrkräfte gegen diesen Befall wappnen mussten, sprachen wir von „Teheran-itis" oder „Rio-ritis". „Montezumas Rache" erwischte irgendwann jeden von uns. Ich hatte das Gefühl, dass sich mein Immunsystem mit der Zeit darauf eingestellt hatte. Sobald ich etwas mit Appetit aß, bekam es mir auch.

„Oh, da an der Straßenecke ist einer von den Drehspießen, an denen das knusprige Lammfleisch immer so hauchdünn abgesäbelt wird", macht uns Hans-Jörg den Mund wäßrig.

„Ja, das esse ich auch so gern, besonders mit Chaourma, dieser kremigen Paste aus Kichererbsen, und dem Hefefladenbrot", stimme ich zu und schon stehen wir in Beirut auf der Straße und schlemmen. Eine Beirut-itis hat mich nie erwischt.

Libanon

Beirut ist unser Lieblingsziel – für mich ist es die schönste Stadt der Welt! Es gibt traumhafte Strände, an denen man Wasserski und Boote ausleihen kann; verführerische Einkaufsmöglichkeiten in Boutiquen und Bazaren. Das Klima ist samtweich und könnte nicht besser sein.

In Beirut mischen sich drei Kulturkreise: der arabische, der französische und der amerikanische Einfluß prägen die Atmosphäre dieser pulsierenden Weltstadt, in der sich die Reichen aus Saudi-Arabien treffen. Alles ist faszinierend für uns: Der orientalische Bazar, die Nobelhotels mit modernstem amerikanischen Luxus, feudale Nachtclubs mit französischem Flair, z. B. unser „Cave du Roi“. Wie romantisch war es dort unten in der exclusiven Bar im Hotel St. George. Die neuesten Hits werden von italienischen Bands gespielt. Wir lassen uns von den Melodien entweder romantisch forttragen oder legen heiß und fetzig eine Sohle aufs Parkett. „Mélodie d'Amour“, „Dynamite woman" oder „Volare" stehen als Favoriten auf unserer damaligen Weltrangliste.

Im luxuriösen Phoenicia Hotel sitzen wir in der Bar vor einem erleuchteten Aquarium, das an einer Wand bis zur Decke reicht. In Augenhöhe mit bunten, schillernden Fischen, die neugierig fast an die Glaswand prallen, dann aber überlegen, „cool“ auf unsere kühlen Drinks gucken und abdrehen, das Becken durchschwimmen, um dann wieder vor uns in Augenhöhe auf und ab zu tanzen.

„Welch eine moderne, wirklich schöne neue Welt! Und wie friedlich Christen und Muslime hier miteinander leben!“ stellen wir damals fest. Beide Gruppen stellen jeweils etwa die Hälfte der Bevölkerung. In unserer Begeisterung sehen wir alles wohl etwas naiv durch eine rosarote Brille.

„Hast du diese kleinen Talisman-Anhänger mit dem blauen Auge im Bazar gesehen?" fragt Sebald kopfschüttelnd, „die sollen gegen den ‚bösen Blick' schützen! Könnt ihr euch das erklären?"

Beirut an den Felsgrotten

Am liebsten verbringen wir unsere freie Zeit am Strand, an dem man kleine flache Brett-Boote ohne Schwert, ohne Sitz und ohne Ruder ausleihen kann – Vorreiter der Surfbretter. Auf diesen Brettern zu sitzen und sie mit einem Paddel zu manövrieren ist ziemlich schwierig, weil sie sehr kippelig sind. Das fordert uns natürlich heraus.

„Komm! Wir machen ein Spaßkämpfchen: Cockpitcrew gegen Kabine!" sagt Philipp, ein Kollege aus meinem Flugbegleiter-Lehrgang.

„Du spinnst!" sage ich, „wir zwei Flugbegleiter gegen drei aus der Cockpit?"

„ Egal!" Und wie das Schicksal es will, erbeute ich zuerst das Paddel von Co-Pilot Altenburg, und als ihm der andere „Co" Augustin zu Hilfe eilt, kann ich auch dessen Paddel entwenden, paddele ganz schnell davon und lasse die beiden sportlichen Junggesellen manövrierunfähig zurück. Sieg für die Kabine!

„Und jetzt" heißt das Wellenspiel an den Felsen. Auf diesen kleinen Flachbooten machen wir die tollsten Kunststücke. Sich hinten mit den Beinen anklammernd, wartet man den richtigen Zeitpunkt ab, um sich mit der Welle auf die Felsen tragen zu lassen. „Wer zuerst oben drauf landet, bekommt eine Flasche Sekt!" ruft der Kollege Hämmerling. Schon vorher Fahrt aufholend, lasse ich mich mit der Welle an den Felsen tragen, hänge dann aber wie eine müde Klosettfliege mit dem Brett am Felsen und werde beim Zurückbranden wieder zurückgespült. Schwierig! Aber der dicke Pricke hat es geschafft und hebt siegesfreudig die

Arme. Da kommt die nächste Welle, reißt ihm die Füße weg und schleift ihn mit dem Bauch über die scharfen Muschelfelsen. Zum Trost wird er liebevoll von uns verarztet.

An einem der 350 schönen Libanon-Tage im Jahr paddeln wir mal wieder auf dem Meer in Beirut. Mit unseren kleinen Flachbrettern fühlen wir uns wie verwachsen. „Laß uns mal durch die Grotten fahren", schlägt unser Funker Wolfgang vor. Gesagt, getan! Die Wellen klatschen gegen die Felswände, branden zurück gegen unsere flachen Boote; das Rauschen des Meeres hallt von der ausgehöhlten Decke verstärkt zurück. Anfangs lassen die halboffenen Grotten gebrochenes Licht herein. Dann kommt eine ziemlich dunkle Strecke und wir manövrieren uns vorsichtig zwischen den scharfkantigen Felsen und hineinwogenden Wellen hindurch. Am Ende der Grotte strahlt uns Tageslicht entgegen. „Was treibt denn da?!" Wolfgang zeigt auf einen großen Körper, der auf und ab bewegt wird. „Hu! Ein totes, aufgedunsenes Schaf!" Angespannt umpaddeln wir es und steuern auf den Ausgang der Grotte zu.

„Ob es wohl abgestürzt ist?" geht es mir durch den Sinn, als sich plötzlich eine Horde von Halbstarken kopfüber ins Wasser stürzt und versucht, mein Boot zu entern. Aber, mich an unser Spiel erinnernd, vertreibe ich sie mit einem Rundumschlag meines Paddels von meinem Flachboot. Dann ist Wolfgang das Opfer. Gegen die Übermacht kann ich ihm leider nicht helfen. Ich versuche, schnell Hilfe zu holen und paddele wie der Wind davon. Als ich mich nach einer Weile umdrehe, sehe ich Wolfgang friedlich mit einem Jugendlichen auf seinem Boot mir folgen. „Ist das dein Retter?" rufe ich. „Nein, mein Retter ist meine Nationalität. Sie dachten, wir wären Amerikaner! Dann hätten sie uns ertränkt!"

Das konnte ich damals überhaupt nicht verstehen. Haß auf diese netten Amerikaner, die Sunnyboys, die uns vor gut zehn Jahren befreit hatten?!

Biblos – Baalbeck

Der Libanon ist reich an Zeugnissen früherer Kulturen. Baalbek und Byblos, die älteste Stadt der Welt mit sieben Kulturstätten übereinander!

„Auf dem Rückweg von Damaskus können wir mal in Baalbek vorbeifahren“, schlägt Kapitän Eidner vor.

In der Beka-Ebene sehen wir schon von weitem die riesigen Monumente aus grauer Vorzeit. „All one piece! No cement!“ versichert der alte, eifrige Fremdenführer immer und immer wieder, wenn er auf die 20 Meter hohen Säulen oder die Mammut-Blöcke in Baalbek zeigt, so dass diese Phrase zur stehenden Redewendung wird, bei jeder passenden und unpassenden Gelegenheit - z.B. wenn der Steward ein Steak auf den Teller legt: „All one piece, no cement!“ Es wird viel geflachst und gelacht, und die Fahrt wird auch mit Witzen verkürzt wie z. B diesem aus der makabren Reihe: „Mami, Mami, ich will nicht nach Amerika!“ „Sei ruhig und schwimm weiter!“

Feine Stoffe und Hammelhoden

In Beirut gibt es Tuchläden mit den feinsten Stoffen. Bestes englisches Kammgarn in unserer Uniformfarbe sticht uns in die Augen. Der Schneider ist gleich nebenan. „Lassen wir uns doch eine Lufthansa-Uniform machen“ beschließen meine Kollegin Bautzi und ich. Wir Deutschen sind beliebt. Gleich bekommen wir eine Einladung, die wir dankend ablehnen. Bei jeder Anprobe erneuert unser Schneider die Einladung. Er will uns sein Land, sein Byblos, zeigen. Mißtrauisch, wie wir sind, denken wir: „Was sollen wir ihm dafür zeigen?“ Als wir uns nicht mehr herausreden können, bitten wir unseren Kapitän Progner, einen Ur-Bayern, als Anstandswauwau mitzukommen. Der Schneider macht sich als Fremdenführer gut. Wir erfahren, dass Byblos die älteste Stadt der Welt ist, in der noch Leben herrscht. Sieben Schichten vergangener Kulturen hat man ausgegraben. Zu Mittag lädt er uns in ein arabisches Restaurant ein. Geheimnisvoll bestellt er eine Spezialität des Hauses. Neben vielen verschiedenen Schälchen wird der Hauptgang mit etwas hellem Schwammigen in einer pikanten Soße serviert. Als wir probieren, spüren wir seinen erwartungsvollen Blick und sind auf etwas gefaßt.

„Und?“ will er wissen.

„Gut!“ sagen wir, „das arabische Essen schmeckt uns.“ „

Wißt ihr, was das Helle ist?“

„Nein!“

„Hammelhoden."

Sicherlich hatte er mit einer anderen Reaktion gerechnet, aber wir bleiben cool und essen weiter. Schließlich essen wir zu Hause ja auch Leber, Sülze oder gar Schinken. Dafür ist aber unser Kapitän Progner Feuer und Flamme. Er findet die Hammelhoden köstlich – lobt sie immer wieder, so dass unser Schneider auf der Rückfahrt bei einem Schlachter anhält und unserem Bayern Hammelhoden als Gastgeschenk mitgibt. Da er jetzt seine Aufmerksamkeit völlig auf unseren Kapitän richtet, fragen wir uns: „Ist er schwul?" Hinterher schämen wir uns unseres Mißtrauens und unserer Unterstellungen. Wir können einfach mit solch einer überschäumenden Gastfreundschaft nicht umgehen.

„Hast Du schon die Eisbahn unten in unserem Hotel Bristol ausprobiert?" fragt Christa. „Komm doch mit! Schlittschuhe können wir dort leihen."

„Ist ja paradox, hier im heißen Beirut Schlittschuh zu laufen!"

„Das erhöht ja gerade den Reiz."

Und schon stehe ich auf diesen weißen Eisprinzessinnenschuhen, fest geschnürt mit richtigem Halt. Was war das doch für ein Krampf in Bremen mit unseren „Holländern", die an haltlosen Schuhen mit Lederriemen befestigt wurden, die immer wieder nachgebunden werden mussten. Außerdem waren die Gräben immer ziemlich eng und es ging oft in die Binsen, die am Rand wuchsen. Dazu kam noch die Sache mit dem Zufrieren. Nie vergessen werde ich mein Abenteuer „das Bübchen (Mädchen) auf dem Eis": Zum Höhepunkt des ganzen Jahres, dem Weihnachtsmärchen im Bremer Stadttheater, hatte meine Mutter mich so richtig festlich herausgeputzt. „Jetzt will ich mich nur noch fertig machen", sagt sie.

„Warte eben!"

Es ist mächtig kalt, hat tüchtig gefroren. Ich will doch nur mal schnell hinter dem Haus nachsehen, ob das Eis auf dem Graben hält. Ich tippe drauf – es hält. Ich gehe mit einem Fuß drauf – es hält. Ich gehe mit beiden Füßen drauf – es hält nicht! Peng, eingebrochen! Au wei, der Faltenrock! Mama ist nicht gerade erfreut. Zuerst steckt sie mich schlotterndes Etwas mit einer Wärmflasche ins Bett. Jetzt haben wir genug Theater – brauchen nicht noch ins Theater! Aber ich bettele so lange, bis sie mich in meinen grünen handgestrickten „Froschanzug" steckt und wir lassen uns doch noch in die Zauberwelt des Theaters entführen.

Aus Amerika habe ich solche weißen Eisprinzessinnen-Schlittschuhe mitgebracht, die bei uns ein Vermögen kosten und die ich dort im „Sale" günstig einkaufen konnte. Bei der Einweihungsparty meiner Hörsteiner Wohnung lade ich alle „girlies" aus Mombris-Mensengesäß ein. Das sind die Ehefrauen der in Mömbris angesiedelten Besatzungsmitglieder und meine lieben Freundinnen: Tünnes, Helga, Ria, Balduine, Johanna und Babsi. Eine übertönt die andere.

„Oh, zeig mal, was du mitgebracht hast!"

„Zieh mal an!" werde ich aufgefordert.

„Steig doch mal auf den Stuhl, damit wir alles richtig begutachten können, noch höher!" werde ich weiter angestachelt Dazu noch der heißeste neue Hit aus Amerika: „Sugar, Sugar, Honey, Honey".Und schon wird mit Schlittschuhen auf dem Tisch getanzt.

Spritzige Angelegenheiten

Es ist Januar an einem der wenigen Tage im Jahr, an dem sich die Sonne in Beirut bedeckt hält. Der Wind treibt graue Wolken am Himmel entlang, das Meer ist aufgewühlt und nicht so einladend wie sonst. Tünnes, Hans-Jörg und ich aus der Kabine und Keule, ein Baby-Pilot auf seinem ersten Einsatz, schlendern am Strand entlang. Vorher hatten die beiden männlichen Kollegen geduldig vor oder in den Läden gewartet, als wir die Zeit nutzen, um Schuhe zu kaufen oder uns im Goldbasar die herrlichen Arbeiten zeigen zu lassen. „Ich habe für meine Nichten Goldanhänger mit ihren Namen in arabischer Schrift anfertigen lassen", sage ich, „die ich noch abholen muss." Hans Jörg gefallen diese orientalischen Schriftzüge und schon kann der Goldschmied seinen nächsten Auftrag verbuchen. Die Goldkettchen mit den Anhängern können wir uns seinerzeit sogar von unseren Spesen absparen.

Nach den Einkäufen zieht es uns doch wieder hinaus an den Strand, denn die Temperaturen sind trotz der Bewölkung wie bei uns im Hochsommer.

Ein Franzose spricht uns an, ein Kollege von der Air France, der in Beirut stationiert ist. „Ich möchte euch in mein Apartment zu einem

Aperitif einladen, gleich hier in der Nähe vom Strand.“ Wir fahren mit ihm in den fünften Stock in seine Penthouse-Wohnung. Feudal. Jedoch fühlen wir uns klebrig von der Meeresgischt und wollen unsere sandigen Füße waschen. „Dort ist das Badezimmer!“ Eine weiße Marmorpracht.

„Guck mal, da ist ein Becken – extra zum Füße waschen“, sagt Tünnes. „Mensch, das ist ja wirklich durchdacht“, sage ich und drehe den Wasserhahn auf. Eine Fontäne steigt hoch, spritzt bis an die Decke – zurück auf uns, an den Spiegel, auf die Handtücher. „Mann, oh Mann! Heute sind wir ja auf Spritztour!“ An Bord hatten uns die neuen Sahnesprühflaschen so imponiert, dass wir eine „auf Holländisch“ (= van Bord) mitgehen ließen. Im Hotel hatten wir frische Erdbeeren bestellt und sie mit der Sprühsahne verschönert. Plötzlich geriet die Sprühsahne jedoch außer Kontrolle, landete bei Hans Jörg in den Haaren, der wiederum den Sahneschuß umkehrte. Da hatten wir unseren Spaß, aber bitte mit Sahne!

Und nun geraten wir im Penthouse in Beirut unter Wasser-Beschuß. Wir können gar nicht so viel wischen, um unsere Unwissenheit zu verwischen. Wer kannte denn damals auch schon ein französisches Bidet? Wer kennt es denn heute?! Ich liebe Bidets und habe sie in vier Wohnungen einbauen lassen.

„Darin kann man Strümpfe waschen“, erklärte eine meiner Mieterinnen voller Überzeugung ihren Kindern, „aber so was brauchen wir nicht! Wir haben ja eine Waschmaschine!“

„Bomben“ in Beirut

Von den Nahostkriegen bekamen wir in den fünfziger Jahren in Beirut nicht viel mit. Die deutschen Nachrichten hatten die Besorgnis meiner Mutter geschürt, aber wir Kriegskinder ließen uns durch die paar Sandsäcke in Beirut nicht erschrecken.

Wir ließen unsere „Wasserbomben“ platschend in das schöne Schwimmbad unseres neuen Hotels klatschen. Vom altehrwürdigen „Bristol“ waren wir ins moderne „Commodore“ umgezogen.

Neben der Eingangshalle und dem Swimmingpool befindet sich eine Bar als Treffpunkt für Ankömmlinge und Abreisende. Margot, unsere superblonde, hübsche Hamburgerin sitzt dort – umringt von zahlreichen

Verehrern. Sie ist immer gut drauf, nimmt alles locker, zählt weder Drinks noch Zigaretten und genießt das Leben. Ich habe sie eigentlich nur in guter Stimmung in Erinnerung. Sie weiß genau, was sie will und hat keine Schwierigkeiten, ihre Ansichten mit Charme durchzusetzen. Sie setzt sich dafür ein, dass wir Stewardessen bis vierzig fliegen und verheiratet weiterfliegen dürfen. Es hilft ihr, dass 1957 das „Gesetz über die Gleichberechtigung von Mann und Frau auf dem Gebiet des bügerlichen Rechts" im Bundestag beschlossen wird.

Ich hatte eigentlich von Anfang an bei der Lufthansa das Gefühl, dass wir gleichberechtigt eingesetzt wurden, denn der oder die Dienstälteste ist „Chef de Cabin". Im Dezember 1955 werde ich „Erste Stewardess" und finde 50 DM mehr in meiner Gehaltstüte. „Du bist bis jetzt ohne die 50 DM ausgekommen; wenn du diese Summe in einen Bausparvertrag anlegst", sagt mein Vater, der freier Mitarbeiter bei der Bremer Bausparkasse ist, „zahlt dir der Staat noch 25 Prozent dazu und die Sparkasse die Zinsen darauf." Damit wird der Grundstock für den späteren Kauf unseres Grundstückes in Rüsselsheim gelegt.

Margot lebt viel großzügiger und ganz entspannt im Hier und Jetzt. Sie hat es durchgesetzt, dass die Dienstzeit der Stewardessen von 35 auf 40 Jahre heraufgesetzt wird. „Lieber jeden Tag bis 40 richtig gelebt ...", ist ihre Devise.

Ich dagegen denke (etwas kleinkariert): „Aber mit 40 ist das Leben doch noch nicht vorbei!" Es hat mir unendlich leid getan, als ich erfuhr, dass sie diese Erfahrung auf leidvolle Art erleben musste. Als sie mit vierzig die Fliegerei aufgeben musste, versuchte sie, sich mit Alkohol darüber hinweg zu trösten. Ein Selbstmordversuch scheiterte, und diese einst so strahlende Frau war auf einen Rollstuhl angewiesen. Das war das letzte, das wir von ihr gehört haben.

Viele bunte Schmetterlinge fliegen in der Lufthansa-Flotte. Da ist Irene, die ihre körperlichen Vorzüge immer sehr vorteilhaft zu Schau stellen kann. Wir „Halbstarken" von der Crew spielen im Wasser und machen unsere Kunststücke vom 1-Meter-Brett. Gerade haben wir unser „Unterwasser-Singen" beendet, bei dem einer unter Wasser singt, während die anderen aus den abgehackten Tönen und den Luftblasen das Lied erkennen müssen. Der Sieger bekommt einen Drink spendiert. Als wir auftauchen, stolziert Irene am Pool entlang. Ganz fein herausgeputzt, stöckelt sie auf hohen Absätzen, Fangblicke um sich werfend. „Bombe", flüstert Wolfgang und schon platschen wir gleich mehrere „Bomben" direkt neben Irene ins Wasser. Die schöne Farah-Dibah-Frisur!

Zedern im Libanon

Wieder einmal lockt uns ein Abenteuer: Zu viert wollen wir mit zwei Vespas zu den Zedern in die Berge des Libanon rollern. Co-Pilot Rolf betrachtet die betagten Maschinen kritisch und zischt mir leise zwischen den Zähne zu: „Diese hier nehmen wir!" Helmut und Elisabeth, meine Kollegen aus der Kabine, nehmen nichtsahnend das ramponiertere Modell. Ich kann eigentlich keinen Unterschied zwischen den Motorrollern feststellen und schwinge mich bei Rolf auf den Rücksitz. Und los geht die Fahrt! Ein wirklicher Genuß, sich in diesem Mittelmeerklima den lauen Fahrtwind um die Nase wehen zu lassen und dabei die üppige Natur mit den Augen aufzusaugen. Höher und höher bringen uns diese kleinen Kraftmaschinen und da tauchen sie auch schon vereinzelt auf: die blaugrünen, bizarren Zedern, Wahrzeichen des Libanon. Von der libanesischen Fahne und dem Leitwerk der libanesischen Fluggesellschaft „Middle East Airways" kennen wir sie schon. Wie Königinnen beherrschen sie die Landschaft. Die weit ausladenden Zweige sind mit den türkisfarbenen, spitzen Nadelröschen besetzt und wie von Rauhreif überzogen. Sie scheinen wie mit breiten Fächern zu winken und gleichzeitig abzuwehren.

Mit den Augen grüßen wir sie und schrauben uns mit unseren kleinen Roller-Rädern weiter in die Höhe. „Ganz schön hoch haben wir es schon geschafft! Das merkt man an der Temperatur!" ruft Helmut. Wir hätten einen Anorak gebrauchen können, Schneeluft prickelt uns in der Nase. Nach der nächsten Kurve breitet sich das reinste Skiparadies vor uns aus.

„Das ist ja wirklich ein einmaliges Land! Gestern, am 28. Februar, haben wir bei strahlendem Sonnenschein am Strand gelegen und das 26 Grad warme Wasser genossen", ruft Elisabeth bewundernd aus.

„Und jetzt, 24 Stunden später, können wir hier eine Schneeballschlacht machen!" rufe ich ermunternd aus, wobei ich versuche, meinem Rollerpiloten mit Schnee einzuseifen. Da wollte natürlich keiner zurückstehen!

„Aber jetzt müssen wir langsam unseren Heimweg antreten, denn nach der kurzen Dämmerung wird es schnell dunkel", mahnt Rolf.

„Aufgesessen!" Helmut und Elisabeth flitzen davon. Doch was ist mit unserem Starter? Nochmals Zündung drehen, durchtreten, kurzes Aufflackern – nichts geht mehr! Nach fachmännischer Überprüfung kommt Rolf zu dem Schluß: „Lichtmaschine!" Was nun tun?

Als ob sich die Vespa unserer Kollegen den anfangs so abfälligen Blick unseres Co-Piloten gemerkt hätte, will sie uns zeigen, dass man wahre Qualitäten nicht immer vom Äußerlichen her beurteilen kann. Helmut und Elisabeth sind zurückgekommen und geben uns Starthilfe; im Fahren muss ich hinten aufspringen und nach ein paar Versuchen, als sich im Bruchteil einer Sekunde der Sattel der Landung meines Pos entzieht, klappt es und wir trudeln ganz gut bergab. Aber die Steigungen!? Schließlich haben wir den Bogen heraus: Helmut fährt mit Elisabeth voraus. Wir beiden Beifahrerinnen benutzen unsere Arme und Hände als „Abschleppseil". Immer wieder nehmen wir Schwung auf und rollern bis zur nächsten Anhöhe; bergab kann unser Roller die Strecken mühelos selbst überwinden. Diese Manöver haben Zeit gekostet, dunkel und dunkler ist es geworden. Und ohne Licht sieht man nicht, vor allem wenn wir aus dem hellen Lichtkegel der Zugmaschine geblendet wieder in die Schwärze der Nacht fahren. Zappenduster! Da hatten unsere Schutzengel doch etwas zu tun.

Heiratsantrag eines Millionärs

Als wir wieder einmal zwei Wochen in Beirut stationiert sind, planen unsere Flugingenieure Werner und Sepp, meine Kollegin Christa und ich eine Reise nach Jerusalem. Nachdem wir uns in der 1856 gegründeten evangelischen Kirche von Beirut Taufbescheinigungen mit arabischen Schriftzeichen haben ausstellen lassen, die uns als Christen ausweisen und die Vorbedingung für Reisen nach Jordanien sind, will ich die Tickets bei Air Jordan besorgen. Frohen Mutes steige ich an einem sonnigen Morgen in den Fahrstuhl unseres Hotels. Ein junger Mann scheint wie vom Blitz getroffen, guckt mich unentwegt an und stammelt, noch bevor wir im Erdgeschoss angekommen sind:

„I'd like to romance you!" Das hatte ich ja noch nie gehört! Was immer das auch sein mag – nicht mit mir! Im Stadtbüro der Air Jordan warte ich auf meine Tickets, als mein „romancer" aus dem Untergeschoss hochkommt und bald darauf seine Einladung erneuert. Negativ! Später sehe ich mir Orient-Teppiche an, meine neue Leidenschaft. Wunderschön, aber viel zu teuer für mich. Einer gefällt mir besonders gut, ein Bouchara mit außergewöhnlichem Muster in russisch-grün. Aber den kann ich mir nicht leisten. Just in dem Moment, als ich aus dem Laden komme – wer kommt um die Ecke? Mein Fahrstuhlverehrer. „Ich habe dich nicht verfolgt!" beteuert er und hebt beschwörend die Hände. „Was hast du in der Zwischenzeit gemacht?" Der geschäftstüchtige Händler wittert sogleich eine Gelegenheit und zeigt ihm den von mir ausgeguckten Teppich: „Nur 700 libanesische Pfund", das waren 192 Dollar. Dabei hatte ich noch gar nicht gehandelt! Schon ist ein Scheck ausgestellt und der Orientteppich wandert unter dem Arm meines amerikanischen Troubadours mit mir in unser gemeinsames Hotel und wird auf mein Zimmer gebracht. Kaum bin ich angekommen, klingelt das Telefon: „Hast Du die Tickets bekommen?" will Werner wissen.

„Ja, nicht nur die, sondern auch einen Teppich!" Und nun wird mit der halben Crew gemeinsam beratschlagt: „Nimm den Teppich! Wenn er so leicht den Scheck ausgestellt hat!" Ich fühle mich nicht wohl dabei, habe jedoch die erneute Einladung meines „Romancers" zu einem Abendessen angenommen. Dabei erfahre ich, dass Tom Cox 29 Jahre alt ist und als Pilot bei Middle East Airlines fliegt. Sein Vater ist Ölmillionär in Texas. Tom Cox vermacht mir beim Abendessen 100 $-Shares der väterlichen Ölfirma, quasi als Beweis. Vor meine Zimmertür zurückgebracht, will er einen Gute-Nacht-Kuß von mir. Ich weiche zurück. „Am I that ugly?" fragt er bekümmert und trollt sich davon. Da tut er mir schon richtig leid, denn häßlich ist er wirklich nicht. Keine fünf Minuten später klopft es – als ich die Tür einen Spalt breit öffne, fragt Tom: „Will you marry me?" – „Oh, so zwischen Tür und Angel! Laß uns morgen zusammen frühstücken und alles in Ruhe besprechen." Beim Frühstück hat der Amerikaner seinen Plan bereit: „Marry me! Und wenn du mich nach drei Monaten immer noch nicht liebst, lassen wir uns scheiden und du bekommst eine Abfindung von hunderttausend Dollar."

Nun ist die ganze Crew mit Ratschlägen dabei: „Mach das und du bist nach einem Vierteljahr eine gemachte Frau!" rät mir Rolf. Hunderttausend Dollar waren 1959 runde 420 000 DM und viel wert. Aber unser Kapitän Sussmann wirft ein: „Egal, ob Sie sich für 100 oder für 100 000 Dollar verkaufen – verkauft ist verkauft!" Das hat gesessen. Deshalb heirate ich später meinen Kollegen Jürgen Simon – ohne Vermögen, aber mit anderen unschätzbaren Qualitäten.

Reise nach Jerusalem

Nachdem wir unsere Tickets in der Tasche haben, kann die Reise nach Jerusalem in Jordanien losgehen. Die Maschine der Air Jordan startet – wir haben nicht wie bei Kindergeburtstagen um einen Platz bei der „Reise nach Jerusalem" kämpfen müssen. Entspannt sitzen wir in den komfortablen Sitzen und genießen den kurzen Flug, blicken auf unsere felsige Princess Beach und auf St. Simon mit dem langen, hellen Sandstrand. Dann landen wir in Jerusalem: „Tochter Zion, freue Dich", summe ich still vor mich hin, nachdem wir den geschichtsträchtigen Boden ehrfürchtig unter unseren Füßen spüren. Holprig und uneben ist dieses alte Kopfsteinpflaster, das sich durch die engen Gassen der Altstadt mit orientalischer Prägung erstreckt. Was können diese Steine erzählen? Dass König David die Bundeslade tanzend in den Tempel trug und Jerusalem zur Hauptstadt machte, dass die Füße der Babylonier, der Römer, der Kreuzritter im unterschiedlichen Tempo über das Pflaster marschierten? Verhallt ist ihr Schritt. Allein die sanften Sandalen des Messias hinterließen Eindrücke, die noch nach zweitausend Jahren das laute Stampfen der Stiefel überstanden haben und stumm Zeugnis ablegen: z.B. auf dem Kreuzweg, den wir vier ein Stück weit verfolgen wollen, so weit wie wir kommen. Zunächst besuchen wir die Grabeskirche, die 1958 gerade restauriert worden war. Wir haben Glück! Es ist kein Feiertag irgendwelcher Religionen, und Jerusalem scheint zeigt sich uns gegenüber gastfreundlich. So empfinden wir das auch beim Felsendom, selbst an der Klagemauer. Kurzum: Wir können nicht klagen!

Totes Meer und tiefste Depression

„Jetzt wollen wir noch zum Jordan, wo Jesus getauft wurde", beschließen wir.

„Und dann noch zum Toten Meer."

Werner hat sich gut vorbereitet: „Das Tote Meer ist die tiefste Delle der Erdoberfläche mit 396 m unter dem Meeresspiegel. Solch eine Delle nennt man eine Depression", klärt er uns auf. „Weil das Wasser mit 29 Prozent so extrem salzhaltig ist, kann sich darin kein Lebewesen halten."

„Außer ein paar anaeroben Bakterien", gibt unser „Lehrer" Sepp seinen Senf dazu. Aber wir gehören nicht zu diesen anaeroben Bakterien, denn als wir uns in das Tote Meer zum Baden begeben – etwas unbedacht – gerät ein Spritzer ins Auge und schon sind wir Meeres-Flüchter. „Au, wie das brennt!" So wird unser erster Einsatz gebremst. Nachdem wir

unsere Augen ausgespült haben, probieren wir es vorsichtig ein zweites Mal und werden belohnt: Eigentlich lasse ich mich im Wasser immer gern als „Toter Mann" treiben, indem ich mich einfach aufs Wasser lege und mich ohne irgendeine Bewegung tragen lasse. Hier, im Toten Meer kann ich mich sogar aufs Wasser setzen und sinke nicht ein. Solch einen Auftrieb hat dieses einmalige Gewässer!

Nachdem wir höllisch aufpassen, dass kein Spritzer unsere Augen oder Nasen verätzt, erfinden wir immer neue Spiele und werden richtig ausgelassen.

„Wißt ihr, dass dies ein ganz außergewöhnliches Gebiet der Superlative ist?" setzt Werner sein Wissensquiz fort: „Das Gebiet um das Tote Meer ist das sauerstoffreichste der Erde."

„Da brauchen wir gar keinen Sekt zu trinken", meint Christa, „wir benehmen uns ja schon so, als ob wir einen Schwips hätten."

„Ja", stimme ich zu. „Selbst wenn die Erde hier ihre ‚tiefste Depression' hat, wir fallen eher in das Gegenteil und sind richtig high."

4.
Der geheimnisvolle Osten

Kairo, „Mutter der Welt"

„Wer Kairo nicht gesehen hat, hat die Welt nicht gesehen" sagt Scheherazade in ihren Märchen aus 1001 Nacht. Und ich darf diese Millionenstadt am Nil sehen und erleben.

Anfang November 1959 wird die Fernoststrecke nach Kalkutta und Bangkok eröffnet mit zwei Frequenzen wöchentlich. Wir fliegen in der ersten Etappe von Hamburg über Düsseldorf, Frankfurt und Rom bis Kairo. Dort haben wir sowohl auf dem Hin- als auch auf dem Rückflug eine halbe Woche Aufenthalt und zur freien Verfügung. Welch ein Geschenk! Welche Möglichkeiten!

Die Pracht, der Luxus, die ich in den Ländern der alten Kalifen vergeblich gesucht hatte, umfängt mich hier in einem Hotel-Palast, dem „Nile Hilton". Von meiner feudalen Suite trete ich auf den breiten Balkon und kann fast in den Nil spucken, auf dem die großen Segelboote kreuzen und abends die beleuchteten Schiffe entlang fahren.

Wie prächtig ist mein Appartement ausgestattet, mit den Motiven der alten Ägypter, die mich schon in der Kunstgeschichtsstunde fasziniert hatten.

Das Badezimmer läßt mich fast zurücktaumeln: So etwas Geschmackvolles hatte ich noch nie gesehen! Die Wände sind mit weißen Glasmosaiksteinen gefliest. Diese kleinen „Edelsteine" sind nicht eintönig weiß; Nuancen von kleinen grauweißen Beimengungen lassen die Wände glitzern. „Wenn ich einmal solch ein Bad haben könnte!" wünsche ich mir heimlich, als ich träumerisch diese reine Pracht anschaue, die von dem großen Kristallspiegel doppelt reflektiert wird. Aber wer kann sich das schon leisten?! War dieser Wunsch so stark, dass er doch erfüllt wurde? Ein paar Jahre später geschieht ein kleines Wunder...

Dank also an Mr. Hilton, der wohl die erstklassigsten Innenarchitekten der damaligen Zeit engagiert hatte, denn über diese geschmackvolle Ausstattung in allen Räumen dieses noblen Hotels kann ich nur staunen. Die Empfangshalle: prachtvoll, versteht sich! Aber auch die Restaurants und der Coffee-Shop sind so geschmackvoll ausgestattet. Selbst die Aufzüge werden von charmanten kleinen „Liftgirls" in altägyptischer Tracht bedient.

Eine ganz andere, geheimnisvolle Welt umfängt uns im Basar. Hier ist Aladin mit seiner Wunderlampe zu Hause; vielleicht auch einer von Ali Babas vierzig Räubern? Es herrscht emsiges Treiben. Die Wohlgerüche Arabiens steigen uns in die Nase. In kleinen Geschäften stehen die kunstvoll geblasenen Glasfläschchen mit den Duftölen, manche heller gefärbt und auch leichter im Aroma, manche schwer und braun, dass allein schon der Anblick den betörenden Duft erahnen läßt. Nicht nur die Nase, die Ohren, die Augen – alle Sinne werden einbezogen, angelockt. Ich bewundere den Verkäufer, der mit ruhiger Hand aus einer großen Flasche ohne Trichter das kostbare Parfüm in einen kleinen Flakon füllt, ohne auch nur einen Tropfen des kostbaren Duftöls zu verschütten. Danach verschließt er es mit einem geschliffenen Glasstöpsel und wickelt ein kleines Tuch um den Verschluß, damit auch ja nichts verloren geht. Er weiß, wie viele Blüten in solch ein Fläschchen eingeflossen sind.

Nebenan wird fleißig gehämmert und gewerkelt, all dies geschieht auf der Straße; unter einem Baldachin. Am Boden hockend, meißeln die Handwerkskünstler Kostbarkeiten aus Halbedelsteinen. Oder sie präparieren Gipsabdrücke von Gräbern ihrer Vorfahren. Sitzkissen und Kamelhocker aus Leder in allen Farben werden gefertigt, die schon fast zur Erstausstattung einer Fliegerwohnung gehören.

Mich faszinieren die Einlegearbeiten aus Silber oder Zinn in Kupfervasen und Schalen. Kaum sehe ich einem geschickten Handwerker interessiert über die Schulter, als ich schon an der Verkaufsangel des Ladenbesitzers hänge. Ja, solch einen Kupfertisch mit Einlegearbeiten aus Silber würde mir gefallen und ich könnte ihn auch gut gebrauchen. Der arabische Verkaufspsychologe braucht mich nicht lange zu überreden, nachdem er gesagt hat, dass ich mir das Motiv selbst aussuchen könne.

„Wirklich? Auch eine Nachbildung vom Thron des Königs Tutanchamun mit seiner Gattin unter der strahlenden Sonnenscheibe ‚Aton'".

Dieser Thron ist für mich das wunderbarste Ausstellungsstück im Ägyptischen Museum, vor dem ich immer wieder voller Bewunderung stehen bleibe. Und ein Abbild dieses Glanzes könnte mein Zimmer schmücken? Da muss ich nicht lange überlegen. Mit hochgedengeltem Rand liegt die Kupferplatte mit dem silbernen Thronmotiv auf einem geschnitzten Untergestell, in das schmale Ausschnitte von hölzernen Haremsfenstern eingearbeitet sind.

Gottfried, unser Flugingenieur, weiß von der Wette um zehn Flaschen Sekt. Als man am Bremer Flughafen erfuhr, dass Stewardessen mit 35 Jahren und bei Heirat aufhören müssen, wettete man um zehn Flaschen Sekt, dass ich spätestens in drei Jahren unter der Haube bin. Ich wettete dagegen, denn unsere „Lufthansa-Haube" trage ich doch zu gern und will sie so schnell nicht eintauschen.

„Wenn die zehn Flaschen Sekt fällig sind" sagt Gottfried, „dann schütten wir sie in diesen Tisch und setzen uns alle mit Strohhalmen drum herum!"

Wir Deutschen sind hier im Morgenland beliebt und blonde Europäer sind seinerzeit selten zu sehen. Die Ägypter sind freundlich und nehmen gern Kontakt auf. So bemühen wir uns auch, ein paar Worte arabisch zu sprechen und stoßen damit auf gute Resonanz. Wenn uns so ein, zwei Sätze ganz gut von der Zunge gehen, überfallen uns die glutäugigen Ägypter gleich mit einem ganzen Schwall in ihrer Sprache mit den vielen Rachenlauten und dem wieder kehrenden Al Hamdulillah, Inshallah und wir stehen lachend da und haben Mühe ihnen verständlich zu machen, dass das schon unser ganzer Wortschatz gewesen ist. Trotzdem macht es uns immer wieder Spaß.

Wenn wir enthusiastisch vom Einkaufen zurückkehren, können unsere männlichen Kollegen unsere Begeisterung oft nicht teilen. Im Gegenteil! Als ich mich für die Araber einsetze und wir uns fast in die Haare geraten, wird daraus geschlossen, dass ich einen arabischen Liebhaber haben müsse.

Meine Kollegin „Schwuppdi", wie Christine Schwar-Uppendiek genannt wird, setzt sich an den großen Flügel und spielt mit einer Virtuosität, die mich wirklich beeindruckt. Nicht nur mich. Auch der amerikanische Hotelmanager hat Kontakt zu ihr aufgenommen. Dadurch komme ich wiederum auch in Kontakt zu ihm, und als er von meinem Faible für Pferde hört, nimmt er mich mit auf das Arabergestüt des ehemaligen König Fuad in Heliopolis.

Was sind das für Pferde! Ich liebe ja sowieso Pferde, aber diese sind einfach unbeschreiblich schön! Allein den Kopf mit dem konkaven Nasenrücken (im Gegensatz zu den „normalen" konvexen Ramsesnasen) dieser „Araber" finde ich einfach hinreißend. Alles an diesen edlen Pferden spricht mich an und animiert mich, mit ihnen durch die Wüste zu reiten.

„Das geht hier leider nicht, denn dies ist ein Gestüt von König Fuad und diese Pferde dienen zur Zucht" finde ich heraus. Unser Hotelmanager hat gute Beziehungen zu der ägyptischen Kavallerie und arrangiert, dass ich mir dort eine richtige Reithose anfertigen lassen kann. Darin zu reiten ist ein Gedicht!

Ganz in der Nähe der Gizeh-Pyramiden gibt es Reitställe, in denen wir Pferde ausleihen können. Ein Führer begleitet uns auf den Ausflügen durch die Wüste, das könnten wir doch versuchen", schlägt Jochen vor. „Gebongt!" Am nächsten Morgen rattern wir mit dem Bus bis zur Endstation „Gizeh". Die Sphinx empfängt uns mit ihrem geheimnisvollen Blick, als wollte sie fragen: „Na, welches Rätsel wollt ihr denn hier in der Wüste oder gar für die Menschheit lösen!?" Wir sind allein mit ihr vor den Pyramiden und gehen symbolisch schon etwas in die Knie. Doch da kommen schon Führer und ziehen uns mit in den Reitstall. Hm! Wenn ich diesen warmen Geruch einatme, ein bißchen süßlich nach Melasse, ein bißchen herb eben nach Pferd – dabei steigen Erinnerungen an unsere Pfingstfahrt auf und an meine Spagatritte auf dem Riesen-Oldenburger. Und hier die Araberpferde: klein, drahtig, elegant! Schon wird ein weißes für mich gesattelt, ein braunes für Jochen und, „Galoppa, Galoppa!" reiten wir durch den feinen Sand. Morgen sind wir wieder zur Stelle!

„Sie können unseren ‚Scheich El Midan' (König des Gebietes) reiten", empfängt mich nach einiger Zeit unser Führer. „Dieses Prachtexemplar!"

„Diesen glänzenden Rappen?!" frage ich staunend und kann es kaum glauben.

„Ja, er ist ein gutes Tier, ist aber etwas eigenwillig: Er mag niemanden hinter sich haben. Dann schlägt er aus. Entweder müssen Sie weit vorne vorweg reiten oder ganz hintendran."

Edith auf Araber vor Pyramide

Inzwischen haben sich noch mehrere Besatzungsmitglieder unseren Ausritten angeschlossen: Ein ganzer Trupp zieht los, auch mit Anfängern. Und da soll mein „Scheich" hintendran reiten?! Das wollen wir beide nicht! Also reite ich voraus in die sanften Sanddünen.

„Dobri, dobri à la tour", „immer geradeaus", hatte mir der Führer mit auf den Weg gegeben. In Aschaffenburg habe ich im Reiterverein schon mal Galopp linksrum und rechtsrum mit Umsitzen probiert. „Das könnte ich ja auch üben, bis die anderen endlich kommen", denke ich und es geht auch eine ganze Weile gut. Plötzlich habe ich wohl nicht den richtigen Druck gegeben, mein „Scheich" knickt mit dem Vorderfuß ein, und ich fliege kopfüber in den Sand. Schnell hochgerappelt, kann ich ihn gerade noch am Schwanz festhalten, um ihn vorm Ausbüchsen abzuhalten. „Oh, oh!" durchfährt es mich, „er mag niemanden hinter sich haben! Aber loslassen kann ich ihn doch auch nicht hier in der Wüste!"

Bange Minuten, die zur Ewigkeit werden! Endlich taucht hinter der Sanddüne unser Führer auf und breitet die Arme aus. Da kann ich „Loslassen" üben. Al-hamdu lillah!

Sandsturm

Wieder einmal sind wir, diesmal nur Peter und ich, mit unserem Führer in die Wüste geritten. Es ist immer aufs Neue ein faszinierendes Erlebnis.

Plötzlich verdunkelt sich der Himmel, wird grau, schwarz. Unser Führer drängt zur Umkehr. Es fängt an zu wehen, stärker und stärker, es fängt an zu pfeifen, zu stürmen, zu brausen. Sand fliegt zentnerweise durch die Luft, verdichtet sich, wird zu einer Wand, peitscht auf uns ein – Nadelstiche prasseln auf mein Gesicht. Ich kneife meine Augen zusammen, schließe irgendwie meine Nase – atme nur noch ganz flach. Bloß den Mund nicht aufmachen! Die armen Pferde! Gott sei Dank weiß unser Führer den Weg. Endlich, endlich haben wir es geschafft. Wir bezahlen wortlos, verabschieden uns wortlos, fahren wortlos mit dem Bus nach Hause. Überall ist „Sand im Getriebe". Bloß nicht den Mund bewegen, denn der ist zubetoniert wie unser Mumiengesicht.

Als ich mit dem noblen Aufzug zu meinem Zimmer hochfahre, guckt die nette Fahrstuhlführerin mich erstaunt an und sagt: „Oh, you look dusty!" Ja, staubig sahen wir aus, aber das war nur äußerlich!

Sonnenaufgang

Ein weiterer Ausritt in die Wüste wird geplant, aber ein ganz besonderer! Wir möchten den Sonnenaufgang in der Wüste erleben: Heinz aus Köln, Harry aus Hamburg, Gerd aus Berlin und ich, Edith aus Bremen, sind dabei. Alles ist verabredet und mit „Inshallah" ausgemacht. Als wir bei den Pyramiden ankommen, hängt der Mond etwas schiefer als bei uns am wolkenlosen Nachthimmel und bestrahlt unsere Freundin, die Sphinx. Aber wärmen tut er nicht. Wir tapsen klamm durch den Sand zu den Ställen. Alles schläft. Irgendwo schnaubt ab und zu ein Pferd, aber sonst Totenstille. Damit hatte wohl im Ernst keiner gerechnet, dass wir wirklich schon so früh ausreiten wollen. Aber wir wollen! Wo ein Wille ist, ist ein Weg: Unser Führer steigt in die Hosen, unsere Pferde werden gesattelt, wir steigen auf, und etwas zähflüssig setzt sich unser Reiterkorps in Bewegung. Zunächst geht es schweigsam in die Morgendämmerung hinein. Allmählich verdrängt der Morgenhimmel mit einem rosa Schimmer das dunkle Grau der Nacht. Immer farbiger erstrahlt der Horizont, küßt die vom Wind leicht ondulierten Sanddünen, so dass sie jungfräulich erröten. Heller und farbiger erstrahlt der Himmel, übertüncht alle Grautöne wie mit Fanfaren: „Hallo, der neue Tag bricht an!"

Wir gleiten von unseren Pferden, wollen andächtig die Sonne begrüßen. Sie zündelt hinter dem Horizont, läßt schon ihre Strahlenpracht ahnen. Da! Eine kleine orangerote Rundung zeigt sich am Horizont, wird größer und größer, viel schneller als wir erwartet haben.

„Mensch, die kurbeln sie aber auch verdammt schnell hoch!" meint trocken unser Harry.

Die Erde hat uns wieder. Weiter reiten wir gen Saqqara. Anfangs sind wir dankbar für die wärmenden Sonnenstrahlen. Nach einer Weile wünschen wir, wir könnten sie ein bißchen zurückdrehen. Stattdessen wird Sonne pur aufgedreht. Eine Stunde, zwei, drei ... Der Troß der forschen Reiter wird langsamer. Ich fühle mich mit meinem schwarzglänzenden „Scheich" wie verwachsen und reite immer ein bißchen voraus. „Wo bleiben sie denn?!"

Also lege ich mich in meiner bequemen Reithose zurück, flach und entspannt auf dem Rücken meines vertrauten Kumpels und ruhe mich aus. Als sie mich eingeholt haben, merke ich schon, dass die anderen wohl nicht solch ein gutes Verhältnis zu ihren vierbeinigen „Untersätzen" haben. Dankbar wird eine Pause eingelegt und der köstliche, süße Pfefferminztee mit Genuß geschlürft, den uns die gastfreundlichen Araber in der Wüste anbieten. Ein Blick noch auf die älteste Stufenpyramide der Welt in Saqqara ehe wir den Heimweg antreten. Komisch! Die ein, zwei, drei Stunden Rückweg sind mindestens doppelt so lang wie die vom Hinweg! Die letzte Stunde für meine tapferen Mitreiter sicherlich noch länger! Ahnte ich doch nicht, mit welchen Widrigkeiten die Krone der Schöpfung zu kämpfen hatte. Nicht Wüstenfüchse, sondern „Wüstenwölfe" hatten sich in ihre Hosen geschlichen ... Kaum ist die erste Cola-Bude vor Gizeh sichtbar, lassen sich alle drei Helden vom Pferd gleiten und ziehen, breitbeinig laufend, ihre Pferde am Zaumzeug bis zum heimatlichen Stall.

„Ich hatte gedacht, ich könnte reiten", meint Harry, „aber der Gaul hatte immer einen Gegenrhythmus: Just in dem Moment, wenn mein Gewicht sich senkte, kam mir sein Widerrist unsanft entgegen."

Leben in der Totenstadt

Nicht nur den Luxus dieser Millionenstadt lernen wir kennen. Auch unheimliches Elend finden wir auf den Straßen Kairos, dessen Bevölkerungszahl nur zu schätzen ist. Flugingenieur Bias, mein Kollege Landgrebe und ich schlendern durch das Armenviertel und sind im Nu von unzähligen Straßenkindern umringt. Mir tun die vielen Kinder leid, deren schöne Augen manchmal getrübt sind durch die ägyptische Augenkrankheit. Fliegen, von denen es mehr als genug gibt, übertragen diese Krankheit. Für die Kinder sind große, blonde Ausländer eine Attraktion. Diese zerlumpten Kinder, mit den dunklen Locken, schlank und geschmeidig, sind neugierig, ja wißbegierig und eigentlich nicht wirklich aufdringlich. Deshalb beantworten wir ihre Fragen so gut es geht. Nach diesem Kontakt wollen sie uns ihr „Zuhause" zeigen und winken uns zu einem Friedhof: Zwischen den Marmorsarkophagen dieser Totenstadt an einem Hügel findet buntes Leben und Treiben statt. Der Tod scheint zu ihrem Leben zu gehören, denke ich mir – es gibt nicht diese Distanz und Überwindungsschwelle wie bei uns. Es wirkt auf mich schon befremdlich, und ich weiß nicht genau, ob ich das erstrebenswert oder ein bißchen pietätlos finden soll.

„Andere Länder, andere Sitten!" beruhigt mich eine innere Stimme.

„Guck mal da, die beiden Soldaten in Uniform, Arm in Arm untergehakt, als wenn es die natürlichste Sache der Welt wäre! Habt ihr so etwas schon mal gesehen?!" fragt Bias und ich zücke schnell meine Kamera. Schon wollen auch die Kinder fotografiert werden – einfach mal geknipst sein, ohne Anspruch darauf, das Bild je zu bekommen.

Das Leben spielt sich ungeniert auf der Straße ab. Schuhputzer kennen wir ja schon aus anderen Ländern. Unsere Zwischenlandung in São Paulo benutzen wir gern dazu, uns unsre Schuhe am Flughafen immer blitzblank putzen zu lassen. Wie auf einem Thron saß man und genoß auch ein bißchen das Gefühl, sich zwar nicht die Füße küssen, aber die Schuhe behandeln zu lassen. Hier in Kairo wird auf der Straße nicht nur rasiert und die Haare werden geschnitten, sogar Zähne werden saniert. Das ist neu für uns. In einer Straße werden Schafsdärme gespannt, und am Boden bedient ein alter Mann das Bügeleisen mit dem Fuß. „Da muss man ganz schön gelenkig sein!" meint Bias. An den Mauern der Citadelle mit der gewaltigen Befestigungsmauer haben sich Männer unter einer Palme zusammengehockt: Flötenmusik dringt zu uns herüber, von Trommeln begleitet. Getanzt wird auch – Bauchtanz – aber nicht von den Schönen aus Saqqara-City, sondern von Männern!

Gleich um die Ecke unseres Hotels liegt das Ägyptische Museum. Welche Wunderwelten erschließen sich uns dort! Den ganzen Tag kann ich darin umherwandern und mich in die Welt der Pharaonen versetzen lassen, kann ihre Reisen ins Jenseits studieren. Die künstlerischen Leistungen der Ägypter waren eng mit ihren religiösen Vorstellungen verflochten. Den Totengott Anubis in der Gestalt eines Hundes oder Schakals aus schwarzem glänzendem Gestein mit seinen wachsam aufgestellten Ohren möchte ich am liebsten streicheln. Die kleine Schlange, die Symbol der Seele sein soll, macht mich neugierig. Was wohl das Anch- oder Henkelkreuz für eine Bedeutung hat, das die Pharaonen bei ihrer Reise in Jenseits oft in der Hand tragen?

„Es ist das Zeichen für das ewige Leben", erklärt mir später der Händler im Goldbasar, dem ich solch ein kleines Henkelkreuz in Gold abkaufe und seitdem um meinen Hals trage.

In diesem alten Kulturland Ägypten durchstreifen wir an einem Tag die Zeitzonen von Jahrtausenden, die ineinander überzugehen scheinen: Angefangen bei den Pyramiden, die schon vor 4000 Jahren hier standen, reiten wir oft zuerst am Nil entlang. Hohe Dattelpalmen säumen unseren Weg zwischen der Uferböschung und den Feldern. Einfache Bauern rackern – beackern den vom Nilschlamm befruchteten Boden, mit ihren Haustieren, Helfern und den Gerätschaften, wie sie wohl schon von den Ur-Ur-Vätern benutzt worden sind. Zwar arbeiten sie schwer, scheinen aber zufrieden zu sein. Fühlen sie vielleicht intuitiv durch den wiederkehrenden Rhythmus der Überschwemmungen auch an die großen Rhythmen ihres ewigen Lebens erinnert? Die eindrucksvollen Bilder in den Gräbern ihrer Vorväter gleich nebenan sprechen eine deutliche Sprache, beredte Zeugen der Zeitlosigkeit.

Die Bauern auf den Feldern erwidern unseren Gruß und nutzen diesen zum kurzen Verschnaufen. Sie leben im Rhythmus der Gebete und Jahreszeiten. „Hat die Zeit hier eine andere Dimension?" geht es mir durch den Sinn. Hatte uns Frau Dr. Seidenzahl nicht von den zwei verschiedenen Zeiten erzählt – von „Chronos", der horizontalen Zeit, und „Kairos", der Qualität der Stunde, die die Ewigkeit in sich birgt, so dass sich in ihr das Ewige zu offenbaren vermag? Aber ich kriege es nicht mehr richtig zusammen. „Weißt du noch, was die griechische Mythologie überliefert?", frage ich unseren Flugingenieur Sebald, der doch so „plietsch" ist.

„Hat Chronos nicht seine Kinder gefressen?" Aber so sehr er überlegt, er zuckt resigniert die Schultern.

„Es gibt eine gefüllte Zeit und eine erfüllte Zeit", wirft Heymann, unser Navigator, ein. „Meinst du das?"

„Ja, könnte sein", überlege ich und sinniere weiter: „Hat Kairo wohl was mit Kairos zu tun und Chronos mit unserem Chronometer, der uns immer wieder unter Druck setzt und ‚seine Kinder frißt'?"

Wir reiten an einer Moschee vorbei. Vom nahe gelegenen Minarett ertönt der Ruf des Muezzins, der die Gläubigen fünfmal am Tag zum Gebet ruft. Sind hier Chronos und Kairos gemeinsam am Werk?

Suez-Kanal

„Ich hätte Lust, eine Tour zum Suez-Kanal zu machen", stellt unser Sebald beim Frühstücken in den Raum. „Wenn wir uns ein Taxi bis Ismailia teilen, kostet das nicht die Welt. Wer hat Lust mitzukommen?" Schon ist das Taxi voll.

Sebald hat sich gut vorbereitet und läßt uns schon während der Fahrt an seinem Wissen teilhaben. „Um den Suezkanal gab es ja schon viele Krisen, nicht erst die letzte Suezkrise, die gerade 1957 beigelegt wurde. Schon 610 v. Chr. begann man, eine Verbindung zwischen dem Mittelmeer und dem Roten Meer zu schaffen. Der Perserkönig Darius, sogar Kalifen und der römische Kaiser Trajan bauten daran. Aber erst den Franzosen gelang nach zehnjähriger Bauzeit 1869 die Verbindung zwischen Port Said am Mittelmeer und dem Golf von Suez: 171 Kilometer lang mit einer Tiefe von 13,5 Meter wird durch ihn seit 1888 freie Durchfahrt garantiert für Kriegs- und Handelsschiffe aller Flaggen in Kriegs- und Friedenszeiten".

„Mann!" denke ich und ziehe im Geiste hochachtungsvoll den Hut, „unsere Flugingenieure sind echt ‚beschlagen'!"

„Der Plan stammt doch von meinem österreichischen Landsmann Ferdinand de Lesseps", wirft Kristof stolz ein. Und fügt noch nachdenklich hinzu: „Da gab es doch auch noch viele Kompetenzschwierigkeiten zwischen den Engländern und den Franzosen."

„Ja, wie so oft! – Politische Machtgerangel!" wischt Sebald den Einwurf zur Seite, als wolle er „Freie Fahrt" signalisieren für Schiffe, die in 15 Stunden im Konvoi diese einmalige Fahrrinne passieren.

„Guck mal da, ein Wüstenschiff!" ruft Kristof, und ich halte Ausschau nach einem Kamel. „Nein, da! Ein richtiges Schiff – mitten im Sand!" Zunächst sehen wir kein Wasser, nur Sandwüste. Durch diese Wüste gleiten die Aufbauten von Schiffen, als würden sie an einem Band gezogen. Es erinnert mich an das Treideln unserer Torfbauern im Moor. Alles liegt auf einer Ebene – es gibt keine Schleusen. Welch ein Fortschritt, der den ganzen Weg um Afrika mit den Stürmen am Kap der guten Hoffnung erspart! Von den Wüstenschiffen im Kanal vermisse ich eigentlich ein Seemannslied. Nun brauchen sie nicht mehr um das Kap der guten Hoffnungzu segeln und auch nicht mehr zu singen:. „Un so segelt wi so langsam um Kap Horn, un de Wind de bläst von achtern und von vorn!" Nix da! Statt Wind – Wüstenwindstille! Trotzdem schnelles Vorwärtskommen!

Von London nach Bombay ein um 8800 Kilometer verkürzter Weg. Wenn das nichts ist! Wer wußte denn damals aber wohl schon, dass für Flieger 100 Jahre später Meerengen keine Barrieren mehr sind.

Karachi – Hotel Metropole

Das Lufthansa-Streckennetz wird erweitert, und damit auch unser Horizont. Wir fliegen weiter der aufgehenden Sonne entgegen.

Da sich unser Darm immer noch ein bißchen gegen die Coli-Bakterienstämme fremder Länder wehrte, hatte man für unseren Stop in Karachi vorsorglich ein Crew-Hotel mit eigener Küche eingerichtet.

Mr. Munir ist der Leiter unseres Hotels „Metropole" und wir werden nicht nur wie in einem First Class-Hotel betreut – sondern auch noch mit familiärer Fürsorge.

Kaum angekommen, stehen die wartenden Helfer schon bereit in ihren wallenden Kleidern mit den weiten „ Mohammed-Auffang-Hosen", wie sie von einem unserer Stewards in burschikoser Art charakterisiert werden. Ich finde diese saloppen Bemerkungen erfrischend, vor allem im Gegensatz zu meiner etwas verklemmten Erziehung im Mädchen-Lyzeum.

Die eifrigen Room Boys begrüßen uns freundlich und schnappen sich unsere Koffer. Unser Steward Jürgen hatte sich bei den Rupien-Scheinen mit einer Null vertan und statt eines 100- einen 1000-Rupien-Schein als Trinkgeld gegeben. Seither ist er der „King" und ihm werden fast die Füße geküßt.

Unsere Crew-Zimmer sind groß, geräumig, spartanisch eingerichtet und extrem sauber. An der Decke wirbelt der Ventilator die schwüle Luft herum, aber keinen Staub auf. Die Dusche sprenkelt die Wasserstrahlen in verschiedene Richtungen, so dass man nur hüpfend in den vollen Genuß dieser Wassergabe kommen kann. Ein hohes Fenster zum Flur bietet „Spannern" wie unserem Steward „Mondwerfer" die Möglichkeit der Überwachung, ob vielleicht jemand aus Versehen ein anderes Zimmer als das eigene aufsucht.

Volles Lufthansa- Familienleben spielte sich in unserer Crew-Lounge ab. Da werden nicht nur die köstlichsten Speisen zu den verschieden Mahlzeiten – rund um die Uhr – aufgetragen, auch sonst haben wir unseren Spaß, treffen uns und tauschen die neuesten Lufthansa-Nachrichten aus.

Da sitzen sie, die Skatdrescher: Unser Kapitän Heinrich, der Flugingenieur Fritze Beuthan und unser Steward Julius Werth. Ich hatte zwar auch in Dakar Skat gelernt, aber hier durfte man ja mit solchen Laien-Kenntnissen den Experten nur ehrfürchtig über die Schulter gucken. Kapitän Heinrich mit den stahlgrauen Augen und den heruntergezogenen Mundwinkeln spielt echt fanatisch. Aber Fortuna hat sich unserem Fritze Beuthan zugewandt und irgendwie gönnen wir es ihm. Das zieht die Mundwinkel unseres Kapitäns noch weiter nach unten, bringt ihm aber keinen Gewinn.

Am nächsten Morgen, beim Frühstück, signalisieren seine Mundwinkel keine Kehrtwendung. Er setzt sich an das Kopfende unseres achtköpfigen Tisches und bestellt etwas griesgrämig sein ausgiebiges Frühstück. Wir von der Kabine, haben uns am unteren Ende plaziert – oder wo ist oben? Jürgen sitzt am Tischende, unserem Kapitän gegenüber. Er hat sich eine Papaya bestellt mit grünen Limonen. Diese kleinen, grünen Zitronen sind sehr aromatisch, haben aber mehr Kerne als Saft. Als er mit viel Kraft drei Tropfen herauszupressen versucht, witscht ihm die Zitronenhälfte aus der Hand, fliegt über den Tisch direkt an die gerunzelte Stirn unseres Kapitän Heinrich. „Was soll das?" ruft dieser ärgerlich und verläßt die Lounge – echt sauer!

Zu Hause hatten wir einen Teppich mit wunderschönen, orientalischen Mustern, auf dem ich mit den Knöpfen aus Mutters Knopfdose herrliche Märchen aus tausend und einer Nacht aufführen konnte. Die großen Goldknöpfe waren König und Königin und wenn ich den ganzen Hofstaat aufgebaut hatte, wurde ich richtig ärgerlich, wenn ich mittendrin aus meinen Märchen zum Essen gerufen wurde.

Meine Schwester bekam zu ihrer Hochzeit einen „echten Perser" geschenkt. Was heißt echt? Teppich ist für mich gleich Teppich.

„Was soll ich mit dem Feudel" schimpfte sie, „beim Saugen hängt er mir immer vor der Staubsaugerdüse!"

Fidi Beck, mein Ruderkamerad und Kumpel von der SAS am Bremer Flughafen, war nach seiner Stationsleiterlaufbahn bei der Lufthansa in Shannon und New York als Bezirksverkaufsleiter nach Dharan versetzt worden.

Bei einem gemeinsamen Aufenthalt in Beirut lädt er mich in den Zollhafen ein, den ein Normalsterblicher nicht betreten darf. Dort gibt es Teppiche – Gedichte!

So etwas Schönes hatte ich wirklich noch nie gesehen. Handwebekunst hatte mich schon immer begeistert. Aber diese feinen Knoten in Wolle und Seide. Ich kann mich einfach nicht satt sehen. Ein Teppich hat mich voll und ganz in seinen Bann gezogen: Ein Ghom aus feinster Wolle mit Seide. Das Seraband-Muster mit schimmernden Seidenblüten leuchtet, als wolle es mir signalisieren: „Nimm mich! Du wirst es nicht bereuen!" Mit Zollhafenrabatt soll er tausend libanesische Pfund, also 1300 DM kosten. Über zwanzig Jahre später wird er auf 13.000 DM geschätzt, inzwischen wieder weniger – wie Aktien. Aber bis heute habe ich Freude daran gehabt.

„Hier in Karachi gibt es ganz tolle Teppiche!" sagt Waltraud. „Es gibt die alten aus Afghanistan und Beludschistan und die neuen aus Pakistan – ganz fein geknüpft und sehr schön glänzend."

Bei diesen „-istan-Ländern" kamen mir die Reisen von Karl May „Durchs wilde Kurdistan" als erstes in den Sinn. Bei den Afghanen sah ich die schnittigen Windhunde vor mir und jetzt diese naturfarbenen, handgeknüpften Teppiche in den warmen purpurroten Farben mit den geometrischen Mustern.

Waltraud ist eine von den Geschwistern Olb, den Zwillingen. Ehe ich sie persönlich kennen und schätzen lernte, hatten Karlchen und Wolfgang, die als Co-Piloten mit ihnen auf der Viscount geflogen waren, sich lustig gemacht. „Die können ja reden! Eine reicht, aber Zwillinge – im Doppelpack!" Ich selbst finde die Zwillinge super. Die Redegewandtheit ist beiden mit in die Wiege gelegt worden. Ich empfinde sie in ihrer Ausstrahlung sehr weiblich, bewundere ihren tollen Haarschnitt, den glatten, rosigen Teint und ich höre ihnen gerne zu. Waltraud ist auf ihrem letzten Flug, bevor sie ihren Brian Lloyd heiratet, der in Hongkong eine Airline besitzt.

„Ich will mir noch ein paar alte Teppiche kaufen. Kommst du mit?" fragt Waltraud.

„Teppiche? Immer!" stimme ich zu. Wir gehen zum „Ohrenmann". Er sitzt auf seinen fliegenden Teppichen, die in Windeseile vor uns ausgebreitet werden, einer schöner als der andere. Seine wachen Augen registrieren sofort, welcher Teppich bei uns Bewunderung hervorruft. Lange, grau-gesträhnte Haare wachsen ihm wie Antennen aus den Ohren und haben ihm den Spitznamen „Ohrenmann" beschert. Er ist mit allen Sinnen voll bei der Sache; allein das ist ein Erlebnis!

Waltraud entscheidet sich für einen großen „Afghanen" – und erhandelt ihn zu einem günstigen Preis. „So große alte Teppiche kann man in Europa kaum legen, aber wir haben in Hongkong eine großzügige Wohnung", meint Waltraud. Sie schwärmt mir von ihrem Mann vor. Wirklich, sie hat eine „gute Partie" gemacht, ist aber dabei „auf dem Teppich" geblieben.

Waltraud und ich sind in Karachi im Kaufrausch. Ich vergucke mich in einen kleinen Afghanen – keinen Windhund, sondern einen schönen ochsenblutroten Orient-Teppich mit einem geometrischen Muster, der später unsere Eingangsdiele ziert. Unsere junge Schnauzer-Hündin Smarty bekundet ihre Sympathie, indem sie die Ecken dieses echten Orientteppichs „angnault": Sie hat ihn zum Fressen gern.

Ostern im Orient

In der Gegencrew treffe ich Helga, mit der ich mich sehr gut verstehe. Sie ist mein Jahrgang, stammt auch aus Norddeutschland. „Ich habe ein paar goldene und bunte Ostereier mitgebracht und sie in meinem Zimmer unter dem Bett, den Schränken und im Bad versteckt; ich möchte euch alle einladen, Ostereier zu suchen", erzählt sie mir etwas geheimnisvoll, als wir am Frühstückstisch sitzen.

„Das ist ja eine tolle Überraschung und ich freue mich schon auf das Suchen." Da platzt Mr. Munir in die Crew-Lounge – hat eine ganze Schale mit bunten und goldenen Eiern und wendet sich mit verwunderten Augen an Helga: „What is this?!"

Gründlich wie die Boys waren und ehrlich, haben sie die Eier, die sie beim Saubermachen gefunden hatten, abgegeben.

„Please, leave them there – laß sie dort!"

„Yes, Sir!"

„I am a Miss"

„Yes, Sir!"

Schildkröten und bellender Fisch

„Heute Nacht ist Vollmond. Die Riesen-Schildröten kommen an Land, um ihre Eier zu legen. Das ist ein einmaliges Erlebnis – da müssen wir hin!" schlägt Helga mit solch einer Überzeugungskraft vor, dass wir nur zu gern mitkommen.

Als wir beim Schein des Vollmondes am Strand ankommen, hören wir neben dem vertrauten Rauschen des Meeres das Keuchen dieser gewaltigen Urtiere.

„Gehören die nicht zu den ältesten Tieren der Erde?" ist mir in Erinnerung.

„Ja, sie wurden in Indien hochverehrt – sogar als Inkarnation Vishnus angesehen, des Erhalters aus der Trinität Schöpfer – Erhalter – Zerstörer", erklärt Helga.

„Meine Güte, wie die sich anstrengen müssen!" entfährt es mir. Mit ihrer Pergamenthaut sind sie an Land nicht gut aufgehoben. Mit ihren Schwimmflossen haben sie Kuhlen ausgebuddelt und ihre 20 oder 30 „Golfbälle" hineinplumpsen lassen, ehe sie sich wieder erschöpft auf den

Rückweg ins rettende Wasser begeben. Das ist doch ihr Element, das die Zentnerlast des eigenen Gewichtes tragen hilft. Willi, unser Navigator, hat auch noch eine Geschichte parat: „Diese Schildkröten haben nicht nur einen eingebauten Kompaß im Gehirn, der sie um die halbe Welt schwimmen und immer wieder zu ihren Brutplätzen finden läßt, sie sind auch die langlebigsten Tiere unserer Erde." Dann erzählt er uns: „1766 wurde auf den Seychellen eine Schildkröte eingefangen und der französischen Garnison auf Mauritius als Maskottchen übergeben. Sie starb 152 Jahre später, als sie von einer Geschützstellung herabfiel."

„Guck mal da hinten! Da kehrt gerade eine Schildkröte wieder ins Wasser zurück, nachdem sie das Sandnest mit gefüllten Eiern wieder zugeschaufelt hat. Aber was ist das?!" ruft Helga empört aus. „Ist das nicht unser Steward, der sich als Held fühlt und sich auch noch auf die ‚werdende Mutter' draufstellt, um sich ans Wasser tragen zu lassen?!" Unser Held wurde ganz schnell zum Nichthelden degradiert, denn Helgas Gardinenpredigt verfehlte nicht ihre Wirkung.

In der betriebsamen Hafenstadt Karachi ist Segeln angesagt, und zwar auf großen, hölzernen Dschunken, die noch aus der Zeit zu stammen scheinen, als Vasco da Gama das Arabische Meer und den Indischen Ozean befuhr. Die großen, grauweißen Segel handgewebt und urig; handbehauen die Holzwände dieser Segelbarken. Sie laden zum Ausflug und zum Angeln ein. An Deck sind rotbraune Steine zu einem Ofen aufgetürmt. Unter dem Eisenrost prasselt ein offenes Feuer, auf dem fangfrisch die Fische gegrillt werden. Gleich nebenan ist auch noch ein schmiedeeiserner Kessel aufgestellt, unter dem ebenfalls ein offenes Feuer das Wasser erhitzt, in dem die gefangenen Fische kurz und schmerzlos ins Jenseits befördert werden.

Ich wundere mich, dass diese „Bordküche" beim Kreuzen nicht verrutscht, denn sie ist ja nicht festzementiert. Doch diese klobigen Schiffe liegen klotzig, schwer und fest im Wasser und werden von den Einheimischen gut und fachmännisch manövriert.

„Juchhu, wir haben schon wieder was gefangen", ertönt ein Siegesschrei vom Bug, auf dem sich unsere männlichen Kollegen auf ihre frühzeitlichen Jagdinstinkte besonnen haben. Ich hatte mir ja seit meinem Welsfang in der Bucht von Rio geschworen, nie wieder zu angeln. Und bald erlebe ich eine Bestätigung dieser Abneigung. Da schwabbelt unter der Ausbeute auch ein Kugelfisch, der sich immer mehr aufbläst und mit seinen Stacheln signalisiert: „Laßt die Finger von mir!" Doch seine Drohgebärde nützt ihm nichts. Etwas später liegt er auf dem glühenden Rost und fängt an zu bellen – erst ist es ein stoßweises Husten: „Och, och", das dann aber in ein richtiges „Wo-Wo"- Bellen übergeht.

Thailand - Bankok

Immer weiter erstreckt sich unser Lufthansa-Liniennetz in alle Himmelsrichtungen. Auf unseren Flügen der Sonne entgegen geht es von Kairo über Calcutta nach Bangkok. „Das Land der Freien" nennen die Bewohner Thailands ihr Land mit Stolz, denn sie haben sich keiner Kolonialmacht unterworfen. Unter „Siam" hatten wir das Land noch in unserer Geographiestunde kennen gelernt. Der Hollywood-Film „Anna und der König von Siam" hatte uns Bilder dieses exotischen Landes in unsere Fantasie eingraviert. Der jetzt regierende König heißt Bhumibol, seine anmutige Königin Sirikit –(scherzhaft hatten sie bei uns schnell ihre Spitznamen weg: „König Blumenkohl und Königin Igittigitt"). Dabei sind sie wirklich königlich, voller Anmut und regieren seit 1946 ihr Land sehr fortschrittlich. Wir sind gespannt, was uns hier erwartet. Für unsere Ohren klingt diese singende „Hang-Hing-Hong"-Sprache sehr fremd, in der uns die freundlichen Menschen dienstbeflissen begrüßen.

„Ich glaube, hier gibt es mehr Wasserstraßen als richtig befestigte Wege", meint Günther, unser Co-Pilot, als wir zwanzig Kilometer vom Flughafen in die Stadt fahren.

„Aus der Luft sah es schon so aus, und hier finde ich die Bestätigung."

„Das Leben spielt sich auch zum größten Teil auf dem Wasser ab", stellen wir fest, als wir uns dem Zentrum nähern. Es gibt in ganz Bangkok nur zwei Hotels. Das noble „Erawan", in dem die Swissair Crew einquartiert ist, und das sagenumwobene „Oriental".

Wir werden im „World Travel Service" über dem Lufthansa Stadtbüro untergebracht. Überall blinkt und glänzt es in den sauberen Etagen, und ich habe das Gefühl, die Gepäckträger könnten unsere Koffer einfach per Schubs über den spiegelblanken Boden bis in unsere Zimmer rutschen lassen.

In meinem großräumigen Zimmer angekommen, fällt mein Blick als erstes auf einen riesigen Obstkorb: Ist der für die ganze Besatzung gedacht? Nein, jeder von uns wird mit so einem exotischen Gruß willkommen geheißen. Orange, Ananas und die kleinen Bananen kannten wir natürlich; Papayas, Mangos und Granatäpfel auch. Aber Litschis, Khaki-Früchte, Granatäpfel, Mafais und Star Apples kannte ich noch nicht. Alles ist kunstvoll arrangiert und mit kleinen Orchideenzweigen geschmückt. Als Gegenstück zum „Briefing", in dem das Wichtigste vor Flugantritt in Kürze durchgesprochen wird, klingt der Flug im Hotel meist mit dem „De-Briefing" aus. Die Gegencrew gesellt sich auch dazu und ist voll von ihren Erlebnissen und guten Ratschlägen für unseren Aufenthalt in Bangkok. „Seide gibt es hier, handgewebt in den glänzendsten Farben. Die beste Thai-Seide könnt ihr in der Sirlong-Road kaufen und dort auch schneidern lassen. Teak-Holz-Bretter, Teller und Salatbestecke und wunderschön geschnitzte Schüsseln gleich nebenan in der kleinen Gasse bei Su-Si."

„Ganz tolle Baumwollblusen kann man sich im Handumdrehen bei ‚Handsome' nähen lassen – die figurbetonten, die jetzt ganz modern sind. Aber paßt nur auf! Im Handumdrehen ist schon mal Vorkasse erbeten und das große Versprechen, nachdem es doch nicht so sitzt, dass die Blusen noch vor pick-up ins Hotel gebracht würden, ist oft fraglich. Bis zur letzten Minute bleibt der Koffer geöffnet und wartet auf die handgenähten Stücke. Vergeblich! Der Koffer wird zugemacht ohne Blusen – mit Frust. Und wer hechtet am Flughafen noch in letzter Minute mit all' den Unikaten durch die Halle und verscheucht damit die unguten Gedanken? ‚Mr. Handsome!'"

„Silbersachen aus echtem Sterling Silver sind hier im Vergleich zu unseren Preisen wirklich günstig. Die kleinen Löffel mit den geschwärzten siamesischen Motiven, Zuckerdosen und Aschenbecher, ach – die Baht schwinden nur so dahin!" seufzt Jutta, jedoch mit einem besonderen Glanz in den Augen.

„Guckt euch mal meinen Schatz an, den ich mir geleistet habe", freut sich Willi, und öffnet den mit rotem Samt ausgeschlagenen 128-teiligen Besteckkasten. „Goldenes Besteck!?" rufen wir bewundernd aus.

„Es ist aus Bronze, mit handgeschnitzten Büffelhorngrifffen."

„Sieht ja wirklich edel aus!" stellen wir fest, „aber kann man mit den Messern auch schneiden?"

„Zumindest kann man damit niemanden umbringen!" ist die Antwort.

„Hier in Bangkok gibt es viele Märkte: da gibt es den Thief's Market und den Flee-Market, auf denen man ausgefallene Raritäten und Antiquitäten erstehen kann – auch auf dem Night's Market, der erst ab 21 Uhr geöffnet hat. Ein absolutes Muss ist jedoch der ‚Floating Market', der größte schwimmende Markt Thailands."

Die Ratschläge unserer Kollegen überschlagen sich, so begeistert sind sie von ihren Eindrücken, und wir nehmen die Tips dankbar auf. An den Wasserwegen sind die meisten Häuser auf Pfählen errichtet, vor allem zum Schutz gegen die ungleichmäßige Wasserführung. Die Bewohner sind ja schon fast Amphibien, spielt sich doch ihr Leben im, am oder auf dem Wasser ab. Bei den tropischen Temperaturen eigentlich ein Genuß!

„Den besten handgepreßten Mandarinensaft gibt es oben im vierten Stock im ‚Star-Light-Club', gleich um die Ecke, wo wir gern unser Frühstück einnehmen", berichtet Willi. „Abends wird dieser Club seinem Namen eher gerecht, denn da gehen die kleinen Star-Sterne auf und singen." Wir werden freundlich von einer hübschen, zierlichen Thailänderin mit ihrem heimatlichen Gesang empfangen, der mich ein bißchen an die Frühlingsgesänge unserer Katzen erinnert – nur sanfter. Sofort erkennt sie uns als Lufthanseaten, kommt mit graziöser Verbeugung an unseren Tisch und sagt: „Guten Abend, ich bin ein steiler Zahn!"

„Who told you this – wer hat dir das gesagt?" wird sie von uns gefragt.

„Lalf Schneider."

„Ja, das ist typisch Ralf, unser Unikum aus dem neunten Flugbegleiter-Lehrgang!" stellen wir lachend fest. „Der kann ja mit jedem auf eine unglaublich unkomplizierte Weise umgehen, so als hätte man mit ihm schon im Sandkasten gespielt."

„Unserem Bundespräsidenten Heinrich Lübke hat er auf einem Regierungsflug einen Indianer-Häuptlingsnamen gegeben", weiß Willi zu berichten, „das fanden Heinrich und auch dessen Ehefrau Wilhelmine so gut, dass sie ihn immer wieder für ihre Regierungsflüge anforderten."

Und schon geht der Lufthansa-Klatsch los: „Neulich hat Ralf bei einer Zwischenlandung in München aus dem Flughafenrestaurant ein paar Portionen Weißwurst bestellt: für die Cockpit und für einige VIP-First Class-Passagiere, die diese Münchener Spezialität in unserer Bordküche sichtlich genossen – als etwas ganz Außergewöhnliches."

„Ja, solche Einfälle hat unser Ralf", berichtet Heinz, unser Kochsteward.

„Aber", wirft unsere Kollegin Hildegard zaghaft ein, „fühlen sich die anderen First Class-Passagiere, die ja nicht alle an diesem außergewöhnlichen ‚Event' teilnehmen können, nicht ein bißchen zurückgesetzt?"

„Ach, was! Das macht er hinterher wieder gut. Man kann ihm einfach nichts übel nehmen!"

Heinz läßt nichts auf seinen Ralf kommen. Ich habe fast den Eindruck, dass er sich Ralf zum Vorbild genommen hat und sogar ein bißchen seine Art nachzuahmen versucht. Dabei hat Heinz seinen eigenen Humor und hat es eigentlich nicht nötig, jemanden zu imitieren.

„Wißt Ihr, was neulich passiert ist?" platzt es aus Heinz heraus: „Ralf ist doch sehr geschäftstüchtig. Er kann es sich schon leisten, in Rüsselsheim ein Reihenhaus zu bauen. Baumaterialien werden angeliefert, schmelzen aber manchmal dahin wie Schnee in der Sonne. Als Ralf nachts von einem Flug zurückkehrt, legt er sich auf die Lauer und kann beobachten, wie zwei Bauarbeiter an der Baustelle Prozente in Form von Materialien abstauben. Da ruft Ralf aus dem Kellerfenster heraus: ‚Gesehen! Sag aber nichts!' Von da an hatte er die besten Handwerker am Bau!"

In Kairo übernehmen wir die Maschine zum Weiterflug nach Bangkok, mit Zwischenstop in Calcutta. Jutta übergibt uns die Maschine mit besonderen Hinweisen für die Passagiere: „Da vorne auf Platz 5a sitzt ein junger Skandinavier. Der ist nicht ansprechbar, hat die ganze Zeit nur geschlafen; allmählich machen wir uns schon Gedanken." Unser Mann auf Sitz 5a will auch bis Calcutta nichts hören, nicht sehen, nichts essen. Aber in Calcutta müssen alle Passagiere die Maschine verlassen und ich begleite sie in den Transitraum. Blaß und etwas kraftlos hat sich dieser schlanke, blonde Sportstyp an eine Wand gelehnt. Als ich ihm auf den Zahn fühle, erzählt er mir, dass er mit Freunden am Tag zuvor in

Kopenhagen sein gerade bestandenes Schiffspatent gefeiert hätte ... Wie Skandinavier eben so feiern!

Auf dem Weg nach Bangkok haben sich seine Lebensgeister wieder erholt, eine ganz leichte Wangenröte unterstreicht das Blau seiner Augen und korrespondiert mit dem leicht rötlichen Stich seiner Haare. Sein Mund ist auch wieder voll in Funktion. Nachdem er gegessen hat, erzählt mir Gunter Anderson, dass er in Bangkok sein erstes Schiff mit einer Ladung lebender Wasserbüffel übernehmen wird, um diese nach Hongkong zu verschiffen.

„Ich würde Sie gern in Bangkok auf mein Schiff einladen." Als ich wieder meinen Einwand „Nicht ohne meine Crew" vorbringe, dehnt er seine Einladung sofort auf die ganze Besatzung aus. Keiner unserer Kollegen ließ sich diese Einladung entgehen. Es war wie ein Familienausflug und wir lassen uns den ganzen Tag mit dänischer Gastfreundlichkeit verwöhnen. Auf der extra angefertigten Speisekarte haben sich noch alle verewigt.

Welch ein Luxus herrscht in der Kapitänskajüte: Ein großes Wohnzimmer, holzvertäfelt mit rotem Mahagoni und Messing verziert. Ich merke, dass unserem Kapitän „Onkel Ludi" (Rudi) das Herz höher schlägt und er wohl auch gern auf der Kommandobrücke dieses Schiffes stehen würde. Wir beschließen, gemeinsam die Ladung im Rumpf des Schiffes anzugucken. Dort begrüßen wir die großen schwarzen Wasserbüffel, die uns mit ihren dunklen Augen fragend ansehen. Ihre weit ausladenden Hörner haben ihnen genug Platz zum nächsten Büffel verschafft. „Wie gut, dass ihr nicht wißt, dass dies eure letzte Reise ist!" denke ich voller Mitgefühl mit diesen geduldigen Tieren. Als ob Onkel Ludi meine Gedanken erraten hätte, fügt er hinzu. „Aber bis jetzt haben sie sicherlich ein gutes Leben gehabt: sonst wären sie nicht so gut in Futter."

„Und hätten nicht solch ausladende Hörner", füge ich hinzu, indem ich mit Mühe versuche, mit ausgebreiteten Armen gerade die beiden Hornspitzen zu erfassen. „So groß sind die Hörner!" sage ich und drehe mich mit ausgebreiteten Armen unserem Kapitän Ludi Teumer zu, der ebenfalls die Abmessungen mit ausgebreiteten Armen festgehalten hatte. Wenn wir uns später auf irgendeinem Flughafen der Welt begegneten, liefen wir mit ausgebreiteten Arme aufeinander zu: „So groß waren die Büffelhörner!"

Jimmy, der Mann meiner Freundin Tünnes, ist zur gleichen Zeit wie ich in Bangkok. Wir sind eine Familie, er ist für mich wie ein Schwager, ein Bruder.

„Wir wollen morgen nach Pattaya rausfahren, dort ein Boot mieten und Wasserski laufen. Kommst du mit?" Gern! Wie gut, dass meine Tage gerade vorbei sind und ich befreit ins Wasser gehen kann, denke ich und stimme freudig zu. Pattaya ist damals noch ein kleines verträumtes Stranddorf. Wasser-Skilaufen ist angesagt. In Dakar hatte ich, nach meiner ersten schmerzlichen Erfahrung, richtig Freude an dieser Sportart gefunden. In der Bucht von Dakar wurde 1956 diese für uns alle unbekannte Sportart von Madame und Monsieur Bac angeboten. Motiviert hing ich mich im Wasser an die Leine: Aufstieg – Fall! Kopfüber über das Halteseil, dessen Griff zwischen meine Oberschenkel geriet und mich unter Wasser durch die halbe Bucht zog – so erschien es mir zumindest. Die blauen Flecken hielten mich nicht ab, ich probierte es wieder und es klappte – auch später in Beirut. Inzwischen schon Experte, wollte ich es in der Pattaya-Bucht jetzt auf „Mono" probieren. Starte ich doch auf zwei Skiern, werfe einen ab und fahre dann „mono" weiter.

Falsch gedacht! Es klappt nicht! Immer, wenn ich den zweiten Skier abwerfe mache ich einen Salto kopfüber, muss mich wieder „einsammeln" wieder anseilen, wieder anspannen. Start: okay, aber Abwurf? Peng! beutelt es mich wieder und wieder. Ich gebe nicht auf – wenn auch schon ein Träger meines BHs reißt. Es muss doch klappen! Aber nein! Noch ein Versuch. Wieder „zerbröselt" es mich. Endlich krabbele ich ausgepowert an Deck, setze mich erschöpft vorne hin.

„Edith, du blutest!" ruft Jimmy mitfühlend. „Oh, mein Gott!"

Ich kneife alles zusammen. „Edith, du sitzt drauf!" Da konnte mich nur noch ein Köpper retten.

Später entwickelt sich Bangkok zu einer attraktiven Großstadt mit modernen Shoppingcentern und wunderschönen Hotels. Die Klongs sind zugeschüttet und durch breite Straßen ersetzt worden.

Das Siam Intercontinental in seiner Pracht mit der dekorativen Eingangshalle und der riesigen Gartenanlage, in der Pfauen zwischen unseren Liegen unter tropischen Gewächsen entlang stolzieren, ist mir unvergeßlich. Solche großzügigen Gartenanlagen kann Bangkok sich nicht mehr leisten – sie mussten Bürogebäuden weichen. Und durften die Mönche, die in ihren orange-farbenen Gewändern und geschorenen Köpfen solch eine friedlich-freundliche Ausstrahlung auf mich haben, ihre Tempel behalten? Ob sich die kleinen, mit Blumen geschmückten Hausaltäre an den Klongs behaupten konnten?

Eines Tages kommen wir zufällig dazu, wie ein magerer Mann in feuchter ärmlicher Kleidung „Beute“ auf dem Gehweg ausbreitet: Kleine Statuen, Münzen, Votivgaben, kleine Buddhas, sogar einen Silberdollar – alles noch triefend naß, wohl gerade irgendwo herausgefischt. Waren die kleinen Nebenklongs, in die Gläubige ihre Votivgegenstände dem Wasser übergaben, ausgebaggert worden? Viele wurden zugeschüttet und boten Platz für neue Geschäftsunternehmen.

Hatte dieser arme Mann diese Gegenstände aus dem ausgebaggerten Schlamm herausgefischt und versuchte jetzt, sie schnell zu verkaufen? Lange Zeit zum Überlegen bleibt nicht. Ehe diese Kultgegenstände in falsche Hände geraten und er in die Fänge der Polizei, spiele ich „Hehler“ und nehme sie für den geforderten Preis schnell an mich. In meiner Meditationsecke haben sie einen würdigen Platz gefunden.

Japan: Bekanntschaft mit Buddha

Wir fliegen von Bangkok über Hongkong nach Tokyo; bleiben dort nur über Nacht und fliegen am nächsten Morgen die gleiche Strecke zurück. Unsere Zimmer in Bangkok behalten wir. Also wird nur eine kleine Tasche mit Übernachtungszeug und Ersatzbluse mitgenommen. In der feudalen Hotelhalle des „Takanawa Prince Hotel“ werden wir zuvorkommend auf japanische Weise begrüßt und bekommen unsere Zimmer zugewiesen. Als ich mit modernster Technik, ohne Schlüssel, mein Zimmer öffne, muss ich zweimal hingucken, um mein Hotelzimmer zu entdecken. Ist das vielleicht ein Zugabteil?

Auf allerkleinstem Raum ist wirklich alles untergebracht, was für eine komfortable Übernachtung benötigt wird, in einer Perfektion, die mir Hochachtung abgewinnt. Jeder Zentimeter ist durchdacht und für den Komfort des Gastes ausgenutzt. Es wundert mich nur, dass man noch nicht erfunden hat, senkrecht zu schlafen. Leider habe ich vergessen, mir etwas zum Lesen einzustecken! Vielleicht finde ich ja etwas in der Schublade, so wie man bei uns die Bibeln vorfindet. Richtig! Neben meinem Bett entdecke ich in einer Schublade ein kleines, in schwarzes Leinen gebundenes Büchlein: „The Teaching of Buddha“, auch im Miniaturformat, etwa ein Viertel so groß wie unsere Hotelbibeln. Ich schlage auf, fange an zu lesen und bin fasziniert. In ganz einfachen Worten finde ich Erklärungen über den Sinn des Lebens, Antworten auf Fragen, die mich schon lange beschäftigt hatten. Das Büchlein schlägt mich richtig in seinen Bann, und ich kann gar nicht mehr aufhören zu lesen. Darüber muss ich noch mehr erfahren!

Tokyo

Beim nächsten Kurzaufenthalt in Tokyo wollen wir doch noch einmal kurz in die Stadt, um einen Blick auf Ginza, Tokyos bekanntestes Einkaufs- und Vergnügungsviertel, zu werfen. „Was heben wir denn von unserem Reisekosten-Checkheft ab?“ beratschlagen wir, „zurücktauschen können wir ja nicht.“

„Ich habe Yen im Bordverkauf eingenommen“, sagt Günter, unser Steward, „wenn wir nicht ganz nobel essen wollen, müßte das für uns reichen. Ihr könnt dann hinterher im Hotel die Summe abheben und mir zurückgeben.“ Wir stromern durch die Straßen an den geschäftig vorbeihastenden, kleinen Japanern vorbei. Viele Miniatur-Holzbuden säumen die Straßen, in denen es brutzelt und brodelt. „Tempura“ heißen diese kleinen, in heißem Fett frittierten Spezialitäten: Karotten, Böhnchen, kleine Shrimps, Krebse – alles mit Soya-Soße serviert. Hm, diese kleinen Appetithäppchen genügen uns ja. Wir werden auf Japanisch etwas gefragt – verstehen es nicht – wir versuchen es auf Deutsch und Englisch – und werden nicht verstanden. „Wenn sie uns jetzt etwas fragen, nicken wir einfach!“ beschließen wir nach längeren vergeblichen Verständigungsversuchen. Winzige Häppchen werden uns auf einem Papptellerchen serviert. Es schmeckt uns, aber wir brauchen keine Angst zu haben, wegen Überfüllung des Magens nicht schlafen zu können.

Die Rechnung wird Günther vorgelegt. Er studiert sie, schüttelt den Kopf – kommt nicht klar. „Das ist ja preiswert“, meint er, „umgerechnet

20 DM für uns fünf zusammen?" Nein! Für jeden von uns! Oh, oh, da haben wir alles zusammenkratzen müssen.

Ehemann: „preiswert"

Ein Flug nach Tokyo über Alaska steht ein paar Jahre später in dem Einsatzplan von meinem Mann Jürgen und mir, mit einer halben Woche Aufenthalt. Die Zeit wollen wir nutzen. Wir fahren mit der Eisenbahn nach Kyoto. Auf dem Bahnhof wimmelt es. Wie Ameisen laufen Menschen geschäftig hin und her, ohne sich umeinander zu kümmern. Der Zug fährt ein. Gedränge! Die im Hotel so angenehm empfundene Höflichkeit ist nicht zu spüren. Wer als erster einen Platz erwischt, hat ihn! Ob alt oder jung, ob Männlein, ob Weiblein, spielt keine Rolle. Wer einen Platz hat, besetzt ihn, nimmt ihn total für sich ein, und kaum ist der Zug aus dem Bahnhof heraus, werden die Augen zugemacht – Meditation? Ich wundere mich, dass die Augen erst wieder aufgeschlagen werden, kurz bevor ihr Besitzer aussteigen muss.

Frühstück wird angeboten: kleine Holzkästchen, bestückt mit algenumwickeltem Reis, kleinen, undefinierbaren Häppchen und grünlichem Pistazienmarzipan ähnelnder Paste.

„Ist das Marzipan?" fragt Jürgen, nachdem ich mein japanisches Frühstück im Holzkästchen auf dem Schoß habe.

„Probier doch mal!" sage ich und schiebe ihm einen Happen in den Mund.

„Igitt!" sagt er und ist kurz vorm Ausspucken. „Ich hatte mich auf etwas Süßes eingestellt!"

Die Tempel in Kyoto sind wirklich sehenswert. Besonders beeindruckt uns jedoch die Disziplin der Japaner, die sich so widerstandslos einordnen und eigentlich nur durch ihre Kameras auf ihre Umwelt schauen. Findet das echte Erleben erst bei ihrer Rückkehr zu Hause statt?

Wir geraten in einen Kaufrausch. Ein wunderschönes Mokkaservice kann ich erstehen aus hauchdünnem Porzellan, handbemalt und mit Goldrändern verziert. Hält man die kleinen Porzellantassen gegen das Licht, so sieht man auf dem Boden eine Geisha. Das sind ja wirklich kleine Kunstwerke, und zwar solche, die ich benutzen kann! Kleine Vasen wechseln auch in unseren Besitz über.

Als wir endlich voll der großartigen Eindrücke, aber auch rechtschaffen müde, ins Hotel kommen, schlägt Jürgen vor: „Jetzt duschen wir und lassen uns danach eine japanische Massage auf unserem Zimmer geben!"

Schon stehen die beiden Japanerinnen mit höflicher Verbeugung in unserem Zimmer und mit Zeichensprache werden wir jeder auf unser Bett verwiesen. Die Stereo-Massage beginnt. Zuerst verläuft alles ruhig bis man bei den Füßen angekommen ist. Plötzlich wird gekichert, es breitet sich Heiterkeit aus. Richtiges Lachen wird schnell wieder mit der Hand schamvoll abgedeckt.

„Was haben sie nur?" denke ich. Okay. Jürgens „Spreiz-Platt-Senkfüße" entsprechen vielleicht nicht dem japanischen Schönheitsideal der abgebundenen Füße, aber meine ebenso wenig, die unter den spitzen hochhackigen Schuhen – immer eine Nummer kleiner als nötig – auch gelitten hatten.

Warum lachen sie so über Jürgens Füße? Endlich zeigen sie uns ein Preisschild, das an Jürgens Zeh klebt: „450 Yen" war das Preisschild einer gekauften Vase, das wohl zu Boden gefallen war.

Nun wußte ich, was Jürgen wert war!

5
Südatlantik

Das Telefon weckt mich aus einem Rund-um-die-Uhr-Schlaf. So lang wie der Einsatz am Vortag war, so lange kann ich hinterher auch im Schlaf die Energie wieder auftanken. „Du, Edith, es ist Monatsende – treffen wir uns gleich beim Schmalz an der LH-Kasse, um den Bordverkauf abzurechnen und unsere Gehaltstüten abzuholen?" fragt Liesel. Gehaltskonten bei einer Bank? Seinerzeit nicht üblich! Die 300 DM und ein paar „Mäuse" konnten wir leicht in unserer Gehaltstüte überblicken. Erst 1960, beim Umzug nach Frankfurt, wurden Gehaltskonten vorgeschrieben. Während ich im Kassenvorraum auf Liesel warte, erzählt mir der Kassenwart Herr Schmalz den neuesten Klatsch: „Seit Herr Menzel Kapitän geworden ist, fliegt seine Frau auf jedem längeren Flug mit, damit er bloß nicht auf dumme Gedanken kommt. Und wie sieht es mit Inge und Robert aus? Wollen die bald heiraten?" Inzwischen hat auch Liesel ihre Finanzen erledigt und schlägt vor, noch einen Abstecher zu unserem Kuddel Harms zu machen.

„Ach, euch kann ich gerade gut gebrauchen", empfängt er uns in seinem wohlwollenden breiten Hamburgerisch, „wir müssen noch für ein paar Maschinen die Sitztaschen bestücken; habt Ihr Zeit und Lust?"

„Klar!"

Und schon packen wir zusammen: Spucktüten, Streckenkarten, Sicherheitsvorschriften, Postkarten – alles in eine Klarsichthülle.

„Joa", meint Kuddel, „wenn Ihr mal im Fuhlsbütteler Gefängnis eingelocht werden solltet, könnt Ihr schon gleich als Vorarbeiter anfangen!"

Da kriegen wir auch noch Verstärkung von Herbert. Er hatte in seinem ersten Flugbegleiter-Lehrgang schon eine führende Rolle gespielt und sie weiter ausgebaut. Pralle Neuigkeiten bringt er mit: „Wißt Ihr schon, dass auf der Südamerikastrecke sieben feste Teams eingesetzt werden sollen?" Sieben Stewards und 14 Stewardessen, und zwar nur die, die Spanisch sprechen."

Oh, oh! Ob mein Spanisch ausreicht?! Dorit, die in Chile aufgewachsen ist, und Inge aus Argentinien haben die besseren Chancen, oder Martha, die als Au-pair-Mädchen ein Jahr in Spanien verbracht hat. Spanisch hatte ich in der Schule mit Leidenschaft gelernt, diese klare, klangvolle Sprache, in der man alles so ausspricht, wie es geschrieben wird. Nach dem „Kleinen Latinum" war sie mir nur so zugefallen und ich hatte ein „Sehr gut" erzielt, ein „alien" in meinem sonst so mittelprächtigen Zeugnis und im Gegensatz zur französischen Sprache, mit der ich mich sieben Jahre lang „ausreichend" abgemüht hatte. Nachdem wir unsere ersten spanischen Lektionen auswendig gelernt hatten, machten wir eine Klassenfahrt per Fahrrad nach Soltau in die Lüneburger Heide. Dort fragten wir die Einwohner:

„Dónde está el Correo? mit dem rollenden R, wie es uns unser Lehrer Herr Schwabedissen beigebracht hatte, der uns schon 1952 von „seinen Ballearen" (u. a. Mallorca) vorschwärmte. Die Bürger von Soltau aber beantworteten uns unsere Frage (Wo ist die Post?) mit einer Gegenfrage: „Seid Ihr aus Schweden?!"

Und nun wird Südamerika angeflogen! Und man spricht spanisch in allen südamerikanischen Ländern, außer in Brasilien. Was für eine Möglichkeit! „Aber wie stehen unsere Chancen?" überlege ich mit angespannter Miene, und auch Liesel ist sich nicht so sicher.

„Ich kann euch ja schon mal etwas verraten", sagte Herbert mit einem verschmitzten, breiten Grinsen: „Wir drei sind für zwei bis drei Monate als festes Team auf dem Südatlantik eingeplant. Für euch gibt es spezielle, hellblaue Tropenuniformen. Im August 1956 wird die Strecke eröffnet von Hamburg über Düsseldorf – Frankfurt – Paris – Dakar – Rio de Janeiro – Sao Paulo – Montevideo – Buenos Aires. Wir werden auf dem Eröffnungsflug von Argentinien aus nach Europa eingesetzt und fliegen als Passagiere mit der *Varig*, der brasilianischen Luftverkehrsgesellschaft, nach Buenos Aires, um dort den Erstflug der Lufthansa bis Dakar zu übernehmen."

„Das ist ja wie im Märchen!" jubeln wir.

„Ja, und beim ‚Klebbe' (Schneider) ist Anprobe für die Tropenuniform."

Welch ein Stoff, welch eine Farbe! Solch ein leuchtendes, leicht ins Türkis gehende Himmelblau hatte die Kriegs- und Nachkriegszeit noch nicht gesehen! Und der Schnitt: einfach, klassisch, schick.

„Du musst unbedingt nach Bremen kommen und dich in deiner neuen Uniform vorstellen", sagt meine Mutter, als ich ihr freudestrahlend die Neuigkeiten am Telefon mitteile. Damit die Uniform nicht verknautscht, ziehe ich sie einfach an; ist ja ein klassisch-schlichtes Kostüm auf Taille mit drei Knöpfen. Ohne Abzeichen, ohne Hut und Handschuhe stehe ich „privat" in himmelblau auf meinen hohen Bleistiftabsätzen in Hamburg am Bahnhof. Menschen mustern mich, bleiben stehen, andere gesellen sich dazu, bilden einen Kreis und ich komme mir vor wie ein Ausstellungsstück im Bremer Überseemuseum. Solch eine Farbe war seinerzeit wirklich außergewöhnlich. In Bremen laufen mir die Kinder nach, zeigen auf meine Schuhe und rufen: „Dass die darauf laufen kann!"

hellblaue Tropenuniform

In Hamburg waren die Bleistift-Absätze 1956 noch höher und spitzer als in Bremen …

Ähnliches erleben wir später in Buenos Aires: Vom tropischen Dakar kommend, warten wir in unseren Tropenuniformen im kalten Buenos Aires vergeblich auf unsere Koffer. Wir in Buenos Aires – Koffer in Paris, oder wo?!

„Jetzt gilt es, etwas Warmes zu kaufen!" sagt Liesel.

„Was heißt denn ‚warme Unterhose'?" frage ich, da ich eine empfindliche Blase habe.

„Bombacha", schlagen wir im Lexikon nach. Also denn man los zum Einkauf! Zwei blauäugige Europäerinnen im himmelblauen Zwillingslook! Das sah man in Buenos Aires nicht alle Tage. Die Menschen staunen, drehen sich um, rutschen beim Hinterhergucken vom Bordstein ab. Herbert geht hinter uns her, schmunzelt und zeigt auf seine Brust mit der besitzanzeigenden Geste: „Das sind meine!"

Argentinien: Land der Pampas, der großen Weiten, der Gauchos, des Tangos! Mein Herz schlug höher für die Pferde, für die Sprache, für die Musik – für die große Freiheit. Wir sind über New York mit der *Varig* nach Buenos Aires als Passagiere geflogen, um den Erstflug von Buenos Aires nach Europa zu übernehmen. Wir, als Vertreter der Lufthansa, werden in Buenos Aires eingeladen: Exklusives Haus, weißer Marmor, etwas steril, aber sehr vornehm. Höflichkeitsfloskeln werden ausgetauscht. „Sieht unsere Hauptstraße nicht aus wie der Champs-Élysées in Paris – und ähneln diese Gebäude nicht jenen in London?" Gesprächspause. Unser Herbert, sonst nicht auf den Mund gefallen, sieht eine Gitarre und fragt, ob er darauf spielen dürfe. Nach Zustimmung beginnt er mit seiner sonoren Stimme ein italienisches Lied zu spielen und singt: „Non dimenticar che t`ho voluto tanto bene, t`ho saputo amar" Ich schmelze dahin. Aber, die sowieso schon nicht sehr warme Atmosphäre ist plötzlich eiskalt! Alle sitzen wie erstarrt. Herbert fragt, was los sei. Keiner antwortet. Der arme Herbert! Endlich, endlich läßt sich ein Argentinier herab zu erklären, dass „Puta" ein Wort ist, das man nicht in den Mund nehmen sollte. Ohne Rücksicht darauf, dass ein unschuldiger Deutscher in Argentinien den Gastgebern eine Freude machen möchte mit einem italienischen Schlager, der gerade aktuell ist, hören ihre spanisch eingestellten Ohren aus der einen Zeile „T`ho saputo`amar", was wörtlich übersetzt heißt, „ich konnte dich nicht lieben" nur das eine Wort „Puta" (= Hure) heraus! Dem Reinen ist alles rein oder vice versa?

Später am Abend laden unsere Gastgeber uns in den vornehmen Nachtclub „El Jardin" in San Isidro ein. Nachdem sie ihre Hemmungen heruntergespült haben, ziehen sie eine Besucherin auf der Tanzfläche total aus, die etwas aufreizend getanzt hatte.

Am nächsten Tag essen wir „Papas Souflés", die leckeren, „aufgeblasenen" Kartoffeln. Komisch, dass mich die an „Machos" erinnern …

Drehkreuz Südatlantik

Für zwei Monate sind wir auf Probe ein festes Team. Ein Team – nicht intim! Liesel aus Lübeck ist bis über beide Ohren in ihren Waldfred verliebt, Herbert vom Rhein in seine Illa und ich in meinen Horst.

„Stop in Dakar? Eine halbe Woche – das ist das Letzte!" so der Kommentar einer Air France-Besatzung: „Schwül, Insekten über Insekten, dreckig! Um das Hotel ‚Croix du Sud', mitten in der Stadt, stinkt es. Na, denn man viel Spaß!" Aufs Schlimmste gefaßt, fahren wir vom Flughafen in Dakar zu unserem Hotel, und was sehen wir im Mondlicht leuchten? Im eleganten Bogen schwingt sich ein schlankes, weißes Bauwerk in die karge Landschaft und schmiegt sich an die Sandbucht von N'Gor. „Das ist ja ein Traumhotel!" ruft Liesel begeistert. „Ja, es wurde von dem großen französischen Architekten Le Corbusier entworfen und wurde gerade erst fertiggestellt", sagt unser Fahrer.

Liesel und ich bekommen zusammen das Zimmer 237. Ein kühlklarer, heller Raum, spartanisch eingerichtet mit zwei schmalen Einzelbetten auf gefliestem Boden. Zur Landseite ein Fenster und zum Meer eine Glastür vor dem Balkon lassen einen milden Luftzug durch das Zimmer wehen: Natürliche Air-Condition. Über eine Wendeltreppe kommt man auf halber Höhe zum Badezimmer.

Liesel und ich stehen am Balkon, lassen die feuchte Schwüle in unsere Körper eindringen, die durch den langen Flug in der Druckkabine ausgetrocknet sind und gierig nach Ausgleich dürsten. Eine laue Brise streichelt uns, als ob sie uns für unseren Einsatz belohnen will. Es ist drei Uhr morgens und vor 22 Stunden hatte unser Wecker in Hamburg geklingelt, damit wir pünktlich um sieben Uhr beim Briefing erscheinen konnten. Von Hamburg nach Düsseldorf hatten wir ein kleines Frühstück serviert, Getränke zwischen Düsseldorf und Frankfurt; aber dann kam der große „Run" von Frankfurt nach Paris: MW = „Mittagessen warm" für zwanzig First Class-Passagiere, 35 Touristen und zehn Mann Cockpit-Besatzung mit First Class-Verpflegung. Nachmittags in Paris angekommen, hätten wir schon aussteigen wollen, aber dann ging es erst richtig los: zehn Stunden Paris – Dakar. Nun sind wir angekommen. Geschafft! In doppelter Bedeutung, aber glücklich.

Klopf, klopf: „Ich habe uns etwas zum De-Briefing mitgebracht", sagt Herbert und läßt sich aufatmend in einen der hochmodernen, bequemen Segeltuchsessel sinken.

„Guckt mal, da ist das Kreuz des Südens", sagt unser Navigator Gottfried, der über den Balkon von nebenan rüberschaut. „Morgen können wir bei mir auf dem Balkon frühstücken", sagt er, „ ich habe von zu Hause noch Wurst und Käse mitgebracht."

„Ich höre was" sagt Freddy, unser Funker, der sich auch zu uns gesellt hat. „Unsere Conny startet! Ach, ist sie nicht wunderschön?! So elegant!"

„Und sie hat uns sicher hierher gebracht" fügt Herbert hinzu. Endlich totale Entspannung.

„Edith, wie lange willst du denn noch schlafen?!" Liesel steht schon im Badeanzug auf dem Balkon. „Komm doch mal her und sieh dir diese Freitreppe an, die so großzügig bis an diese wunderschöne Bucht führt. Und was sind das für exotische lilafarbene Steingartengewächse, die den ganzen Abhang bedecken? Hast du schon mal solch türkisfarbenes Wasser gesehen?!" Hatte ich noch nicht. „Wir bestellen jetzt ein Frühstück: ‚Thé au citron complet'". So „complet" war das nun auch wieder nicht. Ein Sandwich, d.h. ein großes Brötchen, etwas Butter und ein Pot Tee und ein Pot Wasser für 150 CFA, also 5,40 DM, das sollte schon bis zum Abend vorhalten. „Das nächste Mal bereichern wir unser Frühstück noch mit ein paar Zutaten aus Deutschland!" Auf diese Weise hatte unser „Sparbrötchen" Ebba vorgesorgt. Jedes Mal, wenn wir ein abgegessenes Tablett aus dem Cockpit an seinem Funkertisch heraus trugen, machte er noch einmal „Nachlese", sammelte Pfeffer und Salz, Brot etc. ab, und vor der Landung bat er uns noch um ein paar Zitronen. Auf diese Art kommt er in Dakar spesensparend über die Runden. Unterernährt sieht er wirklich nicht aus, unser Erfinder, der mit seinen selbstkonstruierten Blech-Handflossen die Fluten durchschneidet.

Und am Strand von N'Gor: Französisches Laissez-faire. Monsieur und Madame Bac vermieten Pedalos, Segelboote, Wasserski, Minigolfschläger, Boule-Kugeln, Beach-Tennis-Schläger und „matelats", die Matratzen. Wir bestellen, mit kleinem Faux pas, „matelots", das sind Matrosen!

„Schwimmen wir zur Insel rüber, die uns vor der offenen See schützt – die 800 Meter können wir doch schaffen!" „Aber nehmt euch in acht vor den Seeigeln!" bekommen wir als Warnung mit auf den Weg. Das Wasser trägt uns, streichelt unsere Haut mit weichen, warmen 27 Grad und wir genießen dieses sanfte Umschmeicheln. Schön, ein Ziel anzupeilen, das uns etwas herausfordert, aber nicht überfordert, bis auf die

Landung auf der Insel. „Autsch! Jetzt hat es mich erwischt!“ ruft Hans von der Gegencrew. Nur ganz leicht ist er über die Seeigel gestreift und schon sitzen sie in seiner Haut und lassen sich nicht entfernen, brechen immer wieder ab – „die müssen herauseitern“, heißt es.

Unser Navigator hat ein Segelboot gemietet und wir warnen ihn vor den Seeigeln. „Ich kann doch Segeln!“ meint er etwas überheblich. Und da ist es passiert! Gekentert, gestrandet sitzt der große Segler auf dem Seeigelriff, hält krampfhaft sein Segelboot am Mast und wird von der Brandung immer wieder über die Seeigel geschleift. Armer „Pavian-Benelux“, wie wir seinen Namen Apion Benewitz manchmal verballhornen.

Johnny, der Einsiedler

Wir haben eine seeigelfreie Einlaufschneise gefunden und erkunden die Insel, springen über die schwarzen Lavasteine, hüpfen über kleine Spalten, bis wir auf die Seeseite kommen. Dort brandet die See mächtig an und peitscht die Gischt wie ein Geysir in die Höhe.

Einmal die Insel umrunden, haben wir uns vorgenommen. Die Sonne steht senkrecht, die Steine werden immer heißer und abends haben wir Sonnenbrand sogar auf den Fußrücken. Auf der Leeseite der Insel besuchen wir Johnny, den Einsiedler, d.h. nur wenn er uns empfängt. Während des Krieges hat er sich bei einem Flugzeugabsturz ein steifes Bein zugezogen, mit dem er jedoch energisch durch den Sand stapft.

Ein bunt-bedrucktes afrikanisches Tuch hat er sich um die Hüften geschlungen – sein schlanker, durchtrainierter Oberkörper ist behaart und sein Kopf von grau melierten Locken bedeckt. So ähnlich habe ich mir Odysseus vorgestellt. Er hat unheimlich wache, blitzende Augen; er spricht nicht viel, doch was er sagt, ist treffend und mit einem Schuß Ironie versetzt. Er gibt uns einfach andere Namen. Karin ist „Marie“, ich bin „Edith, la folle“ (die Verrückte) und Eva ist „Pomme“, ob wegen der Paradiesgeschichte oder ihrer runden „Äpfelchen“ im Bikini-Oberteil, bleibt unklar.

Meist lebt er auf der Insel, hat ein Taxiunternehmen in Dakar und auch das Übersetzen mit dem Einbaum geschieht unter seiner Regie. Er empfängt längst nicht jeden, aber wir haben wohl bei ihm einen Stein im Brett.

Einmal bittet er mich, ihm seine Haare zu schneiden. „Einfach so!" macht er es mir vor, nimmt ein Büschel seiner Haarpracht und, schnipp-schnapp … ab! Sieht hinterher gar nicht so schlecht aus. Später habe ich meinen Söhnen auch so „schnipp-schnapp" die Haare geschnitten.

Hammerhaie und Leguane

Peter, Sigrid, Funker Schremm, Navigator Schröder und ich haben beschlossen, am nächsten Morgen mit dem Zug in den Norden nach Saint-Louis zu fahren. Als Funker Schremm kurz vor der Abfahrt erfährt, dass das Taxi zum Bahnhof schon ziemlich teuer ist, guckt er zum Himmel: „Ich glaube, heute gibt es Regen!" und springt ab; ebenso unser Navigator, der Sternenschießer.

Wir drei aus der Kabine erleben Afrika pur. Die Bahnfahrt, die Landschaft mit markanten Affenbrotbäumen, die Straßen von Saint Louis, übersät mit Hammerhaien, die aus dem Fischfang als nicht genießbar einfach auf der Straße entsorgt werden und in der Sonne (kein Tropfen Regen!) ein nicht zu überriechendes Aroma verbreiten. Als wir abends auf unser Zimmer zurückkommen, steht ein Leguan auf meinem Balkon, unbeweglich, wie es die Art von Echsen oft ist. Ich gehe langsam näher – ausgestopft! Bei Sigrid eine Eidechse und bei Peter ebenfalls ein ausgestopftes Tier. „Die verstecken wir hinter der Badewanne und tun so, als ob nichts gewesen wäre", beschließen wir. Nachdem wir alle Unwohlgerüche und den Wüstenstaub abgewaschen haben, sitzen wir mit nassen Haaren auf unserem Balkon, als es klopft:

„Wie war es?" fragt Funker Schramm.

„Ach", sage ich, „nur geregnet!" und zeige auf meine nassen Haare.

„Und", druckst er weiter, „habt ihr etwas auf dem Balkon entdeckt?"

„Nö, wieso?" „Habt ihr keine ausgestopften Eidechsen vorgefunden?" bohrt er weiter.

„Ausgestopft? Sind Sie sicher, dass sie ausgestopft waren?!" frage ich ziemlich unbeteiligt. So bringen wir ihn fast an den Rand der Verzweiflung und erst kurz vor Pick up bekommt er seine Echsen wieder zurück.

Für ein Mittagessen reichen die Spesen nicht. Zwischendurch ein paar Erdnüsse von Madame Coco, die mit ihrem Jüngsten auf dem Rücken „Kakawet warm" immer wieder anbietet. „Putz deinem Beifahrer doch erst mal die Nase", sagt Willi und deutet auf die „Kerzen" unter dessen Nase, auf die sich gern die Fliegen setzen. „Beifahrer" wiederholt die sprachbegabte Madame und alles lacht: „Na, dann gib mal eine Handvoll, Onkel Bongers" (unser erster Lufthansa Direktor) „zahlt alles!" Das nächste Mal kommt Madame Coco durch den Sand geschlurft und deutet auf ihr Rückenbündel: „Beifahrer" und „Onkel Bongers" (unser erster Lufthansa Direktor) „zahlt alles." Nach lachendem Beifall kommt sie gut ins Geschäft. In der Anfangsphase meiner Beziehung zu Horst Gillian, als er schon Chef war, aber noch keiner wissen sollte, dass wir liiert waren, kommt Madame Coco am Strand auf mich zu und sagt: „Du Gillian du!" Schallendes Gelächter der umliegenden Besatzungsmitglieder belohnt sie dafür, dass sie die „Programmierung" so gut gebracht hat.

Nach dem Tée complet vielleicht zwischendurch noch ein „gâteau"-Törtchen und dann freuen wir uns um so mehr auf das köstliche Abendessen, zu dem sich die ganze sonnenbetankte Crew im herrlichen Speisesaal des Hotel N'Gor einfindet. Das einzig richtige Essen, das wir uns mit den für Dakar knapp bemessenen Spesen leisten: Ein köstliches, französisches Menue mit Vorspeisen, Suppe, Fisch, Hauptgang, Käse, Dessert für 1000 CFA (36 DM). Alle 15 oder 16 Besatzungsmitglieder beider Crews finden sich an der festlich anmutenden Tafel ein. Nur einer fehlt: Ebba, unser „Sparbrötchen". „Komm, wir schmieren ihm noch ein paar Brötchen und bringen sie ihm." Alle schleichen sich nach dem Essen vor sein Zimmer: „Ebba, Ebba, ich bin's, mach mal auf!" säuselt eine verführerische Stewardessen-Stimme. Ebba macht auf, und alle stürmen seine Bude, rufen den Zimmerboy, bestellen alles auf seine Zimmernummer und … Ebba macht mit! Der Schock hatte gesessen, aber wir lassen ihn nicht auf seinen Ausgaben sitzen.

Nur einmal bestelle ich mir allein mittags in dem großen, hellen Speisesaal eine Kleinigkeit: Artischocken. Auf großem Teller wird diese aparte „Mandala-Pflanze" mit einem Dressing vor mich hingestellt. Schon als Kind hatte mich der Klang eines ähnlichen Wortes verwirrt: „Aristokratenbrut" war in einer Geschichte aufgetaucht und nun stand diese „Brut" vor mir, wunderschön und geheimnisvoll, als wollte sie sagen: „Ja, wie nun?" Verstohlen blicke ich mich um. Weit und breit keine Artischockenesser. Also stecke ich ein Blatt in den Mund –

„Ih, das sticht ja!" – und spucke das grün-holzige Blatt wieder aus. Aber der weiche Teil schmeckt angenehm, bildet auf den Seitenkanten meiner Zunge einen kleinen Belag, der appetitanregend ist und mich zum nächsten Blatt greifen läßt. Eingetunkt in die Vinaigrette, ziehe ich mit den Vorderzähnen den weichen Teil ab. Schmeckt wirklich gut. So arbeite ich mich zuversichtlich bis zum Boden vor. Der Boden ist jedoch noch einmal extra beschützt von weichen Ministacheln. Schön sehen sie aus – aber nichts für einen empfindlichen Mund! So erforscht und mit Vor- und Nachteilen kennen gelernt, zählt die Artischocke inzwischen zu meinen Lieblingsvorspeisen.

Nach unseren ersten wunderbaren Eindrücken in Dakar schwärmen wir den anderen Crews in den höchsten Tönen von unseren Erlebnissen vor. Doch die Neuankömmlinge empfängt ein schwüles, moskitoschwangeres Dakar. In der Empfangshalle verfinstern Insektenschwärme die Lampen und unter den Füßen, „knack-knack", können sie den abgestürzten „Miniflиegern" gar nicht ausweichen. Sie hatten erwartet, ein Paradies anzutreffen!

Wir hatten nichts erwartet und am nächsten Morgen liegt uns das Paradies wieder zu Füßen!

„Stell di nix vör, dann sleiht di nix fehl", war ein Spruch meiner „Oma Siel". Und? Hat die Crew uns Post von unseren Liebsten zu Hause mitgebracht? Die Maschine landet erst nach Mitternacht. Solange wollen wir unbedingt aufbleiben. Wie überbrücken wir die Zeit nach dem köstlichen Diner?

„Könnt ihr Skat spielen?" fragt Herbert Liesel und mich.

„Nein, keine Ahnung!"

„Dann bringe ich es euch bei! Wir müssen doch die Zeit sinnvoll nutzen", meint Herbert. Er erwartet Post von seiner Illa, Liesel von ihrem Waldfred und ich von meinem Horst. Alle drei sind wir in festen Händen und bis über die Ohren verliebt. Rosemarie und Günther, zwei aus einem anderen festen Südamerika-Team, waren nicht so fest in anderen Händen und gaben sich später die Hand zum Bund des Lebens.

Uns hat das Skatfieber voll erwischt! Achtzehn, zwanzig, zwo, drei, vier – wir reizen bis Mitternacht, selbst wenn keine Maschine aus

Deutschland zu erwarten ist. Ein tolles Spiel – immer wieder neu, ein bißchen vom Glück der Zuteilung abhängig, aber dann auch durch eigenen Einsatz und Überblick selbst zu beeinflussen. Na ja, der Überblick hielt sich noch in Grenzen. Trotzdem! Wir spielten – zwar nicht gut, aber mit Leidenschaft.

Und vorm Schlafengehen spendiert Liesel, mit der ich das Zimmer teile, ein Lübecker Marzipanbrötchen, das ihr Waldfred, ebenfalls wie Liesel aus Lübeck, als Wegzehrung mit auf den Flug gegeben hatte. Bis heute für mich eine Köstlichkeit.

Eingeborenendorf

Dieter, ein neuer Steward ist zum ersten Mal in Dakar und ich, als „Chef de Cabin", will ihm das Eingeborenendorf am Ende der Bucht zeigen, in dem wir schon oft Kleider oder Spielzeug für die Kinder abgeliefert haben. Dieter ist sehr auf Etikette bedacht. Als wir im Dorf ankommen, umringen uns die Jungen: „Donne-moi dix francs!" („Gib mir zehn Francs", das waren ca. 36 Pfennig). Sie kommen näher, werden dreister, begrabschen uns. Und ich, die ich mich als Reiseführer für den neuen, nobel wirkenden Flugbegleiter verantwortlich fühle, versuche sie abzuwehren. Nichts hilft. Sie kommen näher, öffnen ihren Hosenstall und präsentieren alles, was ihnen die Natur beschert hat. Da fällt mir ein Trick ein. Wollte ich sie sonst fotografieren, hatten sich diese jungen Muslime immer scheu abgewandt. Also: „Auf in den Kampf!" Ich zücke meine Kamera, in der Hoffnung, dass sie sich nun ihrer Fotoscheue erinnern. Fehleinschätzung! Immer mehr junges Afrika zeigt uns, wie gut die Natur es ausgestattet hat. Ich knipse und knipse, oder besser schieße und schieße! Mein Hamburger Fotograf auf dem Erdkampsweg hat beschämt die Bilder beschnitten.

Ulla hat sich mit Jacques angefreundet, den sie später auch heiratet. Plötzlich bin ich auch in diesem Kreis junger Franzosen, die in Dakar oder Abidjan arbeiten. Einige sind sehr nett, wirklich charmant, aber einige auch etwas arrogant.

Eines Tages sitzen wir am Mittagstisch, neben mir Joel, den ich „Noël" (Weihnachten) nenne, der immer zusammenzuckt, wenn mir ein Fehler in seiner wunderbaren französischen Sprache unterläuft. Er musste schon öfter zucken. Schließlich wird mir das Zucken zuviel und ich sage: „Dann laß uns Deutsch sprechen!“ Kann er nicht (wußte ich ja!), wie ist es mit Spanisch? Ebenso wenig. Englisch? Ja, gerade noch. Aber dann hat mir der Pernod – oder war es der Gin Tonic? – meine Redehemmungen genommen. Armer Noël-Joel! Ich musste ihn einfach etwas von seinem arroganten Thron herunterholen. Zu den nächsten Treffen werden sie mich bestimmt nicht mehr einladen, da bin ich mir sicher. Aber da hatte ich mich wohl vertan: Jean Jacques und Antoine nehmen mich und andere mit zum Reiten. Dort gibt es Prachtexemplare von Pferden; im Gegensatz zu den armen dürren Klapperhengsten, die wir in der Anfangszeit mit ambivalenten Gefühlen mieteten. Eigentlich taten mir diese schmalen Pferdchen leid, aber so schwer war ich ja auch nicht. Hauptsache ein Pferd und dann die Küste entlang geprescht.

„Komm, wir reiten aus!“, sagt Lothar und schon sitzen wir auf. „Galopp!“ Ja, wir kommen immer schneller in Gang. Plötzlich stolpert mein Pferd, ich will es hochziehen, das morsche Zaumzeug reißt, und ich fliege samt Zaumzeug kopfüber im hohen Bogen nach vorn auf den felsigen Untergrund. Wie gut, dass ich beim Jiu Jitsu meine Fallübungen gelernt hatte! Eine unübersehbare rote Schürfwunde bedeckt meine rechte Schulter. Zwei Tage später beim Carneval in Rio trage ich meine Bluse asymmetrisch, lasse sie über die rechte Schulter herunterrutschen, und immer wieder wird mir die gleiche Frage gestellt: „Hat dich an der Copacabana eine Welle erwischt?“

Blinde Passagiere

Erika Riedler, unsere charmante Wienerin, hat ihrem Pierre in Dakar den Kopf verdreht. Zum Abschied bringt er ihr einen geflochtenen Bastkorb an Bord, in dem es etwas geheimnisvoll raschelt. Schnell wird er hinter der letzten Sitzreihe in der First Class vor den Toiletten verstaut. Mitten im Service dringt Unruhe aus der hinteren First Class an mein Ohr. Vorhang auf! Was sehe ich? Die sonderbarsten meiner Passagiere: Fünf oder sechs Riesen-Hummer stolzieren mit erhobenen Scheren durch die Kabine, vorbei an den hochgezogenen Beinen der Passagiere.

Ein lockerer Bastkorb konnte unsere blinden Passagiere doch nicht von solch einem spektakulären Auftritt abhalten!

Frühe Fernsehjahre

Am 26. Dezember 1952 war die erste Tagesschau ausgestrahlt worden, die nur jeden zweiten Tag gesendet wurde. Fernseher konnten sich in der Anfangszeit nur namhafte Persönlichkeiten, Fabrikanten und Generaldirektoren leisten. Erst nach und nach eroberte sich das Fernsehgerät die deutschen Wohnzimmer.

„Haben Sie Fernsehen zu Hause?“ werde ich im August 1959 auf dem Flug nach Dakar von einem netten Passagier gefragt.

„Nein, das kann ich mir nicht leisten – ich habe ja noch nicht einmal ein eigenes Auto und auch keine eigene Wohnung. Aber ein Ehepaar in einer Wohnung unter mir in Hamburg hat sich einen Fernseher angeschafft. Seitdem sind dort von morgens bis abends die Rollos runter gezogen. Sie leben wohl nur noch in dieser Traumwelt.“

In einem »Kulturfilm« über Afrika tauchten 1959 auch die beiden Stewardessen Dorit Etten und Edith Simon auf. In »Frühe Fernsehjahre« erinnern sie sich an die Filmaufnahmen

„Ich stelle gerade eine Sendereihe zusammen, ‚Aus dem Tagebuch eines Filmjournalisten‘, und würde gern Ihre Kollegin Dorit und Sie dafür in Dakar filmen. Würden Sie mitmachen?“ fragt unser Passagier weiter.

„Klar! Das ist ja eine spannende Sache, da mache ich gern mit.“

Auch Dorit sagt zu. Und so „flimmern“ wir später auf unserem Hotelbalkon und am Strand in Dakar hinein in deutsche Wohnstuben in dem Kulturfilm über Afrika unter dem Thema: „Als die Bilder laufen lernten.“

„Wir haben heute ein ganzes Filmteam an Bord“, wird uns im Briefing vor unserem Flug nach Dakar mitgeteilt. Paul Hubschmied, der schöne Verführer aus der Schweiz, Gerd Riedmann, unser deutscher sportlicher

Beau und die zarte blonde Hauptdarstellerin – wie heißt sie noch? Ist aus meinem Gedächtnis ausradiert, genau so wie ihre Szenen aus dem Film herausgeschnitten wurden, weil sie sich einen Fuß gebrochen hatte und ihre Szenen ersetzt werden mussten. Und wie viele Szenen hatten wir gedreht!

Immer und immer wieder müssen wir im Januar in das selbst in Dakar „maikühle" Wasser: „Klappe 7 die 15." Oder „Klappe 15 die 7."? Und wie oft dreht man die Szene mit uns und unserem „Star-Funker Freddy"! „Nehmen Sie diesen Brief, mein Lebensglück hängt davon ab!" Sie muss doch glücklich geworden sein! Mit diesem freundlich-entgegenkommenden Lächeln, mit dem ihr Brief wieder und wieder entgegengenommen wurde. Als der Film „Liebe, Luft und lauter Lügen" in Deutschland läuft, müssen wir ihn uns natürlich ansehen.

„Meine Freundin spielt mit! Hier ist sie auf dem Programm zu sehen!" sagt Tünnes. Die Kassiererin ist unbeeindruckt.

Dakar ist wohl das Paradies des deutschen Films in den fünfziger Jahren. Wir haben Beppo Brehm und Hubert von Meyerinck an Bord. „Zwei Bayern im Urwald" heißt der Film, der gedreht wird und in dem wir als Touristen-Statisten mitwirken dürfen. Mitten im Urwald werden unter sengender Sonne extra noch Spiegel aufgestellt, um das Licht noch zu optimieren. Eigentlich habe ich eine Elefantenhaut, brauche nie Sonnenschutzmittel, aber durch diese intensivierte Sonneneinstrahlung bilden sich Bläschen auf meinem Dekolleté, die sich später pellen. Leider habe ich diesen Film mit Sonnenbläschen nie gesehen. Es ist mir jedoch ein unvergeßliches Erlebnis, diese beiden Ur-Bayern persönlich kennen gelernt zu haben, im Urwald sogar.

Wieder einmal wird in Dakar gefilmt. Ein französisches Filmteam ist vor Ort, deutsche Statisten sind nicht gefragt. Jean-Paul Belmondo und Ursula Andress – "Die beiden sind nicht nur im Film ein Liebespaar!" wird hinter vorgehaltener Hand geflüstert. Egal! Ob im Film oder in Wirklichkeit: die beiden sind ein schönes, aufregendes Paar! Ursula Andress mit ihrer sexy Figur – einem Busen, der sich mit dem von Gina Lollobrigida oder Marilyn Monroe messen lassen kann. Sie muss mehrmals für die Aufnahmen aus den Fluten steigen und ich wundere mich darüber, dass ihre Beine im Film immer sehr lang wirken – in Wirklichkeit ist sie jedoch noch kleiner als ich!

Na, ja, Jean-Paul Belmondo ist ja auch nicht sehr groß – körperlich, wohlgemerkt. Spielt er sich meistens selbst? Er ist ein Widder, mein Jahrgang 1933, genau 13 Tage älter als ich. Aber er ist eben ein Widder – ein Draufgänger schon von seinem Horoskop her.

Im schmalen Aufzug unseres Hotels N'Gor komme ich sandgepudert mit Jean-Paul Belmondo fast hautnah in Berührung.

Von den vielen Filmstars, die ich an Bord kennen lernen durfte, sind mir ein paar besonders gut in Erinnerung geblieben:

Romy Schneider

Wir fliegen mit unsrer Conny nach Paris. In Frankfurt wird ein VIP vor den anderen Gästen an Bord gebracht. Es ist Romy Schneider. Vor nicht allzu langer Zeit haben wir sie als Sissi gesehen – bildschön, kein Wunder bei diesen Eltern Magda Schneider und Wolf Albach-Retty, die mir als schönes Liebespaar in „Kampf der Geschlechter" in Erinnerung waren! Im Film hat mir Romy als romantisch-süßer, adeliger Trotzkopf gefallen. Nun sitzt sie in unserer First Class, noch hübscher, mit natürlicher Frische, voller Charme und Liebreiz. Ist sie gerade frisch verliebt? „Nach Paris der Liebe wegen?" stelle ich die Frage in den Raum, als wir Zeit zum Plaudern finden. Und so ist es wohl, denn daraufhin sprudelt aus ihr heraus, wie wohl sie sich in Paris fühle, wie gern sie mit Franzosen vor der Kamera stünde, die trotz ihrer Leichtigkeit auch die Tiefe nicht vermissen ließen. Paris sei ihre zweite Heimat. Hier könne sie neue Wege gehen, frei, mit vielen Entfaltungsmöglichkeiten.

Hildegard Knef

Als Hildegard Knef mit großer Sonnenbrille und breitrandigem Hut an Bord gebracht wird, merke ich gleich, dass es ihr nicht gut geht. Kaum hat sie Platz genommen, zieht sie alle Jalousien in ihrem Umkreis herunter. Sie sei sehr erkältet und wolle nur einen heißen Tee, nichts essen und nur ihre Ruhe haben. Das respektieren wir natürlich.

Maximilian Schell

Eigentlich hatte ich ihn hauptsächlich als Bruder von Maria Schell wahrgenommen, so im Fahrwasser der großen Schwester schwimmend. Als ich ihn dann jedoch an Bord erlebe, so kompetent, höflich, präsent, eine wirkliche Persönlichkeit, und er mir von seiner Oscar-Preisverleihung für die beste Nebenrolle in „Das Urteil von Nürnberg" erzählt, beschließe ich, diesen Film so bald wie möglich anzusehen.

Liz Taylor und Richard Burton

Aufregend ist es, als wir erfahren, dass dieses ungewöhnliche Liebespaar mit uns fliegen wird. Es gibt so viele schöne Frauen, aber Liz mit ihren wunderschönen blaugrünen Augen und den naturfarbenen und naturlockigen, schwarzen Haaren gehört zu meinen „Top Ten". Ich bewundere nicht nur ihre makellose Schönheit, sondern bin auch beeindruckt von ihrem vielseitigen schauspielerischen Talent.

Es gefällt mir, dass sie und Richard Burton keinen Hehl aus ihren Gefühlen machen und leidenschaftlich streiten können. Burton ist für mich ein richtiger Mann, der zu seinen Ansichten steht. An Bord geht es allerdings friedlich zu. Sie sind mit sich beschäftigt und genießen offensichtlich unseren Senator-Service.

Franz Beckenbauer

Auf einem Flug nach Südamerika begleite ich unsere Fluggäste in den Transitraum. Ich weiß nicht mehr genau, wo es war, sehe mich aber in der Erinnerung mit einem „schmucken" jungen Mann einen breiten verglasten Gang herunterlaufen. Wir kommen ins Gespräch und mir fällt auf, welch einen charmanten bayrischen Dialekt er hat. Eigentlich war dies nicht unbedingt ein Lieblingsdialekt für meine norddeutschen Ohren. Aber dieser Tonfall gefällt mir und auch das, was er zu erzählen hat. Ich schätze ihn so auf knapp zwanzig Jahre. Auf der einen Seite lausbubenhaft, strahlt er doch Persönlichkeit aus. Fußballspieler sei er in einer Münchener Fußballmannschaft. Fußball gehörte nicht zu meinen Lieblingssportarten und außerdem hatte ich mir Fußballer viel robuster vorgestellt. Dieser „Adonis" ähnelt jedoch eher den griechischen Statuen antiker Bildhauer. Später verfolge ich die Karriere „unseres Franzls" mit ganz anderem Interesse.

30 Stunden im Dienst

Wir waren schon morgens um fünf in Hamburg aufgestanden, um über Düsseldorf, Frankfurt, Paris nach Dakar zu fliegen, wo wir uns wirklich erschöpft nach zwanzigstündigem Flug nur noch total entspannen wollten. Aber einmal war hier noch nicht das Ende. Ein einziges Mal wurden wir auf Probe noch gleich anschließend zehn Stunden über den Südatlantik bis nach Rio „geschossen". So kamen wir zu fast 30 Stunden Dienstzeit. Ich weiß noch, wie Robert, Sigrid und ich vor der Landung in Rio dermaßen überdreht und albern werden und Robert uns, die wir an Bord nie etwas Alkoholisches tranken, beim Sinkflug einen Pappbecher mit Sekt spendiert. Wir versuchen den Sekt aus diesen Becher ohne Benutzung der Hände in uns einzuflößen, was unsere Heiterkeit noch anheizt und auch die Passagiere ansteckt. Gerade dieses „Ausflippen" stand im krassen Gegensatz zu unserer Etikette. Es war normal, dass wir uns alle siezten. Es dauerte seine Zeit, bis das „Du" angeboten wurde. Und wer bot es wem an? Der Ältere dem Jüngeren, die Dame dem Herrn?

Wie, wenn die Dame jünger als der Herr war? Gradwanderungen. Der Dreißig-Stundenflug nach Rio ging „per Sie", selbst der Pappbechersekt während der Landung überschritt nicht diese Grenze. Erst als wir am Strand in Rio ins Wasser laufen, biete ich „Dame" nach tiefem Luftholen Robert, dem Dienst- und sowieso Älteren das Du an.

Im April 1958 wird die Südamerikaroute bis Santiago erweitert. Auf dem Eröffnungsflug sind neben dem Verkehrsminister Hans-Christoph Seebohm auch viele hochrangige Ehrengäste. Über den Anden bietet sich ein beeindruckender Ausblick auf das markante Felsengebirge. Die Gäste beugen sich weit vor, um den besten Blick aus dem Fenster zu erhaschen. Dabei rutscht einem Ehrengast das Hemd aus der Hose und gibt ein Geheimnis preis: Aus dem hinteren unteren Teil des Hemdes war ein Lappen herausgeschnitten worden. Daraus hatte man einen Ersatzkragen angefertigt. Das war nun sein „Sonntagsnachmittag-Ausflugshemd".

Ja, die mageren Zeiten liegen noch nicht einmal ein Jahrzehnt zurück. Wie hatte uns die Not erfinderisch gemacht! Mode wurde nicht von Machern diktiert, sie wurde von uns kreiert!

Senator-Service auf dem Südatlantik

Während 1960 der Senator-Service mit der Boeing 707 großzügig auf dem Nordatlantik eingeführt wird, soll der Service auf dem Südatlantik angeglichen werden, der immer noch mit der Super Constellation beflogen wird.

Wolfgang, Karin und ich sind nur zu dritt für die Betreuung von zwanzig First Class-Passagieren, 35 Touristen und doppelter Cockpit-Besatzung zuständig. Es müssen zusätzlich viele Wagen auf- und abgebaut werden. Wir müssen schnell sein und kommen fast an unsere Grenzen. Gott sei Dank arbeitet unser Team gut zusammen, so gut, dass wir auf einmal albern werden, überdreht und fröhlich.

Wir wissen, dass Wolfgang fest in den Händen unserer Kollegin Elli ist und auch wir sind ja anderweitig verliebt. Aus Spaß tun wir aber so, als hätten wir uns beide in Wolfgang verliebt; wir teilen ihn uns und wachen eifersüchtig darüber, dass jeder auf einer Seite bleibt: Karin auf seiner rechten, ich auf seiner linken Seite. Solche kleinen Spielchen lockern die Stimmung und der Service läuft uns flott von der Hand. Wir bemerken, dass die Passagiere sich nicht ausgeschlossen fühlen, sondern sogar ein bißchen angesteckt werden.

Am Strand spielen wir ausgelassen weiter. Wolfgang läßt alles schmunzelnd über sich ergehen.

„Wolfgangs linkes Ohr ist viel sinnlicher als sein rechtes!" sage ich.

„Dafür fallen seine Haare mit viel mehr Schwung auf die rechte Seite. Und außerdem: Mit rechts kann er doch viel mehr schaffen als mit links!" kontert Karin.

„Aber sein Herz schlägt links!" lege ich als Trumpf drauf.

„Er hat es doch auf dem rechten Fleck!"

Armer Wolfgang! Obgleich wir alle wissen, dass es nur ein Spiel ist, bringen wir ihn damit ganz schön durcheinander.

1971 fliegt die B-747 zum ersten Mal nach Südamerika. Ich bin auf dem Eröffnungsflug nach São Paulo eingesetzt mit hochrangigen Persönlichkeiten an Bord, wie z. B. unserem „Schorsch", dem Verkehrsminister Georg Leber. Da für unseren Rückflug ein passiver Einsatz als „dead head" geplant ist, wir also als Passagiere nach Hause fliegen werden, plane ich, meinen Patensohn Carlos Aguera Aschendorf in Paraguay zu besuchen. 1969 hatte ich von der Arbeit der „Kindernothilfe" erfahren und mich sofort dafür eingesetzt. Carlos, zwei Jahre älter als mein Sohn Hajo, besucht in Asuncion die Goetheschule.

Helmut, Brigitte und ich machen noch einen Abstecher an die imposanten Wasserfälle des Iguaçu. Unzählige Schmetterlinge, noch leuchtender und glänzender als unsere hellblauen Tropenuniformen, umschwirren uns dort in der in der gischtfeuchten Luft. So viele bunte Falter habe ich noch nie gesehen. Wie zutraulich sie sind! Sie setzen sich auf unsere Arme und Hände, so dass wir uns durch ihre Schönheit ganz aus der Nähe verzaubern lassen können (und sie sich von dem Salz auf unserer Haut).

Auf dem Flug nach Asuncion treffen wir noch zwei Deutsche, die sich uns anschließen und mit uns die Schule besuchen, in der mein Patensohn Carlos aufgenommen wurde. Der eine Mitreisende ist ein Frankfurter Kieferorthopäde. Dr. Marg reagiert etwas allergisch, als wir seinen Beruf durch Hinzufügen eines „n" zum Kiefernorthopäden umwandeln. „Kiefern wachsen im Wald und brauchen keinen Orthopäden" ist seine Richtigstellung.

Kindernothilfe

Carlos beendet die Schule und wechselt in das Hotel seiner Tante. Danach übernehme ich eine Patenschaft von Rajeswhari in Delhi. Ich besuche sie in ihrer Schule und knüpfe persönliche Kontakte. Wir sammeln in deutschen Schulen Kleidung für die armen und so fleißigen Kinder. Unsere Diele wird zu einer riesigen Kleiderkammer umfunktioniert. Ich packe die Sachen in Koffer und Pakete und bitte einige Kollegen, die Sachen mit nach Delhi zu nehmen. Aber die Fülle erschlägt mich fast. Ich schicke den Rest per Luftfracht, die wir Lufthanseaten auch ermäßigt nutzen können. Auch wenn ich mir vorgenommen hatte, keine Dankbarkeit zu erwarten, erwischte mich der Brief der indischen Schulleiterin doch ein bißchen auf dem falschen Bein: „Senden sie die nächsten Pakete nur noch mit Besatzungsmitgliedern, denn für die Sendungen per Luftfracht mussten wir beim indischen Zoll viel Geld bezahlen …" Das wollte ich nicht zu meinem Problem machen, und auch sie brauchte zukünftig keinen Zoll mehr zu zahlen, weil ich die Sammelaktion stoppte. Nachdem Rajeswhari die Schule abgeschlossen und die Aufnahmeprüfung für eine Krankenschwesterschule bestanden hatte, wandte sich meine Unterstützungshilfe wieder Südamerika zu.

Im Tropeninstitut in Hamburg hatte ich eine Ärztin kennen gelernt, die mir von ihrer interessanten Tätigkeit auf einer Missionsstation in Bolivien berichtete. Also floß meine Unterstützung für die Indianer in diese Bahnen. Interessiert verfolgte ich die Entwicklung und kam langsam immer mehr zu der Überzeugung, dass wir eigentlich mehr von den Indianern lernen könnten, achtsamer und sorgsamer mit unserer Erde umzugehen, statt sie skrupellos auszubeuten. Ein Missionar erzählte mir, dass er auf seinen „good-will-Touren" per Boot an den Bootstegen von den Eingeborenen empfangen und ihnen Geschenke abliefern würde. Wichtige Zeremonien, wie Geburt, Hochzeit und Tod würden sowieso von den Schamanen durchgeführt. Als ich erfuhr, dass man die Indianer mit Federn am Kopf zu Ehren eines Bischofs in der Kirche habe tanzen lassen, entzog ich der Missionsstation meine Unterstützung. Indianer tanzen für den Viracocha – den großen Geist – und die Pacha Mama, die Mutter Erde.

Seit 1983 habe ich meine Patenkinder in Haiti. Und das kam so: Der engagierte Oberlehrer Heinz Kühn aus Todtnau im Schwarzwald berichtete von dem ungeheuren Lerneifer der Kinder in Haiti, die jede Chance nutzen: „Weil sie in ihren Hütten kein Licht haben, gehen sie abends auf die beleuchteten Plätze und lernen im Schein der Straßenlaternen." Jedes Jahr fliegt Kühn in den großen Sommerferien nach Haiti und bringt die gesammelten Spenden an eine Schule in Port Salut. Die Fahrt ist ein gefährliches Unterfangen! In der Schule führt er genau Buch, macht Aufnahmen der Patenkinder, sammelt selbstgebastelte Dankesbriefe der Kinder ein und verschickt sie mit einem anschaulichen Lage-Bericht zu Weihnachten an die Sponsoren. Da geht kein Cent verloren und kommt an die richtige Adresse!

Brasilien

Copacabana, Ipanema, Zuckerhut – Christus auf dem Corcovado. Samba, Carneval, Macumba – jeder dieser exotischen Namen läßt in meiner Fantasie Bilder wie Feuerwerkskörper aufsprühen.

Wir wohnen im „Excelsior" direkt zwischen der Copacabana und der Via Atlantica. Nur ein paar Schritte über die Straße, über den herrlich gepflasterten Gehweg mit den kunstvollen Mustern, und schon sind wir an dem breiten Strand und dem großartigen Meer mit den schäumenden Wellen und den unberechenbaren Strömungen. Die sind nicht zu unterschätzen. Wir sind inzwischen mit den Wellen vertraut, wissen, wie wir sie zu nehmen haben: Kurz vorm Brechen der mächtigen Wellen muss man hochspringen und sich auf der Welle mittragen lassen. Bricht sie sich, heißt es hindurchtauchen. Wehe, wenn ein Wassermann eine Welle verkehrt angegangen ist, dann wird bitteres Lehrgeld gefordert. Wie im Schleudergang einer Waschmaschine wirbelt sie das Opfer, dass diesem Hören und Sehen vergeht.

Unseren Chefkapitän, den stattlich-urigen „Miesi-Mayer" aus Miesbach in Oberbayern hat es eines Tages erwischt. Gekrümmt taucht er aus der turbulenten Flut auf und läßt sich stöhnend in den Sand fallen. Dieser Schleudergang hat ihm zwei oder drei gebrochene Rippen beschert.

Eines Tages schwimme ich gar nicht so weit vom Ufer entfernt. Plötzlich merke ich, dass ich nicht wieder an Land kommen kann – es zieht mich unheimlich in eine Richtung, in die ich nicht will. Ich kämpfe, ohne Erfolg, und es durchströmt mich schlagartig eine lähmende Panik. Gar nicht weit von mir entfernt schwimmt unser amerikanischer Kapitän Rea. „Oh, Captain Rea, please help!" Er streckt mir seine helfende Hand entgegen und schon bin ich aus dem Teufelssog heraus.

Unzüchtig

Wie prüde war man in Rio in den Fünfzigerjahren! Ein Bikini? Unvorstellbar! Im Juli 1946 hatten die USA auf dem Bikini-Atoll im Pazifik eine Atombombe getestet. Ein paar Tage später sorgte die Vorstellung des ersten knappen Zweiteilers in Paris für gesellschaftlichen Sprengstoff. Der „Bikini" hatte an den Stränden von Italien, Portugal und Spanien Badeverbot, auch in Hollywood!

Angesteckt von der lockeren, befreienden Bikini-Mode der Franzosen in Dakar habe ich mir aus einem weißen Everglaze-Stoff mit roten Fischen in Hamburg einen schicken Bikini im französischen Stil machen lassen. Damit hinein in Rios Fluten! Das warme Wasser umspült meinen nackten Bauch, aber sonst ist alles bedeckt! Den Schick machte das gerade geschnittene Unterteil aus. Fünf oder sechs unserer Besatzungsmitglieder toben ausgelassen im Wasser, spielen mit den Wellen. Die können wir schwimmend nehmen, uns hochtragen lassen. Aufpassen, die kippt! Durchtauchen! Herrliches Spiel! So, nun reicht's! Jetzt will ich mich in den warmen Sand fallen lassen; aber warum starren mich die Leute denn so an? Oh, wei! Mein nasser, weißer Everglaze-Bikini ist durchsichtig! Schon sammeln sich Menschen um mich herum. Schnell gibt Freddy mir seine Ersatz-Shorts, die ich über mein Bikini-Unterteil ziehe. Kaum vorstellbar, dass man Jahrzehnte später an der gleichen Copacabana Tangas trägt – oder nur noch einen Bindfaden durch die Pofalte, und niemand stört sich daran.

Nicht nur die extravaganten, französischen Bikinis haben wir aus Dakar mitgebracht, sondern auch unsere hölzernen Beach-Tennisschläger. Der breite, weiße Strand an der Copa Cabana ist für unseren Lieblingsport wie geschaffen.

Pong – Pong! Funker Freddy und ich liefern uns ein spannendes Match – nicht im durchsichtigen Bikini! Ein junger Brasilianer beobachtet uns aufmerksam. Als ich einmal nicht getroffen habe und den Ball aufhebe, fragt er mich, ob er wohl ein Foto von mir machen dürfe. „Klar, warum nicht" sage ich und spiele weiter. Nach einer Weile bittet er mich um meinen Namen.

„Amalie, die Stubenfliege", sage ich lachend und er hat Mühe:

„Amalia de"…? – adelig?

Wie der Zuckerhut gehört auch „unser" Jimmy mit seinem „Jardim de Churrasco" zu Rio. Jimmy, lange Zeit zur See gefahren und dann mit Hugo in Rio an Land gegangen, hatte mit seiner Churrasqueria eine Marktlücke entdeckt: In seinem Garten brutzeln an langen Spießen seine Fleischspezialitäten über offenem Holzkohlefeuer. Wie viele Deutsche, die lange in den Tropen leben, ist auch Jimmy etwas bleich, durchsichtig. Sein schütteres, rötlichblondes Haar hat er glatt zurückgekämmt. Etwas vornüber geneigt, kommt er gern an unseren Tisch, hat Fragen und auch viel zu erzählen; er ist über alles informiert und gibt die Informationen halblaut an uns weiter – immer einen Blick zurück oder in die Runde werfend, ob nicht ein ungebetener Zuhörer profitieren will.

Nachdem wir in unserem „Excelsior" ausgiebig gefrühstückt haben, wird das Mittagessen meist ausgelassen. Es sei denn, es gibt mittags im „Bolero" – direkt an der Copacabana – frische Austern. Abends ist das „Bolero" ein vielbesuchtes Etablissement, das nicht nur von Austern lebt. Meine ersten Austern hatte ich in New York in einem ganz vornehmen Restaurant gegessen. Nachdem wir artig am Eingang vor dem Schild „Wait, to be seated!" gewartet haben, führt uns die resolute Platzanweiserin an einen Tisch, den ich mir eigentlich freiwillig nicht ausgesucht hätte, weil noch viele schönere Plätze frei waren. Wir müssen parieren. An diesem heißen Sommerabend ist das Restaurant vornehm abgedunkelt und auf knappe 18 Grad herabgekühlt. Ich warte fröstelnd in meinem der Jahreszeit angepaßten Sommerkleidchen auf Austern. „Die musst du unbedingt probieren", heißt es. Auf gestoßenem Eis serviert – total steril ausgewaschen – kann ich diesen Riesen-Glibberdingern allerdings keinen Geschmack abgewinnen.

Jetzt heißt es in Rio: „Was, Du magst keine Austern?! Komm mit zum Hafen, da landen die Austernfischer direkt an, und die noch lebenden Austern werden an kleinen Buden nach Größe sortiert; du kannst soviel essen, wie du Lust hast. Die eine Hälfte der aufgebrochenen Schalentiere hält der Verkäufer auf seiner Seite und am Schluß werden seine Schalen gezählt und abgerechnet."

Was die Umgebung doch ausmacht! Auf dem runden Marktplatz am Meer schaukeln an den kleinen Buden flackernde Petroleumlampen und beleuchten die nach Größe sortierten, gerade fangfrisch eingetroffenen Austern. Hm, diese Atmosphäre! Dazu die frischen Limonen, der Geruch des Meeres, der aus den frisch geöffneten Schalentieren aufsteigt.

Und die Menschen, die mit großem Genuß diese Meeresfrüchte schlürfen. Ja, all das hat mich auf den Geschmack gebracht! Jeder Tag beschert uns neue Erlebnisse.

„Jetzt habe ich aber wirklich Kohldampf bis unter die Arme! Komm, laß uns zum Jimmy gehen!" sagt Freddy.

„Ja, jetzt so'n Carré de Porco!" sagt Peter und schon läuft uns allen das Wasser im Munde zusammen. Als wir im „Jardim Gaucho" von den Düften der brutzelnden Fleischspieße über dem offenen Holzkohlegrill empfangen werden, können wir unsere Bestellung kaum erwarten. Ach, da stehen ja schon Brot und Butter auf dem Tisch. Zugelangt! Und die kleinen niedlichen „pimento malaqueta!" Eine kleine grüne, eine kleine rote und eine kleine orange-farbene auf das Brot mit Butter – und ... der Mund brennt – der ganze Mund, die Lippen – alles bis zum Kinn und bis zur Nase, die Nasenhöhlen werden ausgebrannt. „Und?" fragt Peter Spaden, unser Kapitän. „Schmeckt's?

„ Joa", sage ich mit Unschuldsmiene und er genehmigt sich auch eine Portion. Seine Augen, die sowieso schon ein bißchen Basedow-Veranlagung aufweisen, treten noch weiter hervor und er kann sich gar nicht mehr einfangen. Da nehme ich – sowieso schon total taub im Mund – noch eine Portion auf mein Brötchen und stecke dieses achselzuckend in meine brennende Mundhöhle. Hustend meint er: „Die Frau hat ja wohl überhaupt kein Gefühl!"

„Komm, laß uns doch nach São Paulo fahren – die Stadt interessiert mich. Wir können einen Bus nehmen", meint Peter, unternehmungslustig wie immer.

„Da mach ich mit!" Schon schaukeln wir mit dem vollbesetzten Bus sieben Stunden durch Brasilien bis in die Millionenstadt São Paulo. Aber die fesselt uns nicht besonders, so dass wir uns in Richtung Meer orientieren wollen. „Laß uns weiter fahren an den Hafen nach Santos."

Dort angekommen, kehren wir am Strand in einen großen Glaspalast ein.

Oh, was gibt es hier für viele tropische Früchte, die ich noch nie gesehen habe. Und eine Saftbar! „Maracujá" – kennen wir nicht. Hm, schmeckt das gut! „Maracujá batida" mit Cachaça, Zuckerrohrschnaps, müssen wir probieren – hm! Das schmeckt ja noch besser! Und wie süffig dieses Zeug ist! Schon stehen neue Gläser auf unserem Tisch und die Einheimischen um uns herum. Je öfter dieses tropische Getränk über unsere Zunge gleitet, desto eloquenter wird diese. Noch nie haben wir so gut Portugiesisch gesprochen!

„Jetzt habe ich Lust, ins Wasser zu gehen."

„Ja ich auch!" Schon schwimmen wir in der Dämmerung hinaus aufs Meer. Ach, wie herrlich! So stark habe ich mich vorher im Wasser noch nie gefühlt. Ich genieße es, mit kräftigen Zügen das Wasser zu durchteilen. Fünf Züge mit Kopf unter Wasser, Luftholen, erneut eintauchen, durchziehen. So könnte ich schwimmen und schwimmen in dem lauen Wasser dieses Meeres.

Zwischendurch ein paar Züge auf dem Rücken, das warme Wasser streichelt mich. Ich bin eins mit dem Meer, fühle mich wie ein Delphin … bis ich mich umdrehe und das Land suche.

„Wo ist das Land?!" durchfährt es mich schlagartig. Dort hinten – weit, weit weg! In der Ferne blinken kleine Lichter. Oh, oh! Auf einen Schlag bin ich nüchtern. Gott sei Dank haben die Kräfte und auch die Freude am Schwimmen nicht nachgelassen. Wieder durchziehe ich die Fluten, allerdings nicht mehr ganz so hingebungsvoll wie auf dem Hinweg.

Wie ich Peter wiedergefunden habe und wir wieder nach Hause gekommen sind, entzieht sich meiner Kenntnis – ein paar Seiten scheinen aus dem Buch meiner Erinnerung herausgerissen worden zu sein …

Brasilia

Die geplante neue Hauptstadt Brasiliens, die utopische Stadt vom Reißbrett mitten in den Urwald gesetzt, müssen wir Ende der fünfziger Jahre kennen lernen. Schon machen sich ein paar abenteuerlustige, unternehmungsfreudige Lufthanseaten auf den 950 Kilometer langen Weg ins Innere Brasiliens, durch die Luft natürlich, denn Brasilia hat schon einen Flughafen. Der supermodernen Stadt mit den außergewöhnlichen Bauwerken ist der Lebensodem noch nicht eingehaucht worden. Das eigentliche Leben findet in einer provisorischen Stadt außerhalb statt. Eine richtige Wildwest-Stadt empfängt uns dort mit Petroleumlampen und alternativen Gebrauchsgegenständen. Holzkohlebügeleisen werden als Souvenir mit nach Hause geschleppt. Dekorativ für uns, notwendig für die „Wildwestler". Und die vielen aufgeputzten Fräuleins?

Wie ein Bumerang mutet uns die 13 Kilometer lange Hauptverkehrsachse an, die sich am Lago de Brasilia der Landschaft anpaßt.

Alle Gebäude in der Nähe des Stausees sind von dem genialen Architekten Oscar Niemeyer entworfen, dem schon zu Lebzeiten in Rio eine Avenida Niemeyer gewidmet ist, die nach Ipanema hinführt.

Wir stehen staunend vor Bauwerken, die zwar noch nicht bezugsfertig sind, uns aber enorm beeindrucken: der Sitz des Regierungspräsidenten mit den freistehenden Stützen vor einer Glasfassade; die Kathedrale mit ihrem kreisförmigen Grundriß und ihren geschwungenen und in der Mitte gebündelten Betonrippen.

„Meine Güte", sagt bewundernd unser Co-Pilot Fischer, „dieses Nebeneinander von geschwungenen Formen – mal konkav und mal konvex – mal schwingend, mal kantig, alles in schwerem Beton und doch so auffallend schwerelos!"

Ich kann nur sprachlos staunend zustimmen und aufpassen, dass mir der Mund nicht offen stehen bleibt.

„Jetzt kann man in Brasilien noch ganz günstig Grundstücke kaufen", sagt Monika. Ich habe mir 4000 Quadratmeter gekauft für 20 Pfennig pro Quadratmeter."

„Ja, das ist echt preiswert", muss ich zugeben, „aber wo liegt denn dein Grundstück?"

„Das weiß ich auch nicht so genau, man hat mir zwar eine Karte gegeben …"

Eine andere Kollegin kauft sich in Miami ein Grundstück in der Nähe eines Golfplatzes. Jedes Jahr muss sie Steuern zahlen. Als sie ihr Grundstück einmal vor Ort besichtigen will, findet sie niemanden, der es ihr zeigen kann.

Unseren ersten Karneval im Ausland hatten wir in Lissabon gefeiert. Besinnlich, fröhlich auf eine sanfte Art. Amalia Rodrigues hatte sich mit ihrer einmaligen Stimme mit ihren Fados in unsere Herzen gesungen. Nun sind wir in Brasilien – da wird zwar auch portugiesisch gesungen, aber mit welch einem heißen Rhythmus!

Wir sitzen beim Essen, da hören wir eine Sambaschule antanzen. Rasch eilen wir an die Straße, an der schon kleine Jungen mit Stöcken den Rhythmus an die großen Drahtpapierkörbe schlagen. Die Sambaschule zieht vorbei, wir ziehen mit und ehe wir es uns versehen, fahren uns die heißen Rhythmen in die Beine und wir laufen im Sambaschritt – einfach mit.

Am Abend sind wir in den feudalen Yacht-Club zum Carneval eingeladen. Bei den feucht-heißen Temperaturen und den heißen Tänzen heißt es: „Zieht euch kühl an!" Schon tönt uns der Sambaschlager der Saison entgegen: „Yo no soi macaco, ma gosta di bananas", „Ich bin kein Affe, aber mir schmecken die Bananen" heißt es darin. Es ist schwül und heiß und durch die angeheizte Stimmung noch mindestens 10 Grad heißer in dem voll besetzten Yachtclub. Ich, die ich ganz selten schwitze, freue mich über jeden, der ein Frottee-Hemd trägt. Später gehen wir auf die Straße. Ein großer Umzug zieht vorbei. Wir schließen uns an, haken uns alle ein. Plötzlich greift Erich in seine Gesäßtasche. Leer! Sein Portemonnaie war für einen brasilianischen Langfinger zu verlockend.

Macumba

Auf dem Rückweg von einem gemeinsamen Abendessen gehen wir barfuß am dunklen Strand der Copacabana entlang. Schon aus einiger Entfernung sehen wir flackernde Kerzen, die kurz vor dem Verlöschen sind. Blumen, die um diese Kultstätte ausgelegt sind, werden von gierigen Wellen eingesogen, wieder an Land gespült, liegen gelassen, um dann wieder spielerisch fortgetragen und beim nächsten Anrollen endgültig verschluckt zu werden.

„Hier hat man eine Macumba zelebriert", sagt Gottfried, unser Flugingenieur, der seit einiger Zeit in Rio stationiert ist. „Macumba ist eine synkretistische Religion" fährt er in seiner Erklärung fort.

„Eine – was für eine – Religion?" fragen Christa und ich wie aus einem Munde.

„Synkretismus ist die Verschmelzung von verschiedenen Religionen. In der Macumba werden Gottheiten, die die ehemaligen Sklaven aus Westafrika mitbrachten, mit biblischen Gestalten und katholischen Heiligen, zuweilen auch mit göttlichen Wesen der indianischen Tradition identifiziert. Der Schöpfer und Himmelsherr, wird Jesus Christus gleichgesetzt, die Meeresgöttin Yemanjá der Maria. Alles ist auf eine ihnen verständliche Form zugeschnitten. Auf speziellen Kultplätzen werden zur Ekstase führende Macumbas vollzogen.

„Mensch, Gottfried, woher weißt du das denn alles?" fragen wir erstaunt.

„Unser aus Goa stammender Stationsleiter Da Silva hat mich neulich zu einer Macumba mitgenommen. Außerdem habe ich mich mit einem einheimischen Carioca etwas angefreundet, der mit solchen Zeremonien vertraut ist. Habt ihr Lust, einmal mitzukommen?" Natürlich sind wir angetan von dieser Möglichkeit, hinter das Geheimnis solcher Rituale zu kommen. Auf dem Weg zu einem der Hinterhöfe in den Favelas, diesen Elendssielungen aus Kistenbrettern, Benzinkanistern und Strohmatten, ist es mir dann allerdings doch etwas unheimlich. Gut, dass ein Einheimischer uns führt und die abweisenden Blicke der Bewohner etwas neutralisieren kann.

„Diese Kulthandlungen sind mit Opfergaben verbunden, zum Beispiel Kräutern, gerösteten Maiskörnern, sogar getöteten Hähnen, also erschreckt nicht!"

Schon dringt Trommelmusik dumpf an unser Ohr, wird rhythmischer, peitschender. Im Kerzenschein sehen wir im Kreis einiger Frauen eine dicke Frau, die die Augen geschlossen, mit ihren nackten Füßen den Rhythmus in die Erde stampft und aus dieser wiederum Kraft aufzunehmen scheint. Sie ist „außer sich", tanzt in Trance. Vor ihr kniet zusammengesunken ein alter Mann, der wohl von einem Leiden geheilt werden möchte.

„Man glaubt, dass Krankheiten von bösen Geistern verursacht werden. In der Macumba wird durch Rituale Kontakt zu diesen Geistern aufgenommen." flüstert uns Gottfried zu.

Die füllige Tänzerin nimmt ein paar Kräuter, zündet sie an, beweihräuchert den Kranken damit, hebt Körner vom Boden auf, wirft sie in die Flammen, die diese prasselnd aufnehmen.

„Das alles mit geschlossenen Augen!" wundere ich mich. Ein Gesang wird angestimmt – Yemanjá – höre ich immer wieder heraus.

Gottfried hat sich intensiv mit diesem Ritual beschäftigt und ich freue mich, dass er uns teilhaben läßt: „Die Sklaven haben ihre ‚Yemanjá' mit in die westliche Welt gebracht. Sie wird angerufen und um Segen gebeten, weil sie ihnen in Zeiten großer Qual beigestanden hat. Brasilien ist ein Schmelztiegel – tolerant wird alles integriert. Vielleicht kommt das Volk der Einheit so ein Stück näher?" erzählt uns Gottfried mit einem Fragezeichen in der Stimme.

Segeln in Flaute

„Ich will morgen mein Boot von Jurubaiba abholen, habt Ihr Lust mitzusegeln?" fragt Werner, der als Co-Pilot über ein halbes Jahr in Rio stationiert ist. Eva, unser kleiner Feuervogel aus Oldenburg, ist sofort dabei und Jan, unser Navigator, der seine Stationierung eifrig nutzt, brasilianisch zu lernen und keine Gelegenheit ausläßt, sein Wissen anzuwenden.

Von unserem Einsiedler Johnny auf der vorgelagerten Insel in Dakar bekam Eva den Namen „Pomme" wegen der Paradiesgeschichte oder der wohlgeformten „Äpfelchen", die verlockend aus dem Bikinioberteil herausgucken, von denen Werner die Augen nicht abwenden kann. „Wir nehmen die Fähre bis Jurubaiba, besuchen dort die Wittes und segeln dann zurück", gibt er Anweisung. Ich bin mit von der Partie. Wir kommen in ein Tropenparadies. Die beiden alten Wittes, weißhaarig mit versonnen-versponnenem Blick, leben seit über dreißig Jahren in ihrem tropischen Gewächshaus. Ihre Familie besteht aus dreißig oder fünfzig Papageien, die sie mit Namen rufen, mit ihnen schnäbeln – keine Angst vor der Papageienkrankheit! Diese beiden hätten sich auch von der Vogelgrippe nicht ins Bockshorn jagen lassen! Mit den Tieren und auch den vielen Pflanzen stehen sie auf Du und Du.

„Ich muss mein Boot noch ein bißchen auf Vordermann bringen, ein wenig streichen, aber dann geht es los!" sagt Werner. Schon sind die Handwerker tätig. Da wird noch ein bißchen Rost entfernt, geschliffen, gepinselt und ehe wir einsteigen können, hat die Sonne den Zenit schon überschritten. „Vorsichtshalber packen wir noch eine Dose Würstchen ein", sagt Werner, „aber sonst sind wir autark, wir haben unsere Angelausrüstung dabei."

Wir segeln los, es ist lau. Die Luft ist mild – der Wind bläst sanft. Wir kommen so langsam vorwärts – der Wind wird sanfter und sanfter und … wo bleibt er nur? Die Segel werden schlaff, Flaute, wir dümpeln dahin. Werner und Eva machen es sich gemütlich – sitzen am Heck und vertreiben sich die Zeit mit ein bißchen Schmusen. Jan und ich springen ins Wasser, tauchen unterm Boot durch, stecken uns schwarze Oliven in die Nase und tauchen Seehunden ähnlich wieder auf. Aber alles das kann den Wind nicht animieren. Endlich! Aeolus zeigt Mitgefühl und läßt eine leichte Brise aufkommen. Segel gesetzt und Fahrt aufgenommen! Jan hält seine Angelschnur mit Blinker ins Wasser. Abendbrotzeit rückt näher, ohne eine Fischmahlzeit!

Es wird schon dunkel. Da ist eine Insel, aber wir kommen nicht voran. „Ja, das ist so zu erklären", sagt unser Navigator Jan wissenschaftlich mit wichtiger Miene, „der Wind bläst oben gegen die Segel, kehrt dann um in die Gegenrichtung und hebt so die Fahrt auf."

Das ist mir zu kompliziert. „Hört doch mal, knirscht das nicht unter unserem Rumpf?" frage ich ganz unwissenschaftlich. So ist es! Neben unserem Boot können wir stehen, sind aber noch über 200 Meter vom Strand entfernt, vom Strand einer unbewohnten, dunklen tropischen Insel. Wir packen unser Segel und unsere Siebensachen und waten durch das warme flache Wasser auf die Insel zu.

Die schmale Sichel des Mondes beleuchtet nur notdürftig unsere Umgebung. Treibholz liegt am Strand – oder Schlangen? „Wir müssen ein Feuer machen! Sammelt mal Brennholz!" gibt Werner klare Anweisung.

Alles ist feucht – und so ganz ins Innere der Insel trauen wir uns auch nicht. Da die „Jäger und Angler" nichts für unser Abendbrot geangelt haben, wird schon mal unsere Notration „Würstchendose" geöffnet. Ein dicker Stamm wird angebracht, den müssen wir zum Brennen bringen. Aber das nasse Holz will nicht brennen. „Wir müssen es hochlegen, damit von unten Luft drankommen kann", sagt fachmännisch unser Jan. Eine Dose wird in den Sand gedreht, das Feuer lodert. „Wo sind denn die Würstchen?" Sie sind sandgepudert. Unser Hunger ist noch nicht so groß, dass wir sagen könnten: „Sand scheuert den Magen."

Das Nachtlager wird vorbereitet und das Segel ausgebreitet. Die beiden Männer liegen außen, wir Frauen innen. Zwischen Eva und Werner hat sich eine Anziehung entwickelt. Jan ist mir mit seinen geschwungenen Reden etwas auf die Nerven gegangen. „Gute Nacht", sagen wir mit einem Blick auf den Sternenhimmel der südlichen Hemisphäre. Wie schön, dass sich Eva und Werner so gut verstehen. Ich liege wie ein Brett neben Jan. Plötzlich merke ich, dass Jan näher rückt. Noch näher! Ich rücke noch mehr zu Eva. Plötzlich prusten Eva und Werner los. Werner hatte Jan liebevoll am Kopf gekrault, was dieser wohl als meine „Aufforderung zum Tanz" empfinden musste.

Plötzlich sitzen die Männer senkrecht! „Da! Da kommen Betrunkene aus dem Wald. Sie rauchen, torkeln und kommen auf uns zu!" Wir beobachten die Betrunkenen angespannt. Dann die Entwarnung: „Es sind Glühwürmchen. Gute Nacht!"

„Wir angeln jetzt unser Frühstück", sagen die beiden Männer am nächsten Morgen und während wir uns mit Fingerzahnbürsten im Salzwasser die Zähne putzen, werfen sie schon ihre Blinker aus. Ob das was bringt?! Vorsichtshalber sammele ich – Kriegskind, das ich nun einmal bin – die sandigen Würstchen ein. Wer weiß, wie lange wir noch unterwegs sind! Unermüdlich werfen die Männer ihre Blinker aus – vergeblich!

Wir segeln los. Die großen Angler halten ihre Ruten ins Wasser – kein Fisch beißt an. Resigniert legt Jan seine Angel nach einiger Zeit zur Seite. Ich nehme sie, hänge ein Sandwürstchen daran und bekomme gleich eine Belehrung: „Wir wollen keine Köderfische, sondern Raubfische mit unseren Blinkern fangen!"

„Ist mir doch egal", denke ich und halte mein Würstchen ins Wasser. Keine fünf Minuten später ziehe ich einen Mordsfisch mit imposanten Barthaaren an meiner Angel ins Boot. Werner nimmt sein Messer und stößt es ihm in den Kopf. Mein bärtiger Geselle aus dem Meer witscht nun mit dem Messer im Kopf durch das Boot: „Mensch, mach ihn doch tot! Das kann man ja nicht mit ansehen!" flehe ich.

„Der ist schon tot, das sind nur noch die Nerven!" meint Werner. Aber so tot schien er auch nach fünf Minuten nicht zu sein!

„Nie wieder werde ich angeln!" schwöre ich mir. Und auch Segeln wird nicht zu meinem Hobby! Denn zur Mittagszeit setzt wieder eine Flaute ein. Gleiches Spiel, gleiches Glück. Ich gucke auf das ferne Ufer und schätze ab, ob ich es wohl schwimmend erreichen kann. Aber da! Ein Riesenrochen – ein Manta – durchschneidet die Fluten. Dem will ich doch nicht ins Gehege kommen. Also ist wieder Geduld gefordert.

Nochmals können wir uns eine Übernachtung auf einer Tropeninsel nicht leisten, denn morgen früh müssen wir unseren Flug antreten.

Während wir noch so dümpeln, kommt eine Yacht vorbei, die von einem Flautenmotor angetrieben wird. Man nimmt uns ins Schlepptau. Bei der ersten Zollstation wird mein Fisch begutachtet. „Oh, der ist giftig!" meint ein Hafenbeamter. Na, egal, wir werden ihn unserem Jimmy zeigen.

Jan, unser Navigator, hat auf seinem kleinen tragbaren Radio immer die brasilianischen Wasserstandsmeldungen, Wettervorhersagen etc. gehört, die uns eigentlich nicht so interessierten. Beim Einlaufen in den Hafen steht er vorn an der Reling und übersetzt fleißig. Bei einem Turn macht es „Plups", ein paar kleine Kreise im Wasser ... Sendepause!

„Ach", sage ich, „jetzt können die Fische die Wasserstände und Wetterberichte empfangen." Das findet Jan gar nicht so lustig.

Aber abends bei Jimmy versöhnen wir uns wieder. Als wir meinen „Köderfisch" Jimmy zeigen, meint der: „Das ist ein Wels, der köstlich schmeckt. Ich bereite ihn euch zu mit Kartoffeln und Salat." Selten hat uns ein Fisch so gut geschmeckt! Das ist die übereinstimmende Meinung – auch von Jan!

Im Gegensatz zum Fleisch-Paradies in Jimmys Churrasqueria ist in Chile das Fleisch knapp. Es stehen nur an drei oder vier Tagen in der Woche Fleischgerichte auf der Speisekarte. Das weiß ich aber erst nach meiner schmerzlichen Erfahrung. Als ich das erste Stück meines Schnitzels in den Mund stecke, denke ich: „Das ist aber ein merkwürdiger Geschmack! Ist es das Fett, das Gewürz oder die Panade, so süßlich? Nein!" wird mir beim zweiten Bissen klar und ich spucke ihn sofort aus. „Das Fleisch ist vergammelt!"

Aber ein Happen reicht, wie mir auf dem Flug nach Rio mit vier Zwischenlandungen voller Übelkeit klar wird. In Rio angekommen, nichts wie rauf in mein Bett! Es ist affenheiß – alle Fenster sind geöffnet. Auch die von dem gegenüberliegenden Apartment-Haus, das von unserem Excelsior-Hotel nur ca. 25-30 Meter entfernt ist. Bloß hinlegen, nix sehen, nix riechen, nix hören. Aber was höre ich?! Mireille Mathieu: „Dippe Dippe Du" singt sie mit ihrer markanten Stimme in mein Ohr. Es ist zwar nicht mein Lieblingssong, aber okay – oder doch nicht! Es ist nämlich der Lieblingssong des Schallplattenbesitzers, der seinen Plattenspieler auf der Brüstung postiert hat und dieses Lied immer und immer wieder abspielt. Oh, nein! Beim zwanzigsten Mal stehe ich auf und versuche, gestikulierend die Aufmerksamkeit meines Gegenübers zu erringen. Nichts! Mireille hat ihn in seinen Bann geschlagen und mir den Nerv getötet. Ich fühle mich so schwach und elend, dass ich auch nicht zur Rezeption gehen mag, und telefonisch konnten sie mir auch nicht helfen.

Mein Gegenüber ist zwar nur einen Steinwurf entfernt, aber wo soll ich einen Stein hernehmen? Eine Klorolle signalisiert mir: „Nimm mich!" Viele, viele Blätter naß gemacht und zu einem Wurfgeschoß geformt, fliegt die erste Kontakt-Bombe über die schmale Straße – trifft kurz unter der Brüstung auf: Blindgänger! Nach ein paar mißglückten Versuchen – Volltreffer! Der Mireille-Fan tritt ans Fenster, schüttelt den Kopf und stellt seine Mireille-Schallschleuder ein bißchen zur Seite. Sorry, Mireille, du kannst ja nichts dafür, dass ich dich nicht mehr hören mag. „Wat dem een sin Uhl, is dem annern sin Nachtigall."

Dafür liebe ich die chilenische Musik um so mehr und auch die Chilenen. Wir alle bei Lufthansa mögen dieses fröhliche Volk, so aufgeschlossen, obgleich doch so abgeschlossen hinter den riesigen südamerikanischen Anden. Sie sind uns die liebsten Gäste an Bord unserer Südamerika-Route und auch die Menschen am Boden haben mit ihrer sympathischen Freundlichkeit unsere Herzen erobert. Wenn wir so den Flug über die Anden geschafft haben, liegt ganz unten am Fuße der Kordilleren die Hauptstadt Chiles.

Es ist immer ein besonderes Abenteuer, über die Anden zu fliegen. Unsere Conny kann nicht, wie später die Jets, die 6000 Meter hohen Bergmassive mühelos überfliegen, sondern muss sich einen der drei Pässe aussuchen, natürlich unter der Regie unseres Kapitäns. Zuerst müssen wir uns auch „hochschrauben", um auf Höhe zu kommen. „Gehen sie mal zum Kapitän und sagen sie ihm, dass wir stehen!" sagt eine ältere Dame in der hinteren First Class-Kabine zu mir. Ich erkläre ihr das Kreisen, um die Höhe zu erreichen, aber sie bleibt dabei: „Nein, ich beobachte das schon eine ganze Zeit, wir stehen. Gehen sie nach vorne und sagen das dem Kapitän!"

Na ja, gehorsam melde ich es dem Kapitän und er meint schmunzelnd: „Na, dann wollen wir mal die Bremse lösen und den ersten Gang einlegen."

Gewitter über den Anden

Einmal erwischt uns bei der „Durchquerung" der Anden ein Gewitter. Wir können weder nach oben, noch nach rechts oder links ausweichen. Wir müssen in unserer Schneise bleiben und hindurch.

Zuerst wird es immer dunkler und es fängt an, turbulent zu werden. Dann aber wird es um uns herum ganz gelb – aschfahl. Eine unheimliche Stimmung! Unsere Conny wird wirklich gebeutelt. Die Flügelendtanks schwanken meterhoch rauf und runter. „Oh, hoffentlich sind die richtig befestigt", schießt es mir durch den Sinn und etwas krampft sich in mir zusammen. Aber als eine Frau zu wimmern anfängt, übernimmt in mir eine andere Person die Führung. Ich bin nicht Edith, sondern die Stewardeß der Lufthansa und kann ein paar Worte in ihrer Muttersprache sagen, worauf sie sich – wie durch ein Wunder – aus ihrer Verkrampfung löst und allmählich entspannt. Auch den anderen Passagieren, die fatalistisch, verkrampft oder mit gefalteten Händen dasitzen, kann ich vermitteln, dass vorne ein sehr erfahrener Kapitän das Ruder in den Händen hält. Es geht alles glatt und wir sind alle erlöst, als wir sicher nach Santiago hineingleiten.

Tanz in Chile

Santiago de Chile, diese einladende Stadt am Fuße der Sechstausender der Anden mit den fröhlichen, deutschfreundlichen Chilenen! Wie schade, dass wir immer abends landen und am nächsten Tag schon um fünf Uhr wieder aufstehen müssen! Aber einmal heißt es nach der Landung mit drei Triebwerken: „Motorwechsel – mindestens 24 Stunden Aufenthalt!“ Nichts kann uns mehr zurückhalten, Santiago zu erkunden. Wir kommen ins „Pollo dorado“. Fröhliche, rhythmische Musik tönt uns live entgegen. Wir werden wie alte Freunde begrüßt; eine Lufthansa-Fahne wird uns sofort auf den Tisch gestellt und die „Guaranis“, oder wie sie heißen, scheinen extra für uns zu spielen. Ohne von dem köstlichen chilenischen Rotwein getrunken zu haben, sind wir gleich „high“. Die Musik ist so rhythmisch und so mitreißend, dass sie uns gleich in die Beine geht. Schon haben wir ein Taschentuch in der Hand und tanzen Cueca. Diesen Nationaltanz Chiles haben wir uns von den Einheimischen schnell abgeguckt. Dann noch ein Glas Rotwein – nach den Strapazen des Tages – und schon tanzen wir so, dass die Chilenen für uns die Tanzfläche räumen, den Rand säumen und den Rhythmus klatschen.

„Junge, Junge, das ist echt heiß!“ meint Lothar. „Wie schön, so integriert zu werden und die Sympathie der Chilenen zu spüren“, fügt Freddy hinzu. Freddy Hahn ist ein Pfunds-Kumpel. Hatte er über dem Atlantik als Funker und später als Navigator seinen Dienst getan, kam er in die Galley, um uns zu helfen. Helfende Hände konnten wir gut gebrauchen und so war Freddy oft Hahn im Korb.

Als wir nach unserem heißen Cueca-Tanz nach Hause gehen, fragt Freddy mich, ob wir uns nicht duzen wollen. „Wir haben doch schon so viele Flüge miteinander gemacht und dieser Abend ist doch auch etwas ganz Besonderes gewesen.“

„Gut, Freddy, ich bin Edith“, sage ich und gebe ihm einen kleinen unschuldigen Bruderschaftskuß.

„Ich auch!“ meint Lothar und will mir gleich einen richtigen Kuß aufdrücken, so nach Macho-Manier. Aber ehe ich überhaupt nachdenken kann, hat er schon meinen spitzen Absatz in seinem Hosenbein. Hinterher hat er sich halb scherzend beklagt, ich hätte ihm ein Loch ins Hosenbein getreten. Na, so schlimm wird´s nicht gewesen sein.

Schlimm aber war die überraschende Nachricht, die uns bei Ankunft im Hotel überfiel: „Doch kein Motorwechsel! Pick up um fünf Uhr!”

Das war ein langer Flug von Santiago über Buenos Aires, Montevideo, Porto Alegre, São Paulo bis nach Rio …

Fliegende Händler mit Gitarren

„Auch die Cabin-Crew wird jetzt für längere Zeit in Südamerika stationiert", sagt Peter, der schon ein Auge auf meine Freundin Tünnes geworfen hat.

„Wir haben im Juli einen gemeinsamen Einsatz. Drei Tage bleiben wir in Rio, fliegen nach Santiago, haben dort eine halbe Woche frei und dann geht es wieder zurück nach Rio. In Rio vergeht ja die Zeit wie im Fluge, aber in Santiago ist jetzt Winter und der ist dort auch nicht so gemütlich."

„Ich finde die Musik in Santiago so klasse und würde so gern Gitarre spielen lernen", sage ich zu Peter.

„Ja, Gitarre ist auch mein Lieblingsinstrument. Guck mal, hier in Rio gibt es Gitarren für umgerechnet 35 DM. Damit können wir doch anfangen!" meint Peter und schon sind wir im Besitz von zwei Gitarren, die für unsere unvoreingenommenen Ohren einen guten Klang haben. Wir kommen an Bord und verstauen unseren Gitarren hinter den letzten First Class-Sitzen.

„Spielen Sie Gitarre?" fragen uns die Passagiere.

„Nein, wir fangen erst an."

Das ist eine der häufigsten Antworten auf die immer wiederkehrende Frage in den kommenden drei Monaten. In Santiago angekommen, beäugt der Zoll unsere Gitarren von allen Seiten und fängt an, ein paar Akkorde zu spielen.

„Ganz preiswert!" versichern wir eifrig.

„Cuanto?"

„Umgerechnet 35 DM!"

„Bringt uns das nächste Mal auch welche mit!" Schon sind wir als fliegende Händler in Gitarren unterwegs. Bei der nächsten Ankunft ist unser Stationsleiter Ortega ganz begeistert und singt am Flughafen ein wunderschönes chilenisches Lied: „Yo vendo unos ojos negros" („Ich verkaufe ein paar dunkle Augen") für eine Gitarre aus Rio. Immer wieder finden sich chilenische Musikfreunde, die wir mit Gitarren aus Rio beglücken und immer wieder die gleiche Frage der Passagiere an die fliegenden Händler: „Spielen Sie Gitarre?"

Inzwischen spielen wir schon ein bißchen, denn wir haben unseren Gitarrenlehrer gefunden. El Professor Arturo Gonzales verpaßt uns zunächst ein Buch: „Ud puede tocar la guitarra“, „Sie können Gitarre spielen – ohne Noten!“ Wenn das nichts ist!? Wir bekommen zunächst die chilenischen Lieder vorgesungen, singen sie nach und dann kommen die tollen mitreißenden Anschläge dazu. Galoppa, Galoppa! Wir spielen sie der ankommenden Besatzung in unserem gemeinsamen Übergangszimmer mit solchem Enthusiasmus vor, dass ich später in New York oder Bangkok beim Wiedersehen aufgezogen werde: „Edith – Galoppa, Galoppa!“

Während unserer Stationierung in Santiago haben wir auch die kleinen kraftstrotzenden Indianerpferde kennen und schätzen gelernt. Beim Frühstücken verabreden wir uns für einen Ritt in die Berge. „Ich möchte mich Ihnen anschließen“, sagt unser Flugingenieur Petzhoff aus Österreich.

Peter sucht sich den stolzen „Estrello“ aus, ich bekomme „Mono“ und für unseren Flugingenieur bleibt „Rosinante“ übrig. Wir reiten in die Berge. Wunderschönes Panorama. Plötzlich sagt Peter: „ Komm, Edith, laß uns ein Rennen machen!“ und zu unserem Flugingenieur gewandt, meint er: „Herr Petzhoff, wir beiden wollen mal einen kleinen Galopp einlegen. Bleiben Sie zurück. Wir warten dann auf Sie!“ Also los geht es: „Galoppa, galoppa!“ Nicht nur singend! Mein Mono will dem Estrello nicht nachstehen. Plötzlich hören wir, „Galoppa, Galoppa“, hinter uns Rosinante mit wehenden Steigbügeln – ohne Reiter. Dieser Anblick ruft in uns eine ungeahnte Heiterkeit hervor. Warum nur?! Wir ahnen doch, dass dem Reiter nichts Gutes passiert ist. Und doch müssen wir lachen und lachen, bis wir unseren Flugingenieur humpelnd um die Ecke kommen sehen. Obgleich er uns leid tut, können wir uns vor Lachen nicht halten. Wir bemühen uns im Hotel ganz besonders um ihn, aber bis heute kann ich nicht verstehen, warum wir so lachen mussten.

Wieder einmal auf in die Berge – auf dem Rücken der Pferde. Peter ist recht ehrgeizig, Beim Frühstück hat er mich in sein Jura-Studium eingeweiht, das er nebenbei absolviert, später abschließt und sogar promoviert. Er ist nicht der einzige, der nebenbei studiert. Da ist noch unser Bodo Wiethoff, der es zum Professor für Sinologie gebracht hat, weil ihn der Ferne Osten so begeistert hatte. Walburga Hütte aus meinem Lehrgang hat ebenfalls ihren Doktortitel erworben, aber erst nachdem sie mit dem Fliegen aufgehört hatte.

Unser „Jurist in spe" zeigt mir auf unserem Ausritt, wo es lang geht. Ich habe nämlich einen schlechten Orientierungssinn. Bei meiner Geburt waren die Feen der Ordnung und der Orientierung wohl nicht mit eingeladen.

So reite ich still vergnügt hinter Peter her – immer bergauf, fasziniert von der wunderschönen Bergwelt und der majestätischen Felsenkette der Anden. Wir durchqueren kleine, klare Bäche, reiten über saftige Wiesen, umgehen Einzäunungen und kommen höher und höher und ich achte gar nicht mehr so genau auf meinen Peter-Führer. Plötzlich sehen wir uns einer Herde von Kühen gegenüber. Junge, die sind aber gut in Futter hier auf der fruchtbaren Wiese und in der guten Luft! Und die gucken auch gar nicht so wie „'ne dumme Kuh" (wie ja überhaupt Kühe immer ganz wunderschöne Augen haben), sondern sehen uns Eindringlinge ziemlich forsch an. Ich reite noch ein bißchen weiter auf die breitbeinig dastehenden Rindviecher zu. Oh, Oh! Wo haben die „Kühe" denn ihre Euter gelassen?!

Da höre ich hinter mir, „Galoppa, Galoppa", Peter in die Gegenrichtung davon preschen. Auf einen Stierkampf will sich unser Ritter wohl doch nicht einlassen. Da kratze auch ich ganz schnell die Kurve.

„Laß uns man wieder nach unten reiten", schlage ich vor. Aber wo geht es nach unten? Wir reiten und reiten und bleiben immer auf gleicher Höhe – wieder eine Umzäunung, kein Abstieg, undurchdringliches Gestrüpp und immer wieder die Befürchtung, auf „forsche Kühe" zu stoßen. Mit Einbruch der Dämmerung haben wir dann aber doch noch einen Weg ins Tal gefunden.

Unsere Stationierung geht dem Ende zu. Wir treten unseren Heimflug an; wieder mit unseren Gitarren, auf den wir nun schon etwas eingespielt sind, ebenso wie auf die Fragen der Passagiere.

In der Hotelhalle unseres Hotels Excelsior spricht mich ein Gast an: „Spielen Sie Gitarre?" Nun reicht's, denn wir haben schon bald Fetzen an der Zunge!

„Ja, sicher", entgegne ich ihm jetzt außerdienstlich: „Wir sind doch auf Südamerika-Tournee. Haben Sie uns noch nicht im Radio gehört?!"

Kaum in unserem Zimmer angekommen, das wir Stewardessen uns in der Anfangszeit teilen müssen, geht das Telefon: „Senor de Barrio aus Argentinien möchte die „berühmten Gitarrenspieler" zum Abendessen einladen. Im Laufe des Abends nennt er mich „Cabrita", was „Zicklein" bedeutet. Schnell erinnere ich mich an unsere Schullektionen: „ita" bedeutet Verkleinerung und „ón" Vegrößerung.

Ich will ein bißchen angeben: Dann wäre er, als stattlicher Argentinier, ja wohl ein „Cabrón". Nach kurzem Stutzen prusten er und unser Steward laut lachend los und ich werde aufgeklärt: Cabrón ist zwar ein großer Ziegenbock, aber auch die Bezeichnung für einen alten „Hurenbock". Das hatten wir in der Höheren Handelsschule nicht gelernt!

Edel-Mann im Mond

„Wir fliegen heute mit „full house" nach Rio: 24 First Class Passagiere und 45 Touristen", sagt der lange Hans aus dem ersten Lehrgang beim Briefing in Dakar. „Da müssen wir uns ganz schön sputen. Edith, mach du doch schon mal den Sitzplan."

Vorne bei den Touristen sitzt ein Hardy-Krüger-Typ, etwas lausbubenhaft mit blonden, kurz geschnittenen, naturkrausen Haaren. Als er mir seinen Namen, „Fritz von Pilgrim", nennt, bemerke ich, dass er so ein ganz klein bißchen beim „tz" mit der Zunge anstößt.

„Der sieht eigentlich gar nicht so adelig aus – im guten Sinne!" meint Sigrid und spielt damit auf manche unserer schnodderigen Bemerkungen an, wenn einige Hochwohlgeborene ihre Herkunft heraushängen lassen müssen: „blaublütig, blutarm, seit hundert Jahren degeneriert."

„Ja, da habt ihr recht", fügt Hans mit hintergründigem Lächeln hinzu. „Ist das nicht der, der mit der Schlagersängerin Rita Paul verheiratet ist?"

„Au, wirklich?" frage ich. „ Das ist ja meine liebste deutsche Schlagersängerin: ‚Mäcky war ein Seemann und kein Hafen war ihm fremd, ein Herz voll Liebe brannte unter seinem Hemd.' Oh, die finde ich wirklich toll!"

Keine Zeit bleibt für weitere Ausführungen, denn wir müssen uns wieder „die Beine aus dem Bauch rennen", um allen „Mitfliegern" an Bord gerecht zu werden.

Mit drei „Mann" wären wir mit 24 First Class-Passagieren eigentlich schon voll ausgelastet. Als wir alle Mäuler gestopft haben, auch die von unserer Cockpitcrew, ziehe ich mir eine Box heraus und den Vorhang zu. Die Box ist unser Crew-Sitz und Hans stellt mir ein Tablett auf den Schoß. Gerade stecke ich mir den ersten Happen in den Mund, als der Vorhang zur Seite geschoben wird und Fritz – auf Socken – unsere Galley betritt. Mit großer Unbekümmertheit fängt er ein Gespräch an. Das gefällt mir, obgleich ich eigentlich gern in Ruhe gegessen hätte. Er hat etwas Spitzbübisches an sich und erzählt mir, dass er bei der NASA in Los Angeles an der „sanften Landung auf dem Mond" arbeitet. Er soll weiter nach Santiago und von dort nach Feuerland fliegen, um den Mond von dort aus zu beobachten. Er kann wirklich interessant erzählen und ich höre ihm gern und aufmerksam zu. Lange Rede, kurzer Sinn: Vor der Landung in Rio fragt er, ob er wohl mit uns in Rio aussteigen könne.

Unsere Besatzung ist ja meistens wie eine große Familie. Wir beiden weiblichen Besatzungsmitglieder genießen bei der viermal so großen männlichen Besatzung schon einen Sonderstatus. Man wird „gewogen" und für nicht oder doch zu leicht befunden. Kommen wir ins Cockpit, so gibt es manchmal gewisse „Checks", nur mit den Augen natürlich! Da gibt es den „Wadencheck", wenn wir die Stufe vom Navigationsniveau in die eigentliche Führerkanzel steigen und wieder zurück. Oder den Ohrläppchencheck. „Der steht für Saft und Kraft."

Na, ja, solch ein Flug ist lang und ich kann mich darüber amüsieren, ob ich ihn bestanden habe oder nicht. Ich gehe gern auf dieses „Aufziehen" ein. Ein besonders spitzes Mundwerk hat unser Navigator Schule. Wir liefern uns immer richtige kleine Wortgefechte. Macht wirklich Spaß.

Unser „Edelmann" Fritz hat es geschafft. Er darf den Flug unterbrechen und erst mit dem nächsten Flieger nach Santiago weiterreisen. Er fährt mit uns in unser Hotel Excelsior, in dem er auch ein Zimmer buchen kann. Jetzt fühle ich mich verpflichtet, für ihn Reiseführerin in Rio zu spielen. Wir gehen an den Strand und anschließend führe ich ihn zu Jimmy in den Jardim de Churrasco. Als wir ankommen, sitzt unsere Besatzung in einer dieser von Grünpflanzen bewachsenen Nische. Fritz und ich setzen uns in die Nachbarnische.

„Na", ruft Navigator Schule herüber, „hast du wieder einen abgeschleppt?!" Das mir, die ich sonst immer nur mit meiner Crew ausgehe! Aber Fritz hat das gleich durchschaut und kann herzhaft lachen. Wir verstehen uns gut und es geht lustig zu. Eine dunkle Wolke überzieht sein Gesicht, wenn er von seiner geliebten kleinen Tochter „Pixie" erzählt, die er nach der Scheidung leider nur noch so selten sehen würde. Das schmerze ihn am meisten.

Seine Arbeit begeistert ihn total und er erzählt mir viel vom Mond – „Mein Mann im Mond", denke ich im Geheimen. Habe ich schon manchmal jemanden „auf den Mond geschossen", so möchte ich diesen doch ganz gern herunterholen. Heiße Liebesbriefe bekomme ich von der kalten Südspitze Chiles aus Puntas Arenas. Als er wieder in Los Angeles ist, bittet er mich, ihn doch dort zu besuchen. „Ja, das kann ich gut mit einem Besuch bei Onkel Wilhelm und Tante Emma verbinden." Fritz kommt nach San Francisco und wir fahren den Highway 101 entlang bis Los Angeles. Ich genieße diese Fahrt zu zweit doch wesentlich mehr als seinerzeit meine Greyhound Bus-Tour allein, weil wir uns so richtig schön austauschen können. Er zeigt mir Los Angeles und seinen Sicherheitsbereich, in dem er arbeitet. „Demnächst will ich in eine neue Wohnung umziehen. Komm, wir gucken sie uns mal an." Eine schöne Wohnung im siebten Stock eines Rundhauses mit herrlichem Ausblick nach allen Seiten. „Aber möchte ich in solch einem Hochhaus wohnen?" frage ich mich und erhalte von innen keine Zustimmung.

Hollywood und „Fliegender Stuhl"

Fritz ist mit Henry Koster befreundet, einem der großen Hollywood-Regisseure, dessen Film „Desirée" ich mir früher zweimal angeguckt hatte. Wir werden zusammen in dessen schönes Haus in den Bergen vor Hollywood eingeladen.

Ein paar Tage später bedroht ein großes Feuer dieses schöne Wohngebiet. In der Trockenzeit verbreitet sich das Feuer rasch und kann so gut wie nicht eingedämmt werden. Die Einwohner werden zur Evakuierung aufgefordert. Familie Koster folgt der Anweisung, packt nur das Notwendigste ein und verläßt das Haus. „We are insured", also versichert, ist der Kommentar der Kosters, die sich mit dem Schicksal abfinden. Das können wir Kriegskinder überhaupt nicht verstehen. Alles zurücklassen, Unwiederbringliches wie zum Beispiel die ganzen Fotos und Filmdokumente? „So einfach und kampflos lassen wir das nicht im Stich“, sagt Fritz, der in Berlin seine Kriegserfahrungen gesammelt hat. „Wir bleiben im Haus, legen Wasserschläuche aufs Dach, bewässern es, um Funkenflug keinen fruchtbaren Boden zu bieten.“ Gesagt, getan! Wir haben Glück: Der Wind hat sich gedreht und wir sind aus der Gefahrenzone heraus.

Mehr als die Besuche im glamourösen Hollywood verbanden uns die Erlebnisse durch unseren Einsatz als erfahrene Kriegskinder. Wir verabschieden uns mit der Aussicht, uns so bald wie möglich wiederzusehen. Es ist jedesmal ein Fest, wenn ich bei Rückkehr von einem Flug einen Brief von ihm vorfinde.

Immer und immer wieder lese ich seine Briefe, in denen er mir über seine interessante Arbeit berichtet. Ich kaufe mir Bücher, wie zum Beispiel die „Welt des Mondes“ und bin erstaunt, als ich erfahre, wie viele Sonnensysteme es gibt und in diesen fernen Sonnensystemen Millionen erdähnlicher Planeten. Wie verschwindend klein sind wir darin und doch fühlen wir uns als Mittelpunkt.

Seit ich mich mit diesen Themen beschäftige, komme ich an Bord mit vielen Menschen ins Gespräch, die auf diesen Gebieten tätig sind. Auf einem Flug erzählt mir ein Ingenieur mittleren Alters, dass er einen „Fliegenden Stuhl“ erfunden hätte. Er zeigt mir die Pläne und erklärt, dass ein Mann auf einem Untersatz, quasi ein robuster Stuhl, mit Hilfe eines kleinen Hubschrauber-Motors senkrecht in die Höhe starten könne und leicht zu „fliegen“ sei. Ich bin ganz begeistert von seinen Plänen. Leider habe ich nie mehr etwas davon gehört.

6
Die befreit-befreienden „sexy“ sixties

Jetztzeitalter und Blumenkinder

Die Super-Conny – unsere erste große Liebe! So formschön, so fortschrittlich, aber empfindlich wie eine Diva. „Das beste dreimotorige Flugzeug der damaligen Zeit“ behaupteten böse Zungen, weil sie auch mit dem Ausfall einer ihrer vier Motoren sicher fliegen konnte. Schön war unsere Conny, voller Pioniergeist mit allen Stärken und Schwächen, und mein Herz schlägt immer noch für sie. Vergessen sind ihre „Super-Star-Allüren“!

Die Ära des Neubeginns wird in den sechziger Jahren eingeleitet durch den Einsatz der robusten Boeing 707. Von Anfang an mein Lieblingsflugzeug! Welch ein Fortschritt: Groß – hell – schnell! Mit 160 Sitzen kann sie doppelt so viele Passagiere befördern in der halben Zeit. Ich werde Purserette, ein Begriff, der aus der Schiffahrt übernommen wurde: Er bezeichnet diejenige Person, die die „Purse“, also die Börse und damit die Abwicklung an Bord zu überwachen hat. Ein großes Lob an die Lufthansa! Sie gibt damals Männern und Frauen die gleichen Chancen! 1957 war die Gleichberechtigung vom Bundestag beschlossen worden. Aber schon zuvor hatte die Lufthansa uns weiblichen Flugbegleitern an Bord die gleichen Chancen eingeräumt wie unseren männlichen Kollegen. Das Dienstalter war ausschlaggebend, wer Chef de Cabin sein sollte. „So sieht der Anbruch der neuen Zeit aus!“ denke ich.

Senator Service

Mit dem Senator-Service auf der B-707 hat die Lufthansa sich selbst übertroffen. Es wurde an nichts gespart. Und trotzdem – oder gerade deshalb? – flog die Lufthansa zum ersten Mal in die Gewinnzone. Das Beste war gerade gut genug.

Wir Stewardessen haben eine neue Uniform bekommen, die von dem Berliner Modeschöpfer Heinz Oestergaard kreiert worden war: ein dunkelblaues Kostüm mit türkisfarbener Bluse, nicht mehr taillenbetont, so dass später mein Hajo bis zum vierten Monat bequem darin mitfliegen konnte. Dazu gab es die „Pill-box" à la Jackie Kennedy, die entweder in die Stirn gezogen oder nach hinten getragen werden konnte.

In der First-Class gibt es für uns Stewardessen extra die beige „Senatoruniform": Ein schlichtes hochgeschlossenes Kleid, mit halbkurzem Arm, einer Biesenleiste in der Mitte entlanglaufend, die oben vorm Hals von einem goldenen Metallknopf geschmückt ist. Solche Knöpfe sind auch auf den vier aufgesetzten Taschenklappen angebracht; ein Gürtel betont die Taille und dazu tragen wir aus gleichem Stoff einen „Kapotthut", dessen Krempe wir individuell formen können. Gegen rauhe Witterung schützte ein Umhang. Auch unsere männlichen Kollegen sehen mit Weste und hellgrauem Smoking und weinroter Fliege vornehm aus, wenn sie sich zum Senator-Service umziehen.

Senatoruniform

Auf einem Flug nach New York arbeite ich als Purserette vorne mit dem First Class-Steward und dem Kochsteward, wir betreuen 24 Gäste. Hinten bemühen sich ein Steward und zwei Stewardessen um 120 Economy-Passagiere. Gut verteilt: Drei Stewards, drei Stewardessen und drei Mann im Cockpit

Für den Senator-Service sind wahre Köstlichkeiten beladen, das Feinste vom Feinem. Schon gleich nach dem Start gibt es Canapées, mundgerechte Häppchen, belegt mit kleinen Leckereien. Es gibt sogar warme Canapées, wie frittierte Shrimps und andere kleine Fisch-Delikatessen auf vorgewärmtem Tellern; dazu Sauce Bernaise in einer Silberschale. Zuvor waren vom Cocktailwagen die verschiedenen Aperitifs in reichhaltiger Auswahl angeboten worden.

Das Mixen, Rühren, Schütteln hatten wir ja schon auf der „Conny" gelernt. Später wird auf der Boeing 707 noch eine Cocktail-Lounge eingebaut. Die Krönung! Dort treffen sich die Passagiere auf dem langen Flug nach Südamerika und unsere First Class-Stewards in ihren Cocktail-Westen oder in ihren Smokings können selbst ausgefallenste Wünsche unserer Gäste erfüllen.

Unsere neuen Kollegen, die Kochstewards, setzen sich mit wahrer Begeisterung für diesen Senator-Service ein. Nicht nur ihre Öfen, sondern auch ihre Stimmung heizen sie an. Sie bilden das Rückgrat in der Küche und bauen die Wagen auf und ab und wieder auf: Zuerst rollt der Eindeckwagen durch die Kabine: Weiße Tischdecken mit eingewebtem Lufthansa-Kranich, edles Rosenthalgeschirr – weiß mit kobaltblau, Butterschälchen, Porzellan-Aschenbecher, Gläser, Pfeffer- und Salzstreuer, versilbertes Besteck bereiten den Gast auf das Menue vor. Im silbernen Sektkübel prangen die dunkelroten Senatorrosen, sorgfältig in kleine verschlossene Plastikväschen gesteckt. Jeder bekommt sie dekorativ auf die Serviettentasche gelegt. Vorher haben sich die Gäste schon in die Speisekarte vertiefen können, die mit den gemalten Motiven der jeweiligen Strecke ein kleines Kunstwerk darstellt. Der Service vom Wagen hat den Service von Conny-Geschwindigkeit dem Jet-Zeitalter angepasst.

Senator-Team

Der Vorspeisenwagen ist bestückt mit kulinarischen Genüssen, wie Helgoländer Hummerhäppchen, Geräucherter Rheinlachs, Getrüffelte Straßburger Gänseleberpastete, Wildpastete, Flensburger Räucheraal, Entenbrüstchen und, last not least, Beluga Malossol Kaviar, auf gestoßenem Eis in einer Silberschale. Auf der unteren Etage stehen die Beilagen: Zitronenviertel in silbernen Klemmen, gehackte Zwiebeln, saure Sahne und kleingehackte Eier und natürlich der eisgekühlte Wodka. Da haben unsere Gäste Entscheidungen zu treffen. Allein der Anblick dieser Köstlichkeiten ist schon ein Genuß. An die Chromstange des Bokadowagens ist der Brotkorb angehängt mit verschiedenen deutschen Brotsorten, warmem Toast und frischen knusprigen Brötchen.

Beim Hauptgang stehen Auswahlmenus zur Verfügung. Wie gut, dass unser Kochsteward Erwin das Rinderfilet selbst in der Höhenluft unter Kontrolle hat, um es „auf den Punkt" zu bringen. Ich beobachte das Staunen der Passagiere, als er in seiner Kochuniform mit der weißen Kochmütze in der Kabine die Rinderfilets anschneidet und fragt: „ English, medium oder well done?"

Mir bleibt nicht viel Zeit zum Gucken, denn nachdem wir schon die Salatschalen mit zwei verschieden Salatdressings zur Auswahl verteilt haben, rollen die Gemüsewagen und die Getränkewagen ein. Und das alles in zehn bis zwölf Kilometer Höhe, hoch über den Wolken – immer im Sonnenschein, mit einer Geschwindigkeit, die knapp an die Schallgrenze reicht. Auch in der Kabine ist Geschwindigkeit angesagt, denn zu den verschiedenen Gängen werden vom Getränkewagen die jeweils passenden Wein-, Bier- und Sektsorten angeboten. Inzwischen hat mein Kollege Helmut den Dessertwagen aufgebaut, mit auserlesenen Süßspeisen, der reichhaltigen Käseplatte und dem Obstkorb, den er noch schnell mit eiskaltem Sodawasser abgespritzt hat und damit den Früchten einen taufrischen Anblick verleiht. Eiswasser steht auch auf jedem Getränkewagen bereit, was besonders die Amerikaner zu schätzen wissen. Der Kaffeewagen bildet den letzten Anhänger in unserem Service-Zug.

Erwin, unser „Wischer", wie ich ihn nenne, weil er jede freie Minute seine Galley blitzblank putzt, hat um die Kaffeekanne noch extra eine Mundserviette gewickelt, damit ja kein Tropfen einen unvorhergesehenen Weg einschlagen kann, so auch um die Teekanne. Daneben sind Kaffeetassen mit Untertassen aufgestapelt, erlesene Pralinen sind in Batisttaschentüchern eingepackt. Auf diesen sind wie auf den Speisekarten Streckennetzmotive der Lufthansa künstlerisch dargestellt. Als beliebtes Souvenir werden sie zusammen mit der Senatorrose mit nach Hause genommen. Bei unserer Äquatorüberquerung finden diese feinen Taschentücher mit Neptunmotiv und der Pralinenauslese großen Anklang. Wenn unser Kapitän beim Übergang auf die südliche Erdhalbkugel einen kleinen Extra-Ruck einlegt und der Sekt einen Freudenhupfer in den angebotenen Gläsern macht, dann schlägt auch die Stimmung hohe

Wellen. Manche Besatzungsmitglieder werden auf der ersten Äquatorüberquerung richtig „getauft".

Den Abschluß des Senator-Service bilden Digestive wie Cognac, Weinbrand, Cointreau und Drambuie, die in den zierlichen Cocktailgäsern mit eingraviertem Lufthansa-Kranich serviert werden.

Auf der unteren Etage befindet sich das Angebot für Raucher: Kleine Viererpackungen der bekanntesten Zigarettensorten, Lufthansa-Streichhölzer und eine geöffnete Kiste mit Havanna-Zigarren.

Die Passagiere genießen alles uneingeschränkt, sie fühlen sich „wie im Himmel", wie sie uns manchmal wissen lassen.

Bauernservice

Noch einen Clou hat sich die Lufthansa für ihren Service auf der 707 einfallen lassen. Sie stellt unter Beweis, dass sie nicht nur kulinarische Genüsse auf höchstem Niveau anbieten, sondern auch weiß, wie sie mit bodenständigen, deutschen Spezialitäten das Wasser im Munde zusammenlaufen lassen kann.

An diesen beliebten Service kann ich mich besonders im Zusammenhang mit dem „Doppeltrip" erinnern, auf dem wir von Frankfurt – New York – München – New York – Frankfurt eingesetzt sind, erinnern. Da gibt es zwischendurch oder vor der Landung den „Bauernservice kalt" oder den „Bauernservice warm". Auf rot-weiß und blau-weiß-karierten Tischdecken wird rustikales Geschirr aus dem Kannebäcker Land im Westerwald eingedeckt: Blau bemalte Salzglasur schmückt die grauen Teller, die schweren Steinkrüge, die Pfeffer- und Salzstreuer in den kleinen Körbchen und sogar die kleinen Steinhägerbecher. Ein halber Schinken ist im Stück auf einem „Schinkenbock" angerichtet, von dem unsere Kochstewards wieder fachgerecht „absäbeln" können. Mit ihren Holzgriffbestecken können die Passagiere den Schinken auf Holztellern weiter zerschneiden und sich noch an den verschiedenen Wurstsorten, dem „Radi" und anderen deutschen Spezialitäten ergötzen. Dazu die Attraktion: „Bier vom Faß"! Schon in der Galley ist das Bierfaß mit Einsatz „angestochen" worden. So ganz original wie auf der „Wiesn" wäre es in der Druckkabine ein Risiko. Auf angehängtem Tropfblech stehen schon ein paar vorgezapfte Krüge, damit in der Kabine noch zugezapft und die

„Mütze", die weiße Schaumkrone vom Faß, draufgesetzt werden kann. Dazu wieder die Auswahl an deutschen Brotsorten mit Laugenbrezeln und den duftenden Brötchen. Nicht nur Amerikaner wissen diesen Service zu schätzen.

1961 werde ich „Check-Stewardess". Nach sechs Jahren gelte ich schon als alte, erfahrene Stewardess und soll jüngere Flugbegleiter in ihrer Arbeit an Bord überprüfen und Anregungen geben. Wahrscheinlich hatten einige meiner Verbesserungsvorschläge zu dieser Beförderung beigetragen: In Fernost hatte ich die Wohltat der „hot towels" kennen gelernt und ich schlug vor, solche „heißen Tücher" auch unseren Gästen an Bord anzubieten. Darin sah ich eine Service-Verbesserung ohne großen Kostenaufwand. Der Bordservice stimmte zu und noch heute freue ich mich, wenn mir an Bord solch ein heißes Tuch angeboten wird.

Meine Aufgabe als „Checker" besteht darin, zu überprüfen, ob alle Kollegen und Kolleginnen auch gewissenhaft arbeiten und freundlich zu den Gästen sind. Mitarbeiten muss ich nicht. Im Gegenteil, es wird erwartet, Arbeit zu delegieren. Ich fliege wie ein Passagier ohne Uniform – oft in der First Class. Da ich aber weiß, wieviel Arbeit die Crew hat, versuche ich, mich nützlich zu machen.

Meinen Sitznachbarn gegenüber verrate ich nicht, dass ich bei Lufthansa beschäftigt bin, auch nicht, dass ich meine Kollegen überprüfe; manchmal erzähle ich es zum Schluß. Oft denke ich mir Geschichten aus, aber eher tiefstapelnd, zum Beispiel dass ich als Au-Pair-Mädchen auf der Reise nach Amerika bin.

Bei vollen Maschinen haben die Flugbegleiter so viel zu tun, dass die Toiletten manchmal zu kurz kommen. So kümmere ich mich um die Waschräume und putze sie während des Fluges, wenn ich mal eben hineinhuschen kann. Einer der hohen Offiziere von Verteidigungsminister Franz Josef Strauß, der auch in der First Class fliegt, hat mich beobachtet. „Was machen Sie denn da?" werde ich erstaunt gefragt. „Ich bin die Klofrau vom Dienst", antworte ich mit einer etwas schelmischen Selbstverständlichkeit. Ungläubige Blicke sind die Antwort. Mich amüsiert diese Vorstellung, also beschließe ich, noch einen Schritt weiter zu gehen: „Und bei der Ankunft in New York putze ich alle Fenster." Er geht auf meine Geschichte ein, bauscht sie noch auf und wir haben viel zu lachen.

Den damaligen Verteidigungsminister Franz Josef Strauß habe ich öfter an Bord gehabt. Mir gefällt seine joviale Art und auch die Zusammenarbeit mit seinem Stab. Es herrscht immer gute Stimmung zwischen ihm und seinen Mitarbeitern und das animiert auch uns. Zwischendurch fragt er mich trotz vieler Arbeit auch nach privaten Dingen. „Er ist und hat Persönlichkeit", stellen wir in der Kabine fest. Er hat es nicht nötig, sich aufzuplustern wie neulich dieser kleine, hagere Minister – wie heißt er noch? Sein Name ist mir entfallen. Vor der Landung frage ich ihn nach seinen Frühstückswünschen. Eine halbe Minute guckt er angestrengt auf seine Armbanduhr, um dann zu sagen: „Kommen sie in fünf Minuten wieder!" Vielleicht war ihm etwas Anderes wichtiger als unser Frühstück. Franz Josef Strauß konnte sich spontan entscheiden und unser Essen richtig genießen. Ja, wie oft müssen wir feststellen, dass gerade die erfolgreichen Menschen natürlich und bescheiden geblieben sind und mit anerkennenden Worten nicht geizen. Das beste Beispiel dafür ist Berthold Beitz, der Krupp-Manager, den ich oft und gern an Bord betreute. „Aber diejenigen, die nicht selbst bezahlen" wirft Willi ein, „die vielleicht ein bißchen unter Minderwertigkeitskomplexen leiden, möchten gern den ‚Boss' heraushängen lassen."

„Ja," kann ich hinzufügen: „wirkliche Hoheiten haben das nicht nötig. Am 12. April 1960 durften wir Their Majesties the King and Queen of Nepal betreuen. Beide waren so liebenswürdig und freundlich und wir konnten sogar ein persönliches Gespräch führen. Am Ende des Fluges hat uns der König noch auf die Speisekarte geschrieben: ‚Excellent flight and service. Thanks.'"

Die neueste technische Errungenschaft ist die Polaroid-Kamera, mit der Fotos von Passagieren in der First-Class gemacht werden. Die Fixierung ließ zwar manchmal etwas zu wünschen übrig, doch waren diese Polaroid-Fotos bei Passagieren sehr beliebt und auch bei Besatzungsmitgliedern…

Amüsiert hat mich auch dieser First-Class-Passagier auf einem vergilbten Foto.

NO BUSINESS NO PHONE NO ADDRESS

CARSON MALCOLM
RETIRED

NO MONEY NO FRIENDS NO SEX

Ob das wohl stimmt?

„Zu einer Attraktion besonderer Art haben sich die amerikanische Luftverkehrsgesellschaft Continental Airlines und die Lufthansa zusammengetan: Vier Wochen lang haben die Fluggäste von Continental Airlines Gelegenheit, deutsche Art und deutsche Gastfreundschaft an Bord kennenzulernen. Während dieser Zeit begleiten eine deutsche Stewardess und ein Koch der Lufthansa auf bestimmten Strecken das amerikanische Kabinenpersonal; sie servieren deutsche Mahlzeiten und schenken dazu Wein und Bier vom Faß aus, während die Lautsprecher deutsche Musik übertragen", so steht es 1961 im „Lufthanseaten", oder besser gesagt, dessen Vorreiter. Die deutsche Stewardess bin ich und gemeinsam mit unserem Chefkoch, dem lieben „dicken Dittler", bin ich auf dieser „Goodwill-Tour" eingesetzt. Von Chicago, dem Stammsitz der Continental Airlines, geht es los, über Denver/Colorado, Phoenix/Arizona, Los Angeles, Kansas City, San Antonio, Houston und El Paso in Texas. Während ich in Albuquerque/New Mexiko auf der ersten Seite einer Zeitung als „Lovely German Blonde Goodwill Ambassador" lande, trete ich in Texas bei einem Fernsehauftritt genau ins Fettnäpfchen. „Schnell, schnell! Im Fernsehen sind uns drei Minuten Sendezeit angeboten worden."

„Tell us something about Lufthansa", sagt ein freundlicher Moderator.

Oh, drei Minuten können ganz schön lang sein! Kurzentschlossen, aber unbedarft, lade ich auf Englisch die Zuschauer auf einen Lufthansa-Flug in ihrer Fantasie ein, wo wir sie an Bord mit Köstlichkeiten aus aller Welt verwöhnen: „Gleich nach dem Start beginnen wir mit unserem

Cocktailwagen!“ Ich male ihnen in den leuchtendsten Farben die bunten Cocktails aus und mache ihnen mit den Geschmacksvariationen den Mund wäßrig. Im Anschluß an die Sendung gibt es begeisterte Resonanz, aber es gibt auch empörte Anrufe: „Texas is a dry State!“ Prohibition! Da darf nur in geschlossenen Clubs getrunken werden (dort dafür um so mehr). Trotzdem werde ich Ehrenbürger von El Paso/Texas. Als ich den Bürgermeister frage, ob er mich aus dem Gefängnis herausholen würde, falls ich dort mal landen sollte, meint er: „Das zwar nicht, aber ich würde Sie besuchen“.

Twist

Später auf der Tour interviewt uns ein Radiosender: „Do you do the Twist?“ Blitzschnell kombiniere ich, dass man mich hier bestimmt nach dem Stopfgarn-Twist fragt, mit dem wir früher unsere Strümpfe stopften. Auf meinen fragenden Blick hin wird mir erklärt: „ Das ist doch der neue Tanz. Chuby Checker tritt in der Peppermint-Lounge in der 45th Street auf“. In „unserer“ Straße, in der auch unser Crew-Hotel Seymour liegt?! Gleich neben unserem Coffeeshop, in dem ich morgens mein Frühstück einnehme: Bacon and egg, tea and toast für 45 Cent. Beim nächsten Stop in New York gebe ich die Frage gleich an meine Crew weiter: „Do you do the Twist?“ Und wir wollen wir es wissen. Zugesehen und mitgetwistet heißt die Devise! Auf dem Rückflug sind wir ganz erschossen, aber wir haben es raus: „Yes, we do the Twist!“ Und wir setzen alles daran, auch in Deutschland den Twist vom Nähkästchen auf die Tanzfläche zu bringen.

Kalifornien

Der Westen Amerikas hat mir gefallen, und für zehn Prozent des normalen Flugpreises steht uns auch privat die Welt offen. Schon lange wollte ich Onkel Wilhelm und Tante Emma in Kalifornien besuchen. Was hatten sie uns mit ihren Paketen nach dem Krieg für eine Freude bereitet! Es war wie Weihnachten, wenn ich aus der Schule kam und meine Mutter mir einen weißen Coupon entgegenhielt – den Abholschein für ein Paket aus Amerika. Dann tanzte ich mit dem Schein um den Tisch herum und konnte es kaum erwarten, das Paket aus dem Zoll zu holen. Onkel Wilhelm war mit Tante Adele, der Patentante meiner Patentante Adele, von der auch ich meinen Adele-Namen trage, Anfang des letzten Jahrhunderts nach Amerika ausgewandert. Sie hatten gleich das große Erdbeben in San Francisco miterlebt. Ihr Sohn Bill heiratete seine zwölf Jahre ältere Klavierlehrerin. Die Ehe blieb kinderlos, sehr zum Leidwesen von Tante Adele. Sie starb mit knapp sechzig Jahren an Krebs, unserer Familienkrankheit. Tante Emma war ebenfalls Anfang des Jahrhunderts mit zwei Schwestern und drei Brüdern nach Amerika ausgewandert, wurde mit 45 Jahren Witwe.

Onkel Wilhelm war als Findelkind vor ein Kloster gelegt und von Nonnen aufgezogen worden. Er ist sehr feinfühlig und sensibel. Tante Emma ist eine urige Sauerländerin, mit dem Herz am rechten Fleck und einer ansteckenden Fröhlichkeit.

Witwer Wilhelm begegnet mit 65 Jahren Witwe Emma mit 45 und Wilhelm fragt sie: „Willst du mich heiraten? Für zehn Jahre bin ich noch gut!"

„Und nun ist er achtzig und lebt immer noch!" sagt Emma und setzt mit lustigem Augenzwinkern noch einen drauf. „Den müssen wir noch totschießen!" Obgleich Onkel Wilhelm wohl darüber verhalten lachen kann, vermittelt er doch ein bißchen das Gefühl, etwas versprochen zu haben, was er nicht gehalten hat. Dabei ist er so stolz, dass ihm mit über achzig nach bestandener Prüfung die Fahrlizenz um ein Jahr verlängert wurde. Er holt mich vom Flughafen in San Francisco ab. Bei dem Verkehr auf den vielen sich überschneidenden Autobahnen bewundere ich ihn wirklich, als wir zusammen in das hübsche Haus in der Universitätsstadt Palo Alto fahren. Mit welcher Liebe werde ich aufgenommen! Der Garten ist eine Pracht. Onkel Wilhelm hat über seinen Lieblings-Kamelien extra Schattenspender installiert. Jeden Morgen bekomme ich eine frische Kamelie an mein Kleid gesteckt. Tante Emma schwärmt für Rittersporn. Es werden Ausflüge geplant! Die mächtigen Urwaldbäume in den Redwoods imponieren mir, die teilweise so groß sind, dass eine richtige Straße mitten durch einen Baum führt.

Einladungen zu Mitgliedern der umfangreichen „Emma-Familie" und große Partys stehen auf dem Programm. Unvergeßlich ist für mich der Springbrunnen, aus dem richtiger Weißwein floß, von dem sich jeder soviel einfüllen konnte, wie er trinken wollte, konnte oder mochte. Das war das Schlaraffenland Amerika in seiner Fülle!

Meine „Wiedergutmachungen“ sind kleine hilflose Versuche. Einmal bringe ich ihnen u. a. eine Spezialität aus Deutschland mit: einen geräucherten Aal. Für mich waren auf dem Bremer Freimarkt diese kleinen geräucherten Aale die größte Delikatesse. Nicht die Bratwurst, auch nicht die Zuckerwatte. Allein der Gedanke an die samtbraunen duftenden kleinen Bund-Aale, die wir fast mit Haut und Haar verspeisen konnten, läßt mir das Wasser im Mund zusammenlaufen. Für meine Kalifornier suche ich einen ganz besonders saftigen, lecker geräucherten „Smutaal“ aus und weiß bis heute noch nicht, wie ich ihn durch die strenge amerikanische Zollkontrolle geschleust habe. Als er weder auf den Tisch kommt, noch ein Wort darüber verloren wird, frage ich mal zaghaft nach und Tante Emma gesteht: „Ach weißt du, Edith, Schlangen essen wir eigentlich nicht!“

Wiedergutmachung habe ich später an anderer Stelle leisten können, und zwar in Freiberg in Sachsen, wohin ich 1943 kinderlandverschickt worden war.

Eines Tages im Jahr 1961 kommt ein Brief von Hildegard, der einzigen Tochter meiner damaligen Pflegeeltern: „Edith, kannst du uns wohl Kaffee schicken? Mein Vater, dein ‚Onkel Kurt‘ ist mit Herzbeschwerden im Krankenhaus und wünscht sich so sehr echten Bohnenkaffee.“ Mich an die Pakete aus Amerika erinnernd, die nach dem Krieg solch eine Freude bei uns ausgelöst hatten, packe ich Pakete – aber welch eine Prozedur! Welch eine Schikane aus der Ostzone! Diese Stasi-Methoden sind mir zutiefst verhaßt! Ein genaues Inhaltsverzeichnis muss erstellt und Kleidungsstücke müssen in Frankfurt desinfiziert werden, mit abgestempelten Papieren! Und wehe! Ein kleiner Fehler – und schon liegt mein mit viel Mühe gepacktes, teuer frankiertes Paket wieder vor meiner Tür!

Glücksspiel in Nevada

Tante Emma liebt das Glückspiel. Onkel Wilhelm ist aufgrund seiner klösterlichen Erziehung eher dagegen. „Komm, wir fahren nach Reno in den Nachbarstaat Nevada, wo das Glücksspiel erlaubt ist“, sagt sie zu mir. „Wir nehmen einen Bus, zahlen sieben Dollar und bekommen bei Ankunft sieben Dollar in Silbergeld in die Hand. Damit können wir tun und lassen, was wir wollen.“ Auf der Rückfahrt wird von den Fahrgästen berichtet, wie sie die sieben Dollar umgesetzt haben. „Ich spare sie und kaufe mir dafür ein Paar Schuhe“, sagt eine Mitfahrerin. „Ich habe dazu noch zwanzig Dollar in den Sand gesetzt“, sagt ein anderer Fahrgast. Und Tante Emma? „Ich gehe immer gern an die Slotmachines mit Nickels (fünf Cents) oder Dimes (zehn Cents)“, sagt sie zu mir. Kaum hat sie angefangen, da klingelt es. Sie hat einen „Jackpot“ geknackt und die Nickels prasseln heraus, über die Auffangschale hinaus; Tante Emma, beleibt wie sie ist, kniet am Boden und lacht und lacht. Ich lasse mich von der Atmosphäre einfangen – Luxus, wohin man guckt: Kristalleuchter, dicke Plüschteppiche, Großräumigkeit. Faszinierend die „Restrooms“, wahre Ruheräume mit Duschen, Duftzerstäubern und mit Liegen, damit man die Beine ausruhen kann, um hinterher besser und länger an den Slotmachines stehen zu können. Ich setze, verliere, gewinne und verliere, tausche mir aber noch mehrere Papier-Dollar in die schönen Silberdollar um, mit denen ich später so manchem eine kleine Freude bereiten kann: mein kleines privates Glücksspiel.

Eines Tages hat Tante Emma im „Bingo“ eine Reise zu zweit nach Hawaii gewonnen. Anfangs mag sie es dem klösterlich-erzogenen Onkel Wilhelm gar nicht sagen, aber dann haben sie doch ihre Reise nach Hawaii genossen und Tante Emma fühlt sich in den weiten, farbenfrohen Mumu-Kleidern aus Hawaii sehr wohl, steht zu ihrer Fülle und die steht ihr auch. Übrigens: Onkel Wilhelm war bis 92 „noch gut“ und Tante Emma hat ihn überlebt, bis sie 99 wurde.

„Ich will noch weiter mit dem Greyhound-Bus über den Grand Canyon bis nach Mexiko“, sage ich nach Tagen wunderbarer Gastfreundschaft.

In Flagstaff steige ich aus. Welch ein überwältigender Anblick! Ein großartiges Naturwunder liegt da zu meinen Füßen. Da möchte ich schon mal runter. Ich stehe oben am Rand und gucke mir danach Anzeigen an. Für zehn Dollar (= 42 DM) kann man mit einem Maultier bis zum Colorado-Fluß herunter reiten und wieder nach oben. Neben mir steht ein junger, sportlicher Typ und spricht das aus, was mir auch gerade durch den Kopf geht: „Wo ein Maultier laufen kann, dahin kann man doch auch zu Fuß gehen." Er ist ein Schweizer Lehrer und wir verabreden, uns am nächsten Morgen um sechs Uhr auf den Weg zu machen. Als wir uns am frühen Märzmorgen am Rand treffen, liegt noch Rauhreif auf den Steinen und Pflanzen. Wir machen uns auf. Ach, was gibt es da viel zu sehen, welch wunderbare Fotomotive! Diese rotbraunen Gesteinsschichten begleiten uns auf dem Abstieg ein Stück ins „Innere" der Erde und erzählen ihre Geschichten, wie sie entstanden sind und der wilde Colorado sie entblößte. Ebenso faszinieren mich auch die Steine, einer schöner als der andere. Ich stecke sie in meinen Rucksack, nehme sie mit nach unten, schleppe sie wieder mit nach oben und im Koffer mit nach Mexiko „Die Steine, ach, so schwer sie sind, sie wandern!" kommt mir unser Wanderlied in den Sinn. Später beim Einchecken höre ich „plim plim"! Übergewicht für diese mir teuren Steine muss ich zahlen.

Voller Elan und mit frischen Kräften durchwandern wir munter bergab die einzelnen Vegetationszonen. Vom berauhreiften Vorfrühling kommen wir in die richtige Frühlingszone mit Bäumen im ganz jungen, frischen Lindgrün – einige mit weißen Blüten übersät. Weiter bergab kommen wir in die wärmere Zone mit tropischen Pflanzen. Noch weiter unten durchqueren wir den Wüstengürtel mit Kakteen. Je mehr wir uns der Talsohle nähern, desto weniger Vegetation finden wir vor. Dafür aber braust schließlich an unseren Füßen der wilde Colorado vorbei, der sich so ungestüm und fordernd sein Bett in diese majestätischen roten und gelbbraunen Gesteinsschichten gegraben hat.

Gerhard hat mir unterwegs erzählt, dass er noch eine Verabredung hat. Bei der Besichtigung der Hollywood Filmateliers hatte er einen Kanadier kennen gelernt. In den ersten Tagen hatten sie gemeinsam vieles unternommen und richtig Freundschaft geschlossen. Am dritten Tag läuft ihnen ein aufdringlicher Typ über den Weg, der mit ihnen solch ein „Hau-Pi-La-Pup-Spiel" anzetteln will, nach der einfachen Methode „Papier, Schere, Stein, Brunnen". Nachdem der Kanadier ihn mehrmals erfolglos abgewiesen hat, sagt er zu Gerhard: „Paß auf, den tricksen wir jetzt aus. Wir machen gemeinsame Sache!" Er setzt, verliert, setzt erneut, bis er kein Geld mehr hat. Er bittet den Schweizer, ihm Geld vorzustrecken: 300 Dollar. Abends würde er ihm 450 Dollar ins Hotel bringen. Er war nicht ins ausgemachte Hotel gekommen, hat sich aber mit ihm in einem anderen Hotel verabredet. „Glaubst du, dass ich mein

Geld wiederbekomme? Es war mein ganzes Bargeld.“ Oh, ich wünsche es ihm von Herzen, aber ich denke, dass er die 300 Dollar wohl auf das Konto „Lehrgeld“ abbuchen muss.

Nachdem wir unsere Wanderfüße vom wilden Colorado wohl naß machen, aber nicht haben wegspülen lassen, packen wir unsere Lunchboxen aus. Hm, das haben wir uns redlich verdient! Doch danach – nun nicht mehr so ganz frühlingsfrisch – beginnt der Aufstieg. Gerhard muss einmal im Jahr vier Wochen bei den Gebirgsjägern seinen Wehrdienst leisten und ist nicht nur körperlich, sondern auch mit seinem Schuhwerk gut ausgerüstet. Ich habe mir extra noch ein Paar ganz leichte indianische Mokassins gekauft, die mir auf dem Schotter leider wenig Halt bieten. Und nun beginnt ein nicht enden wollender Aufstieg bis zum Rand auf 1800 Meter Höhe. Noch eine Serpentine und noch eine und noch eine und immer noch kein Ende abzusehen! Und kein Wasser weit und breit! Dazu noch Zeitdruck, denn ich will um 18 Uhr weiter mit dem Bus nach Mexiko fahren. Das ist wohl eine der härtesten Durststrecken meines Lebens. Als ich kurz vor 18 Uhr in die Cafeteria hineinwanke und mit am Gaumen klebender Zunge die aufgestylte Serviererin um ein Glas Wasser bitte, ist die abweisende Anwort: „Sorry, it´s closed."

„Oh, please, just a glass of water“ bettele ich mit dicker, klebriger Zunge. „Sorry Honey, closed! “ Dein „Honey “ kannst du dir in die gestylten Haare schmieren, denke ich und stürze als letzte in den schon wartenden Bus Richtung Tijuana/Mexikanische Grenze. Geschafft. Noch zehn Tage hinterher habe ich Muskelkater bis in die Hüften als ich in Mexiko auf den Spuren der Azteken die Stufen zu den Pyramiden hochsteige. Von Acapulco werden durch eine Rumbarassel Erinnerungen wach gerufen.

„Für Edith von Lou“ ist auf einer bunt bemalten Callabasse eingeritzt. Wie die Samenkörner in diese geschlossene, natürlich gewachsene Kürbisfrucht hineingekommen sind, durch die das rhythmische Rasseln erzeugt werden kann, habe ich noch immer nicht herausgefunden. Außer an den wunderschönen Strand und das internationale Ambiente in diesem Nobelort erinnere ich mich nur noch daran, dass dieser „Rassel Lou“ de Lara mich zum Essen einlud und mir geräucherte Austern servieren ließ. Das empfand ich zwar schon als großen Luxus, aber fast ein wenig dekadent, weil dieser eigentliche feine Austerngeschmack überdeckt worden war.

Nörgeln um jeden Preis

Manchmal gibt es Passagiere, denen nichts recht zu machen ist. Ein First Class-Fluggast scheint sich vorgenommen zu haben zu meckern. Schon beim Einsteigen meint er, die Beinfreiheit an seinem Sitz, den er extra gebucht hatte, wäre geringer als auf Flügen zuvor. Aber die Conny ist doch nicht eingelaufen wie ein Wollpullover beim zu heißen Waschen! Wir arrangieren für ihn einen anderen Sitz. Doch Meckern scheint sein Hobby zu sein: Der Sekt ist ihm zu warm, die Suppe zu kalt, der Kaviar zu salzig. Wir versuchen alles, um ihn „umzudrehen" und positiv zu stimmen, aber vergebens. Im Auswahlmenü steht „Rheinischer Sauerbraten", übersetzt als „Beef Rhineland style". Als er das Beef – den Sauerbraten – probiert, ist er empört. „Das Fleisch ist verdorben, man will mich vergiften!" empört er sich. Ich versuche, ihn aufzuklären, aber er bleibt böse, so dass sogar die anderen Passagiere mich mit Erklärungen unterstützen.

Als er einen Rotwein probiert, meint er naserümpfend: „Na, das ist auch so einer, wie ihn meine Mutter mir anzudrehen pflegte." Da hat er überspannt und ich muss lachen: „Ach, dann fühlen Sie sich ja bei uns wenigstens ein bißchen wie zu Hause!"

Weiter vorne sitzen oft die ganz bescheidenen Mütter, die von ihren Auswanderer-Kindern nach Amerika eingeladen worden sind. Sie habe ich besonders in mein Herz geschlossen. Noch heute tut mir das Mütterchen leid, das mich zu sich winkte: „Fräulein, ich wollte sie ja nicht beunruhigen, aber der eine Motor hat die ganze Nacht gebrannt!" Ach, was hat sie wohl für Ängste ausstehen müssen! Sieht es doch auch sehr gespenstisch aus, wenn die langen blauen Flammen aus den Triebwerken hinten heraustreten und die dunkle Nacht besprühen.

„Fräulein, ist das da draußen der Wind?" fragt eine andere und zeigt auf die vorbeifliegenden Wolken.

Die sechziger Jahre sind einfach Spitzenklasse! Auf einem Flug nach New York sitzt ein lustiger Holländer in der First Class:

„Kennen sie Greenwich Village?“ fragt er mich gegen Ende des Fluges.

„Na ja, ich bin mal dort gewesen, fand es aber nicht so beeindruckend. Aufregender ist mir noch mein erster unfreiwilliger Besuch in Harlem in Erinnerung: Ein Kollege hatte mich gebeten, für seine Tante in New York ein Päckchen mitzunehmen. Sie wohne in der Nähe der Columbia University. ‚Kein Problem!‘ denke ich und fahre mit der U-Bahn bis zu der angegebenen Straße. Ich laufe die Straße entlang und wundere mich, dass in der Nähe der Universität so viele – ja fast nur! Schwarze auf den Treppen vor ihren Häusern sitzen; sie hängen so ein bißchen lustlos herum, Bierdosen in der Hand und betrachten mich etwas argwöhnisch. Aber ich bin sicher, in der richtigen Straße zu sein und laufe so unbefangen wie möglich weiter, bis es bei Hausnummer 285 nicht mehr weitergeht. Ein mindestens vier Meter hoher Zaun läuft quer durch die Straße. Dahinter ein grasbewachsener Hügel. Und wo ist Nummer 325? ‚Dort oben, bei der Columbia University‘, erfahre ich.“

Unser „fliegender Holländer“ holt mich aus meiner Erinnerung zurück: „Ja, aber Greenwich Village ist auf eine andere Art aufregend, das müssen Sie erlebt haben. Ich zeige es Ihnen!“ Auf meinen Standardspruch: „Nur mit meiner Crew!“ geht er freudig ein: „Ich hole euch nachher mit dem Taxi ab!“

Wir drei von der Cabin sitzen hinten, er vorne beim Fahrer, von uns durch eine Glasscheibe getrennt. Ab und zu schiebt er sie einen Spalt breit auf und bläst ein Küßchen über seine Hand in unser Hinterabteil. Wir kommen auf dem „Washington Square“ an. Viele, junge Leute mit Blumen in den Haaren bilden einen großen Kreis, die Hände auf die Schultern der jeweiligen Nachbarn gelegt, singen sie: „All we are saying is give peace a chance!“ Wir werden sofort in den Kreis der „Blumenkinder“ aufgenommen; schwingen und singen mit; wirklich aus vollster Überzeugung, voller Inbrunst! Wir sind richtig angesteckt. Ach, hätte es doch mehr bewirkt … give peace a chance.

„Kommt, jetzt zeige ich euch noch die echten Attraktionen von Greenwich Village!“ sagt unser gut orientierter holländischer Fremdenführer. „Dort sind in den ehemaligen Schlachtereien Restaurants eingerichtet worden." Wir betreten einen der nach allen Seiten offenen ehemaligen Läden: Sägemehl auf dem Fliesenfußboden, Fleischerhaken noch ringsum an der Decke; Kellner mit langen weißen oder blau-weiß gesteiften Schürzen servieren gutes Essen mit Steaks, „american size". Dazu Musik, die ausgelassenen Menschen. Wir lassen uns von der lockeren, leichten Atmosphäre anstecken und hoffen, dass der Frieden eine Chance bekommt, so wie in dieser völkerverbindenden Erfahrung mit unserem holländischen Nachbarn.

7
Die Super-Siebziger – Zeitalter der Superlative

B747 – Jumbo

Ich bin glücklich, dass ich am 26. April 1970 auf dem Eröffnungsflug der B-747 nach New York als Purserette eingesetzt bin, 15 Jahre nach meinem Einsatz auf dem Eröffnungsflug mit der Super Constellation. In Düsseldorf machen wir noch einen Rundflug mit vielen geladenen Gästen. Freddy Quinn ist dabei und ich habe noch gut in Erinnerung, dass er uns sehr hilfsbereit bei unserer Arbeit unterstützt.

In dem größten Passagierflugzeug der Welt finden 360 Passagiere Platz – doppelt so viele wie in der B-707 und fast fünfmal so viele wie in der Conny. Anfangs habe ich Schwierigkeiten, mich zurecht zu finden. In welcher Kabine befinde ich mich auf dem Weg nach hinten als „Chef de Cabine" auf der Suche nach „meinen" zwölf Flugbegleitern? Wer arbeitet in welcher von den eins, zwei, drei, vier Galleys? Wo sitzt denn noch der Passagier, der mich beim schnellen Durchlaufen um einen speziellen Service gebeten hat?!

Dafür ist die Cockpit-Crew mit drei Mann richtig familiär, wenn man sie über die Wendeltreppe und durch die Senator-Lounge erreicht hat. Die Cocktail-Lounge auf der oberen Etage ist im wahrsten Sinne des Wortes „abgehoben". Die Passagiere fühlen sich mit der Flight-Crew auf einer Ebene, wenn sie sich auch im Unterschied zu ihr nichtstuend mit vielfältigen Cocktails verwöhnen lassen dürfen.

Waren auf unserem Eröffnungsflug nach New York am 8./9. Juni 1955 vier Flugbegleiter in der Kabine und neun Mann im Cockpit eingesetzt, so ist das Verhältnis 15 Jahre später fast umgekehrt: Vier Mann im Cockpit und 13 Flugbegleiter landen noch am gleichen Tag in New York, an dem sie aus Deutschland abgeflogen sind.

Eröffnungsflug B747 – 26.4.1970 – Ankunft in New York

Wieder bekommen wir neue Uniformen und liegen mit der Mini-Mode total im Trend. Zwei Ausstattungen in den Lufthansa-Farben gelb und blau werden uns zur Verfügung gestellt. Eine helle, leichte Uniform eignet sich mehr für den Sommer und die Tropen, die dunkelblaue aus wärmerem Wollstoff ist unempfindlicher und für kältere Tage geeignet. Wir Stewardessen sind nicht mehr ganz uni-form, denn es ist uns freigestellt, ob wir in gelb oder blau fliegen wollen. Zur Ausstattung gehört ein leicht antailliertes, schlichtes, hinten geschlossenes Kleid mit kurzen Ärmeln und zwei Taschenklappen in Hüfthöhe. Auf der Jacke mit verdeckter Knopfleiste und fallendem Revers befinden sich vier schräggesetzte Taschenklappen mit jeweils einem Goldknopf.

Der hohe Hut mit Schirm wird meist in die Stirn gezogen, kann aber auch nach hinten geschoben werden, so dass Stirn und Haaransatz frei bleiben. Elegant ist der Umhang in Jackenlänge und der passende gelbe Schal mit dem blauen Lufthansakranich.

Aber trotz all dieser modischen Accessoires, der Blickfang ist der „Mini“. Gut handbreit über dem Knie rutscht der Mini noch ein Stück höher, wenn wir etwas aus den hohen Hatracks holen müssen. Wir kommen uns als Trendsetter schon recht mutig vor und tragen die Minis wie ein Stück Freiheit.

Australien

Eines Tages fliegen wir nach Sydney. Auf dem Weg in die Stadt bleibt uns der Mund vor Staunen offen stehen. Was da für Minis auf der Straße ausgeführt werden! „Das sind ja nicht mehr als breite Gürtel“, stellt einer unserer Kollegen fest. In der Botschaft sind wir zu einer Cocktail-Party eingeladen, und weil wir uns in unserer deutschen Mini-Mode beinahe bieder vorkommen, sieht man uns bald sitzen und mit Hexenstich unsere Kleider ein Stück kürzer nähen.

Mit Australien verbinde ich die große Weite. Dieser fünfte Kontinent mit seinen 7,7 Millionen Quadratkilometern ist 21 mal größer als unsere Bundesrepublik, in der heute knapp 80 Millionen Menschen leben, während in ganz Australien kaum 18 Millionen Menschen angesiedelt sind. Ich sehe in diesem Kontinent enorme Entfaltungsmöglichkeiten, die Pionierarbeit, die Gegensätze. Ich spüre den Mut zum Außergewöhnlichen, sowie das Bewahren von Überliefertem

Ende 1968 bin ich nach Schwangerschaft und einer Tropenkrankheit gerade wieder flugtauglich geworden. Noch ein bißchen flatterig, schüttele ich mein Gefieder wie ein aus der Mauser gekommenes Huhn. Der Flug in die Tauglichkeit, in die fliegerische Freiheit steht wieder an. Ich empfinde das gleiche Glücksgefühl wie am Anfang meiner Fliegerzeit und bin dazu noch einen Tick dankbarer.

Im März 69 habe ich einen Flug nach Australien mit einer Super Crew, die sich bestens versteht. Wir fahren von Sydney raus zum Hawkesbury River und mieten ein Boot. Durch die urige australische Landschaft lassen wir uns gleiten, umhüllt von Klängen aus Steward Franzls Kassettenrecorder. Dieser ist nicht nur auf dem neuesten technischen Stand, denn vor zwei, drei Jahren waren noch die großen Magnetophonbänder der letzte Schrei, der manchmal meiner Kehle entfloh, wenn sich die endlos langen, hauchdünnen Bänder vertüddelt hatten. Welch ein handlicher Fortschritt war in so kurzer Zeit entwickelt worden! Nun tönen aus diesem kleinen Kassettenrecorder betörende Klänge: „Rolling on the river“ von CCR Credence Clear Water Revival = Erneuerung – mein

Lied - fühle ich mich doch wie wiedergeboren„Sitting on the doc of the bay", wie für uns kreiert! Intensiver und passender könnte ich es nicht erleben, innen und außen. „The Mamas and the Papas" singen für uns – inzwischen auch Mamas und Papas - vom „California dreaming" und wir träumen mit ihnen am anderen Ende der Welt. „ If you are coming to San Francisco, don`t forget to put some flowers in your hair".

Alle Songs der Blumenkinder schlagen bei uns ein, sind „Ein-Schlager", nehmen mich beim ersten Anhören gefangen. Ein Hit , mitreißender als der andere, natürlich aufgetaucht und im Nu um die Welt gegangen. Ohne großes Management hat es uns erwischt und wir „rollen" nicht nur on the river sondern auch noch abends in unserem Hotel rockig, rhythmisch und melodisch, unvergeßlich.

Diese Hippie-Lieder begleiten uns um die Welt. Auf einem Doppeltrip nach New York haben wir einen Stop in Düsseldorf. In New York haben wir das Musical „Hair" gesehen, sind fasziniert und gucken uns in Düsseldorf die deutsche Aufführung an.. Kein Wunder, dass uns „The Fifth Dimension" musikalisch begeleiten und wir singen oder summen „Let the sunshine in!"

Indien

Indien – Land aus 1001 Nacht. Dieses Land hatte Jahrhunderte zuvor bei Seefahrern Sehnsüchte geweckt und Kolumbus animiert „Westindien" erreichen zu wollen. Wie gut, dass unsere Kapitäne inzwischen genau wissen, dass die Erde keine Scheibe ist und welchen Kurs sie halten müssen, um Indien zu erreichen.

Bisher hatte ich Indien nur im Transit kennen gelernt. Mit dem Jumbo haben wir eine halbe Woche Aufenthalt in Delhi, ehe wir nach Australien weiterfliegen.

Delhi empfängt mich feucht-schwül, tropisch, mit exotischem Duft. Meine Haare saugen wie Antennen die Atmosphäre auf und kräuseln sich. Vögel fliegen hoch oben durch die Empfangshalle, haben ihre eigenen Landeplätze. Überall herrscht Emsigkeit. Und trotzdem dauert die peinlich genaue Abfertigung ihre Zeit.

Auf der Fahrt vom Flughafen fliegen Farbbeutel an unseren Bus. „Das soll Glück bringen", sagt unser Kollege Erwin. „Morgen wird das

Holi-Fest gefeiert. Es ist ein großes Fest. So wie bei uns zu Silvester mit Knallern, werden in Indien die bösen Geister mit Farben vertrieben. Hast Du Lust, morgen das Holi-Fest in Indira Gandhis Garten mitzufeiern? Ich kenne den Lufthansa-Dispatcher, der mit Sanjay Gandhi, dem jüngsten Sohn der Premierministerin Indira Gandhi befreundet ist. Beide sind Sportflieger. Er feiert das Fest morgen im Garten seiner Mutter. Zieh dir alte Kleidung an, wegen der Farbe!"

Als wir mit unserer Lufthansa-Abordnung im Garten von Indira Gandhi eintreffen, werden wir von jungen Leuten freundlich begrüßt. Einige haben Turbane auf, andere, wie Sanjay, tragen weiße Kaftans. Lange sollen die nicht weiß bleiben. Sanjay, inzwischen orange eingefärbt, schüttet Glück über mich aus; Haare, T-Shirt, Jeans – alles wird mit Grün „beglückt".

Sanjay Gandhi

Was mich neben den vielen neuen Eindrücken begeistert, ist die Tatsache, dass sich die Farbe aus den Haaren und meiner Kleidung problemlos wieder auswaschen läßt. Silvesterknaller hatte ich in nicht so guter Erinnerung. Turbane werden ausgewaschen und in sechs bis acht meterlangen bunten Bahnen im Garten zum Trocknen ausgelegt. Diese bunten Seidenfahnen peppen den schon etwas ausgedörrten Rasen auf. Wie gut, dass wir unbeschwert feiern können und nichts vom schweren Schicksal der Familie ahnen. „Kronprinz" Sanjay, der zum Nachfolger seiner Mutter Indira Gandhi bestimmt war, verunglückt mit einem Sportflugzeug. Sein älterer Bruder Rajev fliegt als Pilot bei Air India. Nach dem Attentat auf seine Mutter wird er als Premierminister ebenfalls ermordet. Seine Frau Sonja – ehemalige Stewardess der Alitalia – kommt kurz in den Garten, um uns als frühere Kollegin zu begrüßen.

Wir fragen uns, ob die Gandhis vielleicht mit dem berühmten Mahatma Gandhi verwandt sind, der durch gewaltlosen Widerstand Indien in die Unabhängigkeit führte, und erfahren von unserem Dispatcher

Radjjpal, dass Indira Gandhi die Tochter und enge Mitarbeiterin ihres Vaters Pandit Nehru, dem Staatsgründer und ersten Ministerpräsidenten von Indien ist, dessen Nachfolge sie 1966 antrat.

Dann ermuntert uns Sanjay Gandhi, der allgemeinen Aufbruchstimmung zu folgen. Irgendwann fahren wir mit elf Personen in einem(!) „Ambassador“ zum Essen oder Tanzen. In ganz Delhi sieht man nur eine Automarke: den Ambassador. Alle Taxifahrer, Geschäftsleute, ob reich oder arm, fahren Ambassadors, vermutlich die einzige Automarke, die neben Rikshas die holprigen und staubigen Straßen verkraften kann; was auch wohl daran liegen kann, dass die geschickten Inder sich zu „Do-it-yourself-Mechanikern“ dieser robusten Fahrzeuge entwickelt haben.

Das Holi-Fest war wie ein Schlüssel, der mir Tore zu anderen festlichen Anlässen und Bekanntschaften öffnete. Ich lerne Sunaji kennen, eine junge, hübsche Inderin mit Tony, ihrem Verlobten. Er ist ein flotter, sportlicher junger Mann, der zur berittenen Leibgarde des Staatspräsidenten gehört. Sie wollen demnächst heiraten und wenn ich dann gerade in Delhi wäre, würden sie mich gern zur Hochzeit einladen. Welch ein Glück! Mein Einsatzplan deckt sich mit ihrem Hochzeitsplan. Die Pracht ist unvorstellbar, die Eltern der Braut müssen sich dafür aber auch sehr verausgaben. Im Innenhof eines feudalen Hotels haben sich ein paar hundert Gäste in festlicher Kleidung eingefunden und genießen entspannt dieses Fest.

Auf einem Thron unter einem Baldachin sitzt das Brautpaar. Sie haben die lange Zeremonie der Brautabholung schon hinter sich. Wie schön die Braut ist! Ich zähle die Inderinnen zu den anmutigsten Frauen der Welt.

Neben dem Thron haben die Musiker auf der Erde Platz genommen. Die Tablaspieler begeistern durch ihren Rhythmus und die Geschwindigkeit, mit der sie den kleinen und großen Trommeln Töne entlocken. Streicher und Bläser passen sich an und es entstehen Improvisationen ohne Absprache und ohne Noten. Mir fällt besonders der Klang einer Sitar auf mit ihren vielen Saiten; Obertöne dringen wie Klänge aus anderen Sphären an mein Ohr.

Der geheime Höhepunkt dieser Hochzeit ist ein Besuch bei einem Heiligen. In einem abgedunkelten Zimmer des Hotels hockt ein zarter, asketischer Mann im Lotussitz auf einem großen Bett, empfängt Gäste und segnet sie. Ich fühle mich geehrt, dass auch ich, als Ausländerin, ihn aufsuchen darf. Blumen und Kerzen schmücken das Zimmer und Räucherstäbchen betören meine Sinne. Nachdem er ein Mantra gesprochen und mich gesegnet hat, geschieht etwas, womit ich nicht gerechnet habe: Er schenkt mir – nicht umgekehrt – einen frisch gedruckten Zehn-Rupien-Schein. Diese Geste beeindruckt mich so, dass mich dieser Schein mit Gandhis Konterfei in meiner Brieftasche von da an auf allen Reisen begleitet.

Lange Tische biegen sich unter köstlichen, indischen Spezialitäten; kalte und warme Speisen auf offenen Feuerstellen und im Tandoori-Ofen. Ich denke gerade darüber nach, wo ich zuerst anfangen soll, als ich angesprochen werde: „Darf ich bekannt machen: Sarjit Singh!" Ein riesiger, überaus stattlicher Mann mit weinrotem Turban, graumeliertem Bart und rundem Bauch streckt mir seine weiche Hand entgegen. So stelle ich mir einen Maharadscha vor. Er ist einer! Schon sind wir in seiner Winterresidenz in Delhi eingeladen, hocken im recht kühlen Januar vor seinem offenen Kamin auf dem Boden und hören Platten seiner jungen Freundinnen: „Janis Joplin: „Me and my Bobby McGee". So auf dem Boden zu sitzen auf gleicher Höhe mit dem Feuer – einfach schön!

Vor meinem Abflug hatten wir im Wohnzimmer unseres Neubaus unseren Kamin geplant. Wie hoch sollte die Schürze sein? Auf ca. 40 Zentimeter hatten wir uns geeinigt. Aber so auf dem Boden hocken auf gleicher Höhe mit dem Feuer, das ist so angenehm. Schnell schicke ich ein Telegramm: „Stop Kaminbau!", das in Rüsselsheim ankommt, als der Maurer gerade fertig ist und zu meinem Mann sagt: „Hoffentlich gefällt er ihrer Frau!" Das Telegramm wird hinter dem Kamin eingemauert.

Tony, Bodyguard des Präsidenten, lädt uns eines Tages in den Regierungspalast, den „Rashtrapati Bhawan" ein. Ein Erlebnis besonderer Art! Von großen, majestätischen Bedientesten in rot-goldener Uniform werden wir mit Höflichkeit und Würde bedient. Eine Speisekarte ist extra für diesen Tag gedruckt worden, mit goldenem Wappen und einem Seidenband in den Orange-Weiß-Grün-Farben der indischen Fahne. Ein Menu mit fünf Gängen wird uns im Garten serviert: fünf Gänge mit köstlichen indischen Spezialitäten, mit einer Vielfalt verschiedener Saucen, deren Schärfe und deren exotische Gewürze ich liebe, weil sie so gut schmecken und trotzdem den Körper nicht belasten, entfachen sie doch das Verdauungsfeuer.

Wir sitzen auf einem Innenhof zwischen dem Palast und einem wunderschönen Rosengarten, in dem wir anschließend noch „lustwandeln" können. Duft und Kühle strömen vom Rosengarten an unseren Tisch. Hinter uns stehen Uniformierte und wedeln uns mit großen Fächern weitere Abkühlung zu. Zauberhafter könnte ich mir die Märchen aus 1001 Nacht kaum ausmalen.

Modeschöpfer

Um Mitternacht aus Deutschland in Delhi gelandet, klopft es sehr früh energisch an meine Tür in unserem Oberoi-Hotel. Ein modisch gekleideter Jüngling fragt mit dem singenden, typisch indischen Akzent. „Are you going to Bangkok?"

„Yes, but … ich bin doch gerade erst aus Deutschland angekommen," stottere ich.

Der Klopfer läßt sich nicht beirren: Ein Mode-Designer, ein Freund von Sarjit Singh, drohe zu erblinden, weil sich eine Gesichtsrose auf der Stirn zu seinen Augen hin ausbreite. In Indien gäbe es kein Medikament für die Behandlung und ob ich doch – bitteschön – ein ganz bestimmtes Medikament aus Bangkok mitbringen könne.

„I'll try my best!" Die Medizin aus Bangkok stoppt die Gürtelrose und legt den Grundstein für eine lange, schicksalhafte Freundschaft.

Ajit Singh, ebenfalls stattlich, ist so dankbar über den Erhalt seines Augenlichtes, dass er mir allein nach Augenmaß – ohne eine einzige Anprobe – das schönste Kleid meines Lebens verpaßt. Später erzählt er mir seine Geschichte: Mit 14 Jahren habe er seinen Vater verloren und musste für seine Mutter, seine drei Schwestern und seinen jüngeren Bruder (und dessen spätere Frau) Familienvorstand spielen. Sie seien zwar vermögend, hätten zum Beispiel sein Elternhaus an die Botschaft der DDR in Delhi vermietet, aber mit fünf Frauen sei er völlig ausgelastet und sei lieber Junggeselle geblieben. Er habe zwei Schwestern auf eine Modeschule in Paris und dann nach New York geschickt. Dort veranstalteten sie exklusive Modeschauen, nähmen Aufträge entgegen, und er stelle sie hier in Delhi nach Maß in seinem Atelier her. Lauter Modelle! Seidenkleider mit Paillettenstickereien. Barbara Streisand sei gerade in Omar Sharif verliebt und bestelle im Moment nur solche orientalischen Kleider für „arabische Nächte".

Solch ein Traumgebilde in nachtblauer Seide, handbestickt mit goldenen Paillettensternen, wird mir als Dank für den Apothekendienst auf mein Zimmer geschickt, und es paßt, ohne Anprobe, wie angegossen. Welch eine Qualität! Selbst die Seide des Unterrockes, handgesäumt, ist weich und schmeichelnd.

Wir wohnen im Oberoi-Hotel, einem Palast aus 1001 Nacht, der bei Tag besonders schön ist. Ausgestattet mit kostbarem Marmor, kühl plätscherndem Alabaster-Springbrunnen in der Empfangshalle, drei Restaurants, exquisiten Ladengeschäften, die uns in Versuchung führen. Dazu ein hervorragender Service: Nicht aufdringlich, aber immer präsent. Die Bäderabteilung in weißem Marmor mit Sauna, römischen sowie türkischen Bädern und dank der alten, erfahrenen Teresa mit der besten Massage der Welt.

Aber gleich nebenan sehen wir vom Balkon unseres Luxushotels große Armut. Alte Frauen und Männer sitzen auf geflochtenen Betten unter Tamarisken zwischen Ziegen und Hunden, Kinder spielen auf höckerigem Lehmfußboden um sie herum.

Mein Mann Jürgen hatte sich neue Uniformhemden bestellt – war aber aus der Kragenweite herausgewachsen. Er kam auf die Idee, sie einfach da unten abzugeben. Gegen Abend suchen wir unsere Nachbarsfamilie auf. Ein großer, schlanker weißhaariger Mann öffnet und sieht uns mit seinen dunklen Augen fragend an. Wir bringen leicht verlegen unser Ansinnen vor. Er bedankt sich und nimmt mit Würde die original verpackten Uniformhemden entgegen, streicht den Kindern liebevoll über den Kopf, die neugierig an seinem langen Gewand zupfen, und verabschiedet sich mit der „Namaste"-Geste, die bedeutet „Ich grüße das Göttliche in dir." Anschließend fragen wir uns, ob wir hier nicht reicher beschenkt wurden als er. Ist äußere Armut leichter zu ertragen, wenn innerer Reichtum vorhanden zu sein scheint?

Pantoffelhelden

Die Anmut in den Bewegungen der Inder haben es mir angetan. Ihre tiefen, dunklen Augen, die mit Wachsamkeit vieles beobachten und Kontakt aufnehmen. „Schau dir mal diese handgeschmiedeten, großen Eisennägel an, die das alte Tor halten", sagt Jürgen zu mir, als wir ein altes Fort besuchen. Schon nimmt ein kleiner Junge die Bemerkung auf und erklärt uns weitere Einzelheiten. Manche würden dies als aufdringlich empfinden, aber ich fühle in diesen Aktionen die Lebendigkeit, die Chance am Schopf zu ergreifen, sich irgendwie einzusetzen, um etwas für den Lebensunterhalt zu verdienen. Natürlich werden wir auch von den gerissenen Machenschaften dieser kleinen Geldverdiener manchmal übertölpelt.

So hatte sich Jürgen vor dem Flug extra neue italienische Slipper gekauft.

„Sir, shoe shine!" bietet ein kleiner Schuhputzer seine Dienste an.

„Nicht nötig, die sind doch brandneu!"

„Oh, look! Da ist ein weißer Pudding auf deinem Schuh! Ich wisch ihn weg – no money!" Und schon hat er Jürgen den Schuh ausgezogen. „Oh, look, hier die Sohle ist lose. I'll fix it!" So steht Jürgen mit einem Pantoffel mitten auf dem Connaught Place und wartet auf seinen zweiten Schuh. Nach einer Weile kommt der Shoe-Shine-Boy mit dem einen Schuh mit neuer Ledersohle zurück. „800 Rupees, Sir!"

„Soviel haben ja die Schuhe nicht gekostet!" Das Handeln beginnt.

Im Fahrstuhl unseres Hotels treffen wir unseren Berliner Kapitän: „Mann, bin ick sauer! Gehe über den Connaught Place, schmeißt mir doch jemand so einen Pudding auf den Schuh. Jetzt hab ich einen frisch besohlten Schuh …"

Bei unserem nächsten Einkauf gehen wir mit mehreren Kollegen in Kolonne und passen höllisch auf. Aber kurz vorm Einbiegen in einen Bazar ruft Julius: „Da, jetzt hat es mich erwischt!"

Ich muss mich bemühen, nicht laut zu lachen; diese Schlitzohrigkeit amüsiert mich. Hier wird nicht plump geklaut, heuchlerisch gebettelt oder mit Gewalt geraubt; ich bin mitten im Geschehen dabei und habe die Möglichkeit, mich zu wehren. Aber mit unserer Geradlinigkeit sind wir diesen Machenschaften natürlich nicht gewachsen.

Ich fühle mich in diesem Land wohl, diesem Geburtsland von Mystik, Magie und Meditation. Es ist ein Land, das Halbheiten nicht mag. Entweder man lehnt es völlig ab, wegen seiner Armut, seines Schmutzes und der andersartigen Sitten oder man liebt es so, wie es ist.

Ich liebe Indien, spüre die jahrtausend alte Kultur nicht nur in den monumentalen Bauwerken, in der wunderbaren Verarbeitung edler Baustoffe und dem Zauber filigraner Handwerkskunst. Staunend besuche ich Ausgrabungsstätten der Induskultur, die schon 3000 Jahre vor unserer Zeitrechnung in Blüte stand.

Die arische Besiedlung und die anderen Königreiche, die durch Ausgrabungen von diesen hochentwickelten Kulturen Zeugnis ablegen, beeindrucken mich. Besonders fasziniert mich König Ashoka, der um 230 v. Chr. lebte und ein Großreich beherrschte, das nicht nur Teile des heutigen Indiens, sondern auch Pakistans und Afghanistans umfaßte, und das er friedlich regierte. Auf zahlreichen Inschriften auf Säulen, Felsen oder in Höhlen hat er die moralische Erziehung seiner Untertanen gefördert; er setzte sich für den Buddhismus ein, ließ aber trotzdem Toleranz anderen Religionen gegenüber walten.

Rätselhaft ist für mich die sieben Meter hohe Eisensäule in der Nähe von Delhi, die aus 99,5 Prozent Eisen besteht und nie rostet. Wer sie rückwärts umfassen kann, dem ist das Glück hold, heißt es. Mir kommt es vor, als hätte ich schon früher einmal hier gelebt; vieles ist zwar fremdartig für mich und doch spüre ich eine unterschwellige Vertrautheit.

Einsatz als Mannequin

Wieder einmal in meinem Märchenland angekommen, will ich erst einmal ganz für mich sein, ausspannen, mich bei niemandem melden. Übermorgen habe ich Geburtstag, mein vierzigster!

Das ist schon ein Abschnitt. Mein indischer Gürtelrosen-Freund Ajit hatte mir beim letzten Aufenthalt angeboten, uns sein Auto mit einem

Fahrer zur Verfügung zu stellen, um damit nach Fatehpur Sikri zu fahren. Ihm wäre die Fahrt im April zu heiß.

Ich gehe durch die gekühlten Verkaufsarkaden unseres Oberoi-Hotels und werde von einer jungen Inderin angesprochen. „Excuse me, Madam, haben sie vielleicht Größe 10?" Also 38.

„Ja, stimmt!" antworte ich überrascht.

„Könnten Sie vielleicht als Mannequin bei uns einspringen? Wir sind gerade dabei, einen Katalog für unsere neue Kollektion zu erstellen. Der Fotograf ist schon da. Bitte kommen Sie auf Zimmer 510."

Na, ja, warum nicht? Bevor ich jedoch mein Zimmer verlasse, hinterlege ich vorsichtshalber eine Notiz mit meinem Vorhaben und der Zimmernummer unseres Foto-Shootings. Die Kleider sind wie für mich und ich für sie geschaffen. Es macht Spaß – wieder eine neue Erfahrung.

Abends lädt mich das engagierte Team in den Moghul-Room ein, mein Lieblingsrestaurant im Oberoi. Der Verkaufsleiter bedankt sich mit einem Ring, in dem ein kleiner Rubin mit zwei Brillianten funkelt. „Kein Ring, der Veranlassung geben könnte, dich dafür zu überfallen", wertet der Chef lächelnd ab und gibt mir obendrein noch einige Fotos vom 40-jährigen Mannequin.

Rückflug am Limit

Wir sind nachts in Delhi am Flughafen, um mit der B-747 über Dhahran und Athen nach Frankfurt zu fliegen. Die Flugzeit ist mit knapp 14 Stunden berechnet. Der Jumbo ist von Sydney über Bangkok schon ganz schön lange unterwegs gewesen. Kinder hängen müde in den Armen ihrer Eltern und es ist sehr schwül. Da heißt es, dass irgend etwas am Triebwerk überprüft werden müsse.

Kaum hat uns unser Kapitän die Information gegeben, stehen schon zwei Flugbegleiter mit dem Tarifvertrag in der Hand vor mir und weisen darauf hin, dass wir damit wohl unser Zeitlimit von 14 Stunden überschreiten würden. Ich sehe in der Kabine die vielen reisemüden Passagiere. Eine Standbye-Crew steht nicht zur Verfügung. Wenn wir jetzt aussteigen, müßten 360 Passagiere in Delhi untergebracht werden. Das ist nicht so einfach. Wir, die wir uns drei Tage lang ausruhen konnten, müßten wieder zurück ins Hotel – check-in, check-out – die ermüdende Fahrt vom und nach einer Minimum Ruhezeit wieder zum Flughafen. Und die armen Passagiere, die schon so lange unterwegs sind und zu Hause erwartet werden!

Als sich abzeichnet, dass wir wohl mit einer guten Stunde Verspätung abfliegen können, bespreche ich mit meiner Kabinenbesatzung die Situation. Die meisten Flugbegleiter wollen fliegen, aber einige berufen sich auf den Tarifvertrag, der doch mit viel Mühe ausgehandelt worden sei. Das kann ich zwar verstehen, aber in diesem Fall nicht akzeptieren. Die Cockpit-Crew will auf jeden Fall fliegen und der Kapitän fragt mich, ob wir bereit wären, mit Minimum-Crew in der Kabine zu fliegen, damit die Sicherheitsvorschriften gewahrt werden können.

Es klappt! Wir erklären unseren Passagieren die Situation und wir zehn Flugbegleiter betreuen 360 Passagiere und noch die drei zusätzlichen „dead-head "-Flugbegleiter, die hinter dem Tarifvertrag die Augen zumachen. Wir sind zwar am Ende geschafft, aber die positive Resonanz der Passagiere füllt unsere Reserven bis zum Ende immer wieder auf.

„Diamonds are a girl´s best friend". Das war gerade ein Hit zu der Zeit. Zu einem realen Schatz mit Diamanten komme ich „wie die Jungfrau zum Kind".

Ajit war mit seiner Schwägerin Sunena in Madras zu einer Hochzeit eingeladen gewesen. Ihren Schmuck hatte sie in einem Seesack mitgenommen. Nach ihrer Rückkehr wollen Sunena und ich im exklusiven Intercontinental Hotel zum Schwimmen gehen. Der Fahrer soll uns dort hinbringen. Bevor wir losfahren, kommt Ajit mit dem Seesack und bittet uns, die Juwelen doch wieder in den Safe seiner Bank zurückzubringen. „Kein Problem!" denke ich. Aber als wir bei der Bank ankommen, ist sie geschlossen: „Bank Holiday". Was tun? „Ach, weißt du, wir nehmen den Seesack einfach mit ins Hotel!" sage ich zu Sunena. Aber unten bei unseren Schießfächern kommen mir doch Bedenken, ihn dort zu lassen. „Wir nehmen ihn einfach mit an den Pool. Da haben wir den Seesack immer im Auge – und außerdem, wer vermutet solche Schätze in einem Seesack!? Ein paar Stunden später taucht Ajit mit seinem Bruder Kuldip schweißgebadet an unserem Pool auf und nimmt erleichtert den Juwelen-Seesack an sich. Gut, jetzt kann ich auch etwas freier unter Wasser schwimmen oder angstfrei die Augen zumachen und mich unbesorgt sonnen. „Besitz besetzt", denke ich so.

Diese Geschichte ist das Gesprächsthema des Abends. Sunena amüsiert sich darüber, wie cool wir die Sache gemeistert hätten. Plötzlich holt sie ein Halsband hervor, das mit vielen Brillianten kunstvoll verziert ist und übergibt es mir mit den Worten: „I have to give it to you out of my heart!" Ich betrachte das funkelnde Halsband. Sind das echte Brillianten? Kaum zu glauben. Egal, ob echt oder Strass – ich freue mich über die Geste und später nochmals, als ich herausfinde, dass die Brillianten wirklich echt sind. Brillianten! Aber wo kann ich die tragen und wo die schönen indischen Abendkleider?

Eines Tages werde ich von einem befreundeten Arzt eingeladen, mit ihm und vielen Gästen seine Ernennung zum Professor zu feiern. Auf dem Abendprogramm eines bekannten Frankfurter Hotels steht auch Tanz. Das ist doch ein Anlaß, das schlichteste meiner indischen Seidenkleider anzuziehen und dazu mein Brillanthalsband.

Während des Festes sitze ich – aufgeputzt – neben Professorenfrauen in dezenten Kostümen. Die Kollegen und Oberärzte sind leicht und locker in Jeans und Clocks gekommen. Und ich?! Total overdressed! Selten habe ich mich so unwohl gefühlt.

Noch eine Juwelen-Geschichte ist mir in Erinnerung geblieben. Immer wieder bummeln wir gern durch das Rote Fort. An dieser erlesenen Pracht und Harmonie an Bauwerken in edelsten Materialien kann ich mich einfach nicht satt sehen. Feinstes Filigran in Marmor gemeißelt, Halbedelsteine zu Blütenornamenten geformt, die die Säulen und Wände zieren. Das Podest in der Audienzhalle ist allein schon ohne den Pfauenthron bewundernswert. Wie mag der Thron erst ausgesehen haben, der 1739 als Kriegsbeute nach Persien gebracht wurde?

Diesen Shah Jahan bewundere ich aus ganzem Herzen. Statt Kriege zu führen hat er unbeschreiblich schöne Kunstwerke erschaffen. Für seine Lieblingsfrau ließ er das weltberühmte Mausoleum „Taj Mahal" erbauen, die bei der Geburt ihres vierzehnten Kindes starb. Von 1631 bis 1648 hat Shah Jahan in nur 17 Jahren solch unvergleichliche Kunstwerke geschaffen. Dieses feine Gespür für Schönheit nehme ich mit allen Sinnen auf und ich spüre durch die Harmonie dieser Kunstwerke eine Ruhe und Zufriedenheit in mir einkehren. Auf dem Rasen zwischen den Gebäuden sehe ich einen der Gärtner hocken, der sich unter einem Gartenschlauch duscht.

Mir fällt der einfache Hang zur Sauberkeit auf, der in der großen Hitze und den staubigen Winden nicht so einfach durchzuführen ist. Meine Nase empfängt hier trotzt der großen Hitze weniger Schweißausdünstungen als in anderen Ländern.

Vielleicht ist mein Indien-Programm auf „positiv" eingestellt und meine Kontrollinstanz blendet manches aus. Indien ist aber auch wirklich ein außergewöhnliches Land.

Nicht nur die großen Kunstwerke begeistern mich. In den kleinen Ladengeschäften rechts und links der Hauptstraße, die zum Palast im Roten Fort führt, betreiben fleißige Handwerker ihr Kunsthandwerk. Ein Kollege hat für seine Frau ein Schmuckstück anfertigen lassen. Obgleich ich nicht viel für Schmuck übrig habe, gucke ich mich ein bißchen um. Und da funkelt mich doch ein Opal an in seiner geheimnisvoll schillernden Art, und die vielen kleinen Brillanten, die ihn umgeben, erhöhen noch seinen Glanz und ziehen meine Aufmerksamkeit auf sich.

Er paßt genau auf meinen Ringfinger. Aber eigentlich will ich gar keinen Ring. Ich habe Arbeitshände und ein Ring stört mich beim Arbeiten. Trotzdem gefällt mir dieser schöne Ring und ich freue mich darüber, solch einen Schatz unserer Erde bewundern zu können Der Juwelier hat sofort erkannt, dass mir der Ring gefällt und macht mir ein außergewöhnliches Angebot:„Sie können den Ring mit ins Hotel nehmen und ihn dort in Ruhe im Sonnenlicht betrachten." Keine Verpflichtung, keine Anzahlung, keine Empfangsbescheinigung; mein Name und Lufthansa genügen.

Dieses Vertrauen imponiert mir, wenn auch einige Kollegen meinen, das sei „Trick 17". Ich kaufe den Ring als Gegenbeweis für das überall vorherrschende Mißtrauen und schenke ihn 27 Jahre später einer neuen Freundin Anja zu ihrem 40. Geburtstag.

8
Afrika

Afrika, dieser große schwarze Kontinent, der zweitgrößte der Erde, der ein Fünftel von ihr bedeckt, in dem die Wiege der Menschheit vermutet wird; werden wir sein Geheimnis je ergründen?

Im Norden hatte ich Ägypten kennen und schätzen gelernt, in Dakar meine vielfältigen Erfahrungen gemacht, nun fliegen wir nach Kenia, das mit 5 Grad nördlicher und 5 Grad südlicher Breite genau die Seitenschnalle des Äquator-Gürtels bildet. Von Norden nach Süden durchzieht Kenia der Ostafrikanische Graben. Dort, in den Dornensavannen, sind die Massai Wanderhirten geblieben. Diese langbeinigen Hirten-Krieger mit ihren Speeren imponieren mir durch ihre stolze Haltung. Sie stützen sich auf lange Stöcke und aus der Ferne weiß ich nicht, ob ich gerade ihre schlanken Beine, Speere oder die Stöcke sehe. Umhänge aus bemalten Tierhäuten verleihen ihnen ritterliches Aussehen. Wortkarg sind sie und sprechen mehr durch ihre Haltung und ihre großen, dunklen Augen. Ihre Tiere, die Zebus, die Buckelrinder, ihre Esel und anderen Tiere sind ihr Ein und Alles: ihre Arbeitgeber, ihre Lebens- und Sozialversicherung. Beeindruckend ist für mich, wie sie sich dieser Tiere bedienen. Mit einem scharfen Messer wird die Kehle des Rindes angeritzt, eine gewisse Menge Blut wird, wie bei einem Aderlaß, aufgefangen. Danach wird es mit Urin zum Gerinnen gebracht und dadurch haltbar gemacht. Die Tiere scheinen sich an diese Prozedur gewöhnt zu haben und offensichtlich keinen gesundheitlichen Schaden dabei zu nehmen.

In der Küstenzone wohnt das Mischvolk der Suaheli, die auch die Sprache des Landes beeinflußt haben. „Jambo, Bwana, abari kani mussouri sana."

Nie werde ich vergessen, mit welchem Eifer ich diese kurzen Sätze gelernt habe. Das kam so: Beim Ausfüllen der Landekarte stelle ich fest, dass mein Reisepaß abgelaufen ist. Wir müssen immer zwei Pässe haben: einen mit dem amerikanischen Visum und einen mit den Visa für die arabischen Staaten. Ich habe den verkehrten Paß eingesteckt. „Begrüße sie doch einfach freundlich auf Suaheli mit ‚Jambo, Hakuna matata!'", rät mir meine Kollegin Ute. Wir üben bis kurz vor der Landung. Macht richtig Spaß, diese klangreiche Sprache einzusetzen. Es klappt! Der schwarze Offizier der Einwanderungsbehörde läßt sich mit „Jambo bwana" so einfangen, dass er vergißt, das gültige Datum meines Passes zu prüfen.

Was sonst noch dieses schöne Land durchzieht, ist für mich schwer faßbar. Die Kikuyu leben in Stammesfehden mit Nachbarvölkern, wollen mit dem Geheimbund der „Mau-Mau" die weißen Farmer vertreiben. Dabei könnte dieses Land voll reicher Bodenschätze, fruchtbarer Anbaugebiete für Kaffee, Tee, Bananen, Sisal und diesen einmaligen Naturschönheiten allen gleichermaßen ein Auskommen ermöglichen. Das stelle ich mir ganz einfach vor in meiner Naivität.

Drei Themen sind uns von der Lufthansa als „Tabu" vorgegeben worden: „RRP" – Rasse, Religion und Politik werden bei Gesprächen mit Passagieren tunlichst vermieden. Da hatte ich eine gute Entschuldigung, diese Themen auch privat auszuklammern und konnte mich anderen Hobbys widmen.

Safari

Eine Safari in den Ambuseli-Park wird geplant. Dieses große Tierreservat erstreckt sich um den Kilimandscharo, mit fast 5900 Metern der höchste Berg Afrikas.

Nun sind wir auf Safari in diesem großen Tierpark und haben Glück: Eine ganze Löwenfamilie döst in der Mittagsstunde unter einer schattenspendenden Baumgruppe. Giraffen „grasen" die Blätter der hohen Tamariskenbäume ab; Antilopen, immer auf dem Sprung, Zebras in ihren gestreiften Schlafanzügen verschwimmen in der Ferne in der flimmernden Hitze. Die Baobabs – Affenbrotbäume – beherrschen die Landschaft.

„Die sehen aus wie Überbleibsel aus Zeiten der Mammuts – so ab – ja fast ausgestorben", stelle ich fest.

„Nein", werde ich belehrt, „während der Regenzeit tragen diese bis manchmal zwanzig Meter hohen Bäume große Blätter, speichern Wasser in den dicken Stämmen, bringen weiße Blüten hervor, die von Fledermäusen bestäubt werden. Daraus entwickelt sich das 40-50 Zentimeter lange gurkenförmige „Affenbrot" mit eßbarem Fruchtfleisch und öligen Samen. Während der Trockenzeit wirft der Baum dann seine Blätter ab."

„Wie schön, dass diese Bäume, die ihre Gespensterhände in alle Richtungen strecken, selbst in der Trockenzeit soviel Leben in sich bergen und zum Überleben beitragen", denke ich so bei mir.

Vögel in unendlicher Vielfalt können wir aus nächster Nähe vom Auto aus oder an Wasserstellen beobachten; Affen setzen sich auf die Kühler unserer Autos.

„Am gefährlichsten sind die Kaffernbüffel, obgleich sie mit dem braven Mittelscheitel ihrer gewaltigen Hörner fast gutmütig aussehen. Mit denen ist nicht zu spaßen", werden wir gewarnt, „einmal in Rage gebracht, gibt es kein Halten. Sie sind schnell und angriffslustig, können mit ihren Hufen alles niederstampfen, mit geballter Kraft ihre gepanzerten Hörner einsetzen und können sogar mit ihrer Reibeisenzunge Fleischfetzen aus Beutetieren herausreißen. Derartiges musste neulich ein vorwitziger Tourist am eigenen Leibe erfahren, nachdem er sich auf einen Baum geflüchtet hatte." Jägerlatein?

Übernachtet wird in Zelten. Ich erinnere mich noch an die fremdartigen Geräusche und Rufe, die in der unheimlichen Schwärze der Nacht die Wildnis durchdringen. Dann plötzlich der Schrei eines Kollegen: „Sie haben mir einen Schuh geklaut!"

„Wer?"

„Hyänen oder Schakale."

„Und mir die Seife!" stellt ein anderer fest.

„Das sind doch eigentlich Aasfresser! – wollen sie sich vielleicht von ihrem schlechten Ruf reinigen?" tönt es aus der Dunkelheit.

Royal Railway

Vor einem Flug nach Nairobi fragt nach dem Captain's Briefing unser junger Co-Pilot Carlos: „Hat jemand Lust, mit nach Mombasa zu fahren? Da gibt es ‚The Royal Railway' aus der englischen Kolonialzeit. Diese Eisenbahn fährt die ganze Nacht hindurch. Einmalig ist dieser Zug: Mit Speisewagen und Schlafwagen ausgestattet, bietet er einen vornehmen Service, ‚old English Style'. In Mobamsa oder Malindi am Indischen Ozean bekommen wir in manchen Hotels, zum Beispiel in der „Leisure Lodge", als Lufthanseaten Ermäßigung."

Einige Kolleginnen erkundigen sich zwar interessiert nach Einzelheiten, aber am Schluß stehen nur Carlos und Edith am Bahnhof von Nairobi.

Der Zugbegleiter hat uns mit weißen Handschuhen unser Abteil zugewiesen und um 19 Uhr tritt die „Royal Railway" ihre 500 Kilometer Reise in die Hafenstadt Mombasa an. Langsam und gemächlich setzt sich der Zug in Bewegung und bald darauf öffnet unser Zug-Steward die Tür und bietet uns einen Sherry als „Sun-downer" an. Es tut wirklich gut, sich als Passagier so verwöhnen zu lassen. Bei diesem Fahrradtempo können selbst unsere Augen ausruhen, während sie die langsam vorbeiziehenden Bilder der Landschaft einfangen.

Nacheinander werden wir Gäste in den Speisewagen gebeten. Wir nehmen auf einem Plüschsofa Platz. Alles ist sehr vornehm und sehr klein. Es erinnert mich ein wenig an eine große Puppenstube: niedlich die Gläser, klein, aber fein die schweren silbernen Tee- und Kaffeekannen. Das Essen bleibt auf den kleinen bemalten Steinguttellern überschaubar. Allein die dicken, giftgrünen Erbsen kullern aus dem Minirahmen.

Da immer waggonweise nacheinander gegessen wird, werden wir nach einem bunt-süßen Dessert gebeten, in unser Abteil zurückzukehren. Dort sind inzwischen unsere Sitzbänke in zwei übereinander liegende Stockbetten umgebaut worden.

Wir setzen uns auf das untere Bett, lassen die Landschaft vorbeiziehen und betrachten den Sternenhimmel. So nah, so klar habe ich die Sterne noch nie funkeln gesehen. Der Himmel ist nachtblau und wie für einen Feiertag geputzt. Carlos kennt sich mit Sternen gut aus und zeigt mir nicht nur den großen Wagen. „Wo ist denn das Kreuz des Südens?"

möchte ich wissen. „In Dakar haben sich Kolleginnen solch ein Kreuz in Gold gekauft."

Ich habe vergessen, ob es hier in Äquatornähe ganz unten am Horizont liegt, aber diese wohltuende Atmosphäre, diese romantische Stimmung, in der wir uns durch die Nacht ziehen lassen, kann ich jederzeit wieder in meine Erinnerung rufen.

Um fünf Uhr werden wir mit „Early-morning-tea" geweckt. Eine Waschkabine wird irgendwo hergezaubert und danach werden wir in den Speisewagen zum English Breakfast eingeladen. Bei unserer Rückkehr in unser Abteil sind unsere Betten wieder in Sitzbänke verwandelt worden. Obwohl wir gelegentlich dachten, unserer alten Lokomotive ginge die Puste aus, läuft sie doch pünktlich in Mombasas Hauptbahnhof ein. Ein Paradies erwartet uns am Indischen Ozean.

Jahre später möchte ich mit meinem fünfjährigen Hajo diese Spuren wieder aufnehmen und mit ihm nach Mombasa reisen. Genügend Kenia-Schillinge habe ich beiseite gelegt. Von Nairobi wollen wir nach Mombasa fliegen, aber alle Flüge sind überfüllt. „Laß uns in den Transitraum gehen und etwas essen", schlage ich vor, um dann beim Bezahlen zu erschrecken: Die Kenia-Schillinge sind nichts mehr wert! Im Crew-Hotel hilft mir ein Kollege aus der Klemme. „Haben wir bis heute abend keinen Flug bekommen, fahren wir ganz nobel mit der alten Englischen Eisenbahn" Aber! What a pity! Die alte „Royal Railway" ist aus dem Verkehr gezogen worden. Was nun? Mit uns bemüht sich ein Pilot von „Ariana", der afghanischen Fluggesellschaft, mit seiner deutschen Freundin, einer Bodenstewardess der PAA, um Plätze nach Mombasa. Aussichtslos! So entschließen wir uns, gemeinsam eines der Service-Taxis zu nehmen, die sieben Stunden durch die Nacht nach Mombasa rattern. „Wir nehmen die Mittelbank, dann kannst du dich ein bißchen hinlegen", hatte ich Hajo zugeflüstert. Aber mit der dicken Frau, die sich dann noch hineinzwängte, war diese Illusion verflogen.

Als wir unser Ziel schließlich erreichen, ist allerdings weit und breit kein Platz in irgendeinem Hotel zu finden. Als wollten sie uns die Arroganz heimzahlen, die ihre Vorfahren erdulden mussten, nutzen die Kenianer am Empfang ihre Machtposition aus: „Go back to Nairobi!"

„Wir kommen aus Deutschland."

„Go back to Germany!"

Schließlich erbarmt sich eine mitleidige Angestellte des Hotels „Two Fishes" und stellt uns ihr Bett zur Verfügung. Unser Afghane und seine PAA-Freundin schlafen in einer Besenkammer. Afrika – Adio.

9
Neue Aussichten

Schicksalsfäden

Aus Los Angeles fragt Fritz, mein „Edelmann vom Mond" an, ob ich nicht zu Weihnachten wieder nach Kalifornien kommen könne. „Ja", antworte ich ihm, nachdem ich mich erkundigt habe, „es gibt einen Flug über Weihnachten und Neujahr 1962/63. Wir werden für drei Wochen in Montreal stationiert und fliegen zweimal in der Woche nach San Francisco und wieder zurück." Diesen Flug trage ich als „request", als Wunschflug ein. Als „Dienstalte" und Check-Stewardess habe ich gute Chancen, diesen Flug zu bekommen. Ich packe Weihnachtssachen ein – auch eine Feuerzangenbowle für Silvester. Vor Flugantritt treffe ich auf dem Weg zum Briefing im schmalen Barackengang meinen First Class-Steward Jürgen Simon. Groß, blond und schlank begrüßt er mich mit einer leichten Verbeugung. Er hat nicht nur wunderschöne blaue Augen, ich habe gleich das Gefühl, er macht mir auch welche. Aber das war wohl Einbildung. Denn eigentlich wollte Jürgen Simon diesen Flug mit Inge antreten, die wohl älter als ich, jedoch nicht dienstälter war und deshalb zurücktreten musste. Außerdem hatte ihn unser Kochsteward Gydat aufgehetzt: „Mensch, auch noch 'ne Checkerin!"

Gydat war ein Urtyp aus Berlin. Er konnte so schön lispeln. „Gydat, sag doch mal ‚süße Sahne'!" wurde er aufgezogen. „Ssag doch sselber ssüße Ssahne, dumme Ssau!" war darauf seine Antwort.

Wer führt wen aufs Glatteis?

Wer bringt wen zu Fall?

Wer verbrennt sich die Finger?

Wer wird in die Enge getrieben?

Wintermärchen

In Montreal kommen wir in ein Winterparadies. Unser Weihnachtsmärchen fängt an. Tief verschneit liegt dieses gemütliche kleine Hotel an einem zugefrorenen See, umrahmt von hohen, schneebedeckten Tannen. Kulinarisch werden wir rund um die Uhr verwöhnt, angefangen mit einem ausgiebigen Frühstücksbuffet, das uns bis zum Lunch zur Verfügung steht. Abends gibt es ein französisches Dinner. Wir brauchen uns um nichts zu kümmern und können unsere aufgetankte Energie in all die Wintersportarten einfließen lassen, die wir vor der Tür wahrnehmen können.

Jürgen spielt mit den Jungen Eishockey – ich traue mich auch mit Schlittschuhen aufs Eis. Jürgen nimmt mich bei der Hand, und schon schweben wir als Paar über das Eis. Macht richtig Spaß! Es tauchen Wortspiele auf: „Wer führt wen aufs Glatteis?

Wir steigen in die Berge und Jürgen spielt „den starken Mann", haut viele der abgestorbenen Bäume mit einem Stock um. Wir stapfen mit den anderen zum „Lake Diermeier", versuchen uns auf Skiern, mieten uns an Heiligabend Pferdeschlitten und fahren alle gemeinsam zur Kirche.

Es ist wie im Traum. Dazu noch abends „Midnight in Moskau". Wir tanzen so harmonisch, dass unser Flugingenieur „Bruder Martin" vom „jungen Glück" spricht. Zwischendurch gibt es aus Spaß noch kleine Eifersüchteleien, weil ich „Bruder Erich" – unserem Economy-Steward das „Du" eher angeboten habe als meinem First Class-Steward Jürgen.

Über all diesen Spielereien dürfen wir nicht vergessen, weshalb wir hier stationiert sind. Wir fliegen nach San Francisco. Dort warten Tante Emma und Onkel Wilhelm auf mich. Kein Fritz! Er hat Bereitschaftsdienst und kann nicht kommen. Ja, wie das Schicksal so spielt. Dafür hält sich Jürgen in Bereitschaft.

„Ruf mich auf jeden Fall noch an, wenn du von deinen Verwandten zurückkommst!" gibt er mir eindringlich mit auf den Weg. Als ich von meinem Ausflug zurückkomme, ist es schon spät und ich will eigentlich nur noch in mein Bett. Aber wo ist es?! Ach, ein Schrankbett! Wie kriege ich das denn heraus?! Mit Technik stehe ich meistens auf Kriegsfuß. Ich kriege es nicht herausgeklappt. Es klappt einfach nicht! „Jürgen, könntest du mir beim Ausklappen meines Bettes helfen?" bitte ich ihn am Telefon.

„Nichts lieber als das!" tönt es zurück. Im Handumdrehen hat er mein Bett uns so einladend vor die Füße geklappt …

Zwei Tage später treten wir unsere Heimreise an, tauschen in Frankfurt Adressen aus und verabschieden uns alle herzlich voneinander. Auch in Deutschland hat der Winter Einzug gehalten, doch weniger märchenhaft, eher etwas heimtückisch. Ich fahre in meinem blauen Volkswagen auf der langen Straße nach Langen, bin mit meinen Gedanken noch im Märchenwald von Montreal, will den Schleicher vor mir überholen – huch! – schlitter, schlitter! lande ich im Graben.

Jürgen erweist sich als Retter in der Not, schleppt mich ab – im wahrsten Sinne des Wortes – mit seinem kleinen, braunen VW-Käfer mit geteilter Heckscheibe, der also noch älter ist als mein Modell. Dieser Käfer zwinkert mir mit seinem etwas hektischem Blinker ganz besonders lustig und auffällig zu: „Ein Relais ist wohl kaputt", ist Jürgens nüchterne Erklärung dafür. Was hatte dieser kleine Käfer ihm wohl eingeflüstert?

Jürgen stellt mir jedenfalls seinen „Augapfel" zur Verfügung. Finde ich das nett! Noch ahne ich nicht, wie oft ich in diesem Jahr 1963 – dem unheilvollsten meines Lebens – seinen hilfsbereiten Einsatz zu schätzen weiß.

„Kaiser, König, Prinz, Major, Edelmann, Bedelmann, Doktor, Pastor." Dieser Abzählreim aus der Kindheit kam mir in den Sinn, als ich nachdachte, wie viele verschiedene Menschen in meinem „Lebenstheater" aufgetreten waren, mit und ohne Titel. „Du, Edith, am Sonnabend sind wir bei Dr. Günther Knoss in seiner Germania-Apotheke in Frankfurt eingeladen", verkündet Tünnes mir am Telefon. „Er hat Medizin studiert, aber als sein Bruder, der die väterliche Apotheke übernehmen sollte, im Krieg gefallen war, hat er noch ein Pharmazie-Studium drangehängt. Ist 'ne gute Partie und Jungegeselle", fügt sie hinzu.

„Warum wollt ihr mich bloß alle so schnell unter die Haube bringen?" frage ich.

Sie antwortet nicht direkt, bleibt beim Thema und sagt mit einem wichtigen Unterton in der Stimme: „Da soll auch ein Prinz kommen." Auf seiner Party erzählt Günther mir von seinen Hobbys: Klavierspielen und echte Teppiche.

„Da haben wir ja etwas gemeinsam", stelle ich fest und ich merke schon, dass er mich mag. Später schenkt er mir kleine Schmuckstücke, aber dadurch fühle ich mich fast wieder „gekauft". Meine Freiheit geht mir doch über alles.

An diesem Abend lerne ich auch „Nippi", Prinz Wendisch-Gratz kennen. Er sitzt mit übereinander geschlagenen Beinen neben mir; das Hosenbein ist etwas hochgerutscht und ich entdecke in seinem Strumpf ein Loch. Das war damals kein Modetrend. Heutzutage sind ja zerfetzte Hosen (und vielleicht auch Strümpfe?) „in". Wir sangen als Kinder: „Loch im Strump, Zigeunerlump". Das paßt ja wohl nicht zu einem Prinzen, der in meiner Vorstellung auf einem Schloß in Saus und Braus lebt. Er ist höflich und unterhaltsam, hat einen charmanten österreichischen Akzent, aber irgendwie fehlt ihm etwas Echtes. Das Loch im Strumpf macht ihn mir sympathisch. Noch kann ich nicht ahnen, dass er mich später aus meinem Sanatorium auf ein Schloß holen wird, in dem seine Eltern wohnen.

Verhängnisvoller Ausflug

Anfang Mai 1963 bin ich auf einem Flug nach Lagos in Nigeria eingesetzt. In der Nähe der Hauptstadt gibt es Traumstrände mit einer Brandung, die sich mit der der Copacabana messen kann.

Wir fahren zum Strand hinaus, denn wir haben ja erst gegen Abend „pick-up". Als Check-Stewardess muss ich vorbildlich mit gepflegter Frisur meinen Dienst antreten. „Ich werde nicht durch die Wellen tauchen, so mit Haut und Haar, wie ich es liebe, sondern nur ein bißchen die Wellen gegen meinen Po klatschen lassen", nehme ich mir vor. Aber die Brandung ist enorm. Die Gischt spritzt das Meerwasser so hoch, dass meine Frisur anschließend an Lots erstarrte Salzsäulen-Frau erinnern würde. Da kein Friseur in der Nähe ist, ich auch keinen Föhn dabei habe, verzichte ich der Eitelkeit zuliebe auf das Baden. Meine männlichen Kollegen kennen diese Probleme nicht und tummeln sich im Meer.

Ich beschließe, allein einen kleinen Ausflug ins Binnenland zu machen. Nach einiger Zeit breitet sich vor mir ein wunderbarer, paradiesischer

Süßwassersee aus. Am Ufer wachsen Palmen, Agaven und blühende Sträucher. Das Wasser ist warm und klar, obgleich am anderen Ufer ein kleiner Junge im hohen Bogen ins Wasser pinkelt.

„Nein, hier gehe ich doch lieber nicht schwimmen; vielleicht begegne ich einer Wasserschlange", geht es mir durch den Kopf.

Also hocke ich mit den Füßen im seichten, warmen Wasser und beobachte das Leben der kleinen Schnecken und Einsiedlerkrebse. Ich drehe sie um und warte ab, wie lange sie brauchen, um sich wieder in Laufrichtung zu drehen. Putzig sind die Einsiedlerkrebse, die sich in leeren Muschelhäusern „einmieten". Bei manchen erscheint es mir, als ob sie erst richtig hineinwachsen müssen.

Die kleinen, schwarzen Schnecken sind träger, lassen sich viel Zeit, ehe sie sich bewegen. Eine kleine Welt für sich, in die ich versunken eintauche. Ich ahne nicht, welch eine Gefahr in diesem idyllischen Biotop auf mich wartet!

Gerade diese kleinen schwarzen Schnecken sind Zwischenwirte im Kreislauf der Verbreitung der Bilharziose, die so kompliziert ist, dass ich mir kaum denken kann, dass so etwas funktioniert: Angenommen, das kleine „Männeken Piss" am anderen Ufer war infiziert und befördert mit seinem Urin Schistosomen-Eier in dieses warme, stehende Gewässer. Dort entwickeln sie sich zu kleinen Mirazidien, die in „meine" schwarzen Schnecken eindringen und sie als winzig kleine Gabelschwanz-Zerkarien verlassen. Treffen diese einen neuen, geeigneten Zwischenwirt (wie mich), bohren sie sich blitzschnell in die Blutbahn und wachsen zu zweigeschlechtlichen, zwei bis drei Zentimeter langen „Pärchenegeln" heran, treiben ihre Liebesspiele, produzieren Eier, die in der Blutbahn des Menschen Entzündungen hervorrufen können.

Da sie vom Muskelgewebe nicht zu unterschieden sind, kann man auch nicht erkennen, wo sie sich häuslich niedergelassen haben: In der Blase? In der Leber? In der Lunge? Sogar im Gehirn können sie sich festsetzen! Wie blitzschnell alles geschieht, macht die Geschichte eines Forschers deutlich, dessen Brille in ein Züchtungsbecken gefallen war. Der Moment des Herausholens bescherte dem Forscher die Gelegenheit, diese Krankheit am eigenen Leibe zu erfahren.

In meinem Tropensee brauchten sich die Zerkarien im Mai 1963 nicht zu beeilen, bot ich ihnen doch über eine halbe Stunde meine Gastfreundschaft an; die Ministiche am Bein habe ich nicht weiter beachtet.

Genau sechs Wochen später – so lange dauert die Inkubationszeit – bekomme ich hohes Fieber, wie ich es noch nie zuvor in meinem Leben hatte. Mit 39,7 Grad bin ich total erschöpft und weiß nicht, was mit mir los ist. Die Ärzte wissen es ebenso wenig! Antibiotika werden verabreicht, zeigen aber keine Wirkung. Total schlapp liege ich im Bett wie ein angestochener Reifen, der immer mehr Luft verliert. Ich habe kaum die Kraft aufzustehen. Mein Vater und „Mecke-Mutsch" – so wollte sie gern genannt werden – wollen mich besuchen. Gott sei Dank! Gegen Mittag wollen sie eintreffen. Da muss ich doch aufstehen! Aber ich schiebe das Aufstehen wie eine allzu schwere Arbeit vor mir her.

Nach einer Woche geht das Fieber zurück. Anschließend beginnt jedoch das schlimmste Jahr meines Lebens. Furunkel überziehen meine Schultern, eitrige Pickel „blühen" in meinem Gesicht; ein Hautarzt sticht sie mir auf der Stirn auf – bis heute ein bleibendes Andenken.

„Jü", wie ich Jürgen inzwischen nenne, steht mir mit Rat und Tat zur Seite: „Bei uns in Rüsselsheim gibt es einen Doktor Piwlak, der nicht schlecht sein soll. Bei dem sollten wir mal Rat einholen." Der kleine, grauhaarige Doktor, der einem etwas größeren Wurzelzwerg ähnelt, schreibt meine Anamnese auf. Da ist ja nicht viel aufzuschreiben. Bisher war ich, abgesehen von normalen Kinderkrankheiten, nie krank gewesen. Ich schildere die Schmerzen im Taillenbereich und er verordnet eine Rollkur für den Magen. Nachdem sich trotz vorschriftsmäßiger Einnahme mein Zustand eher verschlechtert, tippt er auf Darm und verordnet entsprechende Medikamente. Als auch die nicht anschlagen, wird die Galle ins Visier genommen. Nach wochenlanger „Probieren-wir-mal"-Therapie, überweist er mich in das neu eröffnete Nordwest Krankenhaus in Frankfurt.

Dort empfängt mich der stattliche Dr. Oltmann, Professor für Tropenmedizin. Auf ihn setze ich meine ganze Hoffnung, als er mit seiner sonoren Stimme verkündet. „Das kriegen wir schon, sie sehen ja aus wie das Leiden Christi! Wir werden sie vor allem auf Amöben, Salmonellen, Hepatitis und ... Bilharziose untersuchen."

Zehn Tage lang werde ich auf den Kopf gestellt. Es wird geröntgt, gespiegelt, punktiert, rektoskopiert. Der Gummischlauch wird mit dicker zum Würgen reizender Sonde bis zur Galle vorgeschoben, was Stunden dauert. Das Ergebnis: „Zu wenig Magensäure!" Kein Wunder! Der dicke Schlauch war wirklich nicht appetitanregend. Hätten sie nur einen geräucherten Aal vor meine Nase gehalten und sie hätten sich gewundert, welche Mengen von Magensäure eingespritzt wären!

Alles, was an neuen Geräten zur Verfügung steht, wird in Gang gesetzt. Der Verdacht auf Bilharziose wird verworfen, nachdem Herr Prof. Oltmann bei einer Blasenspiegelung nichts Außergewöhnliches feststellen kann. Obwohl ein Fachmann auf diesem Gebiet, schien er nicht zu wissen, dass die Bilharzia-Erreger sich in der Leber, der Lunge, im Darm, in den Venen, ja sogar im Gehirn festsetzen können. Er wundert sich nach der Blasenspiegelung über das große Fassungsvermögen meiner Blase, in die über 500 ml Flüssigkeit eingeführt wurde. So schnell wie möglich möchte ich die entleeren. Da fängt er an, mich über meinen Beruf auszufragen und mit zusammengekniffenen Beinen stehe ich höflich Rede und Antwort.

Unmengen von Blut werden abgezapft und untersucht. Als ich einmal vor dem Labor warte, höre ich, wie eine Laborantin ihre Kollegin fragt. „Das Rote da, bewegt sich das?"

„Ach," bekommt sie als Antwort, „das kann auch ein Flusen vom Rock sein!" Wenn sie doch nur etwas finden würden! Egal, wie schlimm die Diagnose ausfällt, Hauptsache, ich weiß endlich, was der Auslöser meines schlechten Befindens ist.

Beim ergebnislosen Abschlußgespräch weise ich erneut auf Schmerzen in meiner rechten Seite hin. „Die Leber kann nicht weh tun!" sagt er da „Das bilden sie sich ein, weil ihre Mutter an Leberkrebs gestorben ist." Auf meine verzweifelte Frage, was denn der Auslöser für mein schlechtes Befinden sein könne, fragt er mich, die unverheiratete Dreißigjährige: „Haben Sie Liebeskummer? Haben Sie finanzielle Sorgen?" Als ich beides verneine, gibt er mir trotzdem den Rat, einen Psychiater aufzusuchen.

Wieder zu meinem Dr. Piwlak in Rüsselsheim zurückgekehrt, ist auch der mit seinem Latein am Ende. Als auch er mir vorschlägt, einen Psychiater aufzusuchen, bekommt er meinen ganzen Frust zu spüren:„Was Sie mit mir gemacht haben, war doch reiner Dilettantismus. Dafür braucht man doch nicht jahrelang Medizin zu studieren! Da kann ich doch gleich in die Apotheke gehen und fragen: Was sitzt hier? Magen, also Rollkur! und so weiter auf der Probier-Skala", werfe ich ihm aggressiv vor. Das einzige, was er darauf entgegnet: „Sie halten wenigstens nichts zurück!"

Das Martyrium nimmt seinen Lauf. Jürgen hat sich inzwischen weiter für mich umgehört und in Rüsselsheim einen Arzt und Heilpraktiker aufgetan, der sich auf Augendiagnose spezialisiert hat.

Es solle bei ihm zwar chaotisch aussehen, aber mit seinen Diagnosen träfe er meistens ins Schwarze. Das mit dem Chaos kann ich bestätigen; hoffentlich stimmt auch der zweite Teil mit der treffenden Diagnose! Dr. Saffran ist von massiger Statur und bewegt sich schwerfällig in seinen hochgeschnürten Gesundheitsstiefeln. Er erinnert mich an einen Zyklopen. Zwar ist er nicht einäugig, wohl aber stark kurzsichtig und guckt mir durch zentimeterdicken Brillengläser großäugig in meine Augen und stellt fest: „Die Leber ist nicht in Ordnung – Unregelmäßigkeiten in beiden Leberlappen!" Endlich eine Bestätigung, die mich vom „Hypochonderverdacht" entlastet!

Jahre später wird diese Augendiagnose durch eine Laparoskopie bestätigt. Als ich das Ergebnis von Dr. Saffrans Augendiagnose unserem Lufthansa-Arzt mitteile, guckt mich dieser glattgekämmte, gutaussehende Mann mit seinen dunklen Augen über der Adlernase spöttisch an und fragt: „Hat er auch festgestellt, dass Sie Hühneraugen haben?" Da überkommt mich das große Heulen.

Jürgen nimmt mich liebevoll in die Arme, tröstet und verwöhnt mich, wie er nur kann.

Ein Jahr nach meinem verhängnisvollen Baden in Nigeria und nach monatelanger Odyssee werde ich ins Hamburger Tropeninstitut überwiesen! Endlich findet man – Gott sei Dank – die Ursache für meine Beschwerden: „Bilharziose"!

Wie dankbar bin ich diesen Wissenschaftlern! Im Blut wird anhand einer Cercarienhüllenraktion ein massiver Befall festgestellt. Endlich ein Beweis dafür, dass ich nicht simuliert habe und psychologisch nicht betreut werden muss. Bilharziose muss anders behandelt werden! Aber wie denn? Die Forschung bemüht sich, ein wirksames Mittel zu entwickeln.

Brechweinstein hatte nicht den erhofften Erfolg erzielt. „Fuadin", nach dem ägyptischen König benannt, in dessen Land diese Krankheit weit verbreitet ist, wird mir verabreicht. Nach drei Wochen werde ich entlassen, im festen Glauben, geheilt zu sein. Aber Fehlanzeige!

Ich teile mein Zimmer mit Heidi, die zwei Jahre und einen Tag jünger ist als ich. Seit fünf Jahren leidet sie an kurzfristigen Lähmungserscheinungen, die ihre linke Seite einfach wegsacken lassen. Das geschieht jedesmal ohne Vorwarnung, so dass sie nicht selten mit ihren 1,92 Metern zu Boden fällt. Sie ist arbeitet für die Unicef bei der Fürstin Bismarck in Friedrichsruh im Sachsenwald. „Kannst du dir vorstellen, wie schrecklich das ist, wenn du auf einem Cocktailempfang plötzlich am Boden liegst und die erschrockenen Gesichter der Gäste über dir siehst?!" fragt sie mich eines Morgens, als sie solch eine Attacke beim gemeinsamen Frühstück überfällt. Das ist ja wirklich eine hinterhältige Krankheit. Ihr Schwager ist Arzt, ihr Vater Tierarzt und sie haben sie in den besten Kliniken in Köln und München untersuchen lassen – ohne Ergebnis. Hier im Tropeninstitut will man dem Verdacht auf „Toxoplasmose" nachgehen, weil sie sich in der Tierarztpraxis ihres Vaters angesteckt haben könnte. Aber sonst ist Heidi ein Bündel an Lebensenergie und Fröhlichkeit.

Jürgen besucht mich in Hamburg; er hat extra einen Projektor und Filme seiner letzten Reisen mitgebracht, die er uns Patienten und dem Pflege-Personal auf dem Flur vorführt.

Mit Heidi, die so beschwingt und lustig ist, verstehen wir uns auf Anhieb. Noch ahnen wir nicht, dass Heidi Ende des Jahres unsere Brautjungfer und später die Patentante unseres ersten Sohnes werden wird.

Ich bin fasziniert, als ich erfahre, welche Fäden das Schicksal spinnt. Heidi stammt aus Gummersbach. Dort wohnt auch Jürgens Mutter Ilse mit ihrem zweiten Mann, dem Kreisjägermeister. Sie sind mit Heidis Eltern befreundet, weil alle ein gemeinsames Hobby haben: die Jagd.

Gleich nach seiner Rückkehr aus der Kriegsgefangenschaft heiratet Vater Simon Jürgens Patentante Imchen, die von da an jetzt nur noch für ihr Hänschen da ist.

Heidi kennt ja den anderen Teil der Familiengeschichte von Ilse Simon aus Gummersbach. Wir finden in den drei Wochen im

Tropenkrankenhaus viele Gemeinsamkeiten heraus. Auf witzige Art kann sie Leute so ausfragen, bis diese ihr Innerstes offenbaren. Ob es die Schwestern sind oder Frau Stiller, die Putzfrau. Den Assistenzarzt hat sie nach seinem ausgefallenen Ring gefragt, so couragiert und fordernd, bis er ganz verwirrt war. Anschließend amüsieren wir beide uns. Eines Tages beobachte ich ihn im Flur, wie er sich erst einen Ruck geben muss, ehe er sich in unser Zimmer traut. Wir haben ihn so durcheinander gebracht, dass er ihr Spritzen, die intravenös gegeben werden sollten, intramuskulär spritzt. Diese Spritzen sollen hohes Fieber erzeugen und die vermuteten Toxoplasmosezellen in Heidis Gehirn zum Platzen bringen. Die Ärzte stehen jeden Tag kopfschüttelnd an Heidis Bett und wundern sich, dass sie selbst mit Stufe 6 noch kein Fieber bekommen hat.

Mit und ohne Fieber, mit und ohne Anfälle, Heidi, Jürgen und ich liegen auf einer Wellenlänge und freunden uns richtig an. Wir laden sie als Brautjungfer zu unserer Hochzeit im Herbst ein, zusammen mit ihrem Partner Günther, der 1963 den wagehalsigen Sprung über die hohe Mauer in Berlin heil überstanden und bei ihr in „Friedrichsruh“ Unterkunft gefunden hat. Heidi und Günther heiraten später und bekommen ihre Tochter Elisabeth.

Unsere andere Brautjungfer ist Anke, deren Schicksalsfäden auch in meinem Teppich des Lebens eng verwoben sind.

1964 werde ich nach meiner ersten Bilharzia-Behandlung zu einer Aufpäppelungskur ins Sanatorium Hohenlohe nach Bad Mergentheim geschickt. Wer besucht mich dort? Natürlich Jürgen.

Ich bekomme auch Besuch von „Nippi“, Prinz Wendisch-Gratz, dessen Mutter eine geborene Hohenlohe ist und mit seinem Vater, dem Fürsten, bei ihrem Bruder zur Untermiete auf Schloß Weikersheim wohnt. Das liegt kaum 20 Kilometer von Bad Mergentheim entfernt. Nippi singt zwar nicht „Komm auf mein Schloß mit mir“, er nimmt mich einfach so mit. Ich bin angetan von dem Charme des alten Fürsten und von der Natürlichkeit und legeren Art der Fürstin, mit der sie mir meine Befangenheit nehmen will. Sie überraschen mich mit dem Vorschlag, mir die Schuhe auszuziehen und es mir auf dem Sofa bequem zu machen. Nach ein paar Einladungen versuche ich, mich mit einer Gegeneinladung zu revanchieren und lade sie in unser Sanatorium Hohenlohe ein.

Das verbreitet sich natürlich wie ein Lauffeuer bis in die hintersten Badekabinen. Schade, dass „Nippi" neben seinen Eltern etwas künstlich wirkt, so als hätte man schon in seiner Jugend durch zu hohe Erwartungen die natürliche Entfaltung des kleinen Prinzen beeinflußt.

Jürgen imponiert mir mit seiner natürlichen Art, seinem Humor und wie er mit Menschen, und vor allen mit mir umgeht. Er besucht mich so oft wie möglich.

An meinem 31. Geburtstag taucht er hinter seinem braunen Käfer mit einer langstieligen roten Rose auf und bittet mich, mit ihm Verlobungsringe auszusuchen. Aber er ist doch erst 26!

Als ich Nippi, Prinz Wendisch-Gratz auf einer anschließenden Autofahrt von Schloß Weikersheim ins Sanatorium Hohenlohe davon berichte, tritt er vehement aufs Gaspedal und leitet ein riskantes Überholmanöver ein.

Jürgen und ich lassen uns im Rüsselsheimer Standesamt trauen, das sich damals in einer der alten Opelvillen befindet. Unsere Trauzeugen sind Tünnes und Heinz, Jürgens Freund, der mit Jürgen die Umschulung zum Flugingenieur beginnen wollte, dann aber sein Hobby in Antiquitäten entdeckt hat.

Hochzeitsnacht – Halloween

Am 31. Oktober 1964 findet in Bremen die kirchliche Trauung statt. Anschließend feiern wir mit 39 Hochzeitsgästen im „Fleet" in der Böttcherstraße, in der meine Cousine Hela angestellt ist. Vater Simon mit Imchen und Jürgens Schwester Renate mit Familie, die vorher noch nie in einem Hotel gewohnt haben, sind von uns im Überseehotel untergebracht worden.

„Kommen wir über den Hund, kommen wir über den Steert!" sagen wir uns, als wir uns fragen, ob wir uns das leisten können. Mit einer Polonäse „Humba, humba, täterä" ziehen Braut und Bräutigam und alle Hochzeitsgäste durch die bekannte Bremer Künstlergasse.

Spät abends öffnet mein Vater zu Hause noch einmal seine Schlafzimmertür und singt:„So ein Tag, so wunderschön wie heute!" Mit diesem Schwiegersohn ist er von Anfang an vollauf zufrieden und das beruht auf Gegenseitigkeit.

Unsere Hochzeitsnacht ist „Halloween". Davon hatten wir in jener Zeit, wie alle Deutschen, noch keine Ahnung.

„Wußte ich doch gleich, dass ich in dieser Nacht eine Hexe im Bett hatte!" sagt Jürgen von da ab über unsere Hochzeitsnacht.

„Happy ends, trouble starts?"

Kurz nach unserer Hochzeit können wir in Rüsselsheim eine Wohnung von Kollegen übernehmen, die sich im Spessart ein Haus gekauft haben.

„Ach das könnte schön sein, ein Häuschen mit Garten!" denken wir sehnsüchtig bei diesem Schlager, der gerade „in" ist. Aber Grundstücke sind schwer zu bekommen und teuer! Trotzdem gehen wir gern durch das Neubaugebiet in der Horlache von Rüsselsheim spazieren und betrachten die schönen Bungalows. So etwas können wir uns nicht leisten!
„Da ist noch ein Grundstück!" sage ich zu Jü.

„Da ist zuviel Brombeergestrüpp drauf – das nehmen wir nicht!" sagt Jürgen ironisch nach dem Motto: „Die Trauben sind mir viel zu sauer".

Sechs Wochen im Krankenhaus von Rüsselsheim habe ich Zeit, auch zu träumen. Wenn wir doch nur ein kleines Grundstück haben könnten – einen Garten, in dem Hajo spielen könnte. Ich erfahre von einigen Krankenschwestern, dass sie im Nachbarort Raunheim gebaut haben auf Grundstücken der Kirche auf Erbpacht für 99 Jahre.

„Nein", sage ich augenzwinkernd, „ich will auf meine alten Tage nicht umziehen!"

Und dann geschieht ein Wunder. Als ich endlich mit meinem immer noch dicken Thrombosebein entlassen worden bin, machen Jürgen und ich unseren ersten Spaziergang durch Rüsselsheims Innenstadt. Ein Makler hat drei Grundstücke in der Horlache angeschlagen. Eins mit 1000 qm liegt direkt am Horlachgraben! Dort, wo wir immer so gern spazieren gehen – gleich gegenüber von dem einmalig schönen Ostpark! Wenn wir das bekommen könnten!

Aber 75.000 DM, so viel Geld haben wir nicht. Außerdem liegt noch ein Vorkaufsrecht der Nachbarn auf dem Grundstück. Nachdem wir den Nachbarn 200 Quadratmeter für ihren geplanten Swimmingpool abtreten können, machen wir Kassensturz: Ein paar meiner Bausparverträge sind ja schon zuteilungsreif! Wenn wir nur erst mal das Grundstück hätten, an Bauen ist dann allerdings erst einmal gar nicht zu denken.

Die Bausparkasse von Bremen schickt extra einen Experten, der kopfschüttelnd meint: „Soviel kostet ja ein Quadratmeter in Bremens Innenstadt." Als er aber die Lage des voll erschlossenen Grundstückes sieht und all die Vorteile, gibt er grünes Licht für das Bauspardarlehen.

Wie gut, dass ich damals auf den Rat meines Vaters gehört hatte, meine Gehaltsaufbesserungen zur „Ersten Stewardess" und später zur „Oberstewardess" in einen Bausparvertrag fließen zu lassen. Auch Jürgen hatte ich geraten, diese Anreize der Bausparprämie zu nutzen – allerdings fiel die nach unserer Heirat auf die Hälfte zurück. So baten wir Verwandte, die nicht sparen wollten oder konnten, einen Bausparvertrag abzuschließen, in den wir einzahlten, sie aber nur die Wohnungsbauprämie beantragen müßten. Die Bausparverträge konnten von Familienmitgliedern übertragen werden. Eine gute Sache für den Wirtschaftwunderaufschwung!

Mein Vater ist sofort bereit. Beim Ausfüllen des Antrages zögern wir etwas, als es um die Lebensversicherung mit 74 Jahren geht. Da guckt er uns mit seinen knall-blauen Augen fast spitzbübisch an und sagt :„Was druckst ihr so rum?!! Wollt ihr wissen, wie alt ich werde? 85 Jahre – wie alle Ommens!"

Die Ommens waren Vorfahren seiner Mutter. Und wir erinnern uns an dieses Gespräch, als er im März 1976 mit 85 Jahren stirbt und noch so glücklich darüber war, seinen zweiten Enkelsohn Henrik im Arm gehalten zu haben.

„Das Grundstück ist seinen Preis wert", meinte er. Mit 75 Jahren hatte er sich wieder ein Auto mit Automatik angeschafft und machte mit seiner Mecke Ausflugsfahrten. Sie besuchten uns gerne. Morgens um sechs fuhren sie in Bremen los und kamen um 10 Uhr zum Tee bei uns an. „Die Autobahnen waren ganz leer!" Ich sehe meinen Vater noch in unserem Garten, wie er an der Grenzen zu unserem Nachbarn Halbstamm-Apfelbäume setzt, ein Andenken, das heute noch Früchte trägt. Hajo war immer ganz begeistert, wenn sie zu Besuch waren. Fasziniert stand er eines Abends vor dem Zahnglas meines Vaters und rief: „Oh, der Opa kann seine Zähne schwimmen lassen!"

„Ja, für unser Grundstück werden wir uns krumm legen. Ich werde jetzt kein Hemd mehr für 1 DM in die Wäscherei bringen. Ich bügele 75

Hemden für einen Quadratmeter!" nehme ich mir vor. Und die Birnen und Pfirsiche der vielen auf dem Grundstück stehenden Obstbäume werde ich verkaufen, wie auf dem Markt: „Pfund 30 Pfennig, drei Pfund eine Mark!" Mit dieser Rechnung werde ich noch häufig aufgezogen.

Wieder einmal in Kur, erfahre ich am Telefon, dass Jürgen tüchtig im Garten am Werk gewesen ist. Was hast Du denn gemacht? „Brombeeren rausgerissen!" Beim nächsten Anruf – wieder „Brombeeren rausgerissen" Als ich zurückkehre, zeigt er mir mit strahlenden Augen seine „Brombeeraktion": Er hat eine kleine Hütte auf unser Grundstück gestellt – aus Teilen, die er überall zusammengesucht hat. Ein richtiges kleines Hexenhäuschen mit Fenster und Tür und einer Bank davor.

Wir freuen uns jeden Tag an unserem Traumgrundstück und nutzen es intensiv. Erdbeeren in Hülle und Fülle, Pfirsiche, soviel, dass wir sie gar nicht essen können. Angehäufelte alte Spargelbeete sind noch vorhanden. Hajo robbt über die Hügel und beißt die zarten Spitzen ab.

Zuckermaissamen aus Amerika bringen herrliche, süße Kolben hervor und erstaunen unsere deutschen Freunde. Bisher kannten sie nur junge Futtermaiskolben als genießbar.

Ich hole junge Kohlrabipflanzen vom Markt, setze sie, gieße sie und... abgefressen! „Lecker", fanden die Häschen aus dem Ostpark. Erneut gepflanzt, wieder abgefressen – lecker finden sie auch die Hühner, die vom Nachbarn über den Zaun fliegen. Als sie sich auch über den Salat hermachen, erinnere ich mich an Papas Methode, den Hühnern die Flügel auf einer Seite zu stutzen, um sie am Fliegen zu hindern, was ihnen nicht mehr weh tut als uns ein Haarschnitt. Nachdem ich jedoch diese Methode durchgeführt habe, werde ich von einer Nachbarin halb verschreckt, halb argwöhnisch von der Seite angeguckt.

Unsere andere Brautjungfer ist Anke, Tünnes jüngere Schwester. Schicksalsfäden haben mich in die Familie meiner Freundin Tünnes fest eingewoben.

Tünnes, meine Klassenkameradin in der Höheren Handelsschule hatte meinen Platz am Bremer Flughafen als Bodenstewardess eingenommen, als ich zur Lufthansa ging. Ihre Eltern wohnen bei meiner Schwester gleich um die Ecke. Sie nehmen mich herzlich auf und ich fühle mich in der fröhlichen Atmosphäre wohl.

Ich habe meinen Verlobten Horst meinen Eltern vorgestellt. Obgleich er inzwischen unser Kabinenchef geworden ist – und kein Beamter! - spüre ich bei meinen Eltern etwas Zurückhaltung. Nachdem wir meine Schwester besucht haben, machen wir auch eine Stippvisite bei Familie Tönjes. „Ka-Leu“ Otto Tönjes war während des Krieges Kapitänleutnant gewesen und ist jetzt bei der Nova Krankenversicherung tätig. Während unseres Besuches rät er mir dringend, eine Zusatzversicherung zweiter Klasse abzuschließen.

„Von mir aus – brauche ich doch sowieso nicht!“ denke ich in meinem jugendlichen Leichtsinn, lasse mich aber auf das Ausfüllen des Antragsformulars ein.

„Onkel Otto“ liest die Fragen vor. Was die Krankenkasse alles wissen will! An welchen Krankheiten meine Urgroßeltern gelitten haben könnten, ob Schwindsucht, Syphilis, Plattfüße und wer weiß, was noch in meiner Familie vorgelegen haben könnten! Jede neue Frage löst Heiterkeit aus – steigert sich in wahre Lachsalven. Wie gut diese Zusatzversicherung war, weiß ich bei meiner Tropenkrankheit zu schätzen.

Während wir die Formulare ausfüllen, hat sich Anke, Tünnes fünfzehnjährige Schwester neben unseren Chef-Steward Horst gesetzt. Mit ihren Sommersprossen und ihren leicht rotblonden Haaren ähnelt sie ein bißchen Pipi Langstrumpf. Plötzlich sagt sie zu Horst, dass sie auch einmal Stewardess werden möchte. „Na, da hast du ja noch ein bißchen Zeit!“ mein Horst. Sieben Jahre später, nachdem sie sich „gemausert“ und im Ausland Sprachkenntnisse erworben hat, bewirbt sich „Tünnes 2“ bei der Lufthansa und scheitert an der strengen Kontrolle von Frau Tautz. Sie sei „muffig“ heißt es.

„Nein, Anke doch nicht! Dieses Bündel von Fröhlichkeit, die immer die Lacher auf ihre Seite bringt!“

Ich kenne sie doch schon so lange und bestimmt viel besser, davon bin ich überzeugt und setze mich voll für sie ein. Ich hatte nur ihre Sonnenseiten gesehen!

Sie ist herber als ihre große Schwester, sehr schlank mit langen geraden Beinen, fast ein bißchen knochig und trotzdem mit einem runden Busen ausgestattet. Sie hat wirklich zwei Stimmungsseiten. Ist sie gut drauf, schäumt ihr Temperament über wie ein Springbrunnen, in den Schaumbad geschüttet wurde. Wie schillernde Seifenblasen platzen Lachsalven aus unserer Runde wenn sie mitreißende Anekdoten erzählt.

Ihr wird eine zweite Chance bei Lufthansa eingeräumt. Dafür hat sie sich mit Wissen überladen, alle politischen Ereignisse verfolgt und ist nur noch mit Röhrenblick auf „Prüfung" fixiert.

„Edith, frag mich doch noch mal was ab!" bittet sie mich. Um sie ein bißchen von diesem Streß zu befreien, baue ich eine Scherzfrage ein: „Wie nennt man diese großen, grün-braunen platten Dinger auf einer Wiese?"

„Kuhfladen!" ist ihre Antwort.

„Und wie heißen die hellbraunen Dinger auf der Straße, aus denen die Spatzen Körner rauspicken?" „Pferdeäppel!" sagt sie und guckt mich dabei schon etwas komisch an. „Und diese kleinen rund-gebogenen Gebilde, die man auf Hühnerleitern findet?"

„Hühnerschiete!" kommt es wie aus der Pistole geschossen.

„So, und wie heißt der höchste Berg von Uganda?" Großes Schweigen und Anke wird zu einem Fragezeichen. „Siehst du", sage ich lachend, „über jeden Schiet und Dreck kann man sich mit dir unterhalten, aber von Geographie keine Ahnung!" Leider versteht sie den Witz gar nicht – will nur noch wissen, wie denn der höchste Berg von Uganda heißt. Wissen wir bis heute nicht.

Beim zweiten Anlauf hat sie es geschafft und ist bei unserer Hochzeit gerade in der Hochform von Stewardessen, die fast alle nach einem Jahr Fliegerei glauben, sie seien die Allergrößten und wüßten alles besser.

Ich möchte sie mit Jürgens Halbbruder Peter „verkuppeln", der fast gleichzeitig als Flugbegleiter angefangen hat. „ Das schlage dir man aus dem Kopf, unter drei Streifen (Copilot) hat keiner eine Chance", meint Jürgen. So scheint es zu sein. Immer wieder verliebt sie sich unglücklich in einen verheirateten Kollegen mit zwei, drei oder vier Streifen und kommt dann als heulendes Elend zu mir, sich auszuweinen.

Eines Tages bittet mich „Tünnes 1" am Telefon, mich doch auf einem bestimmten Flug nach New York einsetzen zu lassen. Otto Tönjes, ihr Vater, flöge nach Amerika und würde sich freuen, wenn Jimmy, sein Schwiegersohn, als Kapitän und Anke und ich als „seine Töchter" im Dienst auf diesem Flug sein könnten. Vater und Mutter Tönjes haben mich quasi als dritte Tochter adoptiert, weil wir uns so gut verstehen, unsere Lebensläufe sich oft gekreuzt haben und es bei unseren Zusammentreffen meistens lustig zugeht. Später erwähnt Tünnes Mutter im Testament, dass sich ihre „dritte Tochter Edith" ein Andenken aussuchen möge. Das hat den Testamentsvollstrecker so irritiert, dass er zunächst die Testamentsvollstreckung aussetzen wollen, bis die dritte Tochter anwesend sei.

Zukunftspläne

1965 werde ich schwanger und Jürgen geht gleichzeitig mit einem Projekt „schwanger": Sein Steward-Freund Heinz und er möchten Flugingenieure werden. Ich weiß, dass Jürgen technisch begabt ist, hatte er doch aus einem alten Waschmaschinenmotor eine Tischkreissäge gebaut und mir stolz seine selbstgebastelte Balalaika gezeigt. Ich schlage also vor, einfach mal meinen „Beichtvater", den Flugingenieur Gerd zu fragen, wie man das anstellt.

„Wat, denn, wat denn!" sagt der Berliner. „Flugingenieure sind am Aussterben. Piloten werden gebraucht! Die können gar nicht so viele ‚backen', wie sie benötigen. Macht am besten zuerst in Egelsbach eure PPL – die Privat-Piloten-Lizenz – und sammelt Flugstunden, so viele wie möglich!"

Aber Flugstunden sind teuer. Eine Stunde kostet 80 DM. Ich schreibe Hildegard nach Freiberg in Sachsen bei deren Eltern ich 1943 in Kinderlandverschickung war und der ich seit 1962 Pakete geschickt habe, dass wir jetzt „unseren Gürtel enger schnallen" müssten. Ich wundere mich, dass wir trotzdem weiter Pakete schicken können.

Jürgen stürzt sich eifrig in die fliegerische Ausbildung und hat auch bald seine PPL in der Tasche.

Des-Orientierung

Wenn er mich in der kleinen Maschine mitnimmt, soll ich Navigator spielen. Und das mit meinem fehlenden Orientierungssinn!

Ich halte mich krampfhaft an die Karte mit diesem kleinen Maßstab.

„Was ist das denn für eine große Stadt vor uns?" fragt mich Jürgen. Verbissen versuche ich sie auf meiner kleinen Maßstabskarte zu finden.

„Großraumnavigation! Das ist Darmstadt!" – läßt er mich ganz lässig wissen.

Einmal sind wir in den Urberacher Wald gefahren, haben unser Auto an der Straße abgestellt und pflücken Blaubeeren, so heißen unsere norddeutschen Bickbeeren in Hessen. Ich lasse mich forttragen von einer dichtbehangenen Pflanze zur anderen. Plötzlich stellt Jürgen die Prüfungsfrage: „Und, wo steht unser Auto?" Ich gucke mich um, habe keine Ahnung, horche und höre fahrende Autos von einer Seite. Ich zeige in die Richtung „Da!" sage ich. „Glück gehabt!" antwortet Jürgen.

Als wir uns in die Richtung aufmachen, kommen wir über Eisenbahnschienen. Die waren vorher noch nicht da! Und unser Auto ist weit und breit nicht zu sehen! Nachdem wir endlich unser Auto auf der anderen Seite wiedergefunden haben, kann ich befreit lachen und habe von da an einen Trumpf im Ärmel.

Der Südatlantik hat einen besonderen Reiz, der dadurch noch erhöht wird, dass nur ein bestimmter Flugbegleiterstamm mit spanischen Sprachkenntnissen auf dieser Route eingesetzt wird. Die Stewardessen dieser Route tragen eine besonders schöne himmelblaue Tropenuniform. Es dauert nicht lange, bis dieser ausgesuchte Kreis in Gesprächen manchmal etwas „heraushängen" läßt, was „wir vom Südatlantik" an Abenteuern auf den langen Umläufen erlebt haben. Da zog mich Jürgen schon mal auf: „Ja, ja, ihr vom Südatlantik!"

1965 erwarte ich ein Baby. Nach dem dritten Monat dürfen wir nicht mehr fliegen, sondern werden am Boden eingesetzt. Vor Beginn des Mutterschutzes wünsche ich mir noch einen Abschiedsflug mit Jürgen nach Dakar und Rio, damit er auch mitreden kann: „Damals in Rio…"

Als wir uns auf dem Flug von Paris nach Dakar befinden, müssen wir wegen schlechten Wetters nach Genf ausweichen. Wir werden in einem eleganten Appartement eines luxuriösen Schweizer Hotels untergebracht. Das weiße Badezimmer ist mit Spiegeln, Chromständern und Glastischen besonders gediegen ausgestattet

Nach dem frühen Aufstehen und all den Aufregungen der Umleitung fallen wir in die weichen, schneeweißen Betten und schlafen sofort ein. Mitten in der Nacht tut es plötzlich einen Schlag. Es klirrt und scheppert. Erschreckt fahre ich hoch, mache Licht an und sehe Jürgen im Badezimmer am Boden liegen. „Oh, du meine Güte!“, fährt es mir sekundenschnell durch den Sinn: „Kommt unser Kind vielleicht als Halbwaise auf die Welt?!“ Aber kurz darauf kommt Jü wieder zu sich. Er war nur zu schnell aufgestanden und da hatte ihn der Blutdruck zu Boden gezwungen.

Von allen sportlichen Angeboten gefällt Jü das „Barhocken“ in der Strandbar am allerbesten. Bei der Hitze genießt er es, in vollen Zügen ein Bier zischen zu lassen. Und die Krönung ist für ihn „bière à la pression“ – das Bier vom Faß. So ein Bier löscht den Durst nicht, sondern ganz im Gegenteil, es muss den Durst tilgen, den das vorhergehende angezapft hat. Zuerst gönne ich es ihm, aber nach und nach fängt meine „Krämerseele“ an nachzurechnen. Ein Bier vom Faß kostet 150 CFA – soviel wie ein Frühstück – ein Flaschenbier nur 100 CFA. Bei all den Plänen, die wir vorhaben, wage ich zu fragen, ob es denn immer ein Bier vom Faß sein müsse. Von da an ist mir der Stempel „Kontrollinstanz“ aufgedrückt. Leichtigkeit Adieu!

Die neue Uniform finde ich wunderbar: Die dunkelblaue mit der türkisfarbenen lockeren Bluse und der gefälligen geraden Jacke, in der ich mich mit meinen neuen Rundungen bis zum vierten Monat sehr wohl fühle.

Während der ganzen Schwangerschaft geht es mir so gut wie seit langem nicht mehr. Bis zur Geburt habe ich zehn Kilogramm zugenommen und trage alles in meinen Bauch vor mir her.

Am Freitag, dem 25. Februar 1966, drei Wochen vor dem berechneten Termin, setzen auf der Rückfahrt von einem Besuch bei Freunden die Wehen ein. Der gepackte Koffer wird geholt und Jürgen bringt mich ins Krankenhaus. Ich werde gebadet und im Kreißsaal vorbereitet. Die Wehen kommen und gehen – kommen und gehen, werden durch Wehenmittel verstärkt. Ich liege die Nacht hindurch und den ganzen darauffolgenden Sonnabend, liege und presse und es geht nichts voran. Vorsichtshalber bekomme ich nichts zu trinken. Die Nacht hindurch versuche ich die Preßattacken durchzuhalten bis ich am Sonntag so erschöpft bin und man aufmerkt, als ich Fieber bekomme. Sonntagnachmittags wird geröntgt und festgestellt, dass mein Becken zu eng ist für den Kopf des Kindes. Ein Kaiserschnitt wird angeordnet, aber vor einer Narkose darf nichts getrunken werden! Unser Sonntagskind Hajo kommt am 27. um 16:45 Uhr mit 52 cm und 3620 Gramm gesund auf die Welt. Endlich halte ich überglücklich unseren kleinen Erdenbürger im Arm. Diesen ersten Eintritt ins Dasein haben wir uns ja wirklich nicht einfach gemacht. Musste er auch so pressen wie ich und ähneln deshalb seine Schlitzaugen einem kleinen Chinesen? Die pechschwarzen Haare, die sich im wilden Wirbel um seinen Hinterkopf winden, scheinen weder auf seinen blonden Vater, noch auf seine norddeutsche Mutter hinzuweisen. Aber sein Profil mit der nach oben gebogenen Stupsnase zeigt deutlich das geschwungene „S“ für Simon. Ich bin beglückt und erfüllt, aber auch schrecklich durstig. Auch jetzt, nach der Narkose darf ich immer noch nichts trinken, weil befürchtet wird, dass erbrochen wird. Das ist ja wirklich eine Tortur!

Als mir endlich die Nachtschwester Mathilde in einer Schnabeltasse einen Kamillentee bringt, ist es das köstlichste Getränk der Welt. Ich werde fortan nur noch Kamillentee aus Schnabeltassen trinken, um immer wieder an dieses labende Erlebnis erinnert zu werden.

Am nächsten Morgen bekomme ich starke Schmerzen in meinem linken Bein.

Es ist bis oben hin blaurot verfärbt, dick geschwollen und bereitet mir heftige Schmerzen: Es ist eine tiefe Beckenvenenthrombose. Ärzte umstehen ratlos mein Bett und ich höre sie sagen: „Diese Thrombose ist so ‚atypisch‘, dass wir nicht einmal wissen, ob die Venen oder die Arterien betroffen sind.“ Also schicken sie mich in die Angiologische Klinik nach Darmstadt. Als ich dort die vielen Patienten mit amputierten Gliedmaßen sehe, wird mir doch etwas mulmig zumute. Inzwischen habe ich mich intensiv mit meiner Tropenkrankheit befaßt und ich frage meinen Gynäkologen, ob die Thrombose vielleicht mit meiner Bilharziose zusammenhängen könne. Das daraufhin eingeschickte Blut bringt aus dem Tropeninstitut das Ergebnis: „Bilharzia positiv!“ Die Eiablagen der liebestollen Pärchenegel „Bilharzia“ können die Verstopfungen in der Beckenvene verursacht haben.

Sechs Wochen verbringe ich mit meinem neugeborenen Hajo im Krankenhaus, und bekomme ihn nur zum Stillen in den Arm gelegt, sonst liegt er abgeschottet hinter Glasscheiben im Babyzimmer.

Meinen 33. Geburtstag und Ostern verbringe ich im Krankenhaus. An den Weidenzweigen eines Osterstraußes haben sich in dieser Zeit Wurzeln gebildet. Zu Hause pflanze ich auf der ersten Spazierfahrt mit Hajo im Kinderwagen einen dieser Zweige an den Horlachgraben – direkt vor unserem späteren Grundstück. Dort ist er inzwischen zu einer knorrigen Trauerweide herangewachsen.

Tropenkrankenhaus

Im Krankenhaus beginnt eine Marcumarbehandlung, die mein Blut verdünnen und eine Embolie verhindern soll. Nach weiteren acht Wochen muss ich Hajo abstillen und wieder ins Tropenkrankenhaus zu einer erneuten Behandlung.

Das neu entwickelte Medikament „Ambilhar“ wird eingesetzt, das reinste Gift! Die Dosierung wird nach Körpergewicht verordnet: Wird zuviel verabreicht, vernichtet man zwar die Würmer, aber man kann den Wirt (also mich) gleich mitbegraben. Ist die Dosierung zu gering, haben sie immer wieder eine Überlebenschance.

Kaum habe ich diese große, gelbe Pille geschluckt, verdunkeln schwere Wolken mein Gemüt, verursachen Kopfschmerzen, heftige Übelkeit und am dritten Tag auch noch Zahnschmerzen! Zahnschmerzen habe ich bis jetzt nie gehabt. Ich werde zum Zahnarzt geschickt, der feststellt, dass der Zahn neben meinem Eckzahn am Absterben ist und gezogen werden muss; der einzige verlorene Zahn bis heute. Obendrein bekomme ich auch fürchterliche Bauchschmerzen und entdecke hellrotes Blut in meinem Stuhl. Als ich dem Oberarzt Dr. Hortmann das hellrote Blut zeige, fragt er mich, ob ich Tomaten gegessen habe.

„Haben sie Tomaten auf den Augen?!“ würde ich ihn am liebsten fragen.

Eine angesetzte Rektoskopie bringt im Abschlußbericht folgendes Urteil: „Das Einführen des Rohres gelingt bis 30 cm. Die Schleimhaut ist hochrot, leicht verletzlich, dichtstehende flache Ulcerationen, gelblich belegt … Urteil: frische ulceröse Colitis, Verdacht auf neoplastische Zellen.“

„Nein!“ beruhigt mich eine innere Stimme, „Das sind keine Krebszellen, das sind die Ambilhar-Giftpillen, die diese Symptome hervorgerufen haben.“

Eine Darmspiegelung war damals eine Tortur. Allein schon die demütigende Haltung: Auf Knien und Händen hockend, muss ich dem Professor meinen After vor Augen führen, in den er das dicke Rohr einschiebt; Zentimeter um Zentimeter und die Schmerzen werden immer größer. Bleibt das dicke Rohr stecken, wird Luft eingepumpt, was künstliche Blähungen verursacht. Durch das mindestens drei Zentimeter dicke Rohr müssen allerlei Geräte eingeschoben werden: Taschenlampe, Luftpumpe, Schere zum Abschneiden von (neoplastischen) Zellen. Als ich endlich von dem Tisch steige, wird mir schwarz vor Augen.

Inzwischen ist meine Tropenkrankheit von der Berufsgenossenschaft als Berufskrankheit anerkannt worden. „Genossen – Genossenschaft“ verband ich immer noch mit den braunen Partei-Genossen des dritten Reiches. Umso freudiger überrascht bin ich von dem Mitgefühl, das mir von dieser Berufsgenossenschaft für Fahrzeughaltungen in Hamburg entgegen gebracht wird. Im Anschluß an die aufreibende Ambilhar-Behandlung wird mir eine Kur bewilligt. Die Berufsgenossenschaft ermöglicht mir ganz unbürokratisch, ein Sanatorium auszusuchen, in das ich meinen kleinen Hajo mitnehmen kann. Ein Lichtblick! Noch ahne ich nicht, dass die Bilharziose immer wieder aufflackert, so dass ich in zweijährigen Abständen Giftkuren über mich ergehen lassen muss.

1967 habe ich allerhand Röntgenuntersuchungen und Ähnliches überstanden, als ich feststelle, dass ich wieder schwanger bin. Ich frage mich, wie ich das durchstehen soll. Mit meinem dicken Thrombosebein, mit meiner Marcumarbehandlung, die zweimal wöchentlich im Rüsselsheimer Krankenhaus kontrolliert und eingestellt wird. Und nach all den strapaziösen Untersuchungen, die meinen Körper belastet haben. Ich wollte gerne viele Kinder haben, aber nicht jetzt!

Mein Hausarzt befürwortet eine legale Schwangerschaftsunterbrechung. Drei Ärzte müssen ihre Zustimmung geben, die nicht von mir ausgesucht werden können.

Aus Tübingen lehnt ein Professor mit folgender Begründung ab: „Sollte die Schwangerschaft gestört worden sein, so ist nach meiner

Auffassung damit zu rechnen, dass sie vorzeitig zu Ende geht (Letalschädigung). Von einer vorsorglichen Unterbrechung der Schwangerschaft rate ich ab. Wenn die Schwangerschaft ausgetragen werden kann, so dürfte mit großer Wahrscheinlichkeit keine Schädigung vorliegen." Hatte er noch nichts von den Contergankindern gehört?!

Fidi Beck, mein alter Freund vom Bremer Flughafen und aus der Lufthansa-Pionierzeit hat mir gerade von seinem Kummer mit seinem erstgeborenen Sohn berichtet, der mit „offenem Rücken" zur Welt kam. Nach schwerer Leidenszeit konnten sie erst nach dessen Tod mit drei Jahren zwei gesunden Kindern das Leben schenken

Und wer ist der dritte Arzt? Herr Dr. Piwlak, dem ich seinerzeit unmißverständlich meine Meinung gesagt hatte. Er verweigert seine Zustimmung. Kein Wunder: Ignoranz und Arroganz wedeln mit dem selben Schwanz.

Die Zeit läuft davon. Schließlich wird die Genehmigung aber doch erteilt und die Schwangerschaft unterbrochen. Nun kann ich gesund werden und hoffnungsfroh in die Zukunft blicken ... denke ich.

Es ist heiß. Die Julisonne brennt. Da kann ich schnell die Windeln aufhängen! Hajo schläft und Jürgen, der fast nie krank ist, liegt mit einer Sommergrippe und Fieber im Bett.

Nach der Schwangerschaftsunterbrechung hatte ich immer leichte Bauchschmerzen. Aber jetzt fangen die Bauchschmerzen an, werden stärker und immer stärker, bis ich sie kaum noch auszuhalten kann.

„Ich fahre schnell ins Krankenhaus und lasse nachgucken!" sage ich zu Jürgen. Es ist drückend heiß. Gut, dass unser VW ein Schiebedach hat! Ich springe ins Krankenhaus, werde auch gleich ins Behandlungszimmer geführt. Als ich zum Behandlungsstuhl wanke, ziehe ich schon eine breite Blutspur hinter mir her. Man behält mich gleich da, ohne Nachthemd, Zahnbürste etc. Ein heftiges Gewitter prasselt los und ich denke an mein offenes Schiebedach, meinen kleinen Hajo, meinen fieberkranken Jürgen. Aber es tröstet mich etwas, dass an diesem Tag meine Schwester Hella und Lutz auf der Durchreise nach Frankreich vorbeikommen wollen und ich freue mich sehr, als Hella mich im Krankenhaus besucht. Nun wird alles wieder ins Lot kommen.

„Wir fahren gleich weiter, damit wir noch über die Grenze kommen, können aber unterwegs noch mal anrufen, wenn du noch etwas brauchst!“ sagt sie. Ich bin maßlos enttäuscht und kann vor Traurigkeit keinen Ton herausbringen.

Wenn sie in so einer Situation nicht merkt, wie sehr ihre Hilfe hier nötig wäre …

Dabei hatten wir nach unserem gemeinsamen Hochzeitsjahr 1964 ein gutes Verhältnis aufgebaut. Ihr zweiter Mann Lutz ist 11 Jahre jünger als sie, aber nur drei Jahre älter als Jürgen, der wieder fünf Jahre jünger ist als ich. Wir besuchen uns und unternehmen Vieles gemeinsam.

Einen leichten Knacks bekommt unsere Beziehung, als wir früher ein Grundstück bekommen als sie. Als ich ihr unsere Baupläne zeige sagt sie nur: „Ganz schön verschachtelt!“

Folgender Ausspruch von Oscar Wilde geht mir manchmal durch den Kopf: „Dein Erfolg enthält immer etwas, das selbst deinen besten Freunden mißfällt.“ Warum nur?

Aber ich bin ihr immer noch dankbar, dass sie eingesprungen ist und unseren Hajo liebevoll in Pflege nahm, als ich 1966 wieder ins Tropeninstitut musste. Ihren humorvollen „Bericht zur Lage“ aus Sicht des achtmonatigen Hajo habe ich bis heute aufbewahrt.

Jürgen und ich haben manche Herausforderung meistern müssen. Da wir Hand in Hand arbeiten, gelingt uns vieles und wir sind gern zu kleinen Streichen aufgelegt. Eines Tages sitzen wir auf unserem Balkon und können beobachten, wie Herr Dr. Piwlak, mein Gartenzwerg-Dokotor, der seine Praxis in einem schräg gegenüber liegenden Gebäude hat, sich von einer Leiter aus mit seinen Kakteen am Fenster beschäftigt.

„Den rufen wir jetzt an!“ schlägt Jürgen vor. Während das Telefon klingelt, beobachten wir, wie Herr Dr. Piwlak seine Kakteen zurückhängt, von der Leiter steigt und ins Haus geht. Wir legen auf. Als er wieder auf der Leiter steht, wiederholen wir das Spiel und amüsieren uns dabei köstlich.

Fluguntauglich – Arbeitsfähig

1967 darf ich wegen meines Thrombosebeines nicht fliegen, werde aber arbeitsfähig geschrieben. Ich bekomme einen Bodenvertrag – ohne Flugzulage – und assistiere dem Psychologen Jannick bei den Einstellungsprüfungen für Flugbegleiter. 1961 fing ich an, in Frankfurt Psychologie zu studieren, weil ich meinte, es könne mir bei der Arbeit als Check-Stewardess nützlich sein. Ich dachte, es ginge in diesem Studienfach um die Seele, die Psyche. Was ich dort kennen lernte, war reine Statistik. Meine Seele blieb auf der Strecke und damit auch mein Studium.

1968 werde ich wieder flugtauglich. Ein großes Gefühl von Freiheit erfüllt mich. Ich fühle die gleiche Freude, die ich auch schon 1955 gespürt hatte. Der Käfig ist wieder geöffnet und ich genieße das Fliegen besonders, nachdem mir die Flügel so gestutzt worden waren.

Zunächst fühle ich mich ein bißchen so, als ob ich in der Mauser gewesen wäre. Mein linkes Thrombosebein ist immer noch etwas dicker als mein gesundes und dadurch fühle ich mich schon etwas gehemmt, obgleich es mir keine physischen Schmerzen bereitet. Eines Tages steigt hinter mir ein Passagier die Einstiegstreppe hoch und fragt: „Wann hatten sie denn ihren letzten Skiunfall? Ihr rechtes Bein ist ja immer noch dünner als ihr linkes.“ Dabei ist mein linkes dicker als mein rechtes. Es fällt wohl doch auf und deshalb sehe ich zu, dass ich die Beine nicht mehr so oft genau nebeneinander stelle.

Auf einem Flug von Südamerika sitzen zwei deutsche Ingenieure am Gang, mal der eine, dann wieder der andere. „Haben sie gemerkt, dass wir uns mit dem Gangsitz immer abwechseln?“ werde ich gefragt. „Wir waren vier Monate in Ecuador und haben die ganze Zeit keine schönen Beine gesehen.“ Als ich daraufhin frage: „Und welches meiner Beine gefällt ihnen besser?“ werde ich ganz erstaunt angeguckt. Diesen Experten war der Unterschied meiner Beine nicht aufgefallen. Von da an lege ich meine Hemmungen ab und versuche fest auf meinen zwei ungleichen Beinen zu stehen.

Papa, lern schön!

Wenn Jürgen zu seinen Flieger-Übungsstunden geht, steht Hajo oft am Fenster und ruft ihm nach:„Papa, lern schön!“ Wird er gefragt, wo denn sein Papa sei, wirft er einen Blick an den Himmel und seufzt „Papa ob´n!“, so dass die Leute natürlich denken müssen: „Armer Halbwaise!“ 120 Flugstunden muss man für die CPL = Commercial Pilot License nachweisen.

„Vielleicht könnte ich unseren Rampendienstleiter, Herrn Eckhart in Bremen, fragen, ob er nicht Fotoflüge vermitteln kann“, schlage ich vor. Und das klappt! Durch unseren guten Victor Eckhart, der mir schon bei meiner Lufthansabewerbung geholfen hatte, kann Jürgen in Hasfurth auf Fotoflügen seine Stunden sammeln. Danach ergibt sich eine Chance, von Köln aus für Otto Wolff v. Amerongen zu fliegen und später von Stuttgart aus für Mercedes. Er hat schon einen Sondervertrag mit Condor abschließen können, ehe er 1969 voll als Copilot im Condor-Streckennetz eingesetzt wird.

Wenn ich sage: „Jürgen macht seinen Flugschein“, verbessert er mich: „Flugscheine kann man im Reisebüro kaufen!“

Herzlich lachen können wir über Jüs Geschichte, die er unbekümmert erzählt; das liebe ich an ihm! „Mein Kapitän Dautzenberg und ich sitzen bei einem Stop in Nizza in einem Straßencafé. Auf der anderen Seite ist offenbar ein Stundenhotel und wir beobachten die „fleißigen Bienen“. Nach einem schwachen Viertelstündchen sind sie wieder unten. Was das wohl kosten mag, würde uns interessieren.

Ich gehe rüber und erkundige mich mal bei einer Hübschen: „Comment?“ frage ich. Sie guckt mich erstaunt an und antwortet: „Comme vous voulez!“ – wie Sie wollen!

„Non, non! Comment?“

Wieder die Antwort: „Comme vous voulez: à la Papa, à la francais!“

„Ich wollte ‚combien‘ – wieviel – fragen und hatte ‚comment‘ – wie – gefragt“, erzählt Jürgen und hat die Lacher auf seiner Seite.

St. Pauli bei Tag und Nacht

Habe ich mich gerade wieder aufgerappelt, gehen meine Kräfte auch schon wieder zurück und so auch mein Gewicht, bis ich nach etwa zwei Jahren an meine untere fünfzig Kilo Gewichtsgrenze gelange.

Ich werde ins Rüsselsheimer Krankenhaus eingewiesen und liege mit einer Zwei-Zentner-Frau in einem Zimmer. Der Professor kommt zur Visite und stellt sofort die Augenblicks-Diagnose: „Sie wollen nur schlank sein!" Meinen Hinweis auf Bilharziose läßt er nicht gelten.

„Die ist längst auskuriert!" Wir werden ihren Darm röntgen. Deshalb werden sie drei Tage auf Minimalkost gesetzt, so dass wir am Freitag röntgen können. Am Freitag warte ich – Hunger bis unter die Arme – auf das Röntgen. Als ich um elf Uhr immer noch nicht dran bin, frage ich nach und erfahre, dass man schon Feierabend gemacht hat.

Da werde ich so wütend, dass ich dem Professor erst einmal die Leviten lesen muss. Er habe mich drei Tage lang hungern lassen und das nach dem Vorwurf, dem Schlankheitswahn verfallen zu sein.

Plötzlich tritt eine Wandlung ein, er ist freundlich, an meinem Stewardessenberuf interessiert und erzählt mir von seiner Kanada-Reise und spielt Ansagen vom Flug vor. Was soll das?! Ich will wissen, was mit mir los ist!

Wieder werde ich ins Tropeninstitut eingewiesen und „Bilharzia positiv" muss erneut behandelt werden.

Da schicke ich dem Rüsselsheimer Professor eine Ansichtskarte von „St. Pauli bei Nacht" und schreibe auf die Rückseite. „Nicht nur bei Nacht, sondern auch bei Tage bin ich in St. Pauli, nämlich im Tropeninstitut, weil die Bilharziose mein Schlankmacher war." Und er hat mir darauf sogar recht freundlich geantwortet.

Romanze im Tropenkrankenhaus

Hatte ich meine ursprüngliche Vitalität und Schaffenskraft in Sanatorien jeweils wieder gewonnen, so dauerte es kaum zwei Jahre, bis ich schon wieder „heruntergewirtschaftet" war, und ein Bluttest ergab, dass die Bilharziose trotz dieser massiven Behandlungen noch immer nicht ausgeheilt war. Es ist immer noch der Wurm drin, im wahrsten Sinne des Wortes. Erneut muss ich ins Hamburger Tropenkrankenhaus.

Es geht mir schlecht und ich will nur schlafen – nichts hören, nichts sehen, die Behandlung gut überstehen und schnell hinter mich bringen. Diesmal teile ich das Zimmer mit Frau Dr. Feiertag, einer Ärztin. Sie ist sehr aufgeschlossen und nachdem sie erfahren hat, dass ich Lufthanseatin bin, fragt sie, ob ich den Piloten Norbert Temmel kennen würde. Der sei sehr nett und läge im Zimmer nebenan.

Nein, den kenne ich nicht und mir steht auch nicht der Sinn nach neuen Bekanntschaften. Ich dämmere weiter vor mich hin, als plötzlich eine sympathische Stimme an mein Ohr dringt. Dieser Dialekt hatte mir doch beim Franz Beckenbauer so gut gefallen. Ein großer, schlanker Mann steht an meinem Bett und stellt sich vor: Norbert Temmel von der DC 10. Wir wären ja Lufthansa-Kollegen und Leidensgenossen; da hätten wir doch einiges gemeinsam. Ja, Recht hat sie, die Frau Dr. Feiertag.

Norbert ist wirklich nett, groß, schlank, hübsch mit einer angenehmen Ausstrahlung. Aber er scheint nicht ganz gesund zu sein; blaß und durchsichtig sieht er aus.

Im Laufe der Wochen wachsen wir zu einer kleinen Familie zusammen; abgegrenzt von der Außenwelt, steht unser Tagesablauf mit unseren tagtäglichen Untersuchungen und Behandlungen im Mittelpunkt. Treffen wir uns zufällig morgens auf dem Gang mit unseren Urinproben in der Hand, bleiben wir halb verlegen, halb belustig stehen und tauschen die neuesten Untersuchungsergebnisse aus.

Was draußen in der Welt passiert, tritt immer mehr in den Hintergrund. Immer häufiger treffen wir uns – meistens in unserem Zimmer, das Frau Dr. Feiertag auch gastfreundlich mit zur Verfügung stellt. Ihre zwei Söhne besuchen sie ebenfalls häufig. Im Nachbarzimmer liegt ein Geschäftsmann, der sich in Ägypten die Bilharziose geholt hat. Er habe nie Wasser getrunken, nur Melonen gegessen. Jetzt habe er erfahren dass die Melonen dort mit Nilwasser vollgepumpt würden, weil der Verkauf nach Gewicht geht.

Eines Tages gesellt sich auch Jimmy, der Mann meiner Freundin Tünnes, unserer Runde zu. Auch ihn hat die Bilharziose erwischt. Aber entweder hat er sich nicht solch einen großen Schwung eingefangen oder er hat Glück, dass nun ein wirksames Mittel entwickelt worden ist.

Mit einer Spritze wird in diesem Jahr auch meiner Bilharziose endlich der Garaus gemacht. Dafür aber erhalte ich schon die nächste Hiobsbotschaft: Man habe bei mir nun auch noch einen Leberegel festgestellt, der dringend behandelt werden müsse.

„Mein Gott, was bin ich denn für eine wurmstichige Birne!" Aber Jammern nützt nichts.

Auch Norbert leidet an einem Leberegel. Frau Dr. Feiertag hat über unsere Leberegel in einem Fachbuch nachgelesen. Eines Abends geht es in unserem Zimmer mit sechs oder sieben „Mann" hoch her, als sie verkündet: „Ihre Vermählung geben bekannt: „Filineus opistorchus" – der Name von Norberts Leberegel – mit „Fasciola hepatica", so der Name meines Leberegels. Dass in einem Krankenhaus so viel gelacht werden kann!

Norbert ist entlassen worden, wird aber kurz darauf wieder eingeliefert. Seine Beine sind kraftlos und knicken ihm manchmal weg. Frau Dr. Feiertag liest in einem Fachbuch, dass dieser Egel sich in den Gallengängen festsetzen, Blockaden verursachen und eventuell zu Krebs führen könne. Norbert hat sofort mein ganzes Mitgefühl. Wie man sich in ein paar Wochen in so einer Enklave derart verbunden fühlen kann!

Eines Tages sagt Norbert zu mir: „Heute wird mein Zimmernachbar entlassen und erst morgen wird mein Nachbarbett neu belegt. Komm doch später vorbei, bitte, dass wir uns einfach nur ein bißchen nahe sein können". Ich weihe Frau Dr. Feiertag ein. Obgleich die sexuelle Freiheit der Endsechziger viele Schranken aufgeweicht hat, habe ich doch ein paar Skrupel. Norbert und ich sind doch beide verheiratet. Für mich wollte ich schon Verantwortung übernehmen, aber nicht gerne in eine andere Ehe einbrechen.

Frau Dr. Feiertag stärkt mir den Rücken. Und zu gern husche ich in Norberts Zimmer. Wir kuscheln ein bißchen, schmusen, sehen durch die großen Glasfenster Dampfer auf der Elbe vorbeigleiten. Die schnellen und langsamen, die großen und kleinen, alle hell und bunt beleuchtet, geschmückt wie zu einem besonderen Fest. Lautlos schwimmen sie unter unseren Fenstern vorbei – zum Greifen nahe.

Norbert und ich kommen uns näher und immer näher. Da passiert es. Was sich wochenlang angestaut hatte, findet Erlösung. Wir können kein Ende finden. Im Morgengrauen raffe ich mich dann endlich auf und was sehe ich zu meinem großen Schrecken? Blutflecken auf Norberts Bettuch!

Meine Tage waren doch schon lange vorbei und Norbert kann ja wohl keine haben! Schnell raffe ich das Bettuch an mich, schleiche mich am Schwesternzimmer vorbei und bin mir nicht sicher, ob Schwester Ruth so beschäftigt ist oder absichtlich nichts sehen will.

Ich entsorge das Bettuch im Wäschesack, nehme ein neues aus dem Schrank und überlasse Norbert das Beziehen seines Bettes, ehe ich in meines falle.

Am nächsten Morgen steht Schwester Ruth an meinem Bett und sagt: „Mit dem Herrn Temmel ist ein Wunder geschehen: Er hat über Nacht ganz rosige Wangen bekommen!“ Von da an knicken Norberts Beine nicht mehr ein.

Sanatorium – Abenteuer – Wunder

Noch heute bin ich den Mitarbeitern der Berufsgenossenschaft dankbar, dass sie mir nach einer strapaziösen Bilharziose-Behandlung einen Aufenthalt im Sanatorium in Bad Kissingen genehmigen, zu dem ich unseren fünfjährigen Hajo mitnehmen kann. „Mother and Child Reunion“ steht auf der Hitliste.

Hajo und ich genießen diese gemeinsame Zeit rund um die Uhr. Ein Schlauchboot haben wir uns mitgebracht und lassen uns damit die schnellströmende Fränkische Saale hinuntertreiben, über kleine Wasserfälle, in Augenhöhe mit saftigen Wiesen und bunt blühenden Ufern. Gegen die Strömung zurückzupaddeln hätten wir keine Chance. Also denken wir uns einen Plan aus: Vor dem nächsten Ort ziehen wir unser Schlauchboot an Land und müssen erst einmal Blutegel ins Wasser zurück schnipsen, die sich am Kiel des Bootes angesetzt haben. Schon wieder solche unangenehmen Viecher!

„Hajo, paß mal auf, ich lasse dich mit dem Schlauchboot hier am Ufer zurück und versuche per Anhalter nach Bad Kissingen zu kommen, steige dort in unser Auto und hole dich mit Sack und Pack hier wieder ab. Das kann vielleicht ein bißchen dauern, aber ich komme auf jeden Fall. Schneller als gedacht bin ich zurück und Hajo empfängt mich freudig: „Ich habe die Luft schon aus dem Boot abgelassen“.

Immer neue Abenteuer lassen wir uns einfallen. Eine magische Anziehung üben die alten Burgen und Burgruinen auf Hajo aus. Ganz besonders reizt uns die Trimburg, eine Burgruine. Sie ist nämlich nicht leicht zugänglich, das verstärkt die Anziehungskraft aber umso mehr.

Auf einmal ruft Hajo mit sich vor Begeisterung überschlagender Stimme: „Mami, Mami, guck mal! Lauter Edelsteine!" Da liegen sie, hingegossen, „meine" Glasmosaiksteine in ihrer vielfältigen Farbenpracht, zerschmolzen, vermutlich aussortiert. Ein Wunder! Bei der Innengestaltung unseres Hauses, gerade ein paar Wochen zuvor, habe ich mich an Kairo und an die wunderschönen Glasmosaiksteine im Nile Hilton erinnert. Eine Muster-Palette, auf der diese bunten Glasmosaiksteine aufgeklebt waren, machen mir deutlich, dass so etwas wohl nur für Hilton & Co erschwinglich sei.

Die roten, die ich mir gut für die Küche vorstellen könnte, kosten 120 DM pro Quadratmeter. Ich erfahre, dass Gold eingemischt werden muss, um diese tiefrote Farbe zu erzielen. Leider ist kein Hilton und auch kein anderer Krösus in der Familie, und so lege ich diesen Plan resigniert beiseite.

Und hier breiten sie sich vor mir aus, liegen sie einfach so auf der Erde, als seien sie vor meinen Augen dahingeschmolzen: die weiß-gesprenkelten, die roten, blauen und braunen Steinchen!

Wir erfahren, dass der deutsche Hersteller, ganz in der Nähe dieser Burg, vor einem Jahr die Produktion eingestellt hat, dass wir aber die Restposten kaufen können – alle Farben für 20 DM pro Quadratmeter! Es steht zwar erst der Rohbau unseres Hauses aber wir hamstern schon mal: Weiß-hellgrau gesprenkelt reicht nur noch für das Kinderbad, und als auch das noch knapp wird, fülle ich die Lücke im Mosaikboden mit einem grauen „H"-Ornament für H-ajo (und später H-enrik) Die roten Steine reichen für die Küchenwände, die schwarzen nicht ganz für den Fußboden, also wird noch ein roter Rand als Einfassung gelegt, die sich als Arbeitplatte in der Durchreiche zwischen Küche und Eßzimmer wiederholt. Blaue, braune, grüne Steine sind für die übrigen Bäder und die Speisekammer noch reichlich vorhanden. Als wir später herausfinden, dass das Verlegen dieser Glasmosaiksteine pro Quadratmeter 60 DM kostet, versuche ich mein Glück als ungelernte „Mosaizistin", wie der neue Beruf 2006 genannt wird. Das Besondere ist, dass diese kleinen

Steine alle unterschiedliche Farbnuancen aufweisen, so dass eine lebendige Wand entsteht, die trotzdem ruhig und zeitlos ist. Ich empfinde es als kleines Wunder, dass mein Wunsch – 13 Jahre zuvor in dem feudalen Nile Hilton in den Kosmos geschickt – auf diese Weise in Erfüllung gehen kann.

Und was lese ich in der März-Ausgabe 2006 von „Schöner wohnen"? „Glasmosaik für höchste Ansprüche. Als gestalterisches Element in Badezimmern, Küchen und auf Arbeitsplatten sorgt das kunstvolle Mosaik-Design für einen unverwechselbaren Look … der Quadratmeter kostet 305 Euro …"

Minipool und Nestbau

Eines Tages kommt Anke uns im Garten besuchen. Hajo plantscht gerade in einem alten Buntsandstein-Schweinetrog.

„Was ihr braucht ist ein Swimmingpool!", sagt sie.

„Ich glaube, jetzt geht es los!" sage ich stirnrunzelnd. „Wir drehen hier jeden Pfennig um, damit wir über die Runden zu kommen, und du kommst mit solchen Hirngespinsten!" Anke läßt nicht locker. „Jimmy will seinen alten runden Pool durch einen neuen ersetzen. Den kriegt ihr bestimmt umsonst und könntet ihn hier aufstellen." Keine schlechte Idee! Was andere nicht mehr brauchen können, findet bei uns immer Verwendung!

Jürgen sieht sich gern auf dem Schrottplatz um und kommt fast immer mit praktischen Dingen nach Hause. Ich freue mich darüber, wenn er zum Beispiel nagelneue Duschwände von dort mitbringt. Hajo habe ich das Buch vom „Schrottnickel" vorgelesen. Als ich Jürgen so nenne, scheint er nicht so begeistert zu sein.

Wolfgang Stein, mein Kollege, mit dem ich in Beirut das aufregende Erlebnis mit den Halbstarken hatte, war durch meine Anregung mit seiner Familie in den Spessart gezogen. Dort hatte er dem Geschäftsmann Bruno Kern, einem Nachbarn von Tünnes, von den Swimmingpools mit

Folie in Amerika erzählt, die dort das große Geschäft seien. Die beiden „Kern und Stein“ gründen in Mömbris die Firma „Europool“, die ihre Pools inzwischen weltweit vertreibt. Ein blühendes Geschäft. Aber – für uns kommt die Ernüchterung: Jimmys alter Pool läßt sich nicht mehr umsetzen.

Bruno, der Europool-Fabrikant, bietet uns einen neuen Pool zu günstigen Bedingungen an. Im Sommer 1970 wird die Idee in die Tat umgesetzt. Freunde, Nachbarn und Verwandte helfen beim Ausschachten und Aufbau. Welch ein Spaß macht die Zusammenarbeit für solch ein gemeinsames Ziel! Unsere „Hilfsarbeiter“ kommen und helfen gerne und wir bewirten sie in unserem Garten und später im Keller unseres Rohbaus mit Spezialitäten, die wir von unterwegs mitgebracht haben. Jürgen ist ein passionierter Koch, neben all seinen anderen Einsätzen. Gelernt ist gelernt! Das Bier schmeckt den Männern und wir Frauen machen zwischendurch mal eine kleine Eierlikör-Pause.

Ganz besonders freuen wir uns, wenn unsere guten Freunde Freddy und Hilde Hahn kommen. Freddy kann nicht nur gut Cueca tanzen, wie seinerzeit in Santiago, er kann trotz seiner schlanken Statur kräftig zupacken, macht mit Jürgen Bäume um und karrt beim Ausbaggern unseres Pools die vollbeladenste Schubkarre über ein schmales Brett nach oben. „Vorsicht, Freddy, es kippt!“ ruft Jürgen ihm zu. Freddys herrlich, lässige Antwort „Stimmt!“ als seine Schubkarre kippt, bringt uns so zum Lachen, dass beinahe die anderen Karren auch ins Schwanken geraten. Seine witzigen Bemerkungen würzen unsere Arbeitseinsätze. Geschafft und gelacht wird viel. Am schönsten lachen kann jedoch Hilde und ich bin froh, dass wir solch ein herzliches Verhältnis zueinander haben. Von unserem Bau machen sie in allen Stadien Aufnahmen und schenken uns zum Richtfest diese Chronik mit der Widmung: „Und auch ein Stück unserer Freundschaft

ist mit eingemauert." Manchmal ist nur ein Hahn in den Sand vor unserer Tür gezeichnet und so wußten wir, dass sie da gewesen waren und bedauerten, dass wir sie verpaßt hatten. Solch ein gemeinsamer Einsatz ist die beste Party. Es wird trotz harter Arbeit geflachst und gelacht und am Schluß kommt noch die Freude an dem gemeinsam erarbeiteten Ergebnis dazu!

Im Juli 1970 heißt es: „Wasser, Marsch!" Das Wasser ist mit 14 Grad aus sieben Meter Tiefe hochgepumpt worden. Da kommt es in einem Schwall wie eine Sekttaufe: perlend plätschert es in den Pool und bedeckt die hellblaue Folie mit glasklarem Wasser. Als der neun auf viereinhalb Meter große Pool vollgelaufen ist, heißt es: Anbaden! Ein Kopfsprung – durchschwimmen und mit Gänsehaut und durchgefroren ganz schnell wieder raus!

In the Summertime

„Jetzt brauchen wir einen Grog – aus Strohrum!" Wie gut, dass unsere österreichische Schwägerin Christel gerade eine Flasche aus ihrer Heimat mitgebracht hat. Und wie gut, dass Jürgens Halbbruder Peter einen tragbaren Kassettenrecorder mit dem Sommerhit: „In the summertime" von Mungo Jerry dabei hat. Den Song finde ich mitreißend und er läßt in mir jetzt noch diese Pool-Party-Stimmung in der Erinnerung aufleuchten. Der Grog schmeckt köstlich, geht uns in Kopf und Beine und wir tanzen mit dem Kassettenrecorder in der Hand immer wieder „In the summertime", können nicht genug davon bekommen. Als es langsam dunkel wird, überlegen wir, ein Feuer zu machen. Unser Nachbar geht rüber in seinen Hof, um eine Eisenbahnbohle zu holen, die er ganz allein herüberschleift; am nächsten Tag können zwei Männer die halb abgebrannte Bohle nur mit Mühe zurücktragen. Ich fahre los, bringe Hajo ins Bett, besorge anschließend Pizzas und bringe Teller und Bestecke auf einem Tragetablett mit. Als ich zurückkomme, hat der Grog die Stimmung noch weiter angeheizt und Tischmanieren außer Kraft gesetzt. Peter legt sich seine Pizza einfach auf die Oberschenkel und schneidet sich so Stücke dieser italienischen Spezialität ab, die unsere Nachbarn zum ersten Mal kennen lernen. Als wir spät abends alles wieder in den Tragekorb packen und nach Hause fahren wollen, findet Jürgen den

Auto-Schlüssel nicht. Der Tragekorb wird hinter dem Auto abgestellt und in der Dunkelheit beginnt die Suche. Endlich wird der Schlüssel gefunden. Jürgen läßt an, setzt zurück und da knirscht es: das Tragetablett!

Unsere Nachbarn stammen aus alteingesessenen Rüsselsheimer Familien, helfen uns in der Anfangszeit mit Rat und Tat, versorgen uns nicht nur mit einer provisorischen Stromleitung, mit Pflanzen für unseren Garten, sondern auch mit aktiver Unterstützung. Dafür bringen wir ihnen von unseren Reisen neue Eindrücke und Dinge mit, die man hier noch nicht kannte. Eine gute Nachbarschaft ist wirklich zu schätzen.

Leute, die an unserem Grundstück vorbeispazieren, wundern sich, dass wir einen Swimmingpool vor einem Haus bauen.

Wir freuen uns immer wieder darüber, dass wir mit unseren Freunden Poolpartys feiern können und ganz besonders, dass alle unsere Kinder und die unserer Nachbarn und Freunde in diesem Pool schwimmen gelernt haben. Jedes Jahr werden im Mai oder Juni ganz besondere „Pool-Partys angesetzt, wenn es heißt, unserem Pool wieder sommerlichen Glanz zu verleihen.

Trotz Filteranlage und chemischer Mittel, die im Sommer mit viel Aufwand dem Wasser seine einladende hellblaue Farbe und Klarheit erhalten, dauert es nicht lange, bis das Wasser grünlich eintrübt, wenn es nicht ständig gewartet wird. Algenbelag an Seitenwänden abwischen, Blätter mit einem Kescher abfischen ist quasi meine Eintrittskarte vor jedem Baden. Zeigt sich der Sommer, so wie er sein sollte, dann ist diese Wasseroase ein Magnet für Kinder und Freunde. Ist die Badesaison vorbei, lassen wir das Wasser ab, müssen aber wegen der Stabilität die Hälfte des Wassers drin lassen. Und da freuen sich die Algen und die Käfer und die Wasserläufer und was sich nicht alles in diesem Biotop nach kurzer Zeit zu ihrer natürlichen Pool-Party eingefunden hat, sogar ein Flußkrebs gibt sich einmal die Ehre.

Und dann gesellen sich außerdem zwei besonders illustre Gäste dazu: Otto und Albert, zwei wohlgenährte Karpfen und das kam so: Anfang Dezember hat Jürgen von dem Großmarkt „Massa“ zwei lebende Karpfen mitgebracht. „Die sind gerade besonders preisgünstig. Wir setzen sie in unseren Pool und holen sie Heiligabend wieder heraus.“ Gesagt getan. „Otto“ und „Albert“ tauchen ab und werden nicht mehr gesehen. Heiligabend tritt unser Fischer Jü an den Pool und kann trotz intensivem

Durchkämmens mit dem Kescher kein „Petri Heil!" vermelden. Otto und Albert lachen sich sicher eins in ihre Flossen. Heiligabend ohne Karpfen! Die Jungs sind nicht böse darüber.

Auch als die Reinigungsparty im Frühsommer mit unseren lieben „Hilfsarbeitern" auf Hochtouren läuft mit Schrubben, Kratzen und Abschöpfen der grünen Algensoße, bleiben Otto und Albert unsichtbar. Erst als das Wasser ganz abgelassen ist, können wir sie einfangen. Zur Belohnung gibt es für unsere tüchtigen Helfer die Spezialität „Junikarpfen vom Grill" aber ohne „grüne (Algen) Soße".

Einmal haben Henrik und sein Freund Philipp einen Kassettenrecorder aus dem Horlachgraben gefischt. Als sie ihn in unseren Hof werfen, flutscht ein Aal heraus und schlängelt sich schnell davon. Er wird eingefangen und in unseren naturtrüben Swimmingpool gesetzt. Auch er taucht ab und wird nicht mehr gesehen; auch dann nicht, als wir das Becken bei der Säuberung ganz abgelassen haben. Nach all der Mühe glänzt die Swimmingpoolfolie wieder ganz sauber in hellem Blau. Aber wo ist der Aal ? Er ist und bleibt verschwunden. Aber er kann doch nicht herausgehüpft sein, fliegen kann er auch nicht, oder hat ihn vielleicht die Katze geholt?

Erst als wir das neue Wasser einlassen, kommt mit dem ersten Schwall der Aal aus dem Zuleitungsrohr in den Pool geflogen. Der Traum vom Fliegen?

Architekten

Muss ich einmal wieder ins Krankenhaus, ist dort eine meiner Lieblingsbeschäftigungen, Pläne für unser zukünftiges Haus zu entwerfen. Jedesmal lege ich Jürgen die neuen Entwürfe vor; er findet viele ganz gut, nur haben wir Schwierigkeiten mit der Treppe.

Wieder einmal in Bad Kissingen im Sanatorium Dr. Fronius, warte ich mit einem Herrn aus Brasilien vor dem Untersuchungslabor. Es ist George, der mit seiner Frau Anni – beide in Bulgarien geboren – in Rio ein Architekturbüro hat. Den hat uns doch der Himmel geschickt! Ich bitte die beiden um einen Plan, den sie auch genial „hinwerfen".

Inzwischen hat auch Jürgens Freund, Dietrich Henseling, mit dem er zusammen für seine „ATPL" – Airline Traffic Pilot License – büffelt, einige Pläne für unser Haus entworfen. Dietrich ist ein extravaganter Architekt. Er schlägt uns ein sechseckiges Haus vor oder eins mit einem Dach bis zum Boden. Anni und George weisen jedoch darauf hin, dass man in solchen Häusern keine gerade Wand habe, und nirgendwo Schränke stellen könne, ohne viel Platz zu verschenken.

Dietrich schmäht den Plan der Brasilianer wiederum als „Kegelbahn“ und nimmt es mir übel, dass ich seine Pläne nicht gut finde. Auf diese Weise haben wir uns intensiv mit unserem zukünftigen Haus beschäftigt und so vorbereitet, können wir mit unserem Rüsselsheimer Architekten einen Bauplan ausarbeiten, an dessen baulicher Umsetzung ich bis heute meine Freude habe.

Weil wir unserem Nachbarn ein spitzwinkeliges Stück unseres Grundstückes abgetreten haben, ist unser Grundstück vorne deißig Meter breit und hinten nur fünfzehn Meter. Deshalb richtet unser Architekt unser Haus mit einer breiten Front vorne nach Süden aus und läßt es hinten schmaler verlaufen. „Vorne fix und hinten nix“ sagen wir oft.

Unser Traumhaus möchten wir gern verklinkern. Das soll mindestens zwanzigtausend Mark kosten, die wir nicht haben. Jürgen hat immer ein gutes Verhältnis zu den Arbeitern und versteht sich auch mit dem netten Baustoffhändler, wo wir immer gleich alles bar bezahlen. Unsere Spesen fließen ein – wir gehen nie essen, Urlaub verbringen wir zu Hause, sind ja sowieso so oft beruflich „in Ferien“.

Als wir den Baustoffhändler um Rat fragen, wie man an eine günstige Verklinkerung kommen könne, sagt er: „Da hinten in der Ecke liegen noch lauter Restposten von Klinker-Riemchen: in cremefarben, orange, dunkelrot mit einem besonderen Schmelzbrand. Die könnt ihr haben – alles zusammen für zweitausend Mark!“

Er empfiehlt uns auch einen Freund, der uns zeigt, wie Klinkersteine am Haus angebracht werden. Anni, unsere brasilianische Architektin, macht uns einen künstlerischen Plan für die Frontseite, nach dem die dunkelrotgeflammten Klinker in der Mitte bis unter den obersten Balkon hochgezogen werden. Die Front der angebauten Garage unter dem abfallenden großen Dach, wird ebenfalls mit diesen hartgebrannten, teuren Klinkern beklebt. Diese Steine erinnern mich an die Klinkerhäuser in meiner norddeutschen Heimat. Die übrigen Wände werden mit den normalroten Klinkern versehen und hinterher weiß gestrichen. Für unseren Hof, den wir mit Waschbetonplatten auslegen wollen, entwerfe ich ein Muster, in das die übriggebliebenen dunkelroten Klinker mit eingearbeitet werden und dadurch den großen Hof auflockern. Sogar einen Teil unseres Kellers können wir mit diesen Klinkern belegen.

Es lag ein Segen über unserem Tun.

Nicht immer!

Von einem Flug zurückgekehrt, habe ich schnell unsere Waschmaschine in der Küche bestückt und fahre mit Hajo in den Garten. Plötzlich kommt ein Nachbar gestikulierend angelaufen. „Kommen sie schnell. In der Eisdiele unter ihrer Wohnung tropft das Wasser auf den Tresen!"

Als ich unsere Wohnungstür öffnen will, versperren mir schwimmende Teppiche den Einlaß. Die Wachmaschine hatte nicht aufgehört, das Wasser anzusaugen. Es beginnt ein Kampf mit der Versicherung – Leitungswasserschäden sind versichert, nicht aber Wasserschäden, die durch eine Waschmaschine verursacht worden sind, dann handelt es sich nicht mehr um Leitungswasser... So kann ich immer wieder etwas lernen.

An einem heißen Hochsommertag sitzen wir im Garten, bevor Jürgen auf einen Flug geht. Weiße hohe Gewitterwolken haben sich aufgetürmt. „Da wird es heute turbulent zugehen," meint Jürgen mit einem besorgten Blick an den Himmel.

Ich hatte auf dem Abhang vor unserem Hobbykeller einen Steingarten angelegt mit lauter Ablegern, die ich aus der Nachbarschaft und unserem Freundeskreis bekommen hatte. Ein befreundeter Gartenarchitekt hatte unseren Garten großzügig geplant und dabei auch meinen Abhang etwas weniger kleingärtnerisch gestaltet.

Kaum hat Jürgen uns verlassen, wird es dunkel, rabenschwarz. Ein Gewitter mit großen Hagelkörner prasselt runter, verstopft im Nu unsere Regenrinne und das Wasser stürzt wie ein Wasserfall über unseren neu bepflanzten Abhang, sammelt sich vor den Kellerfenstern und sprudelt dort hinein. Ich versuche für das Flußbett des Hagelstromes eine Umleitung zu schaufeln, stehe pitschnaß und eiskalt mit den Füßen zentimetertief in Hagelkörnern. Hajo hat inzwischen im Keller die Fenster mit Handtüchern abgedichtet. damit das Wasser im Keller nicht noch höher steigt. Dann machen wir uns ans Ausschöpfen. Als wir endlich Land

unter den Füßen haben, sag ich zu Hajo. „Komm, jetzt rufen wir Tante Anneliese an, ob Hilfe gebraucht wird. Als wir in den Nebenraum in Jürgens Arbeitszimmer zum Telefonieren gehen, steht dort das Wasser knöcheltief. Das reicht uns.

Einiges wurde mir schon aufgebürdet – ich bürdete es mir ja selbst auf – und manches recht gern. Eine Kölner Zeitung will mehr zu dem Thema wissen und interviewt unsere junge Familie am Flughafen. Es erscheint ein guter Artikel, unter der Überschrift. „Mutter Stewardess ist oftmals unentbehrlich", in dem die Problematik erkannt und geschildert wurde.

Im Gegensatz dazu fällt das Ergebnis eines mehrstündigen Interviews durch die BILD-Zeitung recht dürftig aus. Es erscheint lediglich eine Karikatur mit zwei Piloten im Cockpit: Der Copilot sagt zu seinem Kapitän: „Sei nett zu der Stewardess, sie ist meine Mutter!"

Nach meiner Schwangerschaftsunterbrechung war ich nicht ganz ohne Schuldgefühle. Deshalb bin ich überglücklich, als ich nach der langen Zwangspause durch die Bilharziose endlich wieder ein Kind erwarten kann, „auf den letzten Drücker" mit 42 Jahren!

Mit Jürgen, seinem Halbbruder Peter und seiner Frau Christel fahren wir nach Gummersbach, um die gemeinsame „Mutti Ilse" und „Papi" zu besuchen. Wir haben sie zum Essen eingeladen und verkünden ihnen: „Ihr werdet wieder Großeltern". Sofort richten sich die Blicke auf Christel, die mit Peter schon länger verheiratet ist. Auch sie sind Flugbegleiter bei der Lufthansa geworden.

Unten im Waschraum verrät mir Christel, dass auch sie schon sechs Wochen „überfällig" sei. In kurzem Abstand hintereinander kommen unsere beiden Jungen auf die Welt.

Mein Professor der Uni-Klinik meint, dass ich als Spätgebärende ein Risiko sei, und dass solch ein „Malheur“ nicht noch einmal passieren sollte und durchtrennt meine Eileiter bei der Entbindung. Wenn er einmal unser „Malheur-Kind“, diesen Prachtkerl, sehen könnte!

Mir geht es in der Schwangerschaft hervorragend; genau wie in der ersten, besser als im Normalzustand: keine kalten Füße mehr! Als die Klinkerriemchen an unsere Außenwände geklebt sind, mache ich mich ans Verfugen und steige immer höher auf das Gerüst. Ich freue mich, dass ich endlich bei einer Arbeit bleiben und meinen Gedanken nachhängen kann. Jürgen übernimmt das Kochen.

An dem Mutterwitz meiner Schwiegermutter hatte ich manchmal zu schlucken, denn ich spüre indirekt einen Vorwurf wenn sie sagt: „Ihr mit euerer Zirkusehe!“ in den auch manche „Nur-Hausfrauen“ einstimmen mit ihrer Aussage: „Ich bin für meine Kinder immer zu Hause gewesen!“

„Mutti Ilse“ hatte seinerzeit für ihre drei Kinder das Kindermädchen Kuni eingestellt, um ihren Repräsentationspflichten nachgehen zu können. Zwanzig Jahre später läßt sie durchblicken, dass eine Frau doch an den Herd gehöre. Ausgerechnet diese „Tante Kuni“ wohnt mit ihrem Mann und ihrer Tochter in einem Eigenheim in unserem Nachbarort Raunheim und kann Hajo betreuen, wenn Jürgen und ich im Einsatz sind.

Wir empfinden das als ausgesprochen Glücksfall, ermöglicht es uns doch, durch unsere beiden Gehälter Jürgens Ausbildung und unser Grundstück zu finanzieren, zumal meine junge Schwiegermutter mit Anfang fünfzig kein einziges Mal als Oma eingesprungen ist.

Als ich nur zu Hause bin und mich auf meinen Nachwuchs und an unserem Nestbau freue, wird bei Anrufen meiner Schwiegermutter immer wieder die leicht ironische Frage gestellt, ob ich wieder auf dem Gerüst gestanden wäre. Weil ich das meistens bejahen kann, höre ich noch wie heute den Satz: „Du kriegst dein Kind noch auf dem Gerüst!“

Sie sollte beinahe Recht behalten. Morgens verfuge ich noch vom Gerüst aus, mittags essen wir Zuckermais, in der anschließenden Mittagstunde platzt meine Fruchtblase. Da mein Becken immer noch eng ist, kommt Henrik um 19:24 Uhr per Kaiserschnitt mit 3250 Gramm und 51 Zentimetern auf die Welt. Der eine Zentimeter, der ihm auch später zu seinem 1,90 großen Bruder Hajo fehlt.

Ich genieße in meinen „reifen Jahren“ das Muttersein mit einem Baby ganz besonders und widme mich intensiv meinem kleinen Schatz; versuche aus Fehlern zu lernen, die ich zehn Jahre zuvor mit meinem „großen Schatz Hajo“ gemacht hatte. Hajo ist zunächst nicht so erfreut, als er erfährt, dass er sein Nest demnächst teilen muss. Ich hoffe, dass nicht die gleiche Situation entsteht, wie zwischen meiner zehn Jahre älteren Schwester und mir!

Als unser Strahlemann Henrik nach Hause kommt, verschwinden sofort alle Bedenken. Die Brüder spielen trotz des Altersunterschiedes gut miteinander und verstehen sich bis heute ausgezeichnet.

Hatten wir unseren Hajo mit Aufmerksamkeit und Anregungen überschüttet, so lasse ich Henrik Zeit für seine Entfaltung und trenne mich in der Anfangszeit so wenig wie möglich von ihm. Immer, wenn wir mit Besuch am runden Tisch sitzen, habe ich ihn auf meinem Schoß. Noch kein Jahr alt, spricht er zwar nicht, versteht aber Vieles. Seine schönen blauen Augen werden immer wieder bewundert, bis er eines Tages seine Augen zum Himmel verdreht. Das Gelächter ermuntert ihn, jedes Mal so darauf zu reagieren, wenn man zu ihm sagt: „Henrik mach mal Augenaufschlag!“

In unserer „Zirkusehe“ hatten wir bei der Rückkehr von unseren Einsätzen Hajo mit doppelter Zuneigung überschüttet, irgendwie um unser Gewissen zu besänftigen. Dabei war er bei Tante Kuni ganz glücklich, ihr beim Ofen-Anzünden zu helfen, in ihrem Garten mit Kaninchen und Hühnern spielen zu können und ein Jahr später Percy, den neugeborenen Enkel von Tante Kuni als Spielgefährten zu haben. Ein idealer Ausgleich zu den vielen Anregungen, die wir ihm aus der weiten Welt mitbrachten.

Eines Tages höre ich von Experimenten mit Kleinkindern, die schon lesen können. Ich kaufe sofort das Buch: „Wie kleine Kinder lesen lernen“ und versuche dieses Thema mit Hajo auf dem Wickeltisch in die Praxis umzusetzen. Auf der einen Seite ist eine Hand oder ein Fuß abgebildet, auf der anderen Seite das geschriebene Wort. Tatsächlich! Es dauert nicht lange und Hajo kann die geschriebenen Wörter lesen, auch bei zugedecktem Bild. Mein Lob scheint ihn freudig zu stimmen; ich spüre keine Abwehr. Wir sind natürlich stolz. Aber was für ein Schwachsinn, durch Ehrgeiz die natürliche Entwicklung eines Kindes in so unnatürliche Bahnen zu lenken!

Als Hajo mit fünf Jahren in das Hessische Schulmodell der zweijährigen Eingangsstufe eingeschult wird, ist es den Kindern freigestellt, entweder in der einen Ecke spielen oder schon mit Leseblättern anzufangen.Hajo ist Stammgast in der Spielecke – das Lesen ist ihm dagegen zuwider! Spielen tut er heute noch gern. Nachholbedarf?

Noch eine andere bange Frage taucht bei mir auf, als ich wieder Mutter werde. Was ist, wenn man Henrik später fragt: „Ist das deine Mutter oder Großmutter?!" Das Schicksal gibt 16 Jahre später eine Antwort.

An einem warmen Sommertag radeln Jürgen, Henrik und ich unter freudigem Gebell unserer Sherry zu einer Sommergaststätte. Mit seinen 1,89 Metern hat Henrik seine Lieblingsklamotten aus Bundeswehrbeständen angezogen und Springerstiefel Größe 46.

Ich trage ein luftiges, weißes Kleid und meine Haare offen. Als Jürgen in der Gaststätte nach einiger Zeit „sein Bier wegtragen" muss, umrunden zwei junge Mädchen unseren Tisch und es dauert eine Weile, ehe sie fragen, ob sie sich zu uns setzen können. Hinterher im Gespräch stellt sich heraus, dass sie sich erst nicht getraut hatten, das „junge Glück" zu stören.

Zuerst haben wir den Hobbykeller ausgebaut, in dem wie kochen und essen. Als wir die Schlaf-Kinder- und Badezimmer im Obergeschoß provisorisch fertig gestellt haben, ziehen wir ins Haus ein und bauen unsere Küche ein, so dass wir vom Keller in das Erdgeschoß ziehen können.

Ich engagiere Jutta als Kindermädchen, die 16-jährige Tochter von Frau Hermann, die mir bei Putzen hilft. Jutta ist stattlich, bringt sicherlich zehn Kilogramm mehr auf die Waage als ich in der Schwangerschaft. Sie macht alles gründlich. Salatputzen ist eine Beschäftigung für den ganzen Vormittag. Eine Nachbarin stellt fest: „Immer, wenn ich an eurem Haus vorbei gehe, sehe ich Jutta am Fenster sitzen. Dich habe ich da noch nie sitzen gesehen." Eine Tages haben wir Gäste. „Wo soll ich mich setzen? wird gefragt. Jutta weiß so etwas ganz genau: „Auf ihren Hintern natürlich!“

Wir haben im Obergeschoß noch keine Türen. Als ich mich eines Tages für einen Flug nach Chicago fertig gemacht habe und mich am Flughafen in die Crew-Liste eintragen will, steht schon ein anderer Purser auf dem Plan. Ich habe mich um einen Tag verfrüht. Besser als zu spät, denke ich und fahre nach Hause. Dort angekommen, will ich mich bei Jü zurückmelden. Er sitzt gerade wohl gerade in unserer „Intimsphäre“ – auf dem Klo. Als ich die provisorischen Treppenstufen nach oben stapfe, ruft er ganz erschreckt: „Nicht reinkommen, Jutta !“

Also, mit den jungen Hilfskräften hatten wir kein Glück. Versuchen wir es mal mit den alten. Frau Cäsar ist sechzig. Sie hat in Frankreich zwei Töchter zur Welt gebracht, aber noch nie eine eigene Wohnung gehabt. Sie freut sich, in unsere Kellerwohnung einziehen zu können. Erfreut sind auch ihre Töchter, die mit ihren Männern gerade zur Mittagszeit bei uns eintreffen und sich mit an unseren Mittagstisch setzen. So hatte ich mir das nicht vorgestellt. Eines Tages fehlen Salz und Pfeffer auf dem gedeckten Tisch. Ich stehe auf und stelle es „den Gästen“ auf den Tisch. Hinterher beklagt sich Frau Cäsar, dass ich so arrogant aufgestanden sei. Ich sage aber nichts, denn ich bin ja darauf angewiesen, dass jemand zu Hause ist, während ich auf einen vierzehntägigen Umlauf gehe.

In dieser Zeit hat Jürgen nur kurze Einsätze. Hajo hat eine Schildkröte geschenkt bekommen und die kann schneller laufen, als man ihr zutraut, wenn man sie so halb versteinert vor sich sieht.

Während meiner Abwesenheit entstehen zwischen Jürgen und Frau Cäsar Meinungsverschiedenheiten. Sie findet es nicht gut, dass Jürgen die Schildkröte auf unseren Komposthaufen setzen will. Es endet damit, dass Frau Cäsar von ihm „gefeuert“ wird.

Es wird Zeit, dass ich die Fliegerei beende, um ständig zu Hause bei Hajo sein zu können. Hinzu kommt der Druck von nachrückenden – nachdrückenden Flugbegleitern, deren Parole: „die alten Purseretten gehören verbrannt“ zwar witzig dahin gesagt wird, jedoch eine Tendenz widerspiegelt.

Optionen

Ich habe das Angebot der Lufthansa angenommen, mit vierzig Jahren zu optieren, so dass ich für jedes Dienstjahr ein Monatsgehalt bekomme und dazu habe ich mir die Versicherung auszahlen lassen.

Dafür kaufe ich meiner Schwester ihre Hälfte unseres Elternhauses in Bremen ab und setze meinen Vater wieder in seine alten Rechte als Hausbesitzer ein, um die er mit meiner älteren Schwester, nach der Übertragung des Hauses schon zu Lebzeiten, in Streit geraten war.

Nach dem Tod meines Vaters renovieren wir das Haus und Mecke Mutsch, der mein Vater lebenslängliches Wohnrecht garantiert hat, kann zu ihrem 80. Geburtstag in ihre „Puppenstube" im Obergeschoß einziehen und dort bis zu ihrem 97. Geburtstag ihr Leben genießen.

Wir sind alle glücklich, doch noch eine liebe Oma bekommen haben. Glühend beneidete ich unsere Nachbarn, deren gleichaltriger Sohn und Spielkamerad von Hajo gleich von zwei Omas und zwei Opas vor Ort verwöhnt wird. „Mein Opa ist reich, der hat 1000 DM", verkündet Klaus, unser Nachbarssohn. Darüber kann ich nur schmunzeln, aber mehr Reichtum sehe ich darin, dass eine seiner Omas Kuchen backt, der rüstige Opa fleißig im Garten schafft und die andere Oma bügelt, sogar die Unterwäsche! Einen solchen Luxus gibt es bei uns nicht! Ich bin froh, dass ich die 75 Uniformhemden für einen Quadratmeter gerade so eben schaffe, und ich bin Jü dankbar, dass er nicht allzu pingelig ist (sonst hätte er ja auch selbst bügeln können).

Oma Mecke-Mutsch ist im Umgang mit Henrik eine Bilderbuch-Oma. Kartenspielen ist ihre Leidenschaft, die sie bis zu ihrem 97. Lebensjahr geistig fit hält. Sie legt Patiencen, spielt mit uns Rommé und mit Henrik Kutscherskat. Nicht nur zum Zeitvertreib spielt sie, sondern mit Leib und Seele. Beim „Mah-Jong"-Spiel wirft sie nicht passende Steine ins Mittelfeld zurück, immer mit der gleichen Bemerkung: „Paßt bei mir nicht rein!" Das wird bei uns zu einer Redewendung.

Eines Tages sagt Henrik beim Abschied: „Schade, dass die Guten immer schon so ‚spät' sind, wenn ich groß bin, sind die schon tot." Ein anderes Mal sagt er zu ihr: „Oma, wenn ich groß bin, heirate ich dich!"

Die Zeit vergeht. Oma steht eines Tages neben dem 1,89 Meter großem Henrik, guckt zu ihm rauf und fragt: „Wie groß willst du denn noch werden?“ Als Henrik antwortet „Ich glaube, mir reicht es. Größer will ich nicht werden“, sagt sie: „Na, dann darf ich dich an dein Heiratsversprechen erinnern!“

Versprechungen und Herausforderungen hielt das Leben auch nach der Fliegerzeit für Edith Simon bereit. Es forderte sie immer weiter dazu auf, den „Tanz des Lebens“ zu tanzen, nicht nur den langsamen Walzer oder den flotten Foxtrott, es waren auch hin und wieder Hexentänze dazwischen. An- und Abmeldung eines Handels mit Kunstgewerbe aus Indien und Brasilien, zwei Krebserkrankungen, Schwierigkeiten, wie „Szenen einer Ehe“ oder Schulprobleme ihrer Kinder. Die Überwindung dieser Herausforderungen sah sie rückblickend als einen Schatz an, aus dem sie Kraft schöpfte.

Beschwingte Höhepunkte waren für Edith Begegnungen mit „Zeugen des Jahrhunderts", Reisen an Kraftplätze der Erde, Aufbau einer Heilpraxis mit ihrem Sohn, ihr Wirken als Tanzleiterin für Friedenstänze aus aller Welt. Sie spürt im Singen und Tanzen eine große, natürliche Heilkraft. Diese Erfahrungen und Erkenntnisse lässt sie in ihr nächstes Buch „Das Leben ein Tanz" einfließen.

Herbst-zeitlos
Wir sind die lila Herbstzeitlosen.
Nicht Frühlingsveilchen, nicht stolze Rosen.
Zeitlos im Herbst das Alter begreifen
Statt hinzuwelken: heranzureifen.

Auf der Suche nach dem Sinn des Lebens
Erkennen, dass keine Erfahrung vergebens.
Nicht wehmütig schauen nach verflossener Jugend!
Reifezeit nutzen als eine Tugend.

In den sechz'ger Jahren Blumenkinder,
Im neuen Jahrtausend vielleicht Sinn-Pfadfinder?
Wir sind die Trockenblumen-Flower-Power,
Nicht knackig frisch – doch von Durchhaltedauer.

Wir hatten gelernt, richtig zuzufassen;
Jetzt gilt es auch, wieder loszulassen.
Die Zeit sinnvoll nutzen, statt sie zu vertreiben;
Nach innen horchen, sich selbst treu bleiben.

Herbst-zeitlos dürfen wir tanzen und singen,
Mit eigener Stimme in Stimmung uns bringen;
Und sind wir im Einklang mit eigenem Sound,
Sind wir gesund, was auf Englisch heißt: „sound"

Durch heil'ge Worte aus alten Kulturen
Entdeckt uns're Seele verdeckte Spuren:
Und filtern wir BST-EIT (el) aus Her(bst) z eit heraus
Kommt hervor unser Herz und klopft freudig Applaus.

Von innen sind wir lebendig erregt
Und ganz von selbst auch im Außen bewegt.
Vertrieben Rheuma – besonders die Gicht
Herbstzeitlos Heilkraut – überdosiert Vorsicht!

Nicht immer alles perfekt machen wollen…
Dürfen sein, wie wir sind – nicht wie wir sein sollen!
Und treffen wir mal nicht den richtigen Ton
Gehört es dazu … als Variation.

Wir dürfen uns öffnen, statt uns zu verschließen,
Im Kreise verbinden – Begegnung genießen.
Ob Männlein, ob Weiblein, beim Tanz all egal;
es gibt weder Herren- noch Damenwahl.

Die Zeit als Tyrann sind im Herbste wir los;
Es liegt ganz bei uns – das große Los.
Zu verlieren gibt's nichts – zu gewinnen bloß.
Drum: Auf die Plätze! Herbstzeit los!

"Das Leben in seinen verschiedenen Epochen ist eine Schatzkammer. Wir werden reich in jedem Gewölbe; wie reich, das erkennen wir erst bei dem Eintritt in das nächste Gewölbe."

Friedrich Hebbel 1813-1863

Edith Simon kann auf viele Schatzkammern in ihrem Leben zurückblicken. Eine funkelnde Schatzkammer sind etwa die Erfahrungen während ihrer zwanzigjährigen Tätigkeit als eine der ersten Stewardessen der neuen deutschen Lufthansa vor über fünfzig Jahren. Edith Simons Buch ist ein spannendes Stück Zeitgeschichte mit Höhen und Tiefen bis hin zur Schatzkammer der Herbstzeitlosen.

Besuchen Sie die Internetseite über Edith Simon:
www.edith-simon.de

Sie finden unter anderem:
- Bildergalerien
- Presse-Veröffentlichungen
- tabellarische Biografie

uvm ...

Komisch, auf älteren Fotos sieht man immer jünger aus!

1934 – mit einem Jahr

1936 mit Papa

05.04.1939 mit Schultüte

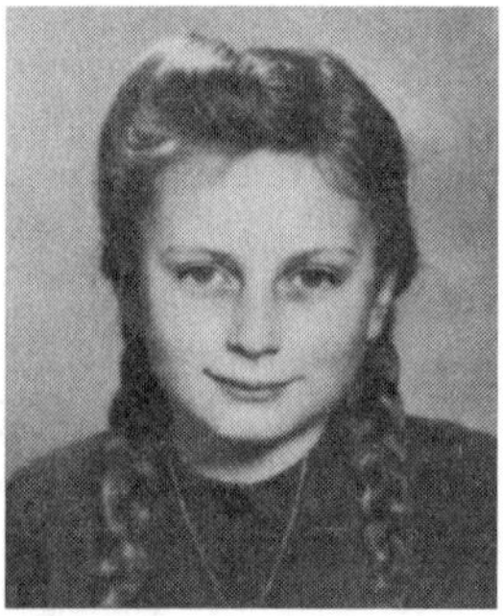

Backfisch mit Kaninchenzähnen 1943

Konfirmation 23.03.1947

1949 „sweet seventeen"? mit Affenschaukel

Abiturientenfreizeit Februar 1952 (Edith abgelenkt)

1950 mit 350 RM = 35 DM - Frisur

1. Uniform in Bremen – 1953

1. Lufthansa Uniform

1. Sommeruniform – 1955

1. Lufthansa Uniform 1955

Senator-Uniform 1960

Abschied vom Bremer Flughafen 1953 - 1955

Abschied von Lufthansa 1955 - 1974

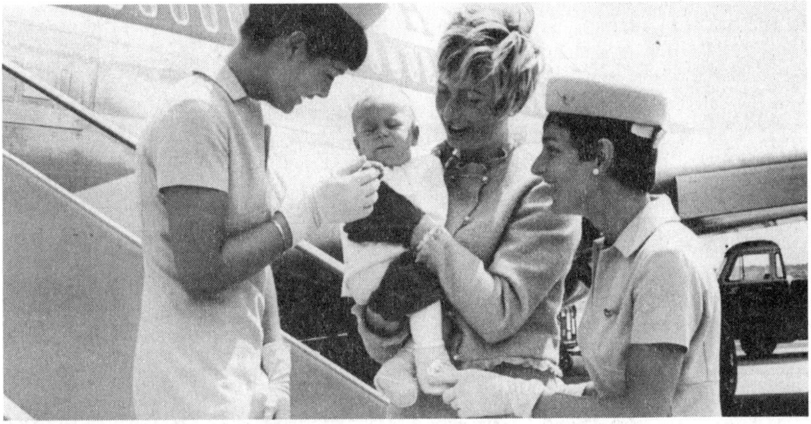

Sommer-Uniform 1966 - „Mutter Stewardess ist oftmals unentbehrlich“

Östergard-Uniform 1965

1965 Pillbox in Stirn oder nach hinten

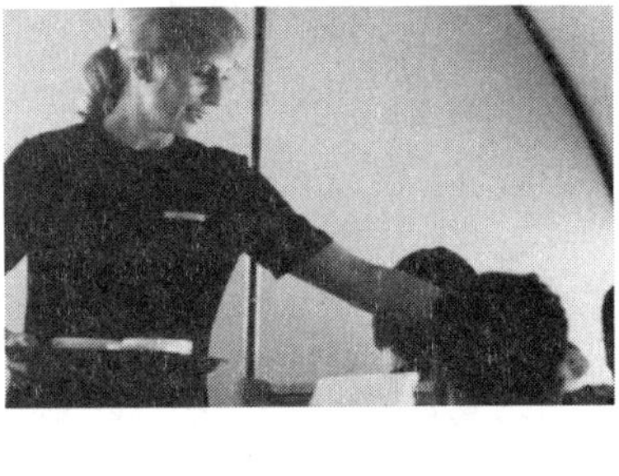

Senatorservice auf B-747 1970

Kindernothilfe feiert 50 jähriges Bestehen – Edith Simon ist seit 40 Jahren dabei

Besuch von drei Lufthanseaten – nach Landung der ersten B-747 in Südamerika bei Carlos Aguera- Aschendorf – Kindernothilfe-Patensohn seit 1969 in der Goetheschule von Asuncion/Paraguay

Besuch bei Rajeshwari Bahlian – 1982 in Delhi Kindernothilfe-Patenkind – über 15 Jahre betreut.

Patenkinder in Port Salut –Haiti

Kinder sorgen in Obizi/Nigeria für 4 km „running water" aus dem schmutzigen Fluss

Krankenschwester Priscilla verhandelt mit hohen Vertretern des Landes über das Brunnenbohrungs-Hilfsprojekt der Lufthansa Help Alliance

Biografien beim Synergia Verlag:

Ein Leben wie im Fluge

von Edith Simon

Neuauflage 2009, 300 S., m.Abb., geb.

ISBN: 978-3-940392-25-1

als Hardcover

Von jedem verkauften Exemplar wird ein Euro an HelpAlliance gespendet.

www.help-alliance.com
HelpAlliance
Lufthanseaten engagieren sich

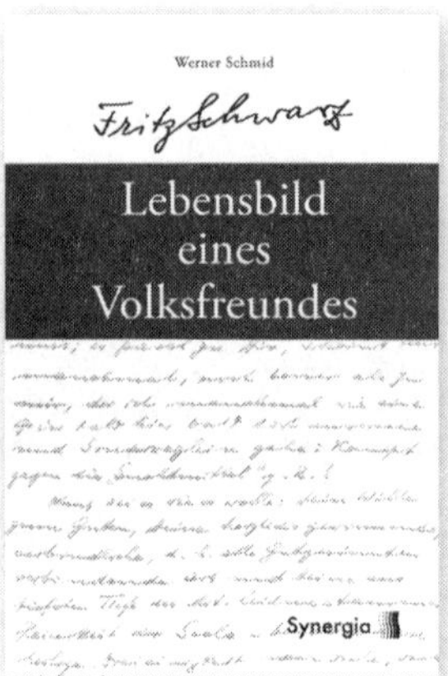

Fritz Schwarz - Lebensbild eines Volksfreundes

von Werner Schmid

2008, 172 S. m. Abb., geb.,

ISBN: 978-3-940392-14-5

Mit dem „Lebensbild eines Volksfreundes“ zeichnet nun Werner Schmid die erstaunliche Biografie von Fritz Schwarz nach. Es ist die Geschichte eines Kämpfers, der sich zeitlebens für Wahrheit, Freiheit und Gerechtigkeit einsetzte. Trotz vieler Rückschläge in seinem Leben verlor er nie seine Menschlichkeit und seinen Humor.

Edgar Cayce, Lebensbild und Philosophie

von Stefanie Piel
2008, 92 S., m. Abb, kart.,
ISBN: 978-3-940392-11-4

Mit diesem Büchlein legt die Cayce-Übersetzerin Stefanie Piel eine Einführung in das Lebensbild und die Philosophie des bekannten amerikanischen Philosophen vor.

Aufrecht Leben

Eine unglaubliche Weltreise
von Jean-Pierre Moreau
2006, 241 S. m. Abb., kart.,
ISBN: 978-3-9810894-0-0

Jean-Pierre Moreau beschreibt den Weg seiner Suche nach alternativen Heilmethoden für Multiple Sklerose. Der einst sehr aktive Radiomoderator, Journalist, Gastronom, Politiker und Biobauer leidet nun seit über 20 Jahren an MS bzw. der „spastischen Spinalparalyse". Sein starker Lebenswille treibt ihn in die Welt, trotz oder gerade wegen der Krankheit. An vielen Stellen gibt er Einblick in seine sich wandelnde Psyche, seine durch die Krankheit gewonnenen Einsichten. Wissenschaftliche Themen werden teils detailliert behandelt.